中国文化产业研究丛书
China's Cultural Industries Research Series

中国文化产业 40 年回顾与展望
(1978—2018)

China's Cultural Industries
(1978–2018)

范 周 ⊙ 著

2019 年·北京

中国文化产业研究丛书

总　　序

　　早在20世纪80年代末，邓小平就提出了"科学技术是第一生产力"的著名论断，这已成为中国发展的一个重要指导思想。文化产业也是伴随着科学技术的革新与拓荒应运而生的。20世纪初期，工业革命引发的科技进步及资本主义的机械化生产以不可阻挡的势头迅速发展，部分哲学家和社会学家认为机械化复制的工业生产是对文化和艺术的亵渎。20世纪40年代，法兰克福学派的本雅明（Walter Benjamin）在《机械复制时代的艺术作品》中表达了关于文化工业的思想，讨论了大工业生产方式和技术复制手段所产生的文化和审美领域的革命。1947年，法兰克福学派的阿多诺（Theodor Wiesengrund Adorno）和霍克海默（Max Horkheimer）在《启蒙辩证法》的"文化产业：欺骗公众的启蒙精神"一章中首次明确提出"文化产业"和"大众文化"的概念，用来指工业生产时代大批量生产标准化、规格化、工业化的文化商品。可以看出，这个时期人们对文化产业抑或文化工业是带有批判色彩的。美国媒体文化研究者、批判家尼尔·波兹曼在1985年出版的《娱乐至死》一书中也强烈表达了对人们在工业化时代受工业化生产、消费所支配的"赫胥黎预言"式担忧。

　　约瑟夫·奈（Joseph Nye）在《注定领导世界？——美国权力

性质的变迁》一书中首次提出"软实力"的概念,把软实力界定为文化的吸引力、制度的吸引力、掌握国际话语权的能力。20世纪90年代以来,以信息技术革命为中心的科学技术迅猛发展,国际竞争日益激烈。面对人类社会发展带来的资源和环境困境,各个国家开始意识到文化产业发展的重要性,积极探索文化产业作为国家长期发展战略的可行性,英国提出发展文化创意产业的国家社会经济发展战略,日本提出"文化立国"战略等。

当下,随着国际文化战略竞争的进一步加剧和中国发展战略的调整,中国文化产业发展面临着前所未有的时代发展机遇与挑战。在某种程度上,中国文化产业是伴随着中国改革开放的不断深入而产生与发展的,是在破除经济体制障碍、调整经济结构的背景下提出来的,是在加入WTO、更深入地融入现代世界经济体系、敞开国门走向世界的背景下发展起来的,是在应对中国社会主义文化建设和意识形态建设所遭遇的前所未有的困难和挑战中提出来的。

毋庸置疑,改革开放对中国文化产业发展产生了积极广泛的影响,为文化的繁荣发展创造了良好的环境和氛围。从党的十五届五中全会首次提出"文化产业"的概念,将文化产业纳入国家发展计划,到党的十七大提出"推动社会主义文化大发展大繁荣",将文化产业纳入国家发展战略,再到党的十九大提出"坚定文化自信,推动社会主义文化繁荣兴盛",中国经历了文化产业发展的萌芽期、初步形成期和快速扩张期,中国文化产业开始进入全面提升期,成为推动中国经济高质量发展的重要引擎。

基于此背景,对于中国文化产业的发展历史、演化进程、改革创新与未来趋势等问题必须予以高度重视和探讨;对于文化产业的理论体系建设、文化产业的学科体系建设、文化产业人才培养战略以及未来文化产业发展方向等问题的研究,是文化产业学界应当持续关注的重要课题。

一、回顾:近20年文化产业的实践探索

回顾过去、展望未来才能够更好地把握现在。回首过去,中国文化产业发展取得了骄人的成就,公共文化事业不断进步,文化投资规模持续增长;文化产业规模不断扩大,新型文化业态迅猛崛起;文化需求快速增长,文化走出去亮点纷呈。立足新时代,中国文化产业呈现高质量、跨越式发展态势。但是由于发展起步较晚,中国文化产业在发展进程中不可避免地存在一些问题。

(一)文化产业发展与经济发展相协调,但供需关系仍不平衡

根据国家统计局数据,1998年,中国国内生产总值(GDP)仅为8.52万亿元,而到2018年GDP已经达到90.03万亿元,是1998年的10倍多。根据《文化蓝皮书:中国文化消费需求景气评价报告(2016)》,从1994年到2014年这20年间,全国城乡文化消费总量由1054.24亿元增长至14915.39亿元,年均增长14.17%;城乡文化消费人均值由88.46元增长至1093.29元,年均增长13.40%。其中2014年文化消费增长明显加速,总量增长14.80%,人均值增长14.22%。可以说,中国文化产业的发展进程是与中国经济社会发展总基调协调一致的。改革开放40多年,尤其是最近20年,中国文化产业呈现出快速增长的态势,对推动国民经济持续健康发展起到越来越重要的作用。

然而,随着中国特色社会主义进入新时代,我国社会主要矛

盾已经转化为人民日益增长的美好生活需要和不平衡不充分的发展之间的矛盾。这个矛盾在文化产业发展领域集中表现在现有的文化供给结构不能适应和满足人们的文化需求结构的变化。从数量上看,中国文化产品供给数量严重不足。以出版业为例,国家统计局数据显示,2017年,全国总人口比2016年增加0.05%,城镇居民人均可支配收入增长8.3%,而图书出版总印数仅增长2%,电子出版物增长为负,文化产品的增长速度远远落后于社会经济发展。从质量上看,长期以来中国文化产业中产品创意不足、精品匮乏等问题仍然存在。相较于欧美发达国家,中国还较为缺乏被国际普遍认可和喜爱的文化品牌。中国文化产业发展仍有很长的路要走。

(二)文化体制改革取得初步成效,但政策法规体系仍不健全

在文化体制改革的有利推动下,中国文化产业加快发展,从无到有、从弱到强,产业规模不断扩大,产业实力不断增强,文化市场经济体制改革不断完善:从计划经济条件下的传统文化管理体制到社会主义市场经济条件下现代文化治理体系,从单纯依靠政府投入的文化事业到政府主导、社会参与的现代公共文化服务体系,从短缺的文化生产供给、零散的文化经营活动到繁荣活跃的现代文化市场体系,从较为封闭单一的对外文化交流到以我为主、多层次、宽领域文化开放格局。进入新时代,在习近平新时代中国特色社会主义思想指引下,现代公共文化服务体系建设、现代文化市场体系建设初见成效,坚定文化自信、高扬改革旗帜、锐意进取创新,中国特色社会主义文化发展道路越走越宽广。

近年来,中国文化体制机制改革已取得突破性进展。深化文化体制改革的政策相继出台;推进公共文化机构法人治理结构改革、基层综合性文化服务中心建设的重点措施得以落实；文化扶贫工作取得重大进展；文化市场改革方面，政府简政放权，推行一系列融资举措，鼓励文化企业进入市场，释放市场活力、主体动力和社会潜力。但是，随着中国改革开放进入深水区，根据"五位一体"的战略发展布局要求，文化管理体制还存在文化决策多层次化制约、文化管理法制化不健全、过多注重文化事业的政治职能和意识形态属性等问题，文化产业体制机制改革仍需深化。新时代，文化体制改革只有进行时，没有完成时。

（三）文化产业结构和所有制结构逐渐优化，但区域发展仍不均衡

改革开放以来，中国经济发展突飞猛进、思想解放不断深入，文化产业政策作为产业发展风向标的效果日益显现。自党的十六大首次将文化产业与文化事业区分开来以后，经营性文化产业与公益性文化事业"比翼双飞"，成效显著。其中以文化事业单位转企改制效果最为明显，此举不仅增强了传统文化事业发展动力，刺激文化消费动力，更激发了全民文化创作活力。在中国特色市场经济体制下，文化政策对产业发展不断发挥着引导和推动作用，逐渐把文化发展从政府包办的禁锢中挣脱出来，有力推动了社会主义大发展大繁荣。

但是，从空间布局上看，区域发展不均衡影响了中国文化产业的整体发展。国家统计局数据显示，2018年，中国东部地区规模以上文化及相关产业企业实现营业收入68688亿元，占全国77.0%；中部、西部和东北地区分别为12008亿元、7618亿元和943亿元，占全国的比重分别为13.4%、8.5%和1.1%。从增长速度上看，西部地区增长12.2%，中部地区增长9.7%，东部地区增

长 7.7%，东北地区下降 1.3%。我国文化建设"东高西低"的现象仍然存在，东西部地区在人才、资本、技术、规模等方面均存在较大差距。

（四）对外文化交流逐渐起步，但国际文化软实力仍需提升

改革开放以来，中国的国际文化交流纽带日渐牢固。文化自信深入人心、国家文化软实力不断增强，中国文化"走出去"的步伐迈向纵深。当前，中国对外文化交流日趋活跃，"中法文化年""中俄国家年"等一系列大型文化外交活动效果良好，中华文化的国际影响力日益扩大。文化和旅游部、国家统计局、国家汉办公开数据显示，截至 2017 年年底，中国已与 157 个国家签署了文化合作协定，累计签署文化交流执行计划近 800 个，初步形成了覆盖世界主要国家和地区的政府间文化交流与合作网络。截至 2017 年，海外中国文化中心开展各类文化活动达 4000 余场次，直接受众达到 800 余万人次。此外，文化贸易是文化"走出去"的重要载体，中国对外文化贸易规模不断扩大。根据海关发布的数据，2018 年，中国文化产品进出口总额 1023.8 亿美元，同比增长 5.4%。其中，出口 925.3 亿美元，增长 4.9%；进口 98.5 亿美元，增长 10.3%；顺差 826.8 亿美元，规模比上年扩大 4.3%。

尽管如此，从整体来看，中国文化贸易逆差依然存在，文化贸易结构仍不平衡。一方面，文化商品贸易与文化服务贸易结构失衡；另一方面，文化商品和文化制造业占比大，且缺乏科技含量高、附加值高的文化商品，对于中华文化的传播和文化形象的塑造影响甚微。据《中国电影报》报道，2017 年国产电影海外票房收入达到 42.53 亿元，较去年有所增长，但依然不到国内票房的十分之一。

（五）文化人才培养初见成效，但学科建设任重道远

文化产业是一门适应社会发展需求而出现的新兴交叉学科。随着文化产业在社会整体发展中的地位日益重要，业界对于建立文化产业学科体系、强化文化产业学科建设的呼声越来越高。根据教育部2003—2018年发布的《普通高等学校本科专业备案和审批结果》，截至2018年，中国开设"文化产业管理"本科专业的学校共212所，700多所高校开设了相关课程，形成了文化产业教育的基本培养模式。根据现实需求适时进行学科目录的调整、学科平台搭建及人才培养模式的创新成为文化产业学科建设中的重中之重。

然而，从人才培养及学科建设现实来看，中国文化产业专业性人才和复合型人才较为稀缺。在欧美发达国家，创意产业就业人数所占比例普遍偏高，且集中在文化创造力方面。而我国这方面的人才则占比较低，且多为技能型创意执行人员。同时，学科的交叉属性使文化产业在学科归属划分、师资培训等方面尚不明晰。此外，文化产业学科体系有待建设，教材体系有待完善，社会实践有待加强。在文化和旅游融合的大趋势下，文化旅游人才短缺问题将更为突出。

总体而言，回顾文化产业发展进程，可以看出，中国文化产业尚未真正突破发展瓶颈，建立健全的产业发展体系仍是未来产业发展的重中之重。文化产业发展朝气蓬勃，需要我们认清新形势、拿出新思路、制定新战略，打造新一代文化基础设施，破除"GDP魔咒"，从构建"统一、竞争、开放、有序"的现代文化市场体系着手，紧抓重大发展机遇，推动文化产业发展日益成熟完善。

二、展望：未来 20 年文化产业发展趋势

（一）全方位融合时代到来，产业界限日趋模糊

当前中国经济进入新常态，新产品、新业态不断涌现，融合发展渐成趋势，继续深化改革成为各方共识。文化产业具有强渗透、强关联性。在产业大融合的背景下，"文化+"产业融合不仅仅是技术、管理和市场的融合，更重要的是以文化为核心的全方面的融合，是对传统产业融合的创新发展，是产业融合的新趋势。

文化产业新业态作为文化创意与科技创新融合发展的产物，具有高知识含量、低资源消耗、高附加值及对传统产业的改造提升等特性，正逐步成长为经济增长的新亮点。文化产业新业态发展以技术为支撑，以互联网新思维为导向，不断深化跨界融合，推动产业业态创新。文化产业新业态呈现分享化、平台化、融合化的发展特征，成为推动经济结构转型的新生力量将指日可待。

（二）技术驱动业态升级，数字文创产业更新迭代

中国信息通信研究院测算数据显示，2018 年，中国数字经济总量达到 31.3 万亿元，占 GDP 比重超过三分之一，达到 34.8%，同比提升 1.9 个百分点。数字经济蓬勃发展，推动传统产业改造提升，为经济发展增添新动能。2018 年，数字经济发展对 GDP 增长的贡献率达到 67.9%，贡献率同比提升 12.9 个百分点，超越部分发达国家水平，成为带动中国国民经济发展的关键力量之一。

首先，万物互联打破行业壁垒，跨界融合持续深化。近年来，以 BAT 为首的互联网企业不断涉足网络、内容生产、娱乐、媒体等，并逐步向人工智能、区块链、无人驾驶等技术进军。未来，

随着 5G 时代的到来，无论是文化还是科技，都将继续与制造业、农业、金融等产业深度融合，在跨界思维的引导下裂变出涉及内容更广、运行机制更复杂的新兴业态。其次，文化资源开放共享，数字化、社会化发展或成主流。传统的文化事业机构，如图书馆、博物馆、文化遗产地等因储存着丰富的文化内容和素材而承担更多公共文化服务的功能，一方面借助数字化手段实现版权化的再生，在跨媒体、跨介质传播方面发挥更大的作用；另一方面，凭借数字化手段"飞入寻常百姓家"。再次，新兴产业叠加创意，颠覆文化消费方式。随着消费社会的崛起，大众文化接受方式将进一步向文化消费和文化市场延伸。虚拟现实、增强现实、全息成像、裸眼三维图形显示、交互娱乐引擎开发、互动影视等新的沉浸式技术发展、设备普及和内容创新发展，在带动消费者文化体验升级的同时，催生新一轮的文化消费革命。

（三）文化自觉深入人心，文化出海步伐更加稳健

美国《纽约时报》专栏作家托马斯·弗里德曼在《世界是平的》一书中说，世界正在走向"平坦化"。对外文化贸易的发展，不仅肩负着经济使命，还肩负着传播本国文明、文化价值观的使命，因此在对外文化贸易中既要解决文化产业的创新发展问题，也要注重本土文化的保护和国际表达，推动国家文化软实力的进一步提升。

一方面，要推动中国文化国际化。在中国文化"走出去"的过程中，要寻求中国故事的国际表达形式的有效途径，形成可与国际社会沟通的外部话语体系，让世界聆听和认识中国文化，了解和理解中国文化。同时，努力增强对外文化贸易的竞争力，树立中国形象，传播中国声音，形成推动中华民族振兴的文化力量。

另一方面,做好外来文化的中国化。十九大报告中首次提出"坚持总体国家安全观",文化安全是国家安全的重要领域,也是国家文化认同的重要支撑。经济全球化和文化全球化促进了国家文化交流的深入,也加深了文化安全隐患。因此,不仅要重视文化产业"引进来"和"走出去"的政策倾向,还要注重保护国家文化安全,科学谨慎对待外来文化,善于利用中国话语体系转为自用,逐步建立以国家利益为最高利益的文化发展观,积极建立国家文化安全预警体系。

(四)监管方式不断完善,体制机制改革驶向纵深

从 2003 年的文化体制改革元年到 2019 年的改革关键年,文化改革经过了"摸着石头过河"的摸索阶段,将全面进入落地攻坚期。改革本身就是一场深刻的社会变革,需要进行利益调整、体制转换和观念更新,文化因其本身的意识形态特性,使得文化体制改革与政治体制改革紧密相连,具有其政治性、敏感性。

文化体制改革经过多年的实践积累了丰富的经验,也存在一些不完善的地方。某些环节的改革可能需要很长的时间去实现。深入改革的核心在于顶层设计,重点在于依法改革,落脚点在于群众得实惠。一方面,要更好地发挥政府的政策调节、市场监管、社会管理和公共服务职能。按照政企分开、政事分开原则,推动党政部门与其所属的文化企事业单位进一步理顺关系,赋予企事业单位更多的法人自主权,尽快完善现代企业管理制度,让市场发挥资源配置的决定性作用。另一方面,要加大文化法律法规建设。文化法律法规是对文化建设规律的概括和总结,具有极强的稳定性、规范性和强制性。新时期的改革是依法改革,要把文化建设实践中形成的新成果、新经验用法律的形式固定下来,为新时期文化体制改革发展提供更为科学、更为具体的遵循，有效地解决改革中遇到的新问题。

（五）消费偏好更为精细，由大众消费转向圈层消费

根据国际经验，当人均GDP接近或超过5000美元时，文化消费将迅速进入"扩张时代"，目前中国人均GDP已经超过8000美元，这意味着中国文化消费将迎来大发展时期。随着科技的更新迭代，传统业态转型升级，新兴业态不断涌现，产业间融合逐步加深，文化消费形态日渐多元化。针对不同细分市场和差异化消费需求的文化产品和服务日益丰富，并向品质化、精细化、定制化方向发展。同时，随着消费主体结构的变化，"新世代"消费群体将引领消费潮流，儿童和老年消费群体成为文化消费增长的新驱动力。

首先，消费总量持续增长，消费结构进一步优化。在消费升级的大背景之下，文化消费逐渐成为新的消费增长点，消费总量将持续增长，在居民消费生活中所占的比重将会越来越大。其次，数字化、信息化文化消费渐成主流。信息技术的发展，尤其是数字化、虚拟现实、人工智能等技术在文化产业领域的运用，极大推动了文化消费变革，重塑人们的消费习惯、消费方式和消费渠道。最后，体验式、分众化文化消费日趋普遍。随着人们消费需求层次的提高和消费理念的转变，消费体验和消费场景变得越来越重要。无论是零售行业还是服务行业都更加注重服务品质与用户体验，将更多的注意力放到场景和氛围的营造上。文化消费的精神属性将越来越突出，将会出现更多个性化、复合型、体验型、交互式的文化产品、服务和消费空间，满足人的多维度感官需求与深层次心理和情感需求。

（六）文化建设以点带面，与国家战略一脉相承

在"十二五"时期提出东中西部办调发展的基础上，2017年，中共中央办公厅、国务院办公厅印发《国家"十三五"时期文化发展改革规划纲要》，指出要进一步深化区域协同，提出"以区域发展总体战略为基础，以三大战略为引领，引导各地根据资源禀赋和功能定位，走特色化、差异化发展之路"。一方面，文化产业的发展为各经济带发展提供动力，有利于增强经济带、特别是跨区域板块的文化软实力；另一方面，经济带规划也为未来文化产业发展提供了更为广阔的空间，从而促进文化产业结构的优化升级，促进文化市场资源的合理配置，促进中华文化的传承与交流。

从2014年京津冀协同发展战略提出到2015年《推动共建丝绸之路经济带和21世纪海上丝绸之路的愿景与行动》发布，从2016年9月《长江经济带发展规划纲要》正式印发到2017年4月具备"千年大计、国家大事"高度的雄安新区设立，区域发展不再是简单割裂的资源共享——打破界限、联动发展，区域文化发展进入新格局。

三、感悟：见证文化发展40年的六点体会

作为一名文化产业研究人员，我试图把自己从事文化产业多年来的所思、所想、所感碎片汇集起来与大家分享，期望能够通过反思与回顾探寻文化产业的内在规律和发展脉络。以下是我主要思考的几个方面，欢迎大家批评指正。

（一）文化发展40年的理性回顾

学科发展史、方法论和学科经典案例是一个完整学科体系不可或缺的三大要素。文化产业的学科建设刚刚起步，对于产业史

学的研究较为缺乏。在《中国文化产业 40 年回顾与展望（1978—2018）》一书中，我尝试将改革开放作为中国文化产业的起始点，把中国文化产业发展分为 4 个阶段：1978 年到 1991 年为文化产业发展的萌芽期，1992 年到 2001 年为文化产业发展的初步形成期，2002 年到 2011 年为文化产业发展的快速扩张期，2012 年至今为文化产业发展的全面提升期。此外，我还从文化资源、文化治理、文化经济、文化软实力、文化再思考等方面对中国文化产业 40 年发展进行回顾和反思，通过梳理时代机遇，展望新时代文化产业发展航向，提出文化产业发展的未来研判。囿于文化产业的发展阶段和我对文化产业研究的局限性，我对文化产业发展史的分析未必正确，但作为一个记录者，我认为这项工作有其自身的价值。

（二）时代变迁下文化消费的思考

文化消费是文化产业的一个重要组成部分，也是关乎人民对美好生活向往的大事。多年来，我持续关注和研究中国文化消费问题，于 2009 年主持进行了"中国城市文化消费调研"，对城市居民文化需求和消费状况开展了深入的调查研究，并组织编写了《中国城市文化消费报告》（6 卷本）。2016 年起，我参与了文化部、财政部开展的"引导城乡居民扩大文化消费试点工作"的中期考察指导工作，通过走访调研文化消费试点城市，对文化消费领域进行了更加深入和系统的研究。这些调研使我真切感受到文化消费从无到有、从单一到多元的变化过程。《时代变迁下的文化消费》是我重新审视中国文化消费，从时代变迁的视角观察和思考文化消费领域的新情况、新现象和新趋势的一个阶段性呈现，记录了文化消费对拉动城市经济发展、对消费者物质文化生活改变的影响，也记录了鼓励引导文化消费体制机制变革的过程，还记录了互联网时代文化消费方式、诉求和理念的变革,等等。

(三)新型城镇化文化发展的变迁

新型城镇化也是我这些年来致力于研究的一个重点领域,从承接多项国家相关部委委托课题到落地多项省市级城镇规划、新农村建设规划、古村落保护规划、历史文化名城建设规划等,以及参与承接雄安新区管委会的《雄安新区起步区公共服务规划》《雄安新区起步区公共文化服务发展规划》等,我在实践中不断加深自己在新型城镇化文化建设方面的学习和思考。《新型城镇化文化发展战略研究》是我这些年来对新型城镇化学习和研究的一个系统性回顾、反思与展望。本书从中国城镇化演变历程与规律着手,对新型城镇建设的文化顶层设计、文化遗产的保护与活化,以及未来新型城镇化文化发展研究领域与趋势等内容进行了深入细致的论述。

(四)"互联网+"下数字创意产业的迭代

自从 2015 年李克强总理首次提出"互联网+"行动计划以后,截至 2019 年,中国政府工作报告已经连续 5 年提及"互联网+"。文化产业作为新兴产业,其发展变革的步伐是与科技发展密不可分的,网络时代下科学技术的更新迭代不断催生文化产业新思路、新业态、新模式,深刻影响着文化产业生产、消费的方式与习惯。《数字经济下的文化创意革命》从数字经济这一宏观背景出发,试图在梳理数字创意产业发展历程的基础上,总结出数字创意产业的内涵与外延,是我对科技加持下文化产业未来发展所面临的机遇与挑战的分析,以及我对未来数字创意产业发展的趋势判断。

(五)文化发展重大问题的阶段性反思

伴随着文化产业的快速发展,文化产业实践和理论研究不断向纵深发展,需要从战略性产业的整体布局和宏观思路出发,对文化产业的发展路径进行新思考。多年来,我和我的研究团队参与了《公共文化服务保障法》的制定,参与了很多文化产业重大事件、重要政策的起草和出台工作,在这些研究工作中,我有很多思考和启发。我把对这些思考所涉及的核心问题进行整理,包括文化产业基础导向、文化产业发展的内生驱动、文化产业产权保护、文化平台建设、文化产业区域战略布局、文化跨界融合、文化立法及文化产业研究方法等文化产业发展的重点问题,并对这些重点问题做了一个阶段性的记录和系统梳理,形成《中国文化产业重大问题新思考》一书。

(六)文化产业发展的碎片化思考

《文化发展研究札记》是从我创办的文化领域自媒体平台"言之有范"已发表的文章中精选百余篇结集而成。我把它定位为一名文化研究者的学术笔记,它见证和记录了五年来我对文化发展的碎片化思考。出版此书的原因有三:一是我时常教导我的学生们要"把论文写在大地上",本书正是"言之有范"顶天立地的见证和记录;二是记录"言之有范"创办五年来,我对于文化产业相关领域的碎片化思考;三是我一直把"言之有范"作为重要的实践教学基地,通过这种自媒体实践的形式进行硕士、博士研究生培养教育。五年来,近百名研究生在这个平台上学习了文化产业的知识,锻炼了专业素养和研究能力,出版此书也是对他们成长轨迹的记录。

四、反思:文化产业发展的责任担当

近20年是文化产业从无到有的20年,是我真正参与、见证文化产业发展变化的 20 年。我深知 20 年对于年轻的文化产业来说仅是个开始，再回首，或许我的许多研究成果并不能尽如人意，但作为一位研究文化产业的学者，一位从事文化产业学科建设的参与者，我怀着学者的人文情怀，身体力行地实践着文化产业学者的三大历史重任，即专业研究、培养学科人才及专业实践，期望能够尽自己的一点薄力，推动文化产业的发展。

20 年来，中国文化产业理论研究不断丰富，为文化产业的历史进程和实践探索提供了有力的支撑。但从总体上而言，中国文化产业理论研究仍然任重道远。随着文化产业成为国家经济发展的战略性产业，人们对文化消费多元化的需求更加强烈，文化产业进入迅速发展的历史时期，而文化产业理论研究却难以适应产业发展的速度，文化产业研究的历史与逻辑、理论与实践还难以做到完全统一。

主要表现在以下四个方面：第一，从文化产业的基础研究而言，对文化内涵、外延、统计标准的划分难以完全统一，对文化产业的概念、范畴、标准和要素的不统一使其研究难以进行横向比较。第二，从文化产业的研究方法而言，对文化产业研究的定性研究较多，定量分析不足，难以将文化产业的理论研究、实践探索和经验判断有机结合。第三，从文化产业理论成果的转化而言，文化产业研究的动态反馈机制缓慢，对实践的梳理，对产业发展中的成败得失的总结，对引领产业发展的前瞻性探索不足，难以直接为宏观调控提供准确依据。第四，从文化产业的研究主体而言，产业的快速发展催生了"快餐式"的研究者，一些学者往往盲目跟从产业热点和现实焦点问题研究，难以秉持"坐冷板凳"的研究精神，难以对文化产业进行跟踪式、长效性研究。

纵观近20年来中国文化发展战略和文化发展理论体系的研究，中国鲜有为国际学术界所瞩目、为国际社会所认同的相关理论研究成果，一个重要的原因是理论思维的缺位。我们对"中国文化产业发展理论体系"系统、整体、深入、全方位的研究不够。但反过来说，时代造成的历史性局限也为未来全面、深入、系统的整体性研究提供机会、创造条件。近20年来的中国文化产业发展战略研究及文化体制改革，给中国文化产业发展带来的深刻变化的探究，对文化发展思想史和实践发展史两个方面的深入研究仍然是一个重大学术使命和责任。

我想，这些是我未来需要潜心沉淀研究的内容。

"文章千古事，得失寸心知。"虽然我已尽最大努力来完成这套学术丛书，历经多次结构调整、删减校对，书中引用的数据力求权威，选用的案例力求典型，但是在这套丛书完成之时，我甚至都有点不敢将其出版，因为我知道这里面还有太多的不足之处。感谢商务印书馆给予我的鼓励，让我终于鼓足勇气将这套丛书与大家分享，也恳请国内外专家与同仁不吝批评指正，因为文化产业学科体系、理论体系建设仍然是一个非常值得深入探讨的问题。

愿不负时光，期望我能继续研究这一领域20年，期望届时能够再拿出一些深入的研究成果与大家分享。

范周

2019年8月

目　录

导论：中国文化产业40年发展历程 / 1

第一篇　文化资源：创意时代的新动能

第一章　文化遗产保护与文化多样性 / 28
引言 / 28
第一节　文化遗产的价值分析 / 29
第二节　文化遗产的发展困境 / 39
第三节　文化资源的创意新生 / 47
第四节　文化要素的开发实践 / 56
结语 / 65

第二章　文化资源与创意城市塑造 / 67
引言 / 67
第一节　探索城市创意之路 / 71
第二节　构建创意城市网络 / 83
第三节　城市运营的创意实践 / 94
结语 / 119

第三章　创意阶层与文化强国 / 120
引言 / 120
第一节　重视创意人才的发现和培养 / 121

第二节 消除创意人才的瓶颈和掣肘 / 129
第三节 构建创意阶层成长的良好生态 / 135
结语 / 138

第二篇 文化治理：文化产业的国家思维

第四章 文化治理与文化治理模式 / 144
引言 / 144
第一节 改革进程中的文化治理演进 / 145
第二节 改革进程中文化治理的中国实践 / 160
第三节 加快构建国家文化治理体系 / 170
结语 / 180

第五章 文化建设与文化发展战略 / 181
引言 / 181
第一节 构建国家文化战略 / 181
第二节 社会主义文化强国的战略远见 / 199
第三节 社会主义文化强国的战略支点 / 214
结语 / 240

第三篇 文化经济：国民经济的新增长极

第六章 文化产业成为国民经济支柱性产业 / 244
引言 / 244
第一节 文化产业兴起的历史背景和理论语境 / 246
第二节 文化产业发展的中国特色 / 256
第三节 文化产业与文化市场 / 272
第四节 文化产业与文化消费 / 280
第五节 文化产业与文化企业 / 290

结语 / 303

第七章　文化产业的集群发展 / 304

　　引言 / 304

　　第一节　文化产业集群的发展演进 / 306

　　第二节　文化产业集群的集体画像 / 311

　　第三节　文化产业集群的中国现象 / 326

　　结语 / 331

第八章　文化与相关产业融合发展 / 332

　　引言 / 332

　　第一节　"文化+"推动产业融合 / 333

　　第二节　"文化+"引领产业迭代 / 338

　　第三节　"文化+"促生发展动能 / 349

　　结语 / 364

第四篇　文化软实力：国家形象的塑造与表达

第九章　全球化与文化贸易 / 371

　　引言 / 371

　　第一节　国际文化竞争大趋势 / 373

　　第二节　角力世界文化竞争 / 384

　　第三节　布局全球文化市场 / 396

　　结语 / 405

第十章　文化交流与文化自信 / 407

　　引言 / 407

　　第一节　促进国家对外文化交流 / 408

　　第二节　构建国家文化形象 / 426

第三节 树立国家文化自信 / 443

结语 / 455

第十一章 文化权力与文化安全 / 457

引言 / 457

第一节 冲突与共荣之下的全球文化态势 / 457

第二节 国际战略博弈下的中国文化安全 / 468

第五篇 文化再思考：用文化重塑未来

第十二章 文化产业的发展思考 / 487

第一节 中国文化产业的特色诠释 / 487

第二节 中国文化产业的发展思考 / 502

第十三章 新图景：文化产业的未来展望 / 516

引言 / 516

第一节 经济社会发展的未来图景 / 517

第二节 世界文化产业的发展瞭望 / 527

第三节 中国文化产业的未来图景 / 536

附录 中国文化产业发展大事记（1978—2018）/ 549

参考文献 / 592

后记 / 607

导论：中国文化产业40年发展历程

文化是民族创造力和凝聚力的重要源泉，在当今世界国际竞争中占据重要的地位，成为各国综合国力和国际竞争力的重要因素。40年来，改革开放为文化的创新发展提供了良好的氛围和环境，对中国文化产业发展产生了广泛而深刻的影响。从党的十五届五中全会首次提出"文化产业"的概念，将文化产业纳入国家发展计划，到党的十七大提出"推动社会主义文化大发展大繁荣"，将文化产业纳入国家发展战略，再到党的十九大提出"坚定文化自信，推动社会主义文化繁荣兴盛"，中国文化产业的发展与改革开放与祖国的繁荣富强和民族的伟大复兴息息相关，助推国家文化软实力和中华文化世界影响力的不断提升。

探讨文化产业的发展历程，首先要明确文化产业的范畴和概念。文化产业有广义与狭义之分。广义的文化产业是伴随着文化交易的出现而产生的，是指所有与文化活动相关的经济形态，古代也有文化产业的"身影"，如唐代的歌舞教坊、宋代的书画、明清的江南出版、晚清的报纸和戏曲都是具有广义文化产业业态的文化现象。而现代意义的文化产业，多指狭义的文化产业，是20世纪中叶第二次世界大战结束以后，最早由法兰克福学派代表人物霍克海默和阿多诺在合著的《启蒙辩证法》(*Die Aufklarung der Dialektik*, 1947)中提出的，英文 Culture Industry，被译为"文化工业"。随着历史的推进，尤其是高科技的发展，新的语境取代原有的语境，"文化工业"逐渐发展成为一个中性概念"文化产业"，渐渐被大众认可，成为一种广泛的文化经济类型。许多与文化产业相关的产业并不是真正的文化产业，如造纸业和印刷业等，因为这些服务于文化产业的企业原则上不属于文化产业。本书讲的文化产业，专指狭义的文化产业。

根据其发展特点，可以将我国文化产业以1978年改革开放为界，分为两个大的阶段：一是1978年以前；二是1978年至今。1949年到1978年前，文化的意识形态得到强化，其产业价值和市场特性被淡化。高度集中的计划经济体制严重束缚了文化产业的自由发展，广播电视、新闻出版、期刊图书、电影、演出等收归国有，文化事业取代文化产业，占据主导地位。随着改革开放，经济体制的改革推动文化和思想领域的变革，文化市场复苏，文化开始产业化发展，并日益成为我国国民经济的支柱型产业。本书将着重回顾和探讨改革开放40年中国文化产业的发展情况。

一、改革开放40年我国文化产业发展历程概述[①]

（一）文化产业发展的萌芽期（1978—1991）

1978—1991年，伴随着改革开放战略的提出，我国国民经济开始恢复并取得初步发展，经济体制改革推动文化和思想领域的

---

① 范周，杨矞.改革开放40年中国文化产业发展历程与成就[J].山东大学学报（哲学社会科学版），2018（7）.

变革，中国公众开始冲破极"左"思想的束缚，渴望了解新知识、新观念，积极创造新生活，文化消费活动开始复苏，文化产业取得一定程度的恢复性发展。

（1）文化市场兴起，娱乐性文化消费开始出现。在文化产业发展的萌芽期，随着经济发展和文化需求的增长，一些与意识形态关系密切的文化行业出现了产业化发展苗头。1979年，广州东方宾馆开设国内第一家音乐茶座，被认为是新中国文化市场兴起的重要标志。之后，一些经营性文化场所，如歌舞厅等，如雨后春笋般在各大城市涌现，社会办文化活动兴起，具有现代意义和形态的文化市场初具雏形。[①] 与此同时，海外盒式录音带和录音机涌入内地，港台音乐和文化对内地民众的影响越来越大。1983年，上海市和广州市率先进行录像的生产和经营[②]，形成最早的一批流行歌手，建立录音制品出版社和文化演出公司，群众性的文化消费市场得到恢复发展。此外，20世纪80年代初，广告业开始出现并迅速发展，成为一个独立的文化服务行业并日趋成熟。人们开始认识到广告在产品营销推广等方面的重要作用，加大了广告在广播、电台、报纸等传播媒介上的投放，广告质量和制作水平都有了质的提升。

值得注意的是，该时期部分文化行业的产业性质得到政府的认可。1985年，国务院转发国家统计局《关于建立第三产业统计的报告》，将文化艺术作为第三产业的一个组成部分列入国民生产统计的项目，文化艺术的商品属性和产业属性得到确定。1988年，

---

① 高坡.改革开放以来我国文化产业发展研究[D].重庆：西南大学，2009.
② 陈立旭.当代中国文化产业发展历程审视[J].中共宁波市委党校学报，2003（7）.

文化部、国家工商局联合发布《关于加强文化市场管理工作的通知》，第一次在政府文件中使用"文化市场"，明确了文化市场的管理范围和原则等。①1989年，国务院批准在文化部设置文化市场管理局，开始建立全国文化市场管理体系，②国家以文化立法者和执法者的角色开始参与文化市场活动。1991年，国务院批转《文化部关于文化事业若干经济政策意见的报告》，正式提出了"文化经济政策"。③

（2）文化事业单位的企业化转型。在文化产业发展的萌芽期，在"建立社会主义商品经济"目标的指导下，行政体制改革加快，文化行政领域也积极转变职能，进行了大规模的改革。1982年，国务院机构改革，将其与文化部、国家出版事业局、国家文物事业管理局、外文出版发行事业局合并，设置中华人民共和国文化部。④此外，随着文化市场的发展和地位逐渐得到承认，文化事业单位开始企业化转型，具体表现在以下几个方面：第一，精简合并，调整艺术部门和艺术团体的布局。1980年3月，文化部召开全国文化厅局长会议，探讨艺术表演团体体制改革问题，⑤掀起了文艺院团改革的高潮。第二，解决体制弊端，在文化单位推行承包经营责任制。同时，实行"以文补文""多业助文"为主要内容

---

① 刘震.改革开放以来我国文化体制改革进程的全景分析[J].清江论坛，2013（9）.

② 宋春丹，高占祥.在文化部"走钢丝"的日子[J].领导文萃，2017（7）.

③ 杨国平.我国文化产业政策的演进与发展逻辑[J].商业时代，2013（10）.

④ 蔡武.筑牢文化自信之基，中国文化体制改革40年[M].广州：广东经济出版社，2017：129.

⑤ 刘震.改革开放以来我国文化体制改革进程的全景分析[J].清江论坛，2013（9）.

的改革措施，解决文化单位出现的经济困境。①第三，在文化艺术管理领域实行"双轨制"改革，即"国家扶持的全民所有制院团"与"多种所有制的艺术团体"并存发展，国家主办的、代表国家和民族艺术水平的全民所有制艺术表演团体要少而精，由社会各种力量主办的艺术表演团体则实行多种所有制形式。②第四，在新闻出版单位进行运行体制、发行体制、价格体制和内部体制四个方面的变革，20世纪80年代中期开始全面实行"事业单位企业化管理"，改变新闻出版部门的"事业"属性，增加其活力、服务水平和市场竞争力。到20世纪90年代初期，我国文化体制改革实现了部分突破，党和政府对文化产业发展逐步走向宏观管理，文化产业发展取得了可喜的成就。

在文化产业发展的萌芽期，一方面，文化领域的改革和市场化实践，有力地冲击了社会公众原有的思想和价值观念，民众开始意识到，文化不仅是上层建筑、意识形态，具有社会属性，还是文化娱乐产品，具有经济属性和产业属性。另一方面，文化产业的发展还没有完全突破计划经济体制的束缚，文化体制深层次的矛盾尚未被触及。文化市场规模小、内容单一，文化产业产值在国民经济中所占比例较小，文化产品和服务的数量和质量尚不能满足社会公众的文化需求，文化还没有被赋予真正意义上"产业"的地位。

（二）文化产业发展的初步形成期（1992—2001）

1992年，党的十四大提出建设有中国特色的社会主义市场经

---

① 王晓刚. 文化体制改革研究 [D]. 北京：中共中央党校，2007.
② 韩永进. 中国文化体制改革32年历史叙事与理论反思 [D]. 北京：中国艺术研究院，2010.

济体制，为文化产业的健康发展提供了良好的市场环境。同年，党中央、国务院发布《关于加快发展第三产业的决定》，提出将文化产业列入第三产业，文化部门由财政支出型部门改为生产型部门。文化产业发展由较单纯的"以文补文"开始进入初始发展阶段，主要表现为文化体制改革取得进展，文化产业快速发展，文化需求也日益增长，朝着娱乐型、多样化、可参与性的方向发展。

（1）**文化体制改革的系统展开**。党的十四大提出"积极推进文化体制改革，完善文化事业的有关经济政策，繁荣社会主义文化"的要求。[①]1993年3月，八届全国人大一次会议《政府工作报告》进一步对文化体制改革做了部署。1996年10月，党的十四届六中全会通过《中共中央关于加强社会主义精神文化建设若干重要问题的决议》，强调"改革文化体制是文化事业繁荣和发展的根本出路"。[②]在政策利好的背景下，我国文化体制改革发生从"直接管理"向"间接管理"、从"办文化"向"管文化"、从"小文化"向"大文化"等转变[③]。

与此同时，从1993年我国提出"适应社会主义市场经济体制改革的需要"对宏观管理体制进行改革，到1998年我国进一步明确政府机构改革目标和主要任务，文化管理领域也发生了一系列的变革，文化部在机构设置、人员编制方面进行大幅度缩减，并

[①] 刘震.改革开放以来我国文化体制改革进程的全景分析[J].清江论坛，2013（9）.

[②] 王晓刚.文化体制改革研究[D].北京：中共中央党校，2007.

[③] 陈立旭.当代中国文化产业发展历程审视[J].中共宁波市委党校学报，2003（7）.

于1998年设立文化产业司，标志着文化产业由民间自发发展阶段进入政府推动阶段。2001年，中共中央办公厅、国务院办公厅转发《关于深化新闻出版广播影视业改革的若干意见》，提出在加强党的领导的前提下，以发展为主题，组建包括中国广电集团、中国出版集团在内的70多家文化集团，加快文化市场整合和结构调整。此外，文化企事业单位的内部人事管理制度、收入分配制度等方面的改革也在大刀阔斧进行，比如上海、哈尔滨、沈阳、天津等城市通过合并、撤销等方式对多余的剧团进行精简，[①]上海还实行全员聘任制改革，为解决人员"能进能出"迈出坚实的一步。

（2）**文化要素市场的孕育和生长**。1992年以来，文化产业在中国迅猛发展，行业与日俱增。1998年，上海、长沙的文化产业增加值分别占全市GDP的4.3%和5.94%。北京市统计局发布的数据显示，截至1998年，北京市文化行业与旅游行业所创造的增加值约为281.2亿元，占全市GDP的14%。[②]随着居民文化消费需求日益多样化，报纸的种类增加，由原来的以党委机关报为主发展到经济类、文化类、休闲生活类、国际时事类等多种类并存。值得一提的是，随着信息技术的飞速发展，互联网出现，我国互联网也在这一时期得以迅速发展。据调查，1999年，中国上网计算机146万台，互联网用户400万，互联网站点数约9906个。从用户的地域分布看，居前三位的是北京、广东和上海，分别占

---

① 江蓝生，谢绳武.2001—2002年中国文化产业蓝皮书[M].北京：社会科学文献出版社，2002：7.
② 王晓方.谁在说话——中国文化年报（2001年版）[M].兰州：兰州大学出版社，2001：68.

21.02%、11.77% 和 8.71%。[①] 此外，出现了文化企业集团化的趋势，1999 年，经中宣部、新闻出版署批准成立的全国第一家出版集团——上海世纪出版集团正式成立，标志着中国文化产业自发增长已经达到了新的改革临界点。随后，南方报业集团、湖南广电集团等相继成立。

随着文化体制改革的深入和文化产业的快速发展，我国文化市场空前繁荣，社会资本、民营资本、外资在激活文化市场活力和推动文化产业发展等方面发挥了重要作用，文化资本市场、文化中介市场等文化要素市场逐渐孕育和生长。一方面，在文化体制改革的有力刺激下，社会参与文化产业投资和建设的力度与积极性加大。1997 年，在整个文化经营单位中，国有文化部门创办的文化经营单位只占 10% 左右，而非国有文化部门创办的文化经营单位已达到 88.6%。[②] 另一方面，文化中介市场开始兴起与发展。以上海为例，该阶段上海市建立了多家正规的提供中介服务的文化实体，如上海市对外文化交流公司、上海广电演出有限公司等。文化要素市场朝规范化、专业化和国际化方向发展。

在文化产业发展的初步形成期，文化产业开始自发性、自觉化发展，党和政府开始正确处理文化产业发展与意识形态传播之间的关系，一元文化主导下多样文化的发展态势初步形成。但文化市场尚未建立，文化产品良莠不齐。

（三）文化产业发展的快速扩张期（2002—2011）

随着中国加入 WTO 以及国际竞争的日益加剧，文化产业的

---

① 张国良.新闻媒介与社会 [M].上海：上海人民出版社，2001：132.
② 韩永进.中国文化体制改革 32 年历史叙事与理论反思 [D].北京：中国艺术研究院，2010.

战略地位进一步凸显。政府集中出台一系列促进文化产业发展的政策措施，发展文化产业成为我国国民经济的重要组成部分。党的十六大明确文化产业发展方向，提出积极发展文化产业，自此，我国文化产业进入加速发展时期。

（1）文化产业概念正式提出。2002年，党的十六大第一次在党的正式文件中科学地区分了文化事业与文化产业，明确阐述两者既相互联系又相互区别的辩证关系，强调"一手抓公益性文化事业、一手抓经营性文化产业"，强调要"把文化产业作为文化建设发展的重要方面"，这在文化产业发展历程中具有里程碑的意义。2003年9月，文化部制定下发《关于支持和促进文化产业发展的若干意见》，指出文化产业是"从事文化产品生产和提供文化服务的经营性行业"，现已形成演出业、影视业、音像业、文化娱乐业、文化旅游业、网络文化业、图书报刊业、文物和艺术品业以及艺术培训业等九大行业。[1] 2003—2004年，中宣部同国家统计局有关部门组织开展文化产业统计课题调研，并从经济社会发展全局的角度出发，最终于2004年，由国家统计局制定出台《文化及相关产业分类》，其中对"文化及相关产业"的界定是"为社会公众提供文化、娱乐产品和服务的活动，以及与这些活动有关联的活动的集合"[2]，包括文化产业核心层、文化产业外围层和相关文化产业层。2007年，党的十七大报告进一步对文化产业与文化事业进行论述，并强调要解放和发展文化生产力、提高国家文化

---

[1] 文化部关于支持和促进文化产业发展的若干意见 [EB/OL].(2017-01-08)[2018-03-10].http://www.2016ccl.com/index/article/id/298.html.

[2] 蔡武.筑牢文化自信之基——中国文化体制改革40年 [M].广州：广东经济出版社，2017：7.

软实力。[①]这表明党在改革开放的实践中对文化事业和文化产业的认识不断深化。2009年,我国出台《文化产业振兴规划》,将文化产业上升至国家战略性产业加以重视。

（2）**文化体制改革顺利推进,卓有成效**。2002年,党的十六大提出文化产业与文化事业"两分法",标志着文化体制改革理论趋于系统化、明晰化。首先,实现政府职能转变,重点实现了三个转变:由管文化办文化向以管为主转变,由主要管理直属单位向管理系统和社会转变,由以行政手段为主向综合运用法律、经济、行政等管理手段转变。[②]其次,重视公益性文化事业的发展。《中共中央关于制定国民经济和社会发展第十一个五年规划的建议》明确提出,"加大政府对文化事业的投入,逐步形成覆盖全社会的比较完备的公共文化服务体系"。[③]十六大以来,我国陆续实施"广播电视村村通工程""国家舞台艺术精品工程""国家重大出版工程""全国文化信息共享工程""农家书屋"等项目,[④]逐步建立健全公共文化服务体系。再次,增强微观活力,对经营性文化企业和公益性文化事业进行体制创新和机制创新,主要包括如转企改制、事业单位内部改革、实施文化改革试点等。此外,鼓励非公有制文化企业快速发展,降低市场

---

① 李向阳.论通向分类运营的政策创新[J].现代传播（中国传媒大学学报）,2011（3）.

② 韩永进.中国文化产业近十年发展之路回眸[J].华中师范大学学报（人文社会科学版）,2011（1）.

③ 游祥斌,毋世扬.文化事业单位的改革历程、理论经验和问题[J].中国行政管理,2011（4）.

④ 韩永进.中国文化产业近十年发展之路回眸[J].华中师范大学学报（人文社会科学版）,2011（1）.

准入，扩大融资渠道，鼓励民营、社会资本投资文化建设，积极改变长期以来我国文化产业投资主体单一、过分依赖政府支持的局面。

（3）现代文化市场体系的进一步确立。2003年，启动文化体制改革试点工作，文化市场体系改革进入了全面深化阶段。2003年，在全国文化体制试点工作会上确定在9个地区和35家单位进行试点。2011年，党的十七届六中全会进一步强调，"促进文化产品和要素在全国范围内合理流动，必须构建统一开放竞争有序的现代文化市场体系"。[1] 总的来说，这一时期，我国文化产品市场体系不断完善，规模进一步扩大，呈现出门类齐全、层次多样的特点。2011年，全国文化市场经营机构全年营业总收入1608.33亿元，比上年增长538.71亿元，增幅50.4%。利润总额为547.09亿元，比上年增长125.60亿元，增幅29.8%，文化市场已成为人民群众文化消费的主渠道。[2] 以演出市场为例，随着改革开放的进一步深入，演出市场进一步开放，建立演出经纪人制度，建立国家、集体、个人性质的演出公司，开放演出组织权。2011年，我国演出市场规模收入达到233.3亿元。其中直接票房收入120.9亿元，演出综合服务业（包括灯光、音响设备、服装等）产值约59.3亿元，旅游演出被分账收入[3]达44.5亿元，非独立性娱乐演出（不进

---

[1] 中共中央关于深化文化体制改革推动社会主义文化大发展大繁荣若干重大问题的决定 [N]. 人民日报, 2011-10-18.

[2] 文化部.2011年全国文化发展基本情况 [EB/OL].(2012-04-11)[2018-3-12]. http://www.gov.cn/test/2012/04/11/content_2110583.htm.

[3] 旅游演出被分账收入指旅游演出票房收入中没有进入演出行业，而是进入旅游行业的部分。

行单独售票的娱乐演出）收入为 8.6 亿元。①

（四）文化产业发展的全面提升期（2012 年至今）

（1）文化产业所有制结构大力调整。党的十七届六中全会明确提出"加快发展文化产业，必须毫不动摇地支持和壮大国有或国有控股文化企业，毫不动摇地鼓励和引导各种非所有制文化企业健康发展"②。2012 年以后，国家在积极推动国有文化企业发展的同时，制定出一系列行之有效的政策措施，推动非公有制文化企业的快速发展。社会各界投资文化企业热情高涨，以公有制为主体，多种所有制共同发展的文化产业所有制结构基本形成，为我国文化产业的长远健康发展奠定了重要的基础。具体表现在以下几个方面：第一，国有或国有控股文化企业发展成效明显，骨干文化企业总体实力不断增强，发展势头强劲。从 2017 年发布的第九届中国"文化企业 30 强"名单看，中国出版集团公司、中国电影股份有限公司、中国国际电视总公司、中国教育出版传媒集团等国有或国有控股文化企业有 25 家，占总数的 80%。第二，非公有制文化市场主体快速发展，民间投资热情高涨，涌现出一批出类拔萃的民营文化企业。党的十八大召开以后，文化主管部门联合相关部门积极推动文化产业领域的"大众创业、万众创新"，鼓励和支持中小微文化企业发展，充分发挥文化产业推动创新、增加就业的功能。2015 年，全国新登记注册的文化、体育、娱乐类

---

① 文化部文化市场司、中国演出行业协会、道略文化产业研究中心.2011 中国演出市场年度报告 [EB/OL].(2012-07-06)[2018-3-12].http://www.doc88.com/p-1428083871161.html.

② 中共中央关于深化文化体制改革推动社会主义文化大发展大繁荣若干重大问题的决定 [N]. 人民日报，2011-10-18.

企业 10.4 万户，同比增长 58.5%，远高于同期全国新登记注册企业（21.6%）的增长速度。[①] 同时，以百度、阿里巴巴、腾讯为代表的大型互联网企业以并购、股权投资、业务合作等方式，全面进入文化产业领域，不断创新"文化+互联网"商业模式。

（2）文化产业成为国民经济发展的支柱性产业。 2012 年以后，得益于国内外的良好发展环境和条件，我国文化产业在经历了 15 年砥砺前行后，呈现出持续增长的强劲发展势头，实现全面提升。2012 年，我国调整了文化产业统计口径，加入个体户，实现了飞跃式的增长。2012 至 2016 年，我国文化产业增加值呈逐年上升趋势，从 2012 年的 1.8 万亿元增加到 2016 年的 3.1 万亿元，占 GDP 的比重从 2012 年的 3.48% 增加到 2016 年的 4.14%。[②] 有专家计算了文化产业增量与 GDP 增量的百分比得出文化产业的贡献率，从 2012 年开始，贡献率就一直在 5% 以上，2015 年达到了 6.5%，2016 年是 5.5%，这表明文化产业在经济增长中的地位和作用日益上升。[③] 经济发展新常态下，在供给侧结构性改革全面推进之时，文化产业持续健康快速发展，正在成为经济社会发展新引擎。

（3）文化科技创新推动文化产业结构不断优化。 2012 年，我国在《文化及相关产业分类（2004）》的基础上，进行了文化产业统计标准的调整。这次调整使文化产业类别结构由原来的"核心层、外围层、相关产业层"调整为"文化产品的生产活动、文化产品生产的辅助生产活动、文化用品的生产活动和文化专用设备

[①] 蔡武．筑牢文化自信之基——中国文化体制改革 40 年 [M]．广州：广东经济出版社，2017：94.
[②] 范周．文化产业论纲 [M]．北京：社会科学文献出版社，2016：76.
[③] 2016 年中国文化产业增加值首次突破 3 万亿元 [N]．光明日报，2017-05-27.

的生产活动"4个层次，行业类别由原来的9大类调整为10大类，增加了文化创意、文化新业态、软件设计服务等。[①]这说明随着文化业态的不断融合，新兴业态不断出现，同时我国文化产业不断调整升级，从产业链条的低端向高端不断演进。值得注意的是，2012年以后，以互联网为载体的新型文化产业快速发展，日益成为文化产业的新增长点。2015年的两会上，"互联网+"在政府工作报告中亮相，引发社会各界热议。在"互联网+"的时代背景下，文化产业与其他产业实现更为深入的融合与交叉，极大拉动了电影、电视、新闻出版、演艺等传统文化产业进行数字化转型，数字出版、手机游戏、网络文学、自媒体等新兴文化业态不断出现。在国家统计局公布的2017年前三季度全国规模以上文化及相关产业企业[②]营业收入情况中，以"互联网+"为主要形式的文化信息传输服务业营业收入5503亿元，增长36.0%。[③]为适应当前我国文化新业态不断涌现的新形势，更好满足文化体制改革和文化发展规划的需要，2018年4月2日，国家统计局修订并颁布《文化及相关产业分类（2018）》。

（4）文化产业规模化、集约化水平提高。近年来，中央加

[①] 国家统计局设管司.文化及相关产业分类（2012）[EB/OL].(2012-07-31)[2018-03-11].http://www.stats.gov.cn/tjsj/tjbz/201207/t20120731_8672.html.

[②] 根据《文化及相关产业分类（2012）》的规定：规模以上文化及相关产业企业是指年主营业务收入在2000万元及以上的工业企业；年主营业务收入在2000万元及以上的批发企业或主营业务收入在500万元及以上的零售企业；从业人数在50人及以上或年营业收入在1000万元及以上的服务业企业，其中，文化和娱乐服务业年营业收入要在500万元及以上，才能称得上是规模以上文化及相关产业企业。

[③] 中华人民共和国国家统计局.2017年前三季度全国规模以上文化及相关产业企业营业收入增长11.4%[EB/OL].(2017-08-03)[2018-03-13].http://www.stats.gov.cn/tjsj/zxfb/201710/t20171030_1547444.html.

大规划指导,优化文化产业的产业布局和空间布局,培育出一批文化产业示范性园区(基地),建成一批文化产业强省、强市和区域文化产业集群,初步形成文化产业的规模化、集聚化发展态势。第一,文化产业园区和基地规划建设得到加强。我国文化创意产业园区从20世纪90年代起步发展,到2002年末建成48个,2012年达到1457个,2014年达到3500个。2015年工业和信息化部下发《关于进一步促进产业集群发展的指导意见》,园区打破自身藩篱向产业集群、集聚区方向发展,数量整体回落,全国正常运作的园区在2047个左右。据不完全统计,2016年全国文化产业园区超过2500家,其中国家已命名的文化创意产业各类相关基地、园区超过350个。[①]2017年4月,《文化部"十三五"时期文化发展改革规划》明确提出,"十三五"期间,要培育一批集聚功能和辐射作用明显的国家级文化产业园区。第二,区域文化产业发展得到促进。在"十二五"时期提出东中西部协调发展的基础上,《文化部"十三五"时期文化产业发展规划》进一步深化区域协同:"以区域发展总体战略为基础,以三大战略为引领,引导各地根据资源禀赋和功能定位,走特色化、差异化发展之路。"[②]从2014年京津冀协同发展战略提出到2015年《推动共建丝绸之路经济带和21世纪海上丝绸之路的愿景与行动》发布,从2016年9月《长江经济带发展规划纲要》正式印发到2017年4月具备"千年大计、国家大事"高度的雄安新区设立,区域发展不再是简单割裂的资

---

① 范周.2016年文化创意产业园区发展面面观[EB/OL].(2017-02-03)[2018-03-12].http://www.2016ccl.com/index/article/id/485.html.
② 范周.深度解读《文化部"十三五"时期文化产业发展规划》[J].人文天下,2017(5).

源共享。打破界限、联动发展，区域文化发展进入新格局。[①]

二、改革开放 40 年我国文化产业发展成就

改革开放以来，围绕全面建成小康社会目标和"五位一体"总体布局，我国加大中华传统文化资源保护力度，传承和弘扬中华文明；全面推进和深化文化体制改革，加大政策保障，不断创新文化产业体制机制，以标准化、均等化为重要抓手，加快推进文化建设；文化产业增加值稳步提升，产业规模不断扩大，新型业态不断涌现，居民文化消费需求得到基本满足，文化产业对国民经济的拉动作用显著；伴随着"一带一路"建设，文化贸易呈现增长态势，迎来机遇期，中华民族文化在国际交流中不断彰显文化自信，国家软实力不断提升。总之，改革开放40年来，我国文化产业取得了显赫的成绩，为全面建成小康社会、推动社会主义文化强国建设做出巨大贡献。

（一）传承中华文明，丰富发展层次

文化产业的核心要素是文化资源和文化人才。我国历史沉淀和文化底蕴深厚，文化资源丰富，物质文化资源和非物质文化资源异彩纷呈，是我国发展文化产业的基础。改革开放以来，我国坚持"保护为主、抢救第一、合理利用、加强管理"，坚持保护好、传承好、利用好文化遗产资源，颁布《博物馆条例》《中华人民共和国非物质文化遗产法》；加强对全国文物信息资源的整合利

---

① 范周，杨矞.改革开放40年中国文化产业发展历程与成就[J].山东大学学报（哲学社会科学版），2018（7）.

用和动态管理，进行全国可移动文物普查，建立全国可移动文物信息登记平台和数据库；各有关部门强化责任担当，协同做好文物保护和管理工作，召开全国文物工作会议、全国文物安全电视电话会议、长城保护工作会议。积极申报世界文化遗产，推动跨区域、跨国界的遗产保护项目和考古项目。文化资源保护工作由抢救性保护为主向抢救性与预防性保护、资源本体和周边环境保护并重转变。[①] 与此同时，"让文化活起来"，先后发布《关于推动文化文物单位文化创意产品开发的若干意见》《"互联网＋中华文明"三年行动计划》《关于进一步推动非国有博物馆发展的意见》，出台《法治政府建设实施纲要（2015—2020年）》，以文物保护法为核心的文物保护法律制度体系基本形成，文化资源保存状况显著改善，资源价值日趋彰显。文化是反映城市内涵特质和竞争力的核心资源，以文化软实力提升城市核心竞争力，推进社会主义现代化城市建设，是我国城市发展的重要抓手。20世纪90年代中期以来，北京、上海、广州、深圳、南京、杭州、重庆、成都、昆明等城市纷纷提出文化产业发展目标，使之成为城市功能的重要支柱和推进文化城市建设的强大动力。

人才是创新的第一资源，文化产业人才的培养是文化产业发展的根本。改革开放以来，我国重视集聚文化产业人才培养工作，大力实施人才发展专项计划，依托高校和研究机构资源，加强专业化人才培养工作。注重人才引进，创新引进政策，提高队伍层次。探索借助中介组织，构筑人才发展平台。实施"双创"，弘扬创新创业文化，优化人才发展环境，营造良好社会氛围。文化产业人才队

---

① 中共国家文物局党组. 砥砺奋进，辉煌五年[J]. 中国文物报，2017-10-18.

伍建设取得了初步成效，文化产业的健康发展奠定了基础。

（二）完善文化治理，改革释放活力

建设社会主义文化强国，文化体制改革是题中应有之义。党的十六大第一次对"文化产业""文化事业"进行了明确的区分，确定文化体制改革的方向。党的十七大报告提出要深化文化体制改革，推动文化大发展大繁荣，十七届六中全会通过《中共中央关于深化文化体制改革、推动社会主义文化大发展大繁荣若干重大问题的决定》，十八届三中、四中全会对深化文化体制改革做出了一系列重大部署。

在"两手抓、两加强"的文化建设思路指导下，我国文化体制机制改革已取得突破性进展，呈现出全面发力、多点突破、纵深推进的崭新局面。第一，完善文化管理体制。转变政府职能，深化文化管理体制改革，理顺政府和文化企事业单位之间的关系，积极推进"政事分开，政企分开，事企分开，管办分离"，实现了政府从"办文化"向"管文化"转变。文化体制改革的机制机理一点点明晰，主体框架一步步形成。第二，加强文化法制建设。推动出台公共文化服务保障法、电影产业促进法、网络安全法、公共图书馆法等重要法律。同时，不断完善文化领域的财政税收、土地利用、人才引进、科技创新、园区建设、产业引导、版权保护等相关政策，为我国文化产业健康可持续发展保驾护航。第三，深化国有文化企事业单位改革。在文化市场改革方面，简政放权，推行一系列融资举措，重塑文化市场主体，基本完成了国有经营性文化单位的转企改制，不断释放国有文化企业活力，提升国有文化企业实力和市场竞争力。鼓励文化企业进入市场，减轻企业负担，释放市场活力、主体动力和社会潜力。第四，加强现代公共文化服务体系建设。以人民为中心，以社会主义核心价值观为引领，努力推进公共文化机构法人治理结构改革、基层综合性文化服务中心建设，推进文化惠民工程。文化扶贫工作取得重大进展。中央有关部门统筹安排财政资金，实施百县万村综合文化中心工程，启动贫困地区民族自治县、边境县村综合文化服务中心覆盖工程，推动基本公共文化服务标准化、均等化建设。文化建设取得可喜成就，开创新局面，有力促进文化生产力的解放和发展，推动文化产业大发展大繁荣，加快产业结构转型升级，推动国家文化软实力的不断提升。

（三）健全文化市场，扩大文化消费

在文化体制改革的有利推动下，近年来，我国文化产业加快发展，从无到有、从弱到强，产业规模不断扩大，产业实力不断增强。文化产业增加值占GDP比重稳步提升，增速加快，对国民经济的拉动作用显著，日益成为我国国民经济的支柱性产业。在经济新常态下，"互联网+""文化+"产业融合加速，推动传统文化产业转型升级，新型文化业态不断涌现，产业结构趋于优化，在推动国民经济各行业全面、协同、可持续发展方面发挥重要作用。此外，破除体制机制障碍，激发市场主体活力。国有文化企业基本完成转企改制，成为文化"航母"，充满活力的中小微文化企业异军突起、破冰启航，基本建立现代文化市场体系。

与此同时，产业融合创新发展，不断丰富居民文化消费内容和服务，伴随着居民收入水平的持续提升，居民文化消费能力不断增强，加快推进供给侧结构性改革，扩大文化消费成为拉动经济转型升级的重要支点，成为满足人民美好生活需要的重要保障。伴随着文化产业的快速发展，全国形成了一批特色明显、产业集

聚效应突出的文化产业集群,既是产业加速发展的孵化器,也是居民文化消费的创意空间,成为现代文化城市一道亮丽的风景。文化产业已经成为推动社会主义先进文化大发展大繁荣的重要途径,成为国民经济的新增长极。

(四)加强文化传播,树立文化自信

文化自信是我国文化建设同步同向、向上向好取得全面巨大成就的根基,以文化自信推进新时代社会主义现代化强国建设具有重大的战略价值。[①] 近年来,立足于民族文化自信,我国颁布了一系列以扩大文化贸易出口和实现文化贸易进出口平衡为主的政策措施,推动文化交流、文化传播、文化贸易多头并举。《习近平谈治国理政》被译成22个语种、25个版本,在海内外已经发行了625万册;中国国际电视台(中国环球电视网)成功启播;中央电视台海外整频道用户达4亿户,分布在全球168个国家和地区;[②] 在海外设立500多所孔子学院和30个海外文化中心;互办文化年、国际设计周双年展、电影节、艺术节、图书展、推介会等。通过加强对外话语体系建设,搭建对外文化贸易和交流平台,促进国家文化交流与传播,彰显中华民族文化魅力,重塑国家文化形象。

伴随着文化产业的快速发展,我国对外文化贸易显著提升。一批优秀国产影视剧在国外热播、精品图书在海外热卖,一批文化精品力作引起强力反响。从数量上看,我国已经占据世界图书出版品种和总印数第一、电视剧制播量第一、电影银幕数量第一的位

---

① 范周.坚定文化自信,建设新时代社会主义现代化文化强国[J].前线,2018(3).

② 刘阳,郑海鸥.坚定文化自信,开创社会主义文化繁荣新景象[N].人民日报,2017-07-24.

置。上海、北京、深圳等地相继建立了国家对外文化贸易基地。作为全球文化生产和文化贸易的主体，文化企业持续发力，对外文化投资、并购、贸易等活动层出不穷，成为文化贸易的主力军。随着"一带一路"倡议的提出和建设，横贯亚洲、非洲、欧洲，沿线涵盖66个国家和地区的"一带一路"倡议布局由愿景落实到切实合作。以移动互联网、大数据、智能制造等为代表的数字科技推动文化产业的加速融合，深刻地改变我国文化贸易和文化交流方式。2017年，我国文化产品和服务进出口总额1265.1亿美元，同比增长11.1%。其中，文化产品进出口总额971.2亿美元，同比增长10.2%；文化服务进出口总额293.9亿美元，同比增长14.4%。国际版权输出不断增加，图书版权贸易逆差逐步缩小。[①] 中华文化国际影响力竞争力进一步扩大，我国日益走向世界舞台中心。

---

① 商务部通报2017年我国对外文化贸易情况 [EB/OL].(2018-02-17)[2018-06-11]. http://www.sohu.com/a/223020931_179557.

第一篇

文化资源：创意时代的新动能

创意时代已经来临！从创意阶层到创意产业，从创意经济到创意城市，20世纪末世界各地掀起了轰轰烈烈的创意产业发展浪潮，构建创意城市成为全球发展的新热点。创意阶层的兴起，人的创造力、文化、知识等无形资源正在取代有形物质资源成为城市经济和财富的重要条件，城市进入创意驱动新阶段。

一、文化保护与创意城市之间的衔接

查尔斯·兰德利（Charles Landry）曾说："城市必须重新评估自身的资源与潜能，继而促成必要的全面改造流程，而这本身就是个充满想象力与创造力的行动。"[1]文化遗产代表着古老、传统和过去，创意城市则象征着活力、创意和未来。但创意城市的发展并非与文化遗产的保护对立，世界上很多著名的创意城市已经将传统文化作为城市新生的重要支撑。创意城市的倡导者认为，创造良好的创意城市重点在于充分利用公认的城市资产，其中人才和文化都是重要资源。就城市的文化遗产资源来说，创意的加入

---

[1] 刘易斯·芒福德.城市文化[M].宋俊岭，李翔宁，周鸣浩，译.北京：中国建筑工业出版社，2000.

不仅能够更好地利用这些资源，更能够帮助其成长，是凸显城市文化独特性的依据所在。所有的城市发展到最后可能都会拥有发达的交通系统、完备的教育资源和先进的医疗保健基础设施，但最为理想的城市标杆，则依靠举足轻重的差异、多元性文化和独特的城市品牌来完成自我推销。① 那么，城市为什么要保护文化遗产的多样性？文化遗产如何在创意城市构建中发挥作用？在笔者看来，需要完成两个过程。

第一个过程，从文化文本到文化资本的转化。文化文本是指未被整理和评估的遗产，人们往往不是很清楚其是否具有价值，需要通过档案收集、现场调查、综合研究、评估分析来还原其本来的资源的意义。②

第二个过程，从文化资本向文化商品的转换。这是文化遗产进入经济循环的关键。与生产出来的文化商品所不同的是，文化遗产本身已经是一种资本，具有"文化深度"。③ 所谓"文化深度"，意指文化遗产是有文化深度的资源，是长期积累形成的，是其他城市不可取代的城市特征定位标志。④ 就好比曾有九国租界的天津是近代工业先驱城市之一；北京作为历史古都，有着厚重的皇家文化。这些城市的特征和新兴城市截然不同，无法复制，不可取代。因此在使文化资本向文化商品转化时，通过创意、生产、销售等环节，需要保证原有遗产的价值（即保值问

---

① 徐苏斌. 从文化遗产到创意城市——文化遗产保护体系的外延 [J]. 城市建筑，2013（03）.

② 同上.

③ 同上.

④ 查尔斯·兰德利. 创意城市：如何打造都市创意生活圈 [M]. 杨幼兰，译. 北京：清华大学出版社，2009.

题),并且通过创意设计达到增值的目的。在城市更新过程中,不仅要保持文化遗产所具有的文化深度,还要使之增值。这就是文化遗产在创意城市构建和发展中发挥的作用和需要完成的两个过程。①

二、从创意经济到创意阶层

对"创意经济"与创意氛围来说最重要的是创意人才、技术和支持新房基础设施的汇集。② 创意阶层的形成是创意城市必不可少的基础,理查德·佛罗里达(Richard Florida)在《创意阶层的兴起》一书中,阐述了对创意城市应该有创意阶层的支持。③ 创意阶层包括设计师、科学家、艺术家与脑力劳动者等,也就是在大家眼中需要用创意来从事自身工作的人。他们最关心的是"地方的质量"(quality of place)。④ 所以为了吸引更多富有创意的人以壮大城市创意阶层,社会需要营造良好的人文环境,不同的社会主体需要承担不同的社会责任,从政府、企业、高校到社会机构;从顶层设计、公共服务到保障措施,能否吸引人才留住人才并充分发挥人才的作用,将成为未来城市竞争的重要环节。

---

① 徐苏斌.从文化遗产到创意城市——文化遗产保护体系的外延[J].城市建筑,2013(03).
② 查尔斯·兰德利.创意城市:如何打造都市创意生活圈[M].杨幼兰,译.北京:清华大学出版社,2009.
③ 理查德·佛罗里达.创意经济[M].方海萍,译.北京:中国人民大学出版社,2006:3.
④ 徐苏斌.从文化遗产到创意城市——文化遗产保护体系的外延[J].城市建筑,2013(3).

第一章 文化遗产保护与文化多样性

引言

　　2001年11月2日,联合国教育、科学及文化组织(UNESCO)第三十一届大会在巴黎总部通过了《世界文化多样性宣言》(以下简称《宣言》)。《宣言》指出,文化多样性对人类的意义,就如同生物多样性之于维持生物平衡一般必不可少,是人类的共同遗产。《保护和促进文化表现形式多样性公约》(以下简称《公约》)于2005年10月20日,在第三十三届联合国教科文组织大会通过。《公约》将"文化多样性"定义为"各群体和社会借以表现其文化的多种不同形式"。这些不同的表现形式在其群体内部得以传承。所有这些措施都反映了文化多样性对于全人类的重要性,只有保持文化的多样性,社会的发展和进步才是真正有价值的。保护文化表现形式及其内容的多样性,体现了人类文明多元共存,和谐共进的本质要求和基本价值,应成为人类共同的使命和责任。

　　随着历史发展,社会不断进步,人类在此过程中创作出越来越多丰富而又宝贵的文化遗产。对一个国家和民族来说,文化遗产代表着其历史和文化成就,是民族文化的集中展示,是民族精神的集中体现；对世界和全人类来说，文化遗产是人类文明的重要载体，生动地展示了人类文化的多样性，是人类共同的财富。文化遗产保护作为当代社会一项重要的人类实践活动，不仅反映出人类对于自身文明成果的珍视、高度的文化自觉，以及对文化多样性的尊重，其本身也在一定程度上代表了社会文明的进步。文化遗产的保护实践，或直接或间接地从经济、政治、文化、道德等方面影响社会和人类的精神世界，为不同文明之间的沟通、理解和相互尊重搭建桥梁。

21世纪，在经济全球化趋势日趋明显的大背景下，文化多样性正受到挑战。资本与信息在世界范围内加速流动，传统意义上的文化传承空间被打破，传播途径也因各种传媒工具和技术手段的出现发生重大改变。如何在现代化进程中保护文化遗产和文化多样性，在全球化浪潮下保持文化的民族性和差异性，已经成为当今人类社会的重要议题。

第一节 文化遗产的价值分析

一、深刻认识文化遗产

（一）文化遗产的概念

学界及相关文化机构就"文化遗产"的概念，已经有了大量的研究和界定。1972年11月16日，联合国教科文组织在巴黎通过了具有里程碑式意义的《保护世界文化和自然遗产公约》（简称《世界遗产公约》），并在第1条规定了"文化遗产"的核心概念。

《保护世界文化和自然遗产公约》所界定的"文化遗产"包括以下几个方面。①文物：从历史、艺术或科学的角度来看，具有突出普遍价值的建筑物、碑雕和碑画，具有考古性质的成分或结构、铭文、窟洞以及联合体；②建筑群：从历史、艺术或科学的角度看，在建筑式样、分布均匀或与环境结合方面，具有突出普遍价值的单立或连接的建筑群；③遗址：从历史、审美、人种学或人类学角度看，具有突出普遍价值的人类工程、人类与自然联合工程以及考古地址等地方[①]。

然而，《保护世界文化和自然遗产公约》仅对文化遗产的内涵做了列举式的说明，而并无描述性的明确定义，仅仅是提及文化遗产"有什么"，但没有准确解释出文化遗产"是什么"。1999年10月，国际古迹遗址理事会（ICOMOS）通过《国际文化旅游宪章》，对"文化遗产"进行了直接分析，指出"文化遗产"是具有传承性的、在某一社群内部传习下来的生活方式，包括习俗、惯例、场所、物品、艺术表现等形式。在此之后，《保护水下文化遗产公约》《保护非物质文化遗产公约》和《关于蓄意破坏文化遗产问题的宣言》等国际公约和法律都直接以"文化遗产"为保护对象[②]。

21世纪初，随着"文化遗产"一词在国际舞台上越来越频繁地出现，中国也开始运用"文化遗产"的概念来代表"文物""民俗""民间文化"等内容。2005年12月22日，国务院下发《关于加强文化遗产保护工作的通知》（以下简称《通知》），《通知》提出："文化遗产包括物质文化遗产和非物质文化遗产。物质文

---

① 保护世界文化和自然遗产公约 [EB/OL].(2006-05-23)[2018-04-11]. http://www.gov.cn/test/2006-05/23/content_288352.htm.

② 王云霞.文化遗产的概念与分类探析[J].理论月刊，2010（11）.

化遗产是具有历史、艺术和科学价值的文物,包括古遗址、古墓葬、古建筑、石窟寺、石刻、壁画、近代现代重要史迹及代表性建筑等不可移动文物,历史上各时代的重要实物、艺术品、文献、手稿、图书资料等可移动文物;以及在建筑式样、分布均匀或与环境景色结合方面具有突出普遍价值的历史文化名城(街区、村镇)。非物质文化遗产是指各种以非物质形态存在的与群众生活密切相关、世代相承的传统文化表现形式,包括口头传统、传统表演艺术、民俗活动和礼仪与节庆、有关自然界和宇宙的民间传统知识和实践、传统手工艺技能等以及与上述传统文化表现形式相关的文化空间。"① 这是目前中国文化遗产法律制度体系中对"文化遗产"所做的最清晰、最有效力的定义,《通知》的发布也标志着我国"文物保护事业"向"文化遗产事业"转化的发展趋势。

(二)文化遗产的特征

1. 类型多种多样

多样性是文化遗产的鲜明特征。在此语境下,物质文化遗产兼具实用性与审美性,非物质文化遗产则更具有民族性和地域性。类型的多样性既反映出人类社会发展过程中与自然环境的相互作用,更见证了不同民族对本民族文化的生动演绎。作为历史学、艺术学、社会学、语言学等多种学科的研究对象,文化遗产价值相应地具有典型的多样性特征。

从时间维度来看,文化遗产具有初始价值和衍生价值。作为人类实践活动的产物,文化遗产最初被创造出来往往是为了满

---

① 国务院关于加强文化遗产保护的通知 [EB/OL].(2005-12-22)[2018-04-11]. http://www.gov.cn/gongbao/content/2006/content_185117.htm.

足和实现人们的某种目的或需要，这种目的和需要可以称作一种"功利价值"，即文化遗产的初始价值。例如修筑长城的目的是抵御外来侵略，龙门石窟的开凿是为了宣扬佛教义理，修建五岳祠庙则是为了满足国家祭祀需要。而随着历史发展和情境变迁，如今这些文化遗产原有的功能大多已经彻底改变，成为人们进行历史研究、旅游休闲的重要载体。由于文化遗产与人类之间存在一种相互作用关系，具体表现为人类作为实践主体能在历史发展的进程中重构文化遗产与自身的价值关系，而文化遗产也在一定程度上影响着人类的思想和文化心理结构，因此，在大历史观的视野下，文化遗产具有远高于初始价值的"历史价值"——衍生价值，如历史记忆觉醒、审美愉悦增强、民族精神的凝聚等。

从空间维度来看，文化遗产具有本体价值和环境价值。文化遗产本体，即主要承载历史和文化信息的物质实体，也是文化遗产价值的主要载体。但任何一处遗产，无论是自然遗产还是人文遗产，都离不开最初产生的环境、历史发展的环境和今天存在的环境，这种环境本身也是遗产价值的重要组成部分。以建筑遗产为例，如著名的悬空寺、宝石寨，其初始的设计创意就包含着符合建筑功能的选址，包含着建筑造型与地形地貌的协调，因此一旦剥离了所处的环境，遗产的本体价值可能也会大打折扣。

从三维结构来看，文化遗产具有核心价值和附属价值。所谓核心价值就是一种客观存在价值，如文化遗产的年代价值和反映人类社会历史演变的研究价值。它更多地体现为一种"存在价值"，具体包括自然科学价值、历史文化价值、艺术美学价值等。从地域上看，核心价值主要保留于遗产地区域内部。附属价值就是基于核心价值产生的新的价值，主要是指社会价值，具体包含记忆、感情、教育等内容。在地理空间上，这种价值表现为文化遗产作为一种特殊资源对其所在的区域，甚至是全世界所产生的社会效应和促进作用。

2. 要素互相关联

文化遗产价值的另一个特点是关联性。基于以上多维度的研究视角，我们不难发现，文化遗产价值系统中的价值要素并不能够简单相加或是完全并列。文化遗产的各个价值要素共同构成了文化遗产价值系统，这些要素并非孤立的、静止的，而是相互关联的、动态的。系统功能的发挥形成离不开要素，因而这些价值要素间应当是彼此关联、协调有序的。例如，文化遗产的衍生价值与它的初始价值是分不开的，两者之间存在着时间和空间的重叠，导致文化遗产独特的多元价值得以延续和扩展。也正因此，我们在研究和评估文化遗产价值的时候，不能仅研究孤立的价值要素，而是要更加关注文化遗产价值的整体性。

总之，文化遗产的价值体系应该是一个层次分明、相互关联的完整系统，包含生态、社会、经济、人文等多元要素。形成对文化遗产价值体系的理性认识，引起公众对文化遗产价值关系的多维性、价值结构的开放性的关注和重视[①]，对文化遗产保护事业的推进具有十分重要的意义。

二、文化遗产的价值

从语义构成上来看，"文化遗产"由"文化""遗存""财产"

---

① 王文章. 非物质文化遗产概论 [M]. 北京：文化艺术出版社，2006：82.

三个部分组成。顾名思义，它们映射出了文化遗产的文化属性、历史属性以及价值属性。现在我们看到的文化遗产，在最初仅仅是具备某些特殊功用，在之后的历史长河中才慢慢沉淀成为一种文化"遗存"，最终部分被认定具有突出价值的"文化遗存"，从而被视为"文化财产"。当这三重身份经过历史的洗练完成统一之时，"文化遗产"便能够以其自身多重价值的叠加而被广泛认同。

几乎在所有关于遗产保护的国际法规和文件中，文化遗产的价值都被反复强调。例如，在《保护世界文化和自然遗产公约》中就有关于文化遗产"突出的普遍价值"的提法。澳大利亚《巴拉宪章（1999）》中也反复强调文化遗产价值，意指"对过去、现在或未来的人们具有美学的、历史的、科学的、社会的和精神的价值。"2001年《会安草案——亚洲最佳保护范例》指出"遗产价值保护的重要性，这些价值体现为在整个区域内把遗产地作为保护多元和持久的文化遗址的基石"。

国内外对于文化遗产价值的认定与评估，基本上是从历史价值、艺术价值和科学价值三个方面进行的。例如，《中华人民共和国文物保护法》和《中国文物古迹保护准则》明确指出文物的历史价值、艺术价值、科学价值。不难看出，文化遗产的价值代表文化遗产的重要性，存在于文化遗产本身与人类的相互关系中，存在于文化遗产对人类具有的重要功能和作用中。这种价值依据不同维度有不同的分类方法，也体现出研究者和整个社会对文化遗产价值的关注侧面各不相同。

"一部人类文化遗产的保护史，其实也是对遗产价值的认识史"。[①] 价值认知的变化与发展是人类价值观不断变化与比较的结

---

① 刘敏，潘怡辉. 城市文化遗产的价值评估[J]. 城市问题，2011（8）.

果，正确认识文化遗产的价值是保护文化遗产的基石。文化遗产价值认识在深度和广度两个层面不断进化，成为文化遗产保护发展的不竭动力。深入分析文化遗产价值体系，是设置文化遗产保护层级、完善其价值评价指标体系的重要基础，在文化遗产保护实践中有着极为重要的意义。

（一）普遍价值

联合国教科文组织在《世界遗产公约》中，对于应该受到国际保护的文化遗产强调其"突出的普遍价值"，体现出对于普遍主义、人类普遍价值观的一贯追寻。"普遍价值"就是要保持"统一和差异"，既"对创造它的族群很重要"，也"对全世界都很重要"。缔约国的地理、生物和文化多样性是客观存在的，而教科文组织主观上希望用普遍的价值标准来衡量世界遗产，[①] 因而"普遍价值"一开始就与尊重世界文化多样性密切相关。

在哲学意义上，"普遍价值"是指一个国家文化的普遍适用性，即它对全世界或全人类的共同价值。从历史与逻辑的统一看，普遍价值是客观存在的。个体或群体之间存在差异性和一致性。一方面，彼此的特征和追求是不同的，呈现出自然的多样性；另一方面，作为一个普通的个体，他们在物质和能力的基础上，有人类对自然的理解和对自然的改造。[②] 文化作为人类存在的一种表现形式，也是一种差异与普遍的结合。文化差异背后的共性是基于基本的人类共性，这是不同文化群体之间交流的基础。这种共

[①] 史晨暄. 世界遗产"突出的普遍价值"评价标准的演变 [D]. 北京：清华大学，2008.

[②] 刘仁贵. 文化差异背景下的普遍价值——一种人性论的视角 [J]. 吉首大学学报（社会科学版），2008，29（2）：60.

性也体现在一些基本的价值观和道德观上，它们既普遍适用于全人类，也是各种文化价值的高度凝练。文化遗产不仅是国家和民族重要的历史文化成果，更是全人类共享的文明成果和人文财富，因此，其中包含的历史文化价值和精神价值有着跨文化的相通性和普适性。

1. 文化遗产是民族精神的载体

每个国家和民族都有自己独特的文化传统，而这些文化传统正是人们为维护各民族独立、实现民族复兴而艰苦奋斗的精神支撑。这种精神的延续并不是靠自然遗传，而需要以社会文化环境为依凭，借助一定的物质载体，或是教育、传习、交流等非物质形式继承的。文化遗产作为这种精神价值凝结的集中表现，反映着不同民族在历史发展过程中形成的心理图谱、思维方式、气质情感等特征，[①]从表征看是物质的，却也鲜活地映射出前人的精神品质与力量。在某种程度上，文化遗产就是民族精神和传统文化的标志。它可以给一个国家或民族带来强大的凝聚力和激励作用。它是本族崇拜的图腾，也是其他民族崇拜或学习的对象。

2. 文化遗产有教育教化的功能

"以文化人、以文育人"是文化的价值所在。文化教育的本质是以人类文化的积极价值为导向，教育人们走向理性，追求真善美，最终实现立德的目的。文化遗产的核心价值是文化价值，其中蕴含着丰富的道德理念、先进的人文精神和崇高的价值追求。因此，文化遗产还具有教育教化的社会价值。一方面，作为人类智慧与文明成果的结晶，文化遗产就像鲜活的教科书，其中蕴含

---

① 孙刚.文化遗产价值之我见[J].南方文物，2009（1）.

的丰富的历史知识、文化知识、艺术知识、科学知识,在当今社会仍是学校教育、社会教育的重要资源宝库,具体表现为提高审美素养的教育作用、培养创新精神的教育作用、展现世界文化多样性的教育作用以及树立民族文化自信的教育作用等;另一方面,文化遗产保护与传承教育应当成为文化遗产保护、传统文化传承实践的重要组成部分。文化遗产的教育传承在弘扬本民族传统文化、提高国民文化素养等方面具有独特而不可替代的意义,对于社会公共教育和文化事业的发展具有重要意义。

(二)研究价值

1. 文化遗产是民族历史的精华

文化遗产是历史上不同时期人类文明的见证与精华。既然命名为遗产,就强调了它作为文明的过去式,[①] 具有历史价值;命名为文化遗产,则体现出其蕴藏着的丰富的文化价值。这也是文化遗产价值体系的中心。文化遗产所承载的信息量,无论是关于自然环境的,还是人类实践活动的,都与其历史久远度呈正相关。这些信息总是带有特定时代的历史特征,通过这些信息,我们可以了解到特定历史时期的自然地理、人文风情、社会状况等。通过对文化遗产的综合分析,探索隐藏的历史文化价值观,有助于我们理解政治、经济、社会和文化发展的互动关系和具体历史时期变化的互动成果。文化遗产就是前人谱写的历史总结,里面记录着历史年轮、世事沧桑,既有与后人在情感上的交流对话,也有为后人留下的无数经验教训。在学习和总结前人智慧的基础上,后人不断进行创新实

---

① 张中奎.第二届世界遗产论坛综述[J].重庆文理学院学报(社会科学版),2006(2).

践。伴随着文化积淀的累加,人类改造世界和创造未来的能力日益加强,使文化得以传承创新,推动社会不断进步发展。

2. 文化遗产是社会发展的见证

"科学"在《现代汉语词典》中定义为"反映社会、自然和思维的客观规律的知识体系"。文化遗产作为时代历史的产物,反映了当时社会条件下生产力发展状况、科学技术水平和人们的创造能力,具有科学价值。[①]《中国文物古迹保护准则(2015)》明确将"科学价值"定义为,文物古迹作为人类创造性和科学技术成果本身或创造过程的实物见证的价值。文化遗产不仅具有独特的人文和艺术魅力,也蕴含前人对自然和科学规律的求索,这些智慧成果在后世依然能为后人提供科学研究的灵感和依据。例如,计算机二进制的原理灵感就来源于《易经》中的"太极生两仪,两仪生四象";再如,中国古建筑中广泛运用的传统木作工艺的精髓——榫卯结构,就充分体现着结构力学与平衡学的睿智光芒。因此,文化遗产的科技研究价值既能体现在学科的基本理论研究上,为学科的理论体系构架和完善提供支持,又能在实际应用中发挥作用,改进生产方式、提高生产效率等。今天,在"中国制造"突飞猛进的过程中,如何深入挖掘文化遗产中蕴藏的科技价值,将创造性发展和科学规律探索有机结合,让古老的智慧在今天持续发挥余热,是值得思考的命题。

(三)经济产业价值

从文化经济学的视角来看,当文化产品与价值一起被存储时,

---

① 韩丽红.论马克思主义文化遗产观的当代意义——以当代青少年素质教育为视角[J].湖北经济学院学报(人文社会科学版),2011(8).

文化价值就沉淀为人类文化资源。当文化资源被用于满足需求和获得利益时，这些资源随即成为文化资本。在这个层面上，物质文化遗产和非物质文化遗产都是一种世代相传的文化资本，包含着两种典型的价值，即文化价值和经济价值。

文化遗产的经济产业价值主要体现在两个方面。首先，客观来讲，文化遗产本体具有极高的经济价值，这主要表现为文物往往以其不可再生性和稀有性而具备极高的收藏价值，受到市场资本的青睐，并且随时间的推移不断升值。其次，文化遗产在合理开发与再利用下可产生巨大的产业价值。无论物质文化遗产还是非物质文化遗产，对其本身价值开发运作，都是体现文化遗产经济产业价值的必然选择。例如对工业遗产闲置厂房的空间再利用以及功能转换，对于名胜古迹或传统礼仪、风俗、文化内涵的深层挖掘与展现等。不仅如此，发展文化旅游业还有利于打造城市品牌、带动区域文化产业发展，对促进地方经济繁荣和可持续发展具有深刻和积极的意义。但对于文化遗产经济产业价值的开发需首先处理好保护、传承与利用三者之间的关系，警惕在对文化遗产利用过程中出现过度商业化现象。

第二节　文化遗产的发展困境

一、传播困境

（一）文化全球传播下的民族文化排挤

每个民族都有独特的文化内容和表达方式，它影响和凝聚着一代又一代人，连接着一个民族的过去、现在和将来，展示了一个民族的稳定、连续性和活力。① 如今，全球化浪潮正席卷社会生活的各个领域，它不仅变革着世界经济结构，也影响着文化领域的发展。所谓文化全球化指的是不同文化、不同文明从孤立到融合的过程，是全球性的文化变革，包含文化融合和文化冲突两种趋势。② 在这个过程中，"各民族文化不断突破民族文化的地域和格局，不断超越民族文化的国界，在人类的评判和取舍中获得文化的认同，不断将本民族文化区域的资源转变为人类共享和共有的资源"③。文化交流的日益密切有效促进了人类优秀文化成果在不同民族和国家间的传播、互动、借鉴和吸纳，文化多样性逐渐被认知，人类文化生活面貌发生改变，新的文化关系逐步形成。

然而，全球化在给世界文化的普遍交流和激荡带来契机的同时，也意味着某些文化将面临前所未有的威胁和挑战。全球化语境下的文化交流应当是一种平等的互动关系，但是由于文化受经济基础的制约，这种互动可能变成一种单方面的输出。美国学者塞缪尔·亨廷顿（Samuel Huntington）就此提出"文明冲突论"，认为"将来世界的冲突会是文化引发的，假如战争发生，那么这将是一场世界性的文化战争"。长久以来，西方中心主义盛行，东方文化则处于弱势。尽管当前世界文化格局的多元化发展趋势愈

---

① 顾正东，徐明.四川少数民族传统体育文化特征及功能研究[J].贵州民族研究，2013（2）.
② 刘东超.当代中国思想文化批判[M].保定：河北大学出版社，2008.
③ 丹增.中华文化走向世界的理论思考[J].云南师范大学学报（哲社版），2006（3）.

来愈明显,但在文化传播过程中,文化的信息流向总是由高向低,强势文化对弱势文化的排挤现象依然存在。

一方面,当今世界的文化秩序依旧不平衡、不合理,部分西方发达国家在主导经济全球化的同时,推行文化帝国主义政策或文化霸权主义政策,通过使用前沿的信息技术和遍布世界的传播媒介实施文化渗透,试图宣扬自身文化价值体系的霸权地位。另一方面,面对主流文化强大的渗透力和感染力,相对弱势的少数民族文化容易受到冲击,少数民族文化的个性和典型性逐渐弱化,少数民族原有的生产方式、生活方式、审美观念和消费习惯等也可能被强势文化侵蚀、消解和同化。

(二)传播观念落后限制文化遗产表达

中国自古以来就是一个地域辽阔、民族众多的国家。各民族文化彼此交融,共同构成了中华文化的底色。少数民族文化的传播不仅是人类文化多样性的生动展现,更关乎国家形象的建设与发展。但由于不同民族所处的地域环境等因素各不相同,经济社会和文化发展水平均存在较明显的差异,部分少数民族地区文化传播观念的落后直接制约文化传播效力水平。这种文化传播观念上的滞后主要有如下表现。

首先,少数民族自身忽视了民族文化的传播。文化认同是建立在民族认同的基础上的,在文化传播的过程中能够强化文化认同。虽然国家从政策层面上不断加大对少数民族文化保护与传承的力度和广度,但由于部分少数民族人口稀少、地区经济发展水平相对滞后,再加上自我表达能力不足、主动传播意识薄弱等原因,部分少数民族文化濒临消失。在文化传播层面上,少数民族需进一步树立民族文化自信,积极宣传,提高社会各界对少数民族文化的关注度。

其次,面对新媒体等现代传播技术观念保守。在当前新媒体用户大幅增长,文化传播更倾向于依赖互联网的语境下,少数民族文化受传统思想观念的影响,在长期发展过程中缺乏对新媒体等现代技术的全面认知和有效运用,仍旧采用纸媒、电视等传统媒体渠道进行文化传播,形式单一,渠道狭窄,缺乏创新性、整体性与互动性。

(三)经济水平不高制约文化遗产创新

区域经济与社会的发展水平是地方文化发展的物质保障。尽管近年来少数民族地区的发展取得了长足进步,但与中部和东部沿海地区相比,经济和技术环境的差异仍旧巨大。政府拨款难以满足少数民族地区文化发展的全部资金需求,资金短缺直接影响基础设施建设,进而影响文化传播的有效性。在新媒体基础设施建设方面,矛盾尤为突出。以互联网用户的普及率为例,根据第三十九次中国互联网调查报告,截至2017年6月底,经济不发达、基础设施较差、少数民族集中的贵州、甘肃、云南地区的网民普及率分别为43.2%、42.4%和39.9%,是网民普及率最低的三个省份,而经济发达的北京、上海、广州网民普及率已经超过74%。新媒体基础设施的普及程度低、建设水平差,导致少数民族文化的传播处于劣势。

正是因为经济因素制约了人才的集聚,而高素质传播人才的缺乏也成为制约少数民族文化传播的重要因素之一,严重影响了民族文化传播的有效性和持续性。精通民族文化、具备国际传播视野的人才是民族文化建设与发展的中坚力量,他们既是民族文化的传承者,更是民族文化的传播者。但是,一方面,随着城市化与现代化进程的推进，少数民族文化传承人外流现象普遍；另一方面，由于经济发展居于相对落后地位，少数民族地区民族文化产业、新媒体技术等人才的引进也面临更大的困难。

二、传承困境

（一）社会经济变革导致民族文化变迁

在人类文化的发展过程中，不同民族形成了凝聚着各自自然地理条件、生产生活方式、思维价值观念等要素，并通过语言、文字、艺术等方式延续下来的独特文化，这就是文化的民族性。与此同时，民族文化也具有相对稳定性，倾向于维持本民族文化的现状和发展轨迹，对外来文化表现出抵抗性和封闭性。尽管如此，民族文化变迁仍然难以避免，特别是在经济、科技发展水平越来越高的今天，民族文化的变迁仿佛成为一种必然。

首先，经济形态的变化促使整个社会制度和意识形态发生相应变化。在市场经济大潮的冲击下，我国少数民族文化，尤其是传统节日、风俗等逐渐失去了传承文化的媒介作用，呈现给处于少数文化之外人们的文化风貌已经不再纯粹。例如，内蒙古的那达慕、彝族的火把节、傣族的泼水节、景颇族的目瑙纵歌节等在市场的洪流中，成为吸引客流的华丽外衣。

其次，生产方式决定了消费方式，影响社会潮流与价值观念。在市场经济中，部分少数民族将目光聚集在外来文化和价值观上，民族内部环境发生改变。现阶段的民族文化很难有"纯粹"的文化保护行为，难以避免的商品化可能成为破坏民族文化纯真性的重要一击。

（二）民族文化演进受到多元文化撞击

在一定程度上，民族的文化变迁是以走向现代化发展为落脚点，这是历史的必然发展趋势。但是目前，部分少数民族受自身限制，例如珞巴族、赫哲族、鄂伦春族、裕固族等人口较少的少数民族，其文化传承面临着比其他少数民族更大的困难和挑战。

首先，少数民族生产生活方式受到现代文化和外来文化的冲击，依附于其传统生活方式的特色文化难以延续。例如，在现代化过程中，一些游牧民族在长久的狩猎生活中形成的语言、特色传统制皮工艺等失去了适合的环境土壤，相关的传统工艺艺术渐渐被人们所遗失。

其次，部分少数民族文化自身传承的传播方式仍处于落后状态。例如，以傩戏、傩祭为代表的贵州道真仡佬族傩文化，其传承方式完全依赖于民间的人际传播和口头传播，民间艺人的流动性强带来傩文化传播载体的不稳定性。且傩文化体系信息量巨大，传承效率难以保证。这些因素直接导致仡佬族傩文化的传承与传播总难以进入更为广泛的领域。另外，部分贫困少数民族聚居区民族教育起点低、困难多、投入不足，教育发展处于相对落后状态，整体受教育水平较低，民族文化保护传承意识相对薄弱。

（三）过度商业化消解文化基因原生态

近年来，随着经济的发展，以民族文化旅游业为代表的民族文化产业发展迅速，在可观经济效益的推动下，民族文化资源的商业化运作如火如荼。诚然，市场化的开发和运作可以成为文化活化和文化传承的一种手段，但过分追求经济利益的商业化运作容易使人丧失文化遗产传承应有的自觉意识。民族文化的过度消费和功利性开发破坏了文化的严肃性,造成了民族文化的精神内涵空虚,少数民族文化特征沦为文化消费的噱头。[①]某些创作者对民族文化一知半解,甚至出现编造历史典故、图腾信仰的现象,所谓的民族文化作品难免落入炒作、猎奇的窠臼,不仅无法原汁原味地展现民族文化特色风貌,还可能导致外界对民族文化的误解。民族文化的传承与传播也受市场经济功利主义的影响,有意无意地丧失了民族文化的基因[②]。

少数民族文化传承中的商业化运作逻辑,还可能将少数民族文化推向同质化的泥潭。首先,经济效益驱使下的盲目开发导致目前民族文化产品出现内容雷同和粗制滥造等趋势。这一弊病在文化旅游项目的开发中尤为明显,千篇一律的"民族手工艺品"和大同小异的"民族文化村"让民族文化旅游产品的开发走进"死胡同"。其次,为了吸引眼球,吸引流量,仅仅选取最有代表性的,或者是最有吸引力、最容易被接受的民族文化元素进行包装宣传,容易产生"文化简化"现象,少数民族文化的特质渐渐被稀释乃至替代,民族文化传承不免流为简单机械的文化符号的复制。[③]在当今"流量为王"的互联网营销时代,民族文化在传承与传播过程中尤其容易受到新媒体的碎片化、复制性、瞬时性等特征的影响。以快手、抖音为代表的网络视频、移动社区一定程度上加剧了民众趋向快餐式的文化

---

① 孙钰钦.新媒体时代少数民族文化传播渠道探索[J].编辑之友,2013(8).
② 温和琼.民族地区在少数民族传统文化传承和发展中的历史使命[J.前沿,2011(6).
③ 李清.试论少数民族文字编辑专业素养提升的途径[J].中国编辑之友,2017(5).

消费习惯。

（四）文化传承人断层加重遗产传播困境

与其他类型文化传承相比，民族文化的传承受到一定程度的制约。最为明显的是民族文化主要在族群内部进行传承。这也决定了文化传承者一般是基于相同的语言、信仰和风俗。传承的目的是传授和继承。然而，目前许多民族文化都面临传承主体老化和后继无人的窘况。

一方面，传承人老龄化严重。这与传统的传承方式密切相关。长期以来，家族内部、师徒之间"一对一"形式的口传心授是民族非物质文化遗产传承的主要方式。因此，对传承人的依赖性极高。目前，我国少数民族民俗传人、民间歌舞、手工技艺等传承人大多体弱年迈，随着他们的相继离世，甚至出现了"人亡艺绝"的现象，令人扼腕叹息。2015 年，在世的国家级非物质文化遗产代表性传承人中，有 50% 以上超过 70 周岁。少数民族文化传承陷入后继乏人的困境。

另一方面，新生力量较薄弱。受到城市化浪潮和商品经济的影响，少数民族地区经济形态与相对封闭的社会文化结构发生了巨大变化。新一代传承人受社会环境影响，在接触了大量外来文化、流行文化后，开始钟情于现代化的时尚生活，对往昔传统的民族文化与技艺的兴趣变淡，关注度降低；加之学习一门传统技艺往往需要投入大量的时间和精力，且难度较高，不少年轻人对学习民族文化望而却步。如今，传统农业已不再是少数民族人们生存的唯一途径，传统的民族文化产品虽然技艺含量高，但却容易陷入有价无市的困境，很难为少数民族人民带来可观的经济效益，选择外出打工的年轻人占多数。一些条件较好或者外嫁的原住民往往外迁。多种原因致使年轻一代对参与本民族文化保护与传承的责任感日渐淡薄，自觉性随之弱化。

第三节 文化资源的创意新生

一、提升文化自觉：增强文化认同，挖掘当代价值

（一）客观分析，正确看待，差异处理

文化自觉本质上是对文化价值的自我觉醒、自我反思，它还包括对文化的价值判断和价值选择。树立文化自觉就必须深刻理解文化意义、文化地位和文化作用，主动承担新时代文化建设的使命。我国是文化资源大国，传统文化资源丰富，极具特色。如何科学对待传统文化资源，不仅是一个重大的理论问题，也具有现实意义。

首先，要始终保持对传统文化意义、作用和地位的高度认同。传统文化以无形的力量潜移默化地滋养着经济、社会的发展。我们应用唯物史观和唯物辩证法继承和发扬中华优秀传统文化，反对一切消极虚无主义的倾向，秉持科学、客观的态度，"取其精华、去其糟粕"，在扬弃中继承、在转化中创新。

其次，要做好传统文化资源的发掘与整理，并科学评估。文化资源转化成为文化产品的首要前提是经过人的认知，通过系统发掘、科学考证，揭示其多元的价值构成。要对区域文化资源的种类、性质、现状、特色等做好充分的调研准备，依据客观性和可行性原则，对文化资源进行界定、整理和分类，精确把握好各

类文化资源的特色和禀赋。以具有前瞻性的市场目光审度文化资源，聚焦已经具备产业化开发条件的文化资源，研究其市场半径，为确定市场投入的规模和力度做好基础准备。

最后，要确立差异化的处理方式。由于地理环境、区位、民族、经济发展和文化传统等存在差异，各个地区的传统文化资源的类型和特征也是不同的，不能用机械复制或"一刀切"的开发方式。要在充分调查和评估的基础上，根据不同地域物质文化和非物质文化的差异和特质，分类对待，采用不同的开发方法和思路，为不同文化资源类型寻找适当的载体，拟定可行性高的开发方案。值得注意的是，有些传统文化资源本身并不具备产业化开发的条件，其更核心的作用是代表某个区域或民族的精神内核。面对这类文化资源，应当优先保护。

（二）加强价值创新，挖掘当代价值

马克思曾说："理论在一个国家实现的程度，总是决定于理论满足这个国家的需要的程度。"同样，满足时代需要也是衡量文化价值大小的标准之一。当下，我们应当立足中国实际，甄选传统文化的有益因子，摒弃没有时代价值的消极成分。固守传统、一成不变，或是抛弃传统、丢掉根本，都将导致整个社会的传统文化意识弱化，割裂了传统文化价值与当代精神的关系。

韩愈在《答李翊书》中说："根之茂者其实遂，膏之沃者其光晔。"只有继承好优秀传统文化的独特精神价值，才能更好地树立文化自信。习近平总书记指出："弘扬和保护各民族传统文化……要去粗取精、推陈出新，努力实现创造性转化和创新性发展。"在数字化和全球化的浪潮下，科技改变了传统的信息传播方式，影响了人们的生活方式和信息接收习惯。因此，中华优秀传统文化应当向世界开放,向未来探求,顺应时代发展的趋势,促进自身的创造性转化和创新性发展,最终实现内在魂脉的延续和传承。

继承优秀的传统文化资源,要加强对其思想价值的深度挖掘,寻求传统与现代的契合点。中国传统文化蕴涵五千年历史积淀下来的治国理政经验、道德伦理和生存智慧,在今天仍极具价值,这是我们文化自信的重要基因。我国的社会性质决定了文化建设应当坚持以马克思主义为指导,加强对优秀传统文化的整合提升,充分发掘中国传统文化的当代价值。例如,古代大同、民本等思想在当今社会主义核心价值观体系中仍具有现实意义,中国共产党在科学的立场和方法的基础上创造性地吸取和改造,使之成为社会主义核心价值体系的重要部分,充分体现出优秀传统文化资源的当代价值。

二、促进内容创新:文化创意加持,顺应时代潮流

(一)树立全球视野,吸收海内外优秀文化成果

传统文化资源开发利用既要正视历史,增加认同,也要放眼世界,面向未来。毛泽东曾指出:"中国现时的新文化也是从古代的旧文化发展而来,因此我们必须尊重自己的历史,决不能割断历史。"(《新民主主义》)因此,首先,我们要始终坚定"以我为主、为我所用"的立场,在多种文化沟通、碰撞、交融的过程中,以中华文化独有的思维方式认识、借鉴、吸收其他优秀文明成果。其次,我们必须要有开放的胸襟与开阔的视野,以具有世界眼光和世界胸怀的文化自信,在充分借鉴中,书写面向世界、面向未

来的中国文化。如今，世界是开放的，尤其是在全球化和科技进步日新月异的环境下，发展中国先进文化更要认识、汲取国外先进的文明成果，把握世界文化发展的最新趋势。

任何一种文明的发展，在任何时代或是对任何国家和民族而言，除了文化传统的传承，还有赖于外域文化的刺激。可以说，中国传统文化资源现代化的过程，正是中外文化相互对话、相互学习的过程。因此，要加强对马克思主义哲学的吸收及其在中国化方面的先进成果，要积极吸收人类工业化过程中的先进文明成果，要顺应工业文明向生态文明发展的大趋势，借鉴人类生态文明发展成果，加强生态文明路径研究，将生态文化浸入社会发展的全过程。①创造时代文化，应当将其置于全球文化的背景下，在与其他文化的互动中发展自己，从而兼具民族特点和时代生机。

（二）顺应时代潮流，加强传统文化现代化表达

传统文化之所以需要现代化转化，是因为部分传统文化可能由于脱离了原有的文化语境和使用场景，而在当下不易被理解或者接受。传统文化的现代化转化是"活化"的过程，是将其重新赋予使用场景和文化意义、重新融入现代生活的过程。优秀传统文化的传承离不开表达方式的现代化。如故宫博物院充分发挥移动互联网等新媒介优势，深度挖掘传统文化元素，寻找符合当代人口味的表达方式，研发集文化特色、时代特征、生活使用、审美情趣于一身的个性化、多样化的文创产品。截至现在，故宫博物院已研发出9170种文创产品，受到了各个年龄段消费者的欢迎，

---

① 卫中旗. 传统文化创新与中华民族伟大复兴 [J]. 新东方，2017（3）.

年销售额超过 10 亿元。

加强传统文化的现代化表达，需要兼备内容和形式，不可偏废。其核心是在保持优秀传统文化内核的基础上赋予其时代意义。因此，我们要以开放和包容的心态，在现代科技的帮助下，将优秀传统文化与时代精神紧密结合，增强传统文化的现代适应性。唯有如此，传统文化才能在历史与现代、西方与本土、传统与时尚的交融碰撞中，保持自身的文化特色，焕发持久而旺盛的生命活力。让抽象的传统文化实现更"接地气"的表达，既有利于优秀传统文化的传播，也有利于促进文化资源开发、历史文脉传承、大众需求之间的良性互动。

（三）善用现代科技，促进传统文化传承活化

优秀传统文化的传承离不开吐故纳新。作为一个文明古国，我国具有丰厚的传统文化资源，这些宝贵的资源不仅是建设当下中国"软实力"的根基，更是实现中华民族伟大复兴的不竭动力和智慧源泉。随着经济的飞速发展和科技迭代速度的加快，传统文化资源的转化与"激活"已经越来越离不开"创意"和"科技"这两个关键词。不论是文化遗产的传承，还是相关衍生品的开发，搭上创意与科技快车的传统文化，可谓一路疾驰。2011 年，谷歌开发了线上数字博物馆和美术馆，至今已与世界约 70 个国家开展合作，并深度运用科技，给人全新的线上浏览体验。AR（增强现实）、VR（虚拟现实）技术以其虚实结合、实时交互与三维沉浸的特点，给文化遗产的数字化展示、保护与传播增添了更多可能，为体验者带来强烈的在场感和参与感，让博物馆、展览馆中陈列的文化遗产焕发出新的生命力。借助现代科学技术，注入创意元素，通过文化传承与当代设计的有机结合，使伟大的民族精

神和传统美德重新回归民族之体,让传统文化在人们心中"生根发芽"。

三、提升传播手段:讲好中国故事,传播中国声音

(一)民意相通,扩大民间文化交流

文化具有潜移默化的、深远持久的感染力。文化传播和交流的实质是沟通民心。只有深化人文交流,才能实现互联互通,才有利于包容和可持续发展,才能在相互理解、友好相待中构建人类命运共同体。因此,文化"走出去"是需要长期实施的战略。近年来,中国政府大力推进"一带一路"倡议。在已经发布的《文化部"一带一路"文化发展行动计划(2016—2020年)》中,"政府协调、社会参与、市场运作"的整体发展机制和"跨地区、跨部门、跨行业"的文化交流合作协调发展态势正在形成,中国与"一带一路"沿线国家的文化交流形式愈加新颖、内容越发丰富、合作越来越深入,一座"民心相通"的友谊之桥正在中国与其他国家之间搭建起来。

文化传播的高级阶段是价值观的传播。在不同文化对话的过程中,必须坚持多种形式的沟通,不仅要加强政府主导的公共交往活动,还要促进民间、个人的文化交流活动,两者互为补充。国家和政府组织的大型活动资金投入多、规模大、主题多、国际关注度高,但具有周期性、即时性的特征。单纯依靠这类活动,难以有效维持文化传播的有效性和持久度。与政府文化外交相比,民间、个体上午文化交流活动更为灵活、新颖,范围广,渗入方式更潜移默化,效果也更为深远持久。

在传统文化资源的对外传播中，要有意识地引导民间文化交流，并辅以相应的扶持政策，培育民间对外文化交流主体，使民间的文化交流成为文化"走出去"除文化外交和文化贸易外的主流方式。此外，政府也应积极搭建国际文化交流平台，对民间文艺团体"走出去"予以相应的政策鼓励与资金扶持。

（二）差异化策略，分层分类别传播

文化传播的困境往往来源于文化多样性。文化多样性催生差异化的社会环境和媒介生态，培养出多元化的受众群体，导致各文化主体在信息抓取、信息接收以及信息反馈等方面存在明显的不同。由于文化多样性对文化传播过程及传播效果影响深远，我国文化在"走出去"的过程中，更需要注意对文化传播规律的把握和运用。

受众是传播活动的对象和目标。文化群体以自身的信息和知识需求为基础，在面对外来文化时，对适当的内容和要素进行批判吸收。因此，有必要区别各国文化价值观的差异，深入研究如何克服文化差异、思维差异和语言差异。对此，可以结合"一带一路"建设等重大国家规划，细分传播对象，依据不同文化语境，对文化内容的呈现方式做出适当调整。另外，在对外文化传播的过程中，应依据细分传播对象，选择恰当的传播内容，重点挖掘中国文化的普遍价值，寻找中华文明与其他文明之间潜在的共通性，提高对外文化传播的信度与效度。只有充分发掘中国文化的普遍价值，才能更好地跨越文化鸿沟，减少文化折扣。

（三）与世界接轨，构建传播新形象

传播是通过符号的编码和译码赋予意义的过程。所谓编码，指的是通过媒介技术手段把思想、感情、意向等编成别人可以理解的传播符码;[①] 译码是指将从外界接收到的传播符码进行破译、赋予意义或进行评价的过程。在同一符号意义系统下,传播过程中的编码与译码是约定俗成的,符号往往易于被接受。而在跨文化传播中,由于社会习惯、价值观念等方面的差异,人们对符号的理解容易出现一定的偏差或者误读,因此,表达符号的恰当选择成为信息有效传递的关键。

在此意义上,中国文化"走出去"的过程,实质上是文化符号的跨文化传播过程,而文化符号正是民族文化内涵的精神载体。例如,迪士尼、好莱坞、百老汇等文化符号是美国的象征,而目前以功夫、兵马俑、瓷器、京剧等为代表的传统文化符号仍然是国际公认的最具中国文化特色的文化符号。习近平总书记多次强调,要"讲好中国故事、传播好中国声音"。中国传统文化想要得到广泛的认同,就必须运用普遍性的价值符号和表现形式讲好中国故事,建立健全文化传播体系,让中国故事走向国际。当迪士尼制作的《花木兰》《功夫熊猫》占领世界银幕的时候,我们不禁要思考,中国传统文化的对外传播究竟需要什么的形象符号?如此看来,寻找和建构一种更加多元、更现代的文化符号成为一项亟待解决的重要任务。在构造文化符号时,要增强当代中国文化符号的影响力和辐射力,并借鉴别国的文化输出经验。只有形式多元、适合现代语境的形象符号才能向世界展现完整的、富有活力的中国传统文化。

(四)拓宽传播渠道,培养传播人才

传统文化能否在现代获得认同,除了自身的魅力,传播途

---

① 陈卫星.传播的表象[M].广州:广东人民出版社,1999.

径也很关键。在如今的读图时代、影像时代，若仍囿于旧有的传播方式，就容易堕入"酒香也怕巷子深"的尴尬境地。随着信息技术的发展，特别是网络等新兴媒介的广泛应用，传统文化的传承与弘扬被赋予新的传播途径。和线性传播不同的是，借助现代科技手段，信息传播的速度和范围都是前所未有的。例如，通过微博、微信、抖音等新媒体平台发送与传统文化相关的文字、图片、视频等，能够促进传统文化在人们生活中的传播。因此，借助科技手段、建立在理性认知和合理转化基础上的、满足当代人文化需要和符合当代人审美心理的传播方式，成为传统文化传播与传承的破题之举。在传统文化"走出去"的过程中，除文艺展演、文物博览会等传统文化合作领域，还要拓展科教、学术交流、知识产权保护等新的合作领域，创造新的沟通形式，搭建新的交流平台。要注重利用移动互联网等新媒体资源，通过文学、音乐、动漫、游戏、综艺等新兴业态，生动展现中华传统文化的深厚底蕴。

对外文化传播人才，特别是复合型的高层次人才的缺乏，一直是制约着中华文化"走出去"的瓶颈。推动中华文化走向世界，不仅需要翻译专业人才，还需要科学技术人才、对外文化教育人才、文化产业管理人才等多素质人才。因此，各大高校应积极响应国家人才战略，着力培养一批懂语言文化、善营销管理、有国际格局的综合型文化产业复合人才。同时，健全文化创新和高科技人才培养的体制机制，优化现有人才结构，综合利用多种资源，促进产学研一体化。在加速文化成果向产品的转化的同时，更高效地实现文化产品与服务的对外输出。另外，建立健全国际高端文化人才引进与合作机制，为中国文化的传播凝聚力量。

第四节　文化要素的开发实践

一、文化多样性保护与传承的政策层面

正如生物多样性之于自然界一样，文化多样性是人类社会长期存在的普遍特征。在不同生产实践、历史演进和发展模式的影响之下，任何一种文明都有其风格的独特性，正是这些彼此相异、与众不同的文明，共同构成了人类文化多样性的基因图谱。习近平总书记在 2014 年 9 月举办的纪念孔子诞辰 2565 周年国际学术研讨会揭幕会上讲话时指出："应该维护各国各民族文明多样性，加强相互交流、相互学习、相互借鉴，而不应该相互隔膜、相互排斥、相互取代，这样世界文明之园才能万紫千红、生机盎然。"[①]

随着全球化进程的深化，不同文明间的对话和交融呈现出了前所未有的广度和深度。除了始终作为文化多样性保护中坚力量的国际组织，许多国家也纷纷采取措施，在文化领域推行文化安全政策以维护本民族文化的多样性。

（一）国际组织"文化多样性"的政策实践

联合国教科文组织在促进文化多样性保护的工作上发挥着不可替代的重要作用，主要体现在通过相关国际协议和国际公约的制定，保护物质文化遗产、非物质文化遗产等文化多样性的典型表现形式和标志，以及文化贸易活动等其他领域。

1954 年，联合国教科文组织通过《武装冲突情况下保护文化

---

① 习近平. 要维护世界文明多样性 [N]. 新京报，2014-09-25.

财产公约》(即《海牙公约》)，这是基于武装冲突背景下对文化遗产的强有力的保护。1970年，在巴黎通过《关于采取措施禁止并防止文化财产非法进出口和所有权非法转让公约》，针对考古遗址偷盗和不正当文物收藏等情况，对防御和打击文化财产的非法贩运做出明确规定。这两部公约是早期国际组织对文化多样性保护的有益实践，具有里程碑式的意义。《保护水下文化遗产公约》（2001年）、《非物质文化遗产公约》（2003年）、《关于蓄意破坏文化遗产问题的宣言》（2003年）的密集出台，体现出联合国教科文组织对文化遗产保护的关注度越来越高。2001年通过的《世界文化多样性宣言》和2005年通过的《保护和促进文化表现形式多样性公约》则反映出对于文化多样性而言，国际组织有义务予以保护，也有义务引导全社会认识其之于人类的重要意义。

（二）基于政策立法的文化多样性保护实践

对于人类共同的宝贵遗产，实施"文化多样性"是各个国家和民族肩负的共同职责。早在1913年，法国就颁布了《文物保护法》，除了对文化遗产评定、修缮等相关保护环节做出规定外，该法律还严格明确了文化遗产的开发利用必须经过文化部门的审批，并且要保持与周边文化氛围的和谐。[①]

1950年，日本政府颁布《文化财保护法》，第一次以法律的形式明确无形文化遗产的概念，并将其纳入国家法律的保护对象中。在文化财保护体系中，国家、公共团体、公民等不同主体承担的职责也被相应确定下来。其中，对于无形文化财产传承主体的"人间国宝"的认定和保护措施被视为一大特色。另外，在日

---

① 傅秋爽.法国文化多样性保护的多重举措[N].中国文化报，2017-10-09.

本文化产业的发展过程中，国家层面的战略规划和政府制定的市场政策发挥着重大作用。对内阁直接负责的文化厅、文部科学省、经产省、总务局等各相关部门，相互合作为其文化"走出去"制定了各种规划和政策，充分贯彻了日本文化立国的发展战略，为日本文化的外域发展提供了极大的支持；地方政府则积极配合中央省厅的战略政策，因地制宜发展地方文化，保护和培养当地的文化特色。[①] 俄罗斯通过《俄联邦民族文化自治法》(1996年)、《俄罗斯联邦民族语言法》(2005年)、《俄罗斯联巧文化遗产法》(2002年)等一系列法律法规来支持其"民族文化自治"政策，[②] 积极保护不同民族习俗、语言文字等，以促进各民族传统文化的多元发展。2014年，韩国国会通过《保护与促进文化多样性法案》，对本国保护和促进文化多样性的任务和实施做出相应规定，明确政府对保护文化多样性工作所需提供的支援。

二、文化多样性保护与传承的产业层面

基于文化生态学理论的视角，文化多样性对于保持人类文化生态系统平衡的重要性，就像生物多样性之于自然界一样，文化的产生、形成、发展与其所处的整体环境，即自然环境、社会环境、文化环境密不可分。[③] 某种文化特质的形成离不开其所处的环境。也就是说，如果文化多样性被破坏，文化生态系统内部的构

---

① 巩苏绮.我国保护文化多样性政策研究[D].北京：中国艺术研究院，2016.
② 石莹.俄罗斯西伯利亚地区民族文化多样性及保护研究[D].北京：中央民族大学，2015.
③ 朱以青.文化生态学语境下的文化多样性[J].山东社会科学，2012（9）.

成要素就会减少，系统的整体性随之受到影响，无法保持正常的功能和活力，人类社会的发展也将面临威胁。对一个国家和民族而言，文化多样性是其历史得以延续和可持续发展的基石。在当前全球化的文化语境中，不同文化之间的相对独立性被打破，呈现扁平化、同质化趋势，这种现象在经济发展处于弱势的民族或区域更为明显。

中华文明未曾中断，延续至今，其强大的生命力深深植根于丰富多样的文化基因。中国自古以来就是一个多民族融合的国家，各少数民族文化共同熔铸了灿烂的中华文明。因此，保护少数民族文化多样性显得尤为重要。费孝通先生认为，文化不仅需要保护，也需要开发，他提出，起源于不同民族的文化是除保护之外还能用于开发和利用的无形资源，而这是中国未来文化经济发展的基础。[①] 正如前面的章节所提到的，作为一种文化资源，文化遗产的价值属性决定了其可以被理解成为一种"文化财产"或"文化资产"。从"遗产"到"资源"，再到"资产"，这种认知转变的意义在于，如今文化遗产不再只是一种完全静态的保护对象，而是传统文化与当代文化多样性实现对接的重要媒介，是具有时代价值的重要资源，更是能够创造性转化并产生效益的资源宝库。

近年来，随着人们生活水平和文化消费能力的逐步提高，被誉为"幸福产业"的旅游业开始由传统的山水景观游向文化旅游转型。少数民族文化以其鲜明的特色和独特的表现形式受到旅游市场的青睐。在发展旅游业的同时，各少数民族的文化逐渐被大

---

① 方李莉.中国少数民族非物质文化遗产保护的再认识[J].内蒙古大学艺术学院学报，2014（11）.

众所接受、认同、欣赏和传播。发展旅游业与民族文化保护之间并不是对立的，文化资源的转化与发展，与当前社会的发展密切相关，不仅关乎未来文化的发展，还是地方经济增长的强劲动力。无论是文物古迹、寺庙宗祠、传统民居，还是语言服饰、宗教信仰、饮食习惯、庆典风俗等，这些少数民族文化资源具有极高的艺术、科学价值，合理的开发、适当的利用，既有利于少数民族地区旅游产业，也有利于少数民族文化的动态传承。

（一）树立保护性开发理念

自然界生态系统朝物种多样性、遗传与变异多样性和功能完整性发展。生态系统的自我调节能力与体系组成有关，构件越多样化，结构越复杂，调节机制也越强。[①] 相应的，民族文化的独创性和完整性在旅游资源开发的过程中居于首要位置。完全以市场为导向的旅游资源开发，不可避免地会使民族文化面临着同质化、庸俗化等问题。与之相反，在保有文化资源原始价值的基础上，保护性开发将有助于文化产业在保护展示民族文化与发展旅游资源之间找到最佳平衡点，将民族文化的保护工作和当地文化旅游的发展相互协同，推动民族文化的良性发展。

（二）培养恰当的传承载体

在民族文化资源开发活动中，民族文化融入旅游业，可以丰富旅游业态，唤醒民族文化的经济价值，使其依托市场来获得更利于生存和发展的条件。例如，以旅游为媒就可以通过重大节庆活动来传播民族歌舞文化，通过民族传统体育运动来传承民族传

[①] 文红.民族文化多样性保护与文化旅游资源适度开发——从文化生态建设的角度探讨[J].安徽农业科学，2007（35）.

统体育文化，利用旅游景点观光和主要节日，展示独具风情的民族传统服饰和歌舞艺术，通过影视和戏曲等手段，弘扬民族传统文化中的道德情感和乐观向上的生活态度。

（三）鼓励当地居民的参与

人在文化发展的进程中始终处于核心位置。对于当地居民来说，少数民族地区独有的生态、人文环境是他们赖以生存的基础。因此，旅游开发也必须在尊重其文化生态环境的基础上进行。少数民族当地居民是否对当地旅游业的开发持支持态度并积极参与其中，既是衡量旅游开发可行性的重要标准，也是判断旅游开发科学合理程度的依据。当地居民参与旅游资源开发的过程，实际上也是作为民族文化的创造者、传承者、享用者，重新认识本民族文化的价值与魅力的过程，在此过程中增强其民族文化意识和文化认同感，有利于保护文化多样性。

三、文化多样性保护的中国经验

（一）建立完善的传统文化保护政策体系

长期以来，中国始终坚持"保护为主、抢救第一、合理利用、加强管理"的物质文化遗产保护方针和"保护为主、抢救第一、合理利用、传承发展"的非物质文化遗产保护方针，以保证文化遗产的原真性、整体性和传承性。在政策体系方面，在紧跟世界文化遗产保护政策的同时，又独具中国特色。例如，出台《中华人民共和国文物保护法》《关于加强我国世界文化遗产保护管理工作的意见》等纲领性的法律规范；同时，也出台《历史文化名城名镇名村保护条例》《大运河遗产保护管理办法》等各有侧重的法规细则，实施文化大遗址保护政策、文物普查政策、中国民族民间文化保护工程政策、历史文化名城保护政策、重点文物保护单位保护政策等政策保障机制，①以保护文化遗产这个文化多样性最典型和生动的载体。

除中央颁布的法律以外，四川省、安徽省、山东省等多地都已经出台文化遗产保护条例，《淮南市保护和发展花鼓灯艺术条例》《湘西土家族苗族自治州土家医药苗医药保护条例》等针对非遗保护的地方条例纷纷创制，②形成一整套包含法律法规、部门规章、规范性文件、地方行政规范等在内的自上而下、配套完善的政策法律体系，③推动文化多样性的保护工作有法可依、有章可循、凝聚合力。

（二）做好民族文化资源的发掘与整理工作

民族文化多样性保护是一项系统性的复杂工程，是多方面、全方位的。虽然保护以传承和发展为最终目的，但保护也是传承和发展的必要前提。在现代化的浪潮下，面对部分少数民族文化生存空间受到挤压、传统生产模式面临空前挑战的情况，前期对于文化资源的普查、发掘和整理具有尤为重要的作用，甚至可以说是首要任务。做好普查，摸清家底，才能更有针对性地开展后续工作。为此，政府要组织有关专家和学者对民族文化资源进行调研、统计、论证、评估，对优秀的民族文化进行登记、分类、建档以及出版，争取实现整理结果的规范化、系统化、数字化。近年来，博物馆作为文化遗产保护、展陈、宣传的生动载体，在

---

① 巩苏绮.我国保护文化多样性政策研究[D].北京：中国艺术研究院，2016.
② 范周.让传统文化闪光，点亮中华文化传承[J].人文天下，2017（4）.
③ 巩苏绮.我国保护文化多样性政策研究[D].北京：中国艺术研究院，2016.

AR、VR等科学技术的助力下探索出更多颇具现代感、科技感的全新文化展现形式，受到社会越来越多的关注。

（三）重视保护民族文化多样性的宣传工作

充分利用移动互联网等新媒体工具，加大文化多样性保护宣传工作的开展力度。对国家级、省市级非物质文化遗产保护项目、特殊项目以及濒危项目实施重点保护；增加有关少数民族文化题材的出版物发行量；通过举办民族文化节、民族文化展演季、非物质文化遗产传习讲堂等形式，开展多种多样的民间文化活动；大力扶持民间文艺院团的发展，壮大少数民族地区文艺队伍，并调动社区居民的积极性参与其中。通过扩大宣传增加民族文化的"曝光率"，让人们意识到文化多样性的魅力和重要性，也让保护文化多样性的风气在社会传播。与此同时，也要注意防止狭隘、极端的"种族中心主义"宣传，树立尊重各民族文化的意识。

（四）加强民族素养教育，培育文化自觉精神

教育是人类社会特有的文化传承的途径。现代社会，学校教育是人类文化得以传承的主要渠道。文化传承不仅是一个文化过程，而且更是一个教育过程。[①]已故壮族民间文化学家蓝鸿恩先生提出"文化断裂"学说，其中就包括学校教育和民族文化之间的断裂。我国是一个多民族国家，并在文化上形成了彼此关联、彼此渗透的"多元一体格局"。[②]但由于各民族文化具有鲜明的异质性，可能导致传播与传承上的壁垒。因此，民族教育具有传递人

[①] 杨成胜，马芳芳.论我国民族文化多样性的保护[J].民族论坛，2009（6）.

[②] 费孝通.中华民族的多远一体格局[J].北京大学学报（哲学社会科学版），1989（4）.

类共同文化成果的重要功能,不仅要承袭主体民族的文化,而且要承袭各个少数民族优秀传统文化。[①]民族文化教育的对象应当包括两个主要群体,即少数民族成员和主体民族成员,民族教育的内容,不但包括民族主流文化,还要包括少数民族文化的内容。[②]作为民族的希望,青少年应当肩负起民族文化传承的重要使命。因此,学校教育就成为弘扬传统文化和民族文化最有效的方式,应使青少年从小就理解民族文化传承的迫切性和重要性,树立保护文化多样性的自觉意识。

1997年,费孝通先生第一次提出"文化自觉"的概念,并给出三层含义:①文化自觉建立在对"根"的找寻和继承上;②建立在对"真"的批判和发展上。③建立在对发展趋向的规律把握和持续指引上。[③]随着全球一体化的趋势不断加强,文化交流和交融日益增多,中华传统文化尤其是少数民族文化如何长期保存?在费孝通先生看来,只有从文化转型上求生存,既要保留文化原有特长,又要不断创新发展。基于这样的背景如何实现文化自觉,不外乎两点。首先,充分认识本民族传统文化对现代社会发展依旧有着重要的精神价值,要自觉对待民族文化中具有普适性和重要启迪意义的部分,并在新的历史条件下将其发扬光大。其次,文化、习俗的传承发展是一个流动的过程,所谓文化自觉,就是自觉的顺应时代发展潮流,并在多元的文化交流与交融中,吸收、整合他文化里的精华,从而增强自身文化力量,实现文化创新。

---

① 伍苗.浅析中华民族大融合与文化多样性保护[J].群天文地,2012(12).
② 刘丽丽.多元背景下我国的民族教育[J].前沿笔谈,2007(9).
③ 费孝通.论文化与文化自觉[M].北京:群言出版社,2015.

（五）有序利用文化资源，有序发展特色产业

文化资源的丰富性和价值的多样性决定了保护方式的多样性。一方面，要以整体性原则为基点，保护文化生态空间的完整性和文化资源的丰富性；[①]另一方面，要"与时俱进"，避免静止和凝固的保护，进行"现代化地挖掘"，就是要把弘扬优秀传统文化与发展现实文化有机统一起来，积极开发和探索有利于传统文化现代传承的新元素、新内涵和新形式，使之与现代元素相结合。[②]因此，合理利用的过程也就是保护和传承文化多样性的过程。

"生产性保护"是非物质文化遗产依靠自身价值输出而获得持久性传承的重要方式之一。对于濒临消失的文化资源，可以通过文字、数字化等形式加以抢救性保护，使之转化为有形的保存形态；对于民间信仰及一些具有空间性、仪式感的民俗、文化活动等，则要从原真性动态保护的原则出发，通过与影视、动画、旅游等行业的跨界融合，保持自身的活力。

结语

尊重和保护文化多样性与人类的未来发展休戚相关。在经济全球化背景下，文化多样性的独特价值不仅体现在不同的文化中，而且体现在同一文化中。文化多元化的国家，更需要找到统一性

[①] 王文章.永远珍视中华民族的非物质文化遗产[N].中国文化报，2013-12-27.

[②] 范周，关卓伦.让传统文化闪光，点亮中华文化传承[J].人文天下，2017（4）.

与多样性之间的平衡。我们要坚持文化生态模式的"和而不同"。无论是物质文化遗产还是非物质文化遗产,都与文化传统和价值体系紧密相连,是民族认同的自豪感和归属感的基础,[①]是文化多样性的鲜活样本,更是当代生活的底蕴和滋养,是文化产业取之不尽的创意资源宝库。文化遗产的保护,不仅是面向传统思维挖掘、整理和学习,更是面向未来的文化建构。我们要充分利用丰富深厚的非遗资源,将传统文化进行创造性地现代转化,融入生活,服务社会,弘扬社会主义核心价值观,担负起文化建设和价值引领的重任。[②]

---

① 路易斯·奥尔蒂斯·莫纳斯泰里奥.多民族、多元文化国家文化权的保护[J].人权,2012(5).
② 范周.十年,非遗传承保护的新思考[J].人文天下,2015(16).

第二章 文化资源与创意城市塑造

引言

城市，尤其是当代大城市，作为一种既有集聚效应又有发散效应的人类生存空间，自诞生之日起就承载着诸多内在矛盾。作为国家社会、政治、经济、文化的核心载体，城市对推动现代化整体进程发挥着无可替代的重要作用，但这些功能的集中又使城市承受了过多压力：人口膨胀、环境污染、公共资源紧张等。种种负面因素的出现，使城市以及城市化饱受诟病。作为工业化、现代化乃至全球化的重要表征，城市显然指向先进的文明及先进的生产和生活方式。创意产业的出现和发展给城市更新与升级提供了更多的思路。《美国大城市的生与死》一书中提到，在一些精英规划师的眼中，贫困的布鲁克林和东哈勒姆区是城市的毒瘤和社会问题的温床。但该书的作者雅各布斯，则从一名敏锐而勤奋的日常观察者角度出发，描述和总结了所谓的问题社区背后蕴含的巨大活力；他同时指出反而应现代理想所打造的高层社会住宅，成了持续衰败的危险区域：同质化的生活，文化因子的缺失以及人际关系的淡漠开始成为城市发展过程中的新问题。①

"城市，让生活更美好。"这是 2010 年上海世博会的口号。但城市如何让生活更美好？应该用什么样的发展理念提升城市生活？市政管理人员应该如何来满足人们对更加美好生活的需求？改革开放以来，中国城市化进程令世界瞩目，这些相关议题显然具有一定的现实针对性和紧迫性。在波澜壮阔的城市化进程中，作为发展中国家，城市转型问题自然更加突出。

"创意城市古已有之，城市是人类文明的结晶，文化诞生的摇篮，几乎人类所有的创造性成就都与城市相关。"早在 1998 年，创意城市的概念就已经提出。在《文明中的城市》一书中作者彼得·霍尔（Peter Hall）对 15 世纪的雅典，14 世纪的佛罗伦萨，莎士比亚时期的伦敦，18 世纪晚期的维也纳和巴黎以及 19 世纪的柏林进行了创意城市的论证，发现这六座城市有着共同的特征：①城市规模不一但地位举足轻重；②都处于急剧的经济和社会变革之中；③都是贸易大都市；④能够吸引来自世界各地的人才；⑤人才的成长需要特殊的土壤，而创意城市的环境则是社会和意识形态剧烈动荡的中心；⑥城市政策就如磁石一般吸引着天才和财富创造者的移民。因此，高度保守、极其稳定的社会并不是创意真正产生的地方。②

这个 20 年前的解释或许不能完全代表当下创意城市发展的趋势，因为时代的局限，该书的作者并未透彻地说明科技的发展对于创意和创意城市的巨大影响，互联网则更不用说。但不能否认，

---

① 简·雅各布斯.美国大城市的生与死 [M]. 金衡山，译. 南京：译林出版社，2015：27.

② 汤培源，顾朝林.创意城市综述 [J]. 城市规划学刊，2007（3）.

它指出了创意城市发展的几个关键因素——政策、人才、资金和适宜的社会环境。

随着城市发展对客观物质资源的依赖程度逐渐降低，而人的创造性又有无限弹性的发展空间，城市新生出了大量倚重主体智慧和才华的环境友好型新经济产业或领域，[①] 以减轻资源压力和环境付出，迅速提升城市产业结构，促进城市就业，缓解过去因工业化和城市化而造成的城市"顽疾"，最终实现城市的内涵式发展。由此来看，创意城市比起传统城市，更加凸显两个特点：第一，创意取向。城市要成为挖掘、展示和落地创意的平台，创意氛围浓厚，创意精神飞扬。而创意产业和创意城市的发展又要求城市有强大的经济基础、科技基础、公共基础和人才基础作为支撑，以促进创意城市的良性发展。第二，人文取向。创意并非无中生有，而是深深根植在传统文化和城市特色的基础之上。直到今天，巴黎、佛罗伦萨、维也纳，还有中国的北京、上海、杭州、西安等文化创意产业发展亮眼的城市依旧保存着自身浓厚的特色，鲜明地区别于其他城市。这样的过程，我们可以简单地称之为"打造城市品牌"，这将在后文中做详细论述。

2006年被称为我国"创意产业元年"。《国家"十一五"时期文化发展规划纲要》《文化建设"十一五"规划》出台，首次将"创意产业"纳入其中，此时国家对于文化创意产业的发展重点集中在长江三角洲、珠江三角洲和环渤海地区三大文化产业带，建设创意产业城市，通过园区建设集聚文化创意产业。此后，各地政府纷纷推出扶持文化创意产业发展的相关政策，比如《北京

[①] 王艳，王克婴.创意城市建设以及对我们的启示——以巴黎为例[J].边疆经济与文化，2012（8）.

"十一五"时期文化创意产业发展规划》《深圳市实施文化立市战略规划纲要》、广州市《关于加快软件和动漫产业发展的意见》以及《西安高新区鼓励创意产业发展指导目录》等。创意产业的发展热潮在中国各大城市风起云涌,并迅速在动漫、影视等相关领域蔓延开去。党的十七大报告提出,要"运用高新技术创新文化生产方式,培育新的文化业态",[①]更加明确了我国创意产业的发展方向。2009年7月,国务院出台的《文化产业振兴规划》中八项重点工作的首项任务就是加快文化创意产业的发展,这也是我国第一个"软体产业"振兴规划。创意产业正式被提上国家经济发展战略层面,从中央到地方,频繁出台政策条文的背后,是文化创意产业正逐渐登上我国经济社会转型时期的舞台中央。2014年,《国务院关于推进文化创意和设计服务与相关产业融合发展的若干意见》首次提出"文化创意和设计与相关产业融合"[②];而我国的"十三五"规划则提出了"创意文化产业"的概念,创意与文化进入融合共生时代。当跨界整合形成的新兴业态,文化产业乃至创意文化产业的内涵和外延都得到了放大。

城市,是文化的容器。一座城市在漫长的发展过程中,经过积累、沉淀、改造和创新形成特有的文化气质,并成为支撑城市发展的无形力量。[③]"就像巴黎人既珍视上千年的城堡和教堂,又乐于接

---

① 唐琳,陈学璞.广西新兴文化业态发展研究——广西网络消费文化产业发展研究系列论文之二 [J].中沿海企业与科技,2017(12).

② 国务院.国务院关于推进文化创意和设计服务与相关产业融合发展的若干意见.[EB/OL].(2014-03-14)[2018-06-25].http://www.gov.cn/zhengce/content/2014-03/14/content_8713.htm.

③ 唐虹.高校校园文化融入"文化城市"建设的探讨[J].中国职工教育,2012(7).

受工业化时代的埃菲尔铁塔,同时也痴迷属于城市底层的小书摊。"[1]

城市文化体现着一座城市的精神,是城市的品格象征。发展至今,城市文化不仅仅作为它的精神动力而存在,更多开始成为一种智力支持,为城市经济发展、城市形象构建提供重要砝码。而在今天,"创意为王"被一次次的提上无比重要的地位,创意产业的发展和创意阶层的崛起,都在改变城市文化发展的生态与模式。同时,在创意和科技的加持下,旧有的文化内容不断被丰富和更新,部分传统文化在新的文化载体中重新发扬光大,并获得了更加广泛的传播。

第一节 探索城市创意之路

创意并不是一个现代化的产物。王充描述孔子创作《春秋》:"立义创意,褒贬赏诛"。王国维感叹"恨创调之才多,创意之才少耳"。文人们往往更多站在史学角度理解创意。当下社会,虽然对创意有了更加多元的认识,但个人性、独创性和意义依然是创意的核心要素。[2]

美国学者理查德·佛罗里达从推动国家经济增长的动力出发,把世界经济社会发展分成四个阶段:农业经济时代(1900年以前)、工业经济时代(1901—1960年)、服务经济时代(1961—1980年)和创意经济时代(1981年以来)。并据此判断,世界经济发展已经

---

[1] 方炳焯. 从巴黎小书摊看城管 [J]. 杂文选刊(下半月版), 2014(1).
[2] 约翰·霍金斯. 创意产业:新经济源泉 [J]. 周一平, 杉浦勉, 译. 经营者商业管理版, 2006(12): 55-56.

进入创意时代。① 创意经济时代，创意取代技术和信息成为推动经济增长的主要因素，国家和政府通过动员、吸引和留住具有创意的人才是赢得竞争的中心。在此基础上，佛罗里达设计了一套衡量创意经济发展水平的指标，分别是才能指标（talent index）、科技指标（hightech index）、宽容指标（tolerance index），三者权重各为 1/3。按照这个指标进行计算，在世界各国的创意水平排名中，瑞典第一，日本第二，芬兰第三，美国第四，中国排名第三十六。②

改革开放以来，很长一段时间，工业对国民经济的增长发挥了主要拉动性作用。随着经济结构的不断调整和完善，2012 年第三产业在国民经济生产总值中所占的比重首次超过了第二产业，成为国民经济的支柱性产业。③ 可以确定的是，我国早已经成功从工业带动和资源消耗型社会转型成为成熟的服务型社会，这其中，文化产业和创意产业功不可没。国家统计局最新发布的服务业统计数据显示，截至 2018 年 5 月，以互联网和相关服务为代表的现代新兴服务业拉动作用继续增强，现代新兴服务业对服务业生产增长的贡献率达到 56.8%，④ 信息传输、软件和信息技术服务业持续高速增长，且呈不断提高态势，是服务业快速发展的最主要动力（见图 2-1 和图 2-2）。⑤

---

① 理查德·佛罗里达.创意经济[M].方海萍，译.北京：中国人民大学出版社，2006：3.

② 常凌翀.三大战略促进西藏文化产业融合创新发展[J].民族艺术研究，2013（3）.

③ 鄢来雄.2014 公报解读：服务业——中国经济增长新动力[N].中国信息报，2015-03-05.

④ 现代新兴服务业包括仓储业、邮政业、电信广播电视和卫星传输服务业、互联网和相关服务业、软件和信息技术服务业、租赁业、商务服务业、研究和试验发展业、专业技术服务业以及科技推广和应用服务业等 10 个行业大类。

⑤ 国家统计局.许剑毅：服务业持续平稳较快发展.[EB/OL].(2018-06-15)[2018-05-15].http://www.stats.gov.cn/tjsj/sjjd/201806/t20180615_1604898.html.

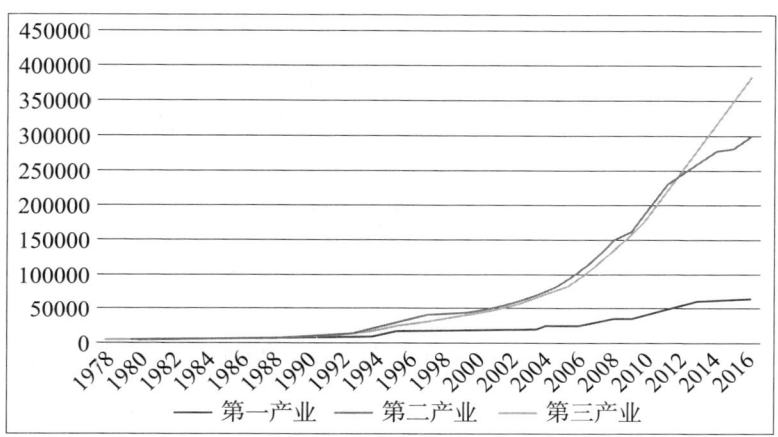

图 2-1 改革开放以来我国第一、第二、第三产业增加值（单位：亿元）

数据来源：国家统计局。

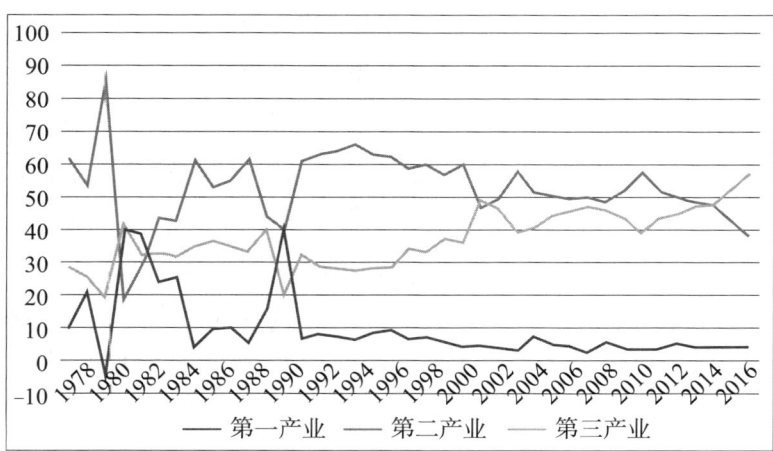

图 2-2 改革开放以来我国第一、第二、第三产业经济贡献率（%）

数据来源：国家统计局。

2012年8月,美国麦肯锡咨询公司在《外交政策》杂志上以"未来城市"为题,发布《2025年全球最具活力城市排行榜》,对未来15年世界城市的发展趋势做出了预测。文章指出,在历史上任何时期,城市从来没如此重要过。在接下来的15年里,世界的中心城市将从欧美转移,而在其中起着决定性作用的,将会是东方。①"从福州到武汉,许多是你闻所未闻的城市,但它们都是中国将引导21世纪城市革命的见证。尽管到2025年时西方并未完全黯然失色——13座美国城市和仅3座欧洲城市入围,但太阳的确正在西沉。"②在全球75座活力城市名单中,中国有29个城市入选,约占4成。这些被《外交政策》定义的"未来之城"正因蓬勃的城市化进程不断吸引着世界眼光。

1979年,建港填海的"开山炮"在深圳蛇口炸响,深圳率先打开了中国改革开放的大幕,这个渔村如同被施了魔法一般,从一个默默无闻的边陲小镇变成了现代国际大都市,直到2008年12月7日,深圳加入联合国教科文组织全球创意城市网络,成为中国第一个、全球第六个"设计之都",③又让人们对它有了全新的认识。联合国教科文组织在当时的评语中写道:"作为一个快速成长的城市,(深圳)有着很短却充满活力的历史以及年轻的人口,令人印象深刻。由于本地政府的大力支持,深圳在设计产业方面拥有巩固的地位。它鲜活的平面设计和工业设计部门,快速发展的

---

① 金元浦,周元芳.世界城市与国家文化中心研究稳步推进——2013年人北京建设综述[J].北京联合大学学报(人文社会科学版),2013(4).
② 理查德·鲍勃斯.美媒:2025年全球最具活力城市四成在中国[N].环球时报,2012-08-28.
③ 翁惠娟.创意,使城市更精彩[N].深圳特区报,2010-12-07.

数字内容和在线互动设计,以及采用先进的技术和环保方案的包装设计,均享有特别的声誉。"①

不到 40 年的时间,深圳经济奇迹般地崛起于中国南方,除了对外开放与经济发展的巨大拉动作用,我们还要思考,创意和创意产业,如何造就一座城市?

一、文化创意促进城市文化更新

为什么欧洲的许多城市积极关注艺术文化在创意城市中的尝试,其中很重要的一点原因是城市传统文化和文化遗产能够唤起人们对于城市的历史记忆,②这有利于城市在全球化的竞争中找准自己的定位并提高城市管理者对于未来的洞察力。

第一,城市文化承袭传统文化,就如同城市的发展更新一样,有序生长,持续进行。不论是物质文化还是观念文化、制度和人民的生活方式在城市里交汇,让生于斯长于斯的人产生强烈的文化认同和归属感,形成城市文脉。第二,城市文化能够弘扬地域文化。从诞生之日起,城市就带有深深的地域文化烙印和文化情境。例如北京作为 800 多年的文化古都,皇家文化气息浓郁,便有了独具特色的"京味儿";上海,多元并存,包容开放,形成了"海派";长三角地区的江南园林和美食让这些城市带着淳朴秀雅,柔和温婉的特质。所以,地域性是城市文化最基本、最显著的特征。第三,城市文化尤其是传统文化多样且包容。简·雅各布斯

---

① 翁惠娟. 创意,使城市更精彩 [N]. 深圳特区报,2010-12-07.
② 青木信夫."创意城市":城市的再生和文化力 [J]. 徐苏斌,译. 中国社会科学报,2011-01-27.

认为:"多样性是城市的天性,城市的多样性,无论如何都与一个事实有关,即城市拥有众多人口,人们的兴趣、品位、需求、感觉和偏好五花八门、千姿百态"①。因此,城市文化发展的过程中对外强调独特性,对内则强调多元化,这也是创意产业能够通过对城市文化更新达到提升城市品格,促进城市发展的原因。

改革开放以来,国内市场的开放程度不断扩大,一座城市的文化发展也有了更加多元的因素和色彩。但文化全球化和文化交融并不意味着消解民族文化的独特性和差异性,而建立起"大一统"的文化王国。20世纪30年代,芒福德在《城市的文化》中就把城市的发展过程归纳为"原城市""城市""地下城市""大城市""专制城市""死着的城市"等阶段。② 其实中国城市的发展也印证着这一说法,以沿海城市为代表的一大批城市逐渐成为世界型特大城市,同时已经开始城市产业结构转型,其中传统文化传承和活化是一项重要命题。创意产业在现实意义上继承性传承,既能够吸收各种先进文化,又能使本土文化得以张扬,更好地为城市文化发展服务,以满足居民日益丰富的文化需求。

(一)促进城市文化内容更新

一方面,创意产业通过传承促进城市文化内容创新,即通过延续传统文化、历史文化、特色地域文化等达到传承城市文脉的目的。通过对文化的创新阐释和产业的适度开掘,实现经济发展与文化传承并重的可能性,激发城市无限创意与活力。在这里的

---

① 陈柳钦.城市文化:城市发展的内驱力 [J].今媒体,2010(12).
② 青木信夫."创意城市":城市的再生和文化力 [J].徐苏斌,译.中国社会科学报,2011-01-27.

文化资源意指历史、习俗、手工艺、建设、节庆、仪式、传说、故事、语言、饮食、服饰等诸多文化遗产的内容以及历史建筑、产业遗产等。另一方面，创意产业通过美化机制促进城市文化内容创新。城市文脉的延续需要紧紧贴合城市生活，对城市文化资源进行重新认识、梳理和充分挖掘，在创意产业的加持下，让传统的内容通过新兴手段表现，这个阶段，需要建立在保护与传承的基础之上。

西安作为国务院公布的首批国家历史文化名城，以十三朝古都闻名于世，作为中国的政治、经济、文化中心长达1100多年。[①]大明宫国家遗址公园是西安市文化创意产业对历史文化产业的更新以及城市文化内容创新的成功案例。大明宫国家遗址公园在改建时，通过与遗址保护和研究中心等技术部门合作，运用数字化、微景观、虚拟设计与成像等手段进行遗址展示，同时配套遗址相关的文化场所如大明宫IMAX影院，大明宫剧院，并开发书刊、衍生品等文化产品。如今大明宫文化遗址已经成为城市现代化与历史文化遗产和谐共生的国际化典范。

创意产业与文化遗产同样可以发生激烈的"化学反应"。1977年《马丘比丘宪章》针对城市文化遗产保护提出了"适应性再利用（Adaptive Reuse）"的方式；[②]1979年《巴拉宪章》明确了"适应性再利用"的概念：即对某一场所进行调整使其容纳新的功能，其关键在于为建筑遗产找到适当的用途，这些用途

---

① 张连举.坚守个性特色是学术刊物的生命线——《唐都学刊》创刊三十周年志贺[J].唐都学刊，2015（5）．

② 徐苏斌.从文化遗产到创意城市——文化遗产保护体系的外延[J].城市建筑，2013（5）．

使该场所的重要性得以最大限度的保存和再现,对重要结构的改变降低到最低程度,并且这种改变可以得到复原。"适应性再利用"的提出拓展了文化遗产保护的外延。使文化遗产保护和创意产业建立了联系。[①]工业遗存作为城市文化遗产必不可少的一部分,成为城市特定历史时期内发展和转型的见证人和记录者。北京的"798"是利用工业遗产发展形成的园区中最为典型的例子。在2004年2月的北京市人大会议上,清华美院教授李象群老师建议相关政府和部门立刻制止所有发生在"798"联合厂区的拆建行为,理由很简单:这里大部分建筑物保持着20世纪50年代初建筑的原貌。两年后,"798"被北京市确立为"文化创意产业基地",工业遗存和文化的结合,促使"798"艺术区成为北京时尚文化新地标。2018年4月,北京市发布《关于保护利用老旧厂房拓展文化空间的指导意见》给予了老旧厂房改造诸多的优惠条件,指向很明确:工业遗存的改造转型,既是经济问题,也是文化问题。

(二)促进城市文化载体更新

文化依赖于载体而存在和传播。公元1世纪,蔡伦改进的造纸术被认为是书写材料的第一次革命,便于携带、成本低廉的纸张问世之后逐渐取代了帛、丝、简等旧材料,纸质书开始出现。直到15世纪德国人约翰·古登堡发明了铅活字印刷机,书籍大规模的生产和传播成为可能。载体的更新换代使文化的传播变得多元多态,随着当代科学技术发展,层出不穷、日新月异的新业态

---

① 徐苏斌.从文化遗产到创意城市——文化遗产保护体系的外延[J].城市建筑,2013(5).

不断刷新我们的认知和生活、消费习惯。技术进入，文化加持，创意产业将文化产品和服务以越来越多的形式呈现在城市居民面前，从而实现了文化形式的不断更新（见图2-3）。

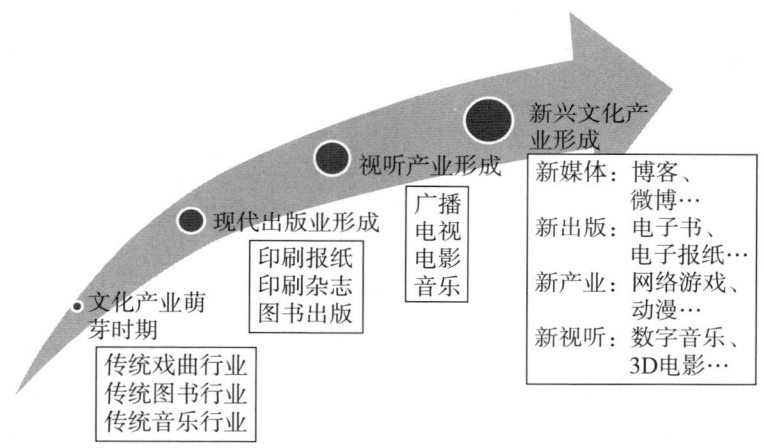

图2-3 文化产业发展历程

创意产业向传统制造业的渗透与融合使书籍、电影、电视、艺术品等普遍意义上的文化承载物的范围得到了拓展。经济的快速发展为创意产业提供了肥沃的土壤，随着人们精神文化需求的日益增长，文化创意产品开始拥有越来越多的消费群体。因此，在技术未能实现革命性突破时，消费者对于同一项产品的观念价值和服务往往更为看重，情感、品位、文化内涵等都能成为吸引消费者的重要因素。正如美国学者尼葛洛庞帝在《数字化生存》中指出，传统商品和创意产品的最大区别在于是否具有"象征意义"，创意产品通过产品传达观念、感情和品位，这些额外的"象征意义"能够提升传统商品的文化附加值，从而实现传统商品向创意产品的跳跃。

（三）促进城市文化传播手段创新

有学者认为，多媒体和互联网现已成为规模最大的文化产业。[①] 在笔者看来，多媒体和互联网作为技术手段不断地拓展文化产业的边界，但技术本身不能称为产业。尽管多媒体技术和互联网手段对于文化产业的发展的确举足轻重，同时也成为创新城市文化的传播手段。[②] 此外，改善和优化了城市文化的传播体系，使城市文化能够通过更加多元的方式得到广泛传播，如移动电视、手机电视、网络视频、IPTV、微博、直播和短视频等。可以说，每一种扩散的传播形态，都深刻反映着城市的文化环境和社会状况。多元的传播渠道创造了一种全新的传播路径和传播范式，不同渠道的组合更是大大提升了传播效果，在全球一体化进程中，城市文化的整合过程被加快，而文化创意产业和它背后的先进技术无疑是这场"文化狂欢"平台。古都西安最近有一个新的称号——"抖音之城"，相关资料显示，在西安，已有超过 70 个市政府机构开通官方抖音号，西安市公安局、西安市旅游发展委员会、西安市文物局悉数在列。[③] 昔日的汉唐古都长安，正成为一座时髦的"抖音之城"。由抖音提供平台和网络主播资源，西安市旅发委规划特色拍摄线路，再由抖音实施具体的拍摄计划，宣传西安市的短视频一经发出就取得了不俗的效果。通过大众尤其是当下年轻群体喜闻乐见的方式，不仅宣传了城市美食、美景和历史文化，也为城市注入了更多的生机活力，达到拓展城市媒体，增强更新经济活力的目的。

---

① 郑庆伟. 论科技创意与文化产业 [J]. 文化学刊，2010（4）.
② 厉无畏. 文化创意产业推动城市创新驱动和转型发展 [J]. 科学发展，2014（2）.
③ 贺嘉雯. "抖音之城"西安 [N]. 南方周末，2018-07-07.

二、文化创意推动城市文化品牌构建

(一)通过城市文化提升文化认同

"90年代爆发了全球的认同危机,人们看到,几乎在每一个地方,人们都在问'我是谁?''我们属于哪儿?'"亨廷顿所言的这种认同危机在城市中更加广泛。城市是异质群体与多元文化的聚居地,城市居民比一般人更需要集体认同感和文化认同感。城市认同危机反映了现代城市人的身份焦虑和文化焦虑:在城市建设中,我们不再是城市的主人,而是一个旁观者或局外人。由于城市的历史传统被切断,我们无法返回过去;由于城市多元文化的"众声喧哗",我们不知道"风在哪个方向吹"。于是,城市中的人们集体迷路了。[①]

亨廷顿的文字形象地指明了现代社会中因为文化认同感的缺失带来的困惑和问题。所谓"文化认同",是指对人们之间或个人同群体之间的共同文化的确认。使用相同的文化符号、遵循共同的文化理念、秉承共有的思维模式和行为规范,是文化认同的依据。[②] 市民的文化认同是城市文化传承创新的基础,只有被广泛接纳的文化符号才有转化为文化资本的可能性,并通过大范围复制传播和消费形成产业,产生经济效益,因此即便是看似虚无缥缈的文化资本也不能脱离市民的文化认同而凭空存在。20世纪80年代,为了重建逐渐流失的本土文化,台湾地区通过发展文化创意产业推动社区的文化营造,采取"文化地方自治化"的公众参与,

---

[①] 凌瑜璐.文化视野下的城市化[D].北京:中国艺术研究院,2012.

[②] 崔新建.文化认同及其根源[J].北京师范大学学报(社会科学版),2004(4).

让社区居民进行文化自治,通过增强社区居民的本土文化认同来实现社会文化机制的重构。

(二)创意产业优化促进城市文化品牌构建

"城市不只是建筑物的群集,它更是各种密切相关并经常相互影响的功能的复合体——它不单是权力的集中,更是文化的归极。"[①] 如果说城市作为文化的熔炉,在长期的历史演变中留下了宝贵的财富,那么现代城市的文化内涵和品格又如何体现?事实上,城市品牌的塑造和提升与文化发展和创意改造一直以来都保持着密切的互动关系,诚如美国学者查尔斯·兰德利在其著作《创意城市——如何打造都市创意生活圈》中就解释了"创意城市"的概念并肯定了将文化作为创意资源是创意城市最重要的核心点。[②]

1. 数字创意产业是城市文化品牌创新的新型媒介

随着城市文化发展被提上战略高度,利用文化创意产业打造城市品牌形象也成为热门话题。2012年,芬兰赫尔辛基击败全球26个国家的45城市获得了"世界设计之都"的称号,几十年来,赫尔辛基一直致力于通过创意设计解决居民需求是该城市获得这一称号的理由。"愤怒的小鸟"作为广受欢迎的游戏形象之一,如今正在成为芬兰"新形象"。芬兰航空开通了"愤怒的小鸟"国际航班,这架从赫尔辛基飞往新加坡的空客机身涂满了活泼生动的游戏形象。美国国家航空航天局邀请"愤怒的小鸟"做代言人,并与游戏开发公司ROVIO娱乐合作推出了"太空版"。文化创意产业的发展不仅能够激发相关产业的增长,实现内容本身的价值,

---

① 王传习.论鲁迅城乡选择的悖论及现代指向[J].廊坊师范学院学报(社会科学版),2018(4).
② 陈柳钦.城市文化:城市发展的内驱力[J].学习论坛,2011-01-15.

其周边衍生产业附加值的开发也是融合产业链的重要方法，因此数字创意产业为城市文化品牌的塑造提供了新的媒介，并实现了经济效益与社会效益的统一。

2. 文化创意产业是提升城市文化品牌的重要途径

城市品牌是一种巨大的无形资产，表现为凝聚力、吸引力和辐射力。[①]深圳以"文化立市"作为口号将一座没有任何历史文化积淀的渔村打造成了现代文化之都。深圳以设计产业为龙头，并在城市品牌推广和提升的过程中始终主打"设计牌"，以推动城市经济、文化发展。同时，有优惠的政策条件，雄厚的产业和人才基础，加上完善的配套措施，深圳的创意产业园区经济发展也呈现出一片欣欣向荣的景象。

第二节　构建创意城市网络

早在2003年，美国学者霍斯珀斯（G. J. Hospers）就根据城市发展形态提出了创意城市三要素——集中性（concentration）、多样性（diversity）和非稳定状态（instability）。[②]其中集中性表现在人口数量和交互密度上，信息交流和社会交互带来的集聚效应更有利于城市创意的发生。多样性在城市主体表现为知识技能、行为方式等的多样，在客体上则表现为不同的城市意向和建筑。多

[①] 吴轶博.浅谈数字娱乐产业发展至于城市文化品牌提升的重要作用[J].现代装饰理论，2016（9）.

[②] 徐舒静.文化政策导向下的西方发达国家创意城市构建策略研究[D].济南：山东大学，2014.

样性的存在使城市生活更加丰富和繁荣，也是创意城市产生的丰厚土壤。非稳定性则表示，一些处于变革、危机、冲突的城市往往更容易激发创意。因此，创意城市是一个动态流动的过程，没有哪一个城市能够永久展现创意，也没有哪一个城市的创意类型能够恒定不变。在此基础上，霍斯珀斯提出了创意城市的四种类型（见表2-1）。

表2-1 四种创意城市对比

类型	特征	历史的上创意城市	当代的创意城市
技术创新型	科学技术发达，技术革命的发源地。	1900年的底特律（亨利·福特在此奠定了美国汽车工业的基础）；19世纪的曼彻斯特（纺织业）；鲁尔（煤炭、钢业）；柏林（电力）	美国的硅谷（信息技术）、剑桥（创意人才）
文化智力型	文学、表演艺术、哲学等知识文化体系尤其发达。	古典时期的雅典；文艺复兴时期的佛罗伦萨；17世纪的伦敦（舞台剧）	德国海德堡（"文学之都"）；韩国光州（"艺术媒体之都"）；中国成都（"美食之都"）
文化技术型	兼具上面两种类型的特征，主张"技术和艺术的联姻"。	1920年的好莱坞；宝莱坞（电影产业）；孟菲斯（音乐产业）	鹿特丹（"欧洲文化之都"）
技术组织型	政府主导，公司合作通过技术、艺术（技术优先）等手段改善城市人居环境。	恺撒时期的罗马（引水工程）；19世纪的伦敦和巴黎（地铁系统）；斯德哥尔摩（耐久住宅）	提尔堡（公司制管理城市）；鹿特丹（港口复兴区）；中国贵阳（大数据城市）；布里斯托尔（海绵城市）

城市想要实现复兴，需要通过整体的城市创新，其中的关键在于城市的创意基础、创意环境和创意文化。因此，任何城市都

可以成为创意城市,或者在其中一方面具有杰出的创意。① 从这种意义上来讲,创意城市并不是一种概念,而是一种推动城市复兴和重生的模式,在经济发展的前提下,依靠科技创新和文化创意双轮驱动。它使城市从主要依靠自然资源的发展转向人类主体资源的挖掘,努力解放文化生产力,重塑城市形象,再获升级,实现持续发展的战略转型。

与西方国家相比,我国文化创意城市的倡议和建设相对较晚,目前仍处于"摸着石头过河"的起步阶段,但各个城市对建设创意城市的热情日益高涨。2017年,武汉入选全球创意城市网络"设计之都",长沙入选"媒体艺术之都",青岛入选"电影之都",澳门入选"美食之都"。据统计到目前为止我国一共有13座城市进入全球创意城市网络(见表2-2)。

表2-2 入选全球创意城市网络的中国城市

城市	称号	授予时间	备注
深圳	设计之都	2008年	第一个加入"创新城市网络"的中国城市
上海	设计之都	2010年	
成都	美食之都	2010年	第一个获此称号的亚洲城市
哈尔滨	音乐之都	2010年	中国首个获此称号的城市
杭州	工艺与民间艺术之都	2012年	中国首个获此称号的城市
北京	设计之都	2012年	
景德镇	工艺与民间艺术之都	2014年	
苏州	工艺与民间艺术之都	2014年	
顺德	美食之都	2014年	
长沙	媒体艺术之都	2017年	中国首个获此称号的城市
澳门	美食之都	2017年	

① 王慧敏.创意城市的创新理念、模式与路径[J].社会科学,2010(11).

续表

城市	称号	授予时间	备注
青岛	电影之都	2017年	中国首个获此称号的城市
武汉	设计之都	2017年	

联合国教科文组织于2004年创立了全球创意城市网络，希望通过发挥全球创意产业对经济社会的推动作用，通过成员城市促进当地文化发展，达到在全球环境下倡导和维护文化多样性的目标。[①] 但我们必须清醒地认识到，入选联合国教科文组织创意城市仅仅代表该城市从某些程度上具备建立创意城市的条件和基础，并不代表该城市就是真正意义上的创意城市。如何利用城市文化资源加快文化创意城市建设，是每一个城市未来发展面临的重要问题。

改革开放以来，中国正经历最大规模的城市化。过去的40年，中国许多城市成功完成了从农业型向工业型，从工业型向服务型的转变，而在服务型城市向创意城市迈进的过程之中，城市审美、艺术设计、文化产业、生态旅游、"互联网+"、公共文化服务、创意街区等被史无前例地重视。可以看出，品牌概念和文化特色开始成为新一轮城市竞争中的重点之中。创意城市的构建，需要充分发挥城市的特质、亮点和影响力。城市文化特色越强，竞争力越强。

一、依据创意城市诉求，调适顶层设计

我国创意城市的建设始于创意产业对城市的巨大影响和改变，

[①] 金元浦. 创意：让城市更有"品格"[N]. 中国旅游报，2017-11-30.

正是因为这个因素，一些观念错误地认为发展创意产业就是建设创意城市，将创意产业发展指标作为衡量创意城市建设的唯一标准。2012年，深圳、北京、上海、成都、广州、苏州、九江、无锡、银川等城市获得了全球网民推荐的"最中国创意名城"称号。[①]但仔细分析以上城市的发展状况，不难发现，这些城市"只见企业，不见产业""只见园区，不见城市"并非全都符合创意城市的评判标准。更何况，时至今日，我国还未出台创意城市评价标准和体系。尽管部分城市纷纷发布文化创意产业城市发展规划，但是各个城市在发展目标和产业构成方面各有不同。文化是创意城市得以立足和发展建设的根基，但并不是所有文化资源丰富的城市都是创意城市。部分历史文化资源丰厚的城市仅仅注重文化旅游产业发展，而忽视了文化生活方式和城市文化氛围的孕养，使城市空有文化资源而缺乏文化内涵，难以发展成为真正意义上的创意城市。其实不难理解，创意城市比之创意产业，拥有更加广泛的定义，是一个更加复杂和系统的过程，因此在迈向创意城市的过程中，做好顶层设计是贯穿始终的事情。

（一）长远规划引导下的创意城市构建

西方城市在发展中，许多以打造创意城市为目标的各大城市纷纷发布了该城市发展规划，例如2002年正式生效的《多伦多创意城市的文化规划》中明确规定了城市的区位、产业布局以及各种性质用地的分配状况，它有效组织了城市向郊区的持续扩张，将尚未开发的主要城市道路建设成为多功能城市大道，中央滨湖

[①] 徐舒静.文化政策导向下的西方发达国家创意城市构建策略研究[D].济南：山东大学，2014.

区则成为城市一个最为特殊的场所,甚至让市民们觉得这块区域的存在提高了全市人民的生活质量。除此之外,还有《辛辛那提创意城市计划》《华盛顿创意城市草案》等,这种长期规划能够更好地指导未来城市的发展,促使城市朝着预定目标发展。

规划是一个前瞻性的事业,如果没有足够的预见性,就无法谋划城市未来。因此,规划师不仅需要筹划当下,更要"仰望星空"。而构建创意城市则是一个长期而复杂的工程,需要明确的城市定位和发展方向、城市发展战略以及详细而具体的执行方案作为支撑。此外,产业需要实现集聚效应,通过制定规划,形成科学的空间布局和合理的产业结构,从而缩小城乡之间、产业之间的差距。在长期规划的引导下,理顺政府监督部门的关系,并有针对性地出台产业、资金、人才等系统化扶持政策。通过理顺政府监管部门的关系,深化体制机制变革,并制定相应的改革措施方案,推动相关产业持续快速发展。

(二)相关政策主导下的创意城市构建

目前,中国文化创意产业的实践和创意城市的发展主要集中在北京、上海、深圳、杭州等经济发达和产业基础雄厚的城市。以北京为例,从 2005 年起,北京市就已经把发展文化创意产业作为一项重要的战略决策,2006 年,北京市成立"文化创意产业领导小组",接着陆续出台《北京市促进文化创意产业发展的若干政策》《北京市"十一五"时期文化创意产业发展规划》《北京市文化创意产业投资指导目录》等,制定《北京市文化创意产业分类标准》,规定《北京市文化创意产业发展专项资金管理办法》和《北京市文化创意产业集聚区认定和管理办法(试行)》等,为推动北京市文化创意产业的发展提供了良好的政策支持。除此之外,从2006年开始，北京市财政每年安排5亿的预算，设立了专项资金来支持文化创意产业企业的发展。[①]也就是说，早在2006年的时候，北京就已经将文化创意产业作为全市重点产业进行布局，这一步与中央做到了同频共振。除此之外，有学者认为从地方层面来说，我国文化创意产业政策同质化现象比较明显，造成了在发展城市文化和促进城市发展过程中定位不明、建设雷同等问题。所以，政策的制定需要充分立足本地实际，从历史渊源、文化资源、产业基础、人才现状等多方面出发考量，发挥优势，凸显特色。

（三）文化立法保障下的创意城市构建

第一，加强文化立法，保护知识产权。文化创意产业是一个依靠创意、智力和思维创造内容价值的产业，加强知识产权立法保护需要贯彻在创作、生产、流通乃至消费的全过程。其次，针对文化创意产业的细分领域，如出版、影视、网络游戏、动漫等行业进行具体法律法规的制定。再次，需要紧跟国内外行业发展态势，不断建立健全文化创意产业新业态的相关法律法规，比如伴随网络、新媒体的发展，直播行业出现的问题需要相关监管制度的及时"补位"以纠正行业不良现象。立法，既是对行业的限制和监管，也是对行业的扶持和保护。除此之外，在立法过程中注意与国际惯例接轨，以增强应对国际贸易和竞争中的摩擦和折扣的能力。最后，构建一个良好的社会环境，从相关部门到社会大众，从执法者、监管者到消费者都需要树立知识产权的意识，

---

① 张京成.北京文化创意产业发展透视 [EB/OL]. (2018-04-03) [2018-06-14]. http://www.cb.com.cn/index.Php?m=content&c=index&a=show&catid=20&id=1015258&all.

并将之融入日常工作和生活中。

第二,坚持文化主权,保障文化安全。坚持文化主权和文化安全,是发展文化创意产业的基本原则。一方面,通过保护、传承中华民族的传统文化的过程中增强文化主权意识,树立文化自觉。另一方面,坚持优秀传统文化走出去,讲好中国故事,讲好城市故事。同时,在对外文化贸易和竞争中得到国际认可,获得国际舞台的话语权,真正实现中国文化、城市品牌"走出去"。

二、发展文化创意产业,促进产业集聚

创意城市是知识经济时代城市获取竞争优势,保持领先和持续发展的新战略。如今每一个国家和城市都能够清醒地认识到,在当代信息社会里,城市竞争优势取决于文化资源和文化产品的创新力、新兴科技的研发与应用能力和吸引人才并尽其用的能力。因此,在发展创意城市的时候,不能单纯通过创意谈城市,创意背后的产业力量和科技手段都是需要考量的问题。

(一)以互联网融合思维驱动创意城市构建

利用互联网、数字化等高新技术,以创意为核心,培育新兴业态,促进城市相关产业转型升级。2005年,《中共中央关于深化文化体制改革的若干决定》出台,提出要运用先进科技促进文化产业发展。在随后出台的《国家"十一五"时期文化发展规划纲要》《文化产业振兴规划》和《关于中共中央关于深化文化体制改革推动社会主义文化大发展大繁荣若干重大问题的决定的说明》中也都明确提出了文化与科技融合发展的重要性和未来趋势,运用科技发展文化,提高我国文化的自主创新能力。

新的技术手段和互联网思维为中国文化产业提供了前所未有的发展机遇。互联网的发展让文化产业跨越边界，促进产业从低端形态向高端形态转型升级，是促进社会经济发展的重要力量。因此，在未来创意城市的构建中，不论发展定位如何，科学技术与互联网技术的发展必然要成为一个城市企业发展的基本支撑点，打破文化产业界限，进行创意的跨界融合，以提升文化的生产力和创造力，形成以互联网为基础设施和实现工具的经济发展新形态。

运用融合思维，在文化的引领下促进相关传统行业的转型升级。如文化创意产业与建筑业、农业、旅游业的结合，不同产业相互借力，融合发展，使城市经济增添人文附加价值，从要素驱动、投资驱动向创新驱动转变，迸发出既具创意又具经济利益的火花。北京"798艺术区"被评为全球最有文化标志性的22个城市艺术中心之一。[1] 在保留原有建筑遗产的整体风格下，艺术家们对这里的旧厂房重新设计改造，将工作室、画廊融入其中，酒吧、主题餐厅等服务行业的入驻又让这里成为艺术与商业共存的场所，时尚与传统、精神与物质也在此处并存。

（二）发展文化创意产业，形成集聚效应

创意城市的建设虽然不能直接等同于创意产业的发展程度，但文化创意产业的产生、成长、形成规模效应和协作网络却能深刻改变城市的空间格局。[2] 文化创意产业集聚区是宏观层面的文化创意产业园区；文化创意产业园区是微观层面的文化创意产业集

---

[1] 王银灿.我国文化创意产业发展对文化软实力的提升路径研究[D].石家庄：石家庄铁道大学，2017.

[2] 周蜀秦.文化创意产业驱动城市转型的作用机制[J].社会科学，2014（2）.

聚区，这样的集群化发展带着鲜明的中国特色。一方面集聚区可以将富有创意的人才、行业和企业资源聚合，形成平台；另一方面可以拥有更强的高端要素组合能力、产业链整合能力以及吸收知识外溢和竞合的效应，从而促使集聚区形成优势主导产业。[①] 从目前我国文化创意产业集群发展的空间特征来看，已经形成了六大创意产业集群：以北京为核心的京津冀创意产业集群；以上海为龙头，杭州、苏州、南京等城市竞相发展的长三角创意产业集群；以深圳、广州为代表的珠三角创意产业集群；以昆明、丽江为核心的滇海创意产业集群，主要发展民族文化产业；以成都、重庆、西安等城市为核心的西部川陕创意产业集群和以武汉、长沙为代表的中部创意产业集群。[②] 国内外的诸多实践表明：文化创意产业的集聚，可以带来信息交流、人才汇聚和创意激发，由于储备了深厚的文化资源禀赋优势，带动周边产业发展，培育市场需求，成为城市新的经济增长极。

创意产业集聚区的初期，政府和相关部门需要起到主导作用，制定品牌和战略规划，为集群品牌的打造提供便利条件和保障，除此之外，积极搭建科研平台和人才政策，配套完善公共服务平台和基础设施建设，营造良好的创意环境氛围。待集群发展成熟以后，政府需要适当的"退出"，扮演好参与监管和维护的角色，积极引导行业协会和第三方平台的建立，充分发挥市场主体的作用。

---

① 徐舒静.文化政策导向下的西方发达国家创意城市构建策略研究[D].济南：山东大学，2014.

② 黄鸿海.文化创意产业的发展与文化软实力的提升[J].理论学习，2013(7).

三、优化社会发展环境,培育创意土壤

(一)营造多元开放的社会创新环境

过去的40年里,社会一直处于快速的发展变革之中。信息技术的发展取代了工业化的批量生产,创意时代的到来颠覆和改变了传统社会的管理体制、组织方式和发展模式。

首先,创意城市和创意产业的发展需要宽容、多元、开放的社会氛围和社会环境。美国这个移民国家是名副其实的"文化大熔炉"。美国主流社会倡导宽容并蓄的接纳各家文化之长,但美国依然有自己相对统一和独立的本土文化,使国民生活能够趋于一体,从而享有共同的生活准则和生活标准。英国伦敦地区有300多种语言,多元文化,相互尊重和理解。这启发我们,在构建创意城市的过程中,应该立足城市传统文化和本体特色,同时用海纳百川的胸襟和气魄理解、尊重多种形态文化的存在。

其次,创意产业的发展需要鼓励创新,宽容失败的社会环境。理查德·佛罗里达将技术(Technology)、人才(Talent)和宽容(Tolerance)归纳为创意经济发展的三要素,即著名的"3T"理论,他认为,因为创意人才的集聚带来了技术、投资和就业的增长,所以采取措施吸引人才是评价政策规划成败的因素之一。而创意阶层往往会被包容、多样和开放的地区聚集,这样的地区能够让他们更好地自我实现。由此可见,要发展创意产业最重要的是要创造宽容的环境,因为创意经济时代需要激发人的创造力推动经济发展,也意味着未来世界的竞争是一场争夺这些创意人才

的竞争。[①]

（二）坚持"创意为民"的核心宗旨

创意城市建设的最终目标是通过创意使城市生活变得更美好。其衡量指标既不是文化产业发展速度，也不是文化产业园区基地发展数据，更不是政府颁布的政策文件数量。真正的创意，在城市里的每一个角落，看得见、摸得着，市民愿意置身其中，并从中"获利"。因此，创意城市的构建，要比以往任何时候更加关注人的发展，坚持"创意为民"。

一座典型的创意城市，除了拥有蓬勃发展的艺术和文化行业、让人惊叹的科技产业和互联网技术，还应该有符合文化公司、书店、咖啡厅、酒吧、民宿这些创意环境最表面、最生机勃勃、活力四射的场所，因为所有的创意创新归根到底是提升人的幸福指数。

第三节　城市运营的创意实践

英国是世界上第一个提出创意产业概念并实际运用到城市建设和社会经济发展之中的国家。因为工业革命，英国成为"世界工厂"，但到了20世纪80年代，英国逐渐失去了世界第一制造业大国的地位。1997年5月，为了振兴英国经济，调整产业结构，解决种种社会矛盾，英国成立了创意产业特别工作小组，首相布莱尔亲自担任主席，自此英国开始了轰轰烈烈的创意产业发展历程。

竞争战略之父迈克尔·波特（Michael Porter）认为："基于文

[①] 郭嘉."创意为民"应成为发展创意城市的立足点[J].云南开放大学学报，2015（9）.

化的优势是最根本的、最难以替代和模仿的、最持久和最核心的竞争优势",所以文化才是"城市最大的不动产"。这一点在近年来中国的创意城市发展过程中被证明,协调文化、创意与城市的关系,把握创意产业发展的良机是一座城市能否脱颖而出的关键。

根据《2017年中国城市创意指数报告》显示,北京、上海、香港、深圳占据了前四强,杭州、南京等则成为新一线城市中的代表。这些城市有的是规划先导,顶层设计引领;有的则是模式创新,理念超前,但不论何种理由成为本章的案例,都对其他城市的创意探索提供了值得借鉴的经验。但我们也要认识到,这些城市虽然在创意推动的过程中有着卓越表现,但城市发展必须契合本土文化特色,采取因地制宜的发展方式,借鉴学习其他成功经验时也需要提出适应自身的解决方案。

一、北京市朝阳区:文化创意产业里的朝阳现象

近年来,北京市朝阳区(以下简称朝阳区)的经济发展结构已经由最初依靠"米袋子"和"菜篮子"的第一产业,经由以现代工业和制造业为代表的第二产业,转向了以现代服务业和商业为代表的第三产业。如今朝阳区又一次华丽转身,进入了以文化创意产业为核心的新型业态的发展之中。

据官方数据显示,截至2017年8月底,朝阳区登记注册的文化创意企业突破8万家,其中160家上市(含新三板)企业。[①] 正式成立于2014年12月的国家文化产业创新实验区经过四年的培

---

① 王彩娜. 文创产业:北京朝阳积蓄发展新动能[N]. 中国经济时报,2017-09-15.

育发展，逐步成为首都"全国文化中心"建设的新名片和引领全国文化创意产业发展的试验田。截至 2016 年底朝阳区国家文化产业创新实验区规模以上企业收入超 1600 亿元。截至 2017 年 6 月底文创企业 3.6 万家。朝阳区四级文化设施、中心、活动室 553 处；博物馆（美术馆）54 个；图书馆（室）560 个。群众文化队伍 2844 支骨干力量 7 万余人。全区 17 处文保单位，其中非物质文化遗产项目 111 个。

一直以来，朝阳区在文化创意产业方面堪称是北京市的佼佼者。面对这样一份漂亮的成绩单，欣喜的同时，我们更应当思考：区域文化创意产业的发展究竟依靠什么？在相似的区位条件下，为何会产生不同的结果？

（一）立足本地，构建特色产业结构体系

朝阳区已基本形成了以文化传媒为龙头，以高端会展、旅游休闲、设计创意、信息服务为主导，以古玩及艺术品交易、文艺演出、时尚消费为特色的多元支撑的产业结构体系，即"一个龙头、四个主导、三个特色"的产业结构体系，逐渐形成了以国家文化产业创新实验区为主轴，以奥林匹克公园文化体育融合功能区、大山子时尚创意产业功能区、潘家园古玩艺术品交易功能区为重点，以众多文化创意园区（基地）为延伸，错位、融合、协同的空间格局。[①]

通过实施产业高端化和梯次发展战略，全区文化创意产业不断优化产业结构，占据价值高端。科技含量高、创意程度高、附

---

① 于保明，黄金星. 以制度创新引领文化产业发展 [N]. 中国改革报，2017-09-13.

加值高的软件和信息技术、广告会展、文化休闲娱乐等行业收入占比不断增加。2017年上半年，三大行业实现收入占全区文化创意产业收入比重分别达到30%、21%和16%，实现了较快发展。[①]

（二）先天条件 VS. 后天谋划

与其他地区相比，朝阳区既不是文化禀赋大区，也不是科技资源大区，区内的高校人才的数量甚至可以说是排名靠后的。但是，这个区却能够紧紧抓住文化产业发展的大好机遇，通过资金引导、园区建设等一系列的规划，使本地区的文化创意产业发展，在短短十年中成功跻身于北京文化创意产业发展的前列。据统计，自2008年以来，朝阳区财政共投入3亿元支持项目（企业）300余个，引导促进主导产业不断集聚和快速发展。在园区建设方面，朝阳区也已规划建设了8个市级文化创意产业集聚区，14个区级文化创意产业集聚区以及一批独具特色的文化创意产业园区。由此带给我们启示，对于文化产业发展来说，先天条件固然重要，但后天的谋划更为重要。

（三）借助政策东风，助力产业升级换代

2014年，国家文化产业创新实验区在北京市挂牌成立，实验区的核心功能区落户在朝阳区。结合实验区的发展，确定了以下两点工作目标。第一，加快推进国家文化产业创新实验区的建设，在文化产业发展的体制机制、政策环境、市场体系、金融服务、人才培养、发展模式等方面争取先行先试政策，集聚一批有影响力的文化创新企业，促进文化与科技、金融、商务等的融合。第

[①] 于保明，黄金星. 以制度创新引领文化产业发展 [N]. 中国改革报，2017-09-13.

二，将国家文化产业创新实验区建立成为文化产业改革的探索区，文化经济政策的先行区和产业融合发展的示范区。同时，加快互联网信息技术与文化产业的融合发展，大力发展互联网金融、移动互联网、电子商务等战略性新兴产业的发展。

（四）设立"文化强区"，推动创意空间转型升级

为了加快文化产业发展，推动文化中心建设，朝阳区制定"文化强区"目标，通过统筹全区资源，将工业遗存焕活新生，为文化创意产业提供空间载体。目前朝阳区已有30处工业厂房转型文创园，总面积近200万平方米，预计到2020年还将有24处厂房完成改造。自2000年期，朝阳区开始通过财政补贴、资金奖励、贷款贴息等方式，引导就工业厂房转型升级。[①]像北京齿轮厂的生产车间、京棉二厂的纺织车间、胜利混凝土建材厂的水泥筒，都在"腾笼换鸟"的同时实现转型升级，吸引着文创企业的入驻。

二、上海：走在创意城市之路

作为中国文化创意产业发展的龙头城市，上海无疑在中国创意城市构建的浪潮中起到引领者的作用。早在2005年，上海相继成立"上海设计创意中心"和"上海创意产业中心"。据统计，2006年底，上海市的文化创意产业集聚区达50多个，涉及38个种类，55个行业。2017年，上海市政府发布《关于加快本市文化

[①] 张景华，董城.北京朝阳：工业遗存成文创高地[N].光明日报，2017-09-13.

创意产业创新发展的若干意见》(简称"文创五十条"),提出在未来五年内,使上海市文化创意产业增加值占到全市生产总值的15%,并基本建成现代文化创意产业重镇。到2030年,本市文化创意产业增加值占全市生产总值比重达到18%左右,基本建成具有国际影响力的文化创意产业中心;到2035年,全面建成具有国际影响力的文化创意产业中心。[①]

目前,上海市的文化创意产业已经形成了基地、平台和大型活动多元并举的产业载体格局,在此格局之下,重大产业稳步发展,龙头企业态势强劲,小微企业活力凸显。随着上海市科技创新中心战略的确立,老旧厂房改造、文化科技进一步融合,"设计+"跨界渗透,进一步提升了上海市文化创意产业的品质,新业态不断勃发。上海的创意产业发展过程中有以下经验。

(一)促进对外开放:自贸区先行先试,加强国际合作

上海通过对外交流合作促进文化创意产业的发展。拓宽合作交流平台,创新国际合作交流模式,并将国际文化创意活动常态化,这一系列的举措都为上海文化创意产业和产品的"走出去"营造了良好环境。

2014年,上海市开始落实自贸试验区文化市场开放政策,发挥国家对外文化贸易基地的示范作用。文化部(现文化和旅游部)牵头与上海共同组建了首个国家级对外文化贸易基地。截至2017年,园区内已经集聚了500多家企业,从文化装备生产到文化IP打造,涉及艺术品、动漫、游戏、影视等多个领域。自贸区充分

---

① 关于加快本市文化创意产业创新发展的若干意见[N].解放日报,2017-12-15.

利用了保税区的独特优势,成功连接国内、国际两个市场,既能够引进先进国际文化产品,也能推动优秀的文化产品走出去,促进了文化贸易发展。如今,这里汇集的500多家企业,其中包括全球最大的电影完片担保公司、电影金融公司以及佳士得拍卖等。上海文化产权交易所、国家版权贸易基地也入驻此地,为文化产业的版权交易、评估、创意孵化以及融资等提供了完善的配套服务。据统计,这里每年能够实现至少300亿元贸易额,是上海市经济发展的新增长点。

(二)推动产业集聚:细化空间布局,凸显集聚效应

如今,上海的文化创意产业空间已经形成了"一轴、两河、多圈"的格局,产业布局中心开始下沉,形成了极具上海特色的"文创经验"。《上海市文化创意产业发展"十二五"规划》提出"一轴、两河、多圈"的产业布局,"一轴"是指横贯上海中心城区的东西向轴线,西起虹桥商务区,东至浦东金桥、张江,形成了以网络信息产业和动漫游戏产业为主的战略性新兴文化创意产业,以及以广告会展、影视制作、文化贸易和娱乐演艺为主的文化创意服务业。所谓"两河"是指黄浦江滨江文化创意带和苏州河滨河文化创意产业集聚带。北起杨浦区,南至徐汇区的黄浦江沿岸历史文化资源和工业资源丰富,为上海市的文化创意产业发展提供了载体空间,因此崛起了以旅游观光、会议会展、时尚和娱乐为特色的产业集聚区。苏州河滨河文化创意产业集聚带上,散布着许多大大小小的老旧厂房和历史建筑资源,因此努力促进仓库文化和工业文化相结合,集旅游休闲和创意体验功能为一体的创意产业园区成为此地的亮点。"多圈"则是整体发展全市文化创意产业园区和集聚区,发挥园区的辐射带动作用,形成多重点、细分化的产业布局。

2017年年末的"文创五十条"再次着重提到了上海市文化创意产业的布局,科学规划布局是产业发展的重要前提。在这个政策中,能够看出上海既吸收借鉴了国外先进发展经验,又立足本土特色,对上海的文化创意产业以及相关领域进行了具体的规划布局。比如在影视产业方面,建设松江大型高科技影视基地,打造集人才孵化、影视制作和投资、影视取景拍摄等三类影视产业服务功能区;[①]在动漫游戏方面,规划建设1—2个能够承接国际顶级电竞赛事的专业场馆,支持大型国际赛事落地上海,通过赛事推动本土电竞产业发展;在演艺产业方面,重点建设8个演艺集聚区;在创意设计方面,将布局环同济大学经济创意集聚区等园区;文化装备产业则将重点推动国际高科技文化装备产业基地建设。[②]

(三)大力发展"园区经济",增强产业活力

第一,老旧厂房改造,焕活工业遗存,以上海的M50创意园、田子坊、8号桥为代表。苏州河两岸曾是上海的工业中心,20世纪90年代以来随着上海市经济结构转型调整,大量的重工业开始转型、外迁,与此同时,将闲置的旧工厂、仓库等工业建筑作为遗产予以保护的呼声也越来越高。1998年以台湾建筑师登琨艳租下南苏州路的1305号仓库并在此设立大样设计公司为代表性事件,大批中外艺术家开始入驻,并在上海老建筑的保护和重生中起到了关键性作用。如今,将工业文化转变为创意文化已经成为很多城市和社区寻求更新的主要取向。

---

① 刘锟."50条"推动上海文创产业快速发展[N].解放日报.2017-12-16.
② 同上.

第二，文化科技融合，推动传统园区转型升级。第三类是知识中心外溢。所谓知识中心外溢，是指围绕知识、智力和创意，形成的产业集聚和相关产业链服务。比如以同济大学的建筑设计专业带动了创意设计在其周边街区的集聚从而形成"环同济设计创意集聚区"；以上海戏剧学院为中心带动戏剧影视相关产业的集中从而形成"静安现代戏剧谷"。近年来，随着大学、政府和社会的多方努力与推动，围绕高校和知识生产中心形成的产业体系集聚区正在产生令人瞩目的影响。

三、深圳：从"文化沙漠"到"文化绿洲"

开放、冒险、创业等词汇是对20世纪80—90年代的深圳最为形象的写照。从"深圳速度"到如今的"设计之都""创意高地"，深圳始终走在中国城市发展的前沿。这样一个没有文化底蕴的小村镇，近年来却在文化创意产业上保持着高速发展的态势，总规模仅次于北京、上海，位居全国城市第一方阵。

2003年，深圳最早在全国提出"文化立市"的发展战略与城市建设目标。2006年，深圳提出了建设"图书馆之城""钢琴之城"和"设计之都"的"两城一都"的目标，并成功举办首届深圳文博会。如今深圳文博会已经成为我国文化领域和会展行业的样板，成功引领了深圳市文化创意产的发展。为了扶持文化创意产业的发展，深圳市先后出台《加快文化产业发展若干规定》《文化产业发展规划纲要》等政策法规，并就创意设计、动漫产业、影视制作等专门出台办法进行鼓励和扶持。深圳，也是国内第一个制定文化发展地方性法规的城市。

（一）发展模式领先，集聚效应显著

近些年，深圳逐步探索出"文化科技""文化旅游"等发展新模式。"文化+科技"方面，通过发展数字、网络和软件技术等现代科技作为支撑，培育了腾讯、华强文化科技集团等以科学技术为依托、数字内容为主体、自主知识产权为核心的高成长文化企业。"文化+旅游"方面形成了锦绣中华、世界之窗、欢乐谷等知名主题公园。文化创意产业园区的集聚效应明显，为提升城市空间布局和城市形象起到重要作用。

截至2017年底，深圳市已经下达专项资金超过26亿元，资助项目3034个。深圳市文化创意产业实现增加值2243.95亿元，增长14.5%，占全市GDP比重超过10%，产业增加值在七大战略性新兴产业中位居第二。深圳文化创意企业近5万家，从业人员超过90万，其中规模以上企业3155家。[①]

（二）坚持对外开放，大力发展文化贸易

据统计，深圳每年核心文化产品出口额占到全国六成，已经成为我国文化贸易的"黄金口岸"和推动中华文化"走出去"的窗口。[②]华强方特实现了我国自主品牌文化主题公园向国外输出，《熊出没》等动漫出口到100多个国家和地区；洛可可设计在伦敦开设分公司，TTF公司在巴黎成立高端珠宝品牌总部；雅昌、中华商务等荣获全球印刷界最高奖"班尼"金奖100多座。"深圳品牌""深圳设计"正成为国际文化市场上的一支新生劲旅。[③]

---

① 印鹏.华强方特海外遭侵权，文创企业"走出去"需防盗版[N].经济参考报，2018-06-19.
② 叶仕春.文化创意为深圳注入持续发展活力[N].中国改革报，2016-05-18.
③ 同上.

(三)依靠龙头企业引领,激活市场活力

深圳通过国内外招商、产业集聚吸引等方式,多渠道推动文化创意产业重大项目建设,并通过龙头企业的带动作用,培育起创意设计、动漫游戏、文化旅游、广告会展等多个具有杰出竞争优势的企业。截至 2014 年底,全市的国家级高新技术企业达 4742 家。深圳目前拥有华为、中兴、腾讯、光启、华大基因、比亚迪等一批本土创新型企业,并且已经成长为国际知名品牌企业。[1] 此外,成功举办十余届的深圳文博会,不仅是广告会展行业的样板,更是文化创意产业发展的平台,文化产业展示、交易和信息发布平台。大量的资金、项目、技术以及人才也汇集于此,有力推动了文化创意产业的发展。

四、杭州:中国文创的杭州模式[2]

文化创意产业崛起,为诸多城市抢占产业新高地开辟一片天地。在文化创意产业发展过程中逐步涌现出了一批具有代表性的地方实践案例,杭州市就是典型代表之一,其文化创意产业的发展摸索出了"中国文创的杭州模式"。

(一)杭州文创的进阶之路

2012 年,杭州市入选联合国教科文组织全球创意城市网络"工

---

[1] 曹凯,汤宇卿. 城市更新背景下的创意城市建设:深圳启示 [M] 中国城市规划学会. 规划 60 年:成就与挑战——2016 中国城市规划年会论文集. 北京:中国建筑工业出版社,2016:267-277.

[2] 范周. 中国文创的杭州模式 [EB/OL].(2015-03-17)[2018-05-10].http://www.2016ccl.com/index/article/id/298.html.

艺和民间艺术之都",也是全国首批"国家级文化和科技融合示范基地"和"国家三网融合试点城市"。杭州拥有全国唯一的"两岸文化创意产业合作实验区",并在全国率先提出打造"动漫之都"的战略目标,此外,杭州还是全国首个建有两家文创金融专营支行的城市,拥有全国首个文化创意企业无形资产担保贷款风险补偿基金。据台湾亚太文化创意产业协会发布的《2013两岸城市文化创意产业竞争力调查报告》显示,杭州在两岸42个城市文化创意产业竞争力排行中位列第四,在大陆35个城市中位列第三。[①]

2017年,杭州全市文创产业实现增加值3041亿元、增长19.0%。2016年,杭州文化创意产业增加值达2541.68亿元,增长21.2%,占全市GDP的23.0%,遥遥领先于国内其他城市,包括北京(14.3%)、上海(12.4%)和深圳(10%)等。

杭州文创发展的喜人数字背后,离不开企业的创新、尝试以及文创人才的智慧。"中国电视剧第一股"华策影视股份有限公司、"中国旅游演艺第一股"宋城集团控股有限公司、"中国数字电视内容原创第一股"华数传媒、"中国民营广告第一股"思美传媒、"中国网吧服务软件第一股"顺网科技等知名文创企业早已在业内耳熟能详,杭州文创在实践中造就了一批领军企业,企业的力量不断为杭州文创的发展增添动力。当然,这里有余华、麦家、蔡志忠、赵志刚等30余位文化名人,有着创企业孵化工程培训班、成长型文创企业高端培训班等诸多人才项目,人才集聚效力的发挥为杭州文创的发展提供了强大的智力支撑。

---

① 范周. 中国文创的杭州模式 [EB/OL].(2015-03-17)[2018-05-10].http://www.2016ccl.com/index/article/id/298.html.

在产业规模、企业效益、重点企业、园区楼宇建设、文创品牌等多个方面，杭州文化创意产业均领衔全国。卓著的成绩是"杭州模式"成功的证明，也是"杭州模式"推广的事实基础。

（二）四轮驱动：杭州文创的发展模式

1. 布局蓝海：政府主导力

杭州文化创意产业在发展初期并没有特别的优势，它之所以能够实现后来居上的跨越式发展，与杭州市政府从构建"生活品质之城"的战略高度给予大力扶持和引导息息相关。

第一，利好政策为杭州文创发展明确方向。2005年《杭州大文化产业发展规划（2005—2010）》提出要使"创意产业"成为"杭州文化的支柱产业"；2007年杭州市委、市政府提出了打造全国文化创意产业中心的战略目标；2008年杭州市提出构建"3+1"现代产业体系和实施"软实力"提升战略的重要部署，进一步确立了文化创意产业的战略地位；2009年出台《杭州市文化创意产业发展规划（2009—2015年）》，2012年出台《杭州市"十二五"文化创意产业发展规划》，多年来，杭州市政府对于文创发展的支持政策不断，杭州文创的发展方向也在政策的推动下不断明确。

第二，切实保障文创发展。在管理机构方面，杭州市成立了专门的政府部门，设立市、区两级"文化创意产业管理办公室"，协调全市文化创意产业发展，为杭州文创的发展搭建产业集聚平台、投融资平台、项目引导平台、人才开发平台和交易展示平台，有效地解决了条块分割的传统管理模式所导致的管理混乱的问题。这不得不说是一项重要的制度创新。在财政支持方面，自2008年起，市一级财政共投入了18.6亿元，以公开申报的形式，对全市约3100个文创项目进行了扶持，带动社会投资约630亿元。在体制机制创新方面，近年来，杭州市通过大力推进文化市场综合执法改革、公益文化单位内部三项制度改革、经营性文化单位改制等文化体制改革，较好解决了文化事业单位面临的突出问题，宏观管理体制得到进一步完善，产业结构得到优化，投资主体多元、股权结构合理化的局面逐步形成。在展会平台搭建方面，中国国际动漫节被誉为目前国内规模最大、人气最旺、影响最广的动漫盛会，中国杭州文化创意产业博览会跻身全国文化领域四大展会之一。展会平台的搭建无疑为杭州文创的发展拓展了空间。

2. 激励保障：文化金融驱动力

在文化金融服务方面，杭州市一直处于全国文创发展的前列，无论是建立文化银行、创新金融产品，还是提供担保贷款，杭州的文化金融实验为文创的发展提供了充足的动力。

第一，率先成立文创银行。2013年杭州在全国率先成立杭州银行文创支行，一年来该行已对200家文创企业授信超过9亿元。同时杭州市推动成立浙江省建行文创专营支行，使杭州成为全国首个建有两家文创金融专营支行的城市。

第二，完善无形资产担保。自2011年杭州市建立全国首个文化创意企业无形资产担保贷款风险补偿基金以来，该无形资产担保贷款风险补偿基金Ⅱ期已为129家文创企业提供了超过5亿元的信贷支持。

第三，不断创新金融产品。在杭州市文创办、杭州市财政局、杭州市金融办等有关部门支持和推动下，杭州市文化创意产业银政投集合信贷产品"满陇桂雨"第七期文创集合信贷产品在2014年顺利发行；此外，杭州市文投公司与市中小企业担保有限公司合作组建文创产业转贷基金，为在杭州银行文创支行贷款的中小微文创企业提供转贷资金周转服务，转贷基金作为无形资产担保风险补偿基金的配套产品，为破解中小微文创企业还贷资金瓶颈，减轻企业融资负担创造新途径。此外，杭州市还针对具体的文化产业门类，推出了类似"印石通宝"艺术品融资产品、"拍益宝"金融产品及"助保贷"融资平台等相关金融产品。

杭州市在文化金融方面的创新得益于文化产业市场的成熟，是市场发展的实际需求，更与政府的利好政策导向密不可分，他们都将进一步为杭州文创企业的发展注入资金血液。

3. 整合发力：集聚驱动力

文化创意产业园区是杭州文化创意产业发展的主平台，园区的集聚效应和规模效应不断为杭州文创助力。近年来，杭州市在先期园区规模与体系的基础上不断提升集聚品质，优化集聚区运行机制和治理结构。

目前，杭州以西湖创意谷、之江文化创意园、西湖数字娱乐产业园、运河天地文化创意园、杭州创新创业新天地、创意良渚基地、西溪创意产业园、湘湖文化创意产业园、下沙大学科技园、白马湖生态创意城等十大园区作为主平台，不断完善全市文化创意产业空间布局，逐步形成了"两圈集聚、两带带动"的文化创意产业空间新格局。"两圈"指环西溪湿地文化创意产业圈和环西湖文化创意产业圈，"两带"指沿运河文化创意产业带和沿钱塘江文化创意产业带，这就为打造全国文化创意中心提供了良好的空间载体。

从自发集聚、目标确立，到集群化发展战略实施，再到集群化品质的提升，杭州文创在集群驱动的力量下走上了快车道。据统计，目前，杭州共拥有5家国家动画产业（教育）基地，8家国家文化产业示范基地；拥有24家市级园区，规划面积约为7371.29

万平方米，建成面积约为1217.47万平方米，共集聚文创相关企业8283家，2014年实现营收1141.05亿元。集聚，是杭州文化创意产业发展的催化剂，无数的化学反应在大大小小的集聚区内不断发生，为杭州文创的发展创造了无限的可能。

此外，为加快推进杭州市"文创西进"工程，2014年，杭州还认定了10个市级文创小镇培育对象。通过培育一批环境优越、特色鲜明、效益突出的文化创意小镇，进一步促进文创产业与区域经济融合发展，不断激发杭州文创发展的集聚力量。

4. 为我所用：人才驱动力

2015年1月27日，杭州出台了最具吸引力的"人才新政27条"——《杭州市高层次人才、创新创业人才及团队引进培养工作的若干意见》，从加大人才和团队引进培养力度、完善人才创业扶持政策、优化人才生活服务保障、切实加强组织领导等五个方面对政策进行创新，可以说是最优惠、最实在、最有含金量、最可操作的吸引人才的政策。没有人才，一切都是空话，吸引人才难，善待人才更难。杭州市从人才发展的实际需求出发，通过一系列人才政策，搭建了创意人才栖居的美好凤巢。

自2008年起，杭州市就先后出台了《关于加快文化创意产业人才队伍建设的实施意见》《青年文艺家发现计划》等文件，市财政每年安排4500万元，从人才的"选拔、引进、培养、使用和服务"5个环节入手，不断壮大创意人才队伍。在高端文化人才引进方面，杭州市目前已经以不同方式引进了余华、麦加、蔡志忠、赵志刚等30余位文化名人，他们的入驻为杭州带来了更多的文化因子。在本地创意人才培养方面，杭州市先后启动"杭州影视业国际化青年人才培养计划""'创意杭州'广告大赛优秀获奖选手赴国外培训""优秀工业设计师赴国外进修方案"等重点人才建设项目,共选拔 70 余位优秀人才出国深造,为创意人才的成长提供了肥沃的土壤。在本地人才培训方面,自 2011 年以来,杭州市通过举办文创企业孵化工程培训班、成长型文创企业高端培训班,为杭州市培养了文创青年管理人才千余人;此外,2014 年,杭州市还举办两届杭州文创人才专场招聘会,吸引了全国 17 个省市、700 余家企业,共有 5000 余人达成就业意向,为广大文创人才搭建起筑梦的桥梁。

(三)继往开来:中国文创的杭州启示

中国文创的杭州模式是经验,更是一种思考与启迪。杭州文化创意产业的快速、高质发展,让我们不得不思考:文化创意产业发展中政府应该如何作为?文化市场如何全方位盘活?文化创意人才如何为我所用?

1. 政府应如何作为?

文化创意产业的发展需要政府的培育与政策的导向,这已经成为世界各国文化产业发展的共识,毫无疑问,杭州文创的快速发展离不开政府积极的导向和推动作用。

政府是为文创发展保驾护航的,在这里,政府不是要面面俱到、事无巨细的全面管理,而是要重点做好顶层设计,制度安排,为文化创意产业的发展创造良好氛围与发展空间,引导文化创意产业在市场的大浪淘沙中形成适合自身特点的运行模式,找到明确的发展方向,通过政府力量撬动社会力量参与文创,为文创发展搭建完善的市场体系,才是政府在文化创意产业发展中应当实现的最佳效果。不论是《杭州市"十二五"文化创意产业发展规划》的宏观布局,还是杭州文化创意产业"两圈集聚、两带带动"

的空间新格局，抑或是杭州市政企银合作推出的文化信贷担保产品，都体现着政府政策的导向性与撬动力。

当然，在这一过程中，创新仍然是第一位的。政策要创新，体制机制要创新，政策的具体落地与实施要创新，政府行为需要与时俱进与产业发展不同阶段的特点相吻合。杭州专门成立的市区两级的文化创意产业管理办公室，就是制度创新的重要体现。

2. 市场如何全方位盘活？

产业需要在市场的检验中实现自己的价值，市场是实现文化创意产业价值的广阔天地。杭州文创发展的实践可以说盘活了全市文创市场，为文创的发展开拓了一片广阔天地。

全方位盘活市场，第一，需要充分释放企业的活力，为企业发展提供支持，创造企业的成长空间。在第六届全国"文化企业30强"评选中，杭州市宋城集团控股有限公司、华策影视股份有限公司和思美传媒3家企业入选，占到了总数的1/10，在全国起到了典型的表率作用。正是龙头企业的带动与中小文化企业的推动，共同造就了杭州文创发展的繁荣局面。因此，在文化创意产业发展过程中，要给予文创企业充分发展动力与空间。第二，要通过对园区、集聚区、功能区的有效规划为文化创意产业的发展助力。集聚发展是杭州文创发展的重要特点，集聚的力量对于市场的盘活作用不可小觑，杭州文创的成绩证明了这一点。在未来，文化产业园区、集聚区的发展更要找准定位、丰富内涵、完善服务，形成自身的核心竞争力，实现自身的转型升级，进而全面盘活市场资源，推动文创产业质变的实现。第三，要健全投融资支持体系。文化创意产业是资本密集型产业，资金是企业的根本血脉，而文化投融资体系则更是文化市场的重要组成部分。杭州文创的金融实践大胆创新，在全国领先，如及时雨一般解决了全市诸多文创企业发展的资金问题，值得我们学习与研究。投融资体系的建立健全需要大胆创新，需要整合撬动各方力量，而这一过程离不开政府、社会资本、金融机构的协同创新。

3. 人才如何为我所用？

想象力、创造力和知识积淀是创意产业存在的先决条件与发展基础，而满足这一条件的主体就是人，杭州文化创意产业的高速发展离不开人才的驱动，更离不开杭州市从产业发展的战略高度制定的一系列人才政策。

文创的发展要立足长远，对文创人才的引进也不能急功近利，人才不是工具，他们需要生活，需要安全感，需要得到宽容和尊重，更需要得到自身价值发挥的空间与氛围。因此，人才的为我所用，需要以人为本，长远谋划，战略部署人才策略，解决好人才关怀的最后一公里，这样才能够真正将文化创意产业的人才资源盘活，为我所用，真正发挥出人才，尤其是领军人才的"场效应"。不论是杭州市的高端人才引进计划，还是本地人才的各类培训项目，都是杭州市立足长远将文创人才为我所用的具体体现，这都是值得借鉴的具有长远目光的举措。[①]

五、南京经验：平台创新促升级

2016年年初，经国务院同意，国家发展改革委正式印发《苏

---

① 范周. 中国文创的杭州模式 [EB/OL].(2015-03-17)[2018-05-10].http://www.2016ccl.com/index/article/id/298.html.

南现代化建设示范区规划》，这标志着中国第一个以现代化建设为主题的区域规划正式颁布实施。[①]《苏南现代化建设示范区规划》明确指出，南京市进一步发挥资源禀赋优势，打造全国重要的文化创意中心。南京市的文化创意产业发展真正起始于2006年，《南京市文化创意产业"十一五"发展规划纲要》提出"传承六朝古都的历史文脉，保护南京历史文化名城的独特风貌"的文化创意产业基本发展模式，并相应地确立了"文化南京、和谐南京"的文化创意产业发展战略，主张统筹发展、协调发展、城乡一体化发展文化创意产业。[②] 2006年，南京市文化产业增加值为90.66亿元，较2015年增长了23.4%，到了2016年，南京市文化产业增加值超过630亿元，占GDP比重首次突破6%。十年的时间里，南京文化创意产业逐渐形成了以政府为主导，以科技和人才为支撑，建设创意产业平台的发展模式。

（一）南京发展文化创意产业的基础

1. 资源基础

"江南佳丽地，金陵帝王都"，说的就是有着6000多年文明史和2400多年建都史的世界文化名城南京。南京与北京、西安、洛阳并称为"中国四大古都"。据统计，南京共有市级以上文物保护单位275处，其中国家级14处；此外还拥有70多座各类博物馆、陈列馆和纪念馆，收藏着大量珍贵的文化和史料。历史文化资源数量之丰富、门类之齐全和跨越年代之长远都居于同类城市前列。这也为文化创意产业的发展提供了丰富的素材和源源不断的动力，

[①] 孙艺兵，刘建芳.苏南社会管理创新面临的挑战及思考——以苏州为例[J].江南论坛，2013（7）.

[②] 南京市文化局.2007年南京市文化创意产业发展年度报告[R].2008.

既有很高的社会价值,也有着可观的经济价值。

2. 人才基础

南京作为全国四大科研教育中心城市之一,拥有高等院校 50 多所,在校学生近 200 万人,为南京市创意产业发展提供了丰富的人力资源。再加上南京市近年来相继出台多项人才政策,如 2018 年年初发布 1 号文件《关于进一步加强人才安居工作的实施意见》,吸引诸多人才来到南京。

3. 科技基础

南京市重点推动创意设计服务、数字影音娱乐、新兴网络传媒和智慧旅游四大产业,文化创意产业正在成为南京市未来产业融合的主导力量。2016 年,全市文化产业增加值构成中,文化创意和设计服务业占比超过 36%,在新闻出版、广播影视、装备制造等传统文化产业保持平稳发展的基础上,以数字技术和互联网技术为主体的新兴业态增加值增速超过 25%,产业结构进一步转型转优。[①]

4. 产业基础

长三角是我国经济综合实力和居民消费水平最高的地区之一,而南京作为长三角的中心城市,在发展文化产业和文化创意产业上有着坚实的经济基础和产业基础。据统计,2016 年,南京全年实现地区生产总值 10503 亿元,文化产业增加值达到 630 亿元,首次突破 6%。2016 年全市文化企业数量达到 1.87 万家,同比增长 17%。规模以上文化企业资产总计接近 2000 亿元,体量和质量

---

① 2016 南京文化产业发展交出亮眼成绩单,继续排名全省第一 [N]. 南京日报,2017-03-13.

双优的文化龙头企业不断涌现。文化创意产业已经成为南京经济社会发展的支柱性产业。

（二）南京发展文化创意产业的模式

1. 政府主导：配套相关政策

近年来，南京市委、市政府先后出台了一系列推动文化创意产业发展的配套政策，如《关于文化体制改革综合试点工作若干纪律规定》《推进文化创意和设计服务与相关产业融合发展行动计划（2015—2017年）》《创意文化产业空间布局和功能区发展规划》《促进文化创意和设计服务与相关产业融合发展的实施意见》等，针对文化产业投融资、文化消费和文化人才培养等相关领域给予了较大力度的政策红利，[①] 在全国率先构建起"1+1+1"的文化产业融合政策体系。依托南京文化产业网，建成融合文化产业政策查询数据库，收录全国和各省市200多份文化产业政策文件。政府希望通过政策的制定促进创意产业的蓬勃发展，这种加强顶层设计的做法奠定了南京市文化创意产业发展政府主导的格局。

2. 平台创新：三大平台助力发展

首先，创新体制改革平台。南京市以文化集团作为平台抓手，推动大型企业朝着集团化、国际化方向运作。如推进南京报业传媒集团的优化组合，通过现代企业化运作，积极推动公司做大做强。成功改制的企业还有南京广电集团、南京市文化投资控股集团、南京出版传媒集团等。其次，创新智库平台。南京市高度重视发挥智库对科学决策的重要作用，引领南京文化产业新发展。

---

① 2016南京文化产业发展交出亮眼成绩单，继续排名全省第一[N].南京日报，2017-03-13.

成立专门的文化产业专家委员会，并聘请国内顶尖专家，为南京文化产业发展建言献计，提供决策咨询。再次，创新市场平台。南京市通过打造交易平台、金融服务平台、公共文化服务平台等，充分释放市场主体的新活力。以金融服务平台为例，南京市依托南京市文化集团，按照"政府引导、市场运作、公共服务、多方共赢"的原则，组建了全国第一个具备综合功能的文化金融服务中心。

六、香港：回归 20 年，文创发展道路与经验

文化创意产业是香港最具活力的经济环节之一。1997 年 7 月 1 日，香港特别行政区成立。20 年来，文化创意产业在香港取得了极为显著的成效。香港现在对于文化创意产业的涵盖范围和分类标准，采取了联合国通用的伙计统计指引。具体而言，包括了以下 11 个组成界别：艺术品、古董及工艺品；文化教育及图书馆、档案保存和博物馆服务；表演艺术；电影及录像和音乐；电视及电台；出版；软件、电脑游戏及互动媒体；设计；建筑；广告；娱乐服务。[①]王复龄将香港的文化创意产业分为三大类，第一类是文化艺术类，包括艺术品、古董、手工艺品、音乐、表演等；第二类是电子媒体类，主要包括数字娱乐、电影、电视、电子产品等；第三类则包括广告、建筑、出版、印刷等。[②]

[①] 谭菲，范宇鹏.粤港澳文化创意产业融合与互动发展研究——基于灰色关联分析的方法[J].经济视角，2017（3）.

[②] 王复龄.回归20年，香港文化创意产业的道路、经验和成果[N].湖北日报，2017-06-28.

据《香港统计月刊》相关数据显示,文化及创意产业的增加价值占本地生产总值的百分比,由 2006 年的 3.9% 上升至 2016 年的 4.5%。10 年期间,文化创意产业就业人数由 2006 年的 177200 人增加至 2016 年的 212820 人,年均增幅为 1.8%,2016 年的比例达到 5.6%。[①] 经过 20 年的发展,香港文化产业已经形成相当大的规模,创造了令人称道的成就。相关产业对生产总值的贡献已超出 15%,并且在经济转型中发挥着巨大的催化和推动作用,促进了整体经济向知识型经济迈进。

(一)健全的自由市场体制

文化发展需要相对宽松的环境。香港宽松自由的市场经济体制为文化创意产业创造了良好的社会环境。企业可以在无关税、地税的情况下自由经营、自由贸易,而且香港实行独立税收制度,允许港币自由兑换,没有外汇管制。正因为香港健全的自由市场体制,能够充分调动企业积极性和适应性,随着世界政治、经济形势的变化,灵活地做出战略调整和策略转化。

(二)市场主导下的政府角色

在文化创意产业的发展中,政府依照不同产业链的需要扮演不同的服务者角色,尽量使文化产品自由生产、流通,为产业发展提供高效的服务效能,营造良好的社会环境。[②] 香港特别行政区政府成立"创意香港"和"康乐及文化事务署"(简称"康文署"),主要负责推动文化创意产业的发展。创意香港成立于 2009 年,是转制推动创意产业发展的机构,康文署则由康乐事务部和

---

① 中经文化产业.香港文化创意产业发展报告(全文)[EB/OL].(2018-07-01)[2018-08-05]. https://www.sohu.com/a/238704463_160257.

② 王鹏.香港文化创意产业的发展及其启示 [J].亚太经济,2007(6).

文化事务部组成,其中文化事务部主要负责香港公共文化建设。两个部门围绕"亚洲创意之都"以及"世界级大都会"两个目标制定专门的政策法规和专项计划,从人才培养、市场开拓和企业培育这3大战略方向,分门别类成立了电影服务统筹科、规划及发展科、业界支援科、设计科、数码娱乐科和特别职务等下属机构。同时,制定政策,监管市场,为产业发展提供制度保障。

此外,香港特别行政区政府通过拨付专项资金,设立发展基金等形式用于重点项目扶持、人才、企业培养、举办会展等活动,专门性推动文化创意产业发展。如政府专门拨款6亿元成立"创意智优计划"专项资金以促进设计机构与企业进行合作。截至2014年9月,该计划移动资助了194个项目,设计款额3.88亿元,[①] 有效促进了艺术设计的商业转化。

(三)积极有效的人才机制

香港创意人才汇集。在人才培养方面,香港始终以市场需求为导向,通过项目化运作的形式对青年创意人才和团队进行扶持。香港官方与民间机构推出各种大赛,吸引文创人才参与。如为了挖掘新晋导演,由创意香港和香港电影局联合推出"首部剧情电影计划",获奖团队或者个人能够获得高达500万元的资助金,用于首部剧情电影的拍摄。同时,大力推行"输入内地人才计划"。过去三年,香港已经成功吸纳了几万内地人才进入。对于引进人才,香港特别行政区政府秉承自由开放的态度,鼓励他们根据自己的需求、社会行业的变化等,自由申请工作签证或者来香港发展定居。香港像一块"磁石"般吸引着众多高水平的专业人才,

---

① 赵自芳. 香港文化及创意产业的发展经验和启示[J]. 文化经济,2016(11).

这些拥有着多元知识结构和背景的高端人才聚集香港，用思维和创意的交流碰撞出火花，成为香港文化创意产业发展的不竭动力。

结语

什么是创意城市？是城市经济快速发展，还是创意产业高度发达，抑或是城市精英的"天堂"？这些或许代表了创意城市发展过程中某一个方面的特征，但真正意义上的创意城市必定具备集聚性、多样性和不稳定性，是所有市民能够参与共建、共享并充满持久活力和包容力的创意空间。因此，创意城市并非某个或某几个城市的特权，每个城市都有发展和成为创意城市的潜质。通过众多的案例研究表明，不论是国际还是国内，政府的支持往往对创意城市构建和发展起导向作用。因此，从顶层设计、发展规划到政策立法，都应该跟随创意城市的创建而灵活调整，适应趋势。在未来的创意城市，每个人都可能成为创意阶层一员，创意阶层的壮大和人才的培养是决定创意城市建设和发展的关键要素。此外，每个城市都拥有不同的"性格"和特色，要立足本土，充分发挥优势资源，有重点有层次地推动创意城市建设，打造城市品牌，方能在新一轮的城市竞争中立于不败之地。

第三章　创意阶层与文化强国

引言

文化经济学家理查德·佛罗里达在《创意阶层的崛起》一书中提出，创意不能被单纯视为一个部门或者行业的分类，创意在当代经济中的异军突起表明了一个职业阶层的崛起。[1]在美国，通过产业门类社会被划分成农民阶层、工业阶层、服务阶层和创意阶层，其中农民阶层对应第一产业，工业阶层对应第二产业，服务阶层对应第三产业，那么创意阶层则不限于某一个特点的产业或者领域之中，创意阶层成员可以来自社会的各个行业、各个角落，因此佛罗里达认为创意阶层拥有一个"超级创意核心（Super-creative Core）"群体，这个核心由来自"从事科学和工程学、建筑与设计、教育、艺术、音乐和娱乐的人们"构成，他们的工作是"创造新观念、新技术和（或）新的创造性内容"[2]。

---

[1] 理查德·佛罗里达.创意阶层的崛起[M].司徒爱勤，译.北京：中信出版社，2010：93.
[2] 同上：80.

在创意城市之中，高校作为智力中心，像一块磁石般吸引着众多活跃的思维与创意人才集聚于此。同时，大学又是创意城市中最为开放的社区，一个鼓励多元文化、包容不同潮流的场所，不论是文化还是经济、道德等方面都是产生多样性的源泉。就目前国内学科建设现状来说，文化创意产业与文化产业仍然有着千丝万缕的联系，关于学科建设、人才培养等存在诸多问题。本章将聚焦文化产业人才问题，梳理改革开放40年来文化产业人才的培养模式、现状、特征等，探讨未来趋势。

第一节 重视创意人才的发现和培养

1998—2007年，电信霸主诺基亚为芬兰提供了四分之一的经济增长量，而其轰然倒塌让芬兰很多城市陷入漫长的衰退。[①]但这些从诺基亚裁员出来的员工，带着被授权免费试用的技术和专利创建了众多基于移动互联网的公司和品牌。"愤怒的小鸟""部落冲突"等流行一时的移动手游新贵，都从曾经的诺基亚汲取过资源，也因此盘活了芬兰的经济和就业人群。可以说，诺基亚时代，芬兰只为全球制造手机，而没有了诺基亚的芬兰，却成为游戏产品开发、智能软件、硬件服务等多样化产品的产出地。一个城市从传统城市变成创意城市的基本标志是，农民阶层、工人阶层逐渐变少，服务阶层先增多后变少，创意阶层逐步扩张并且成为主流。目前，许多城市仍处于服务阶层持续增长的进程中，创意阶

---

① 意娜.文创产业激发城市发展新动能[N].光明日报，2017-09-22.

层还在同步积累。①

一、文化强国语境下创意人才的重要性

最新统计数据表明，人才资本对经济资本增长的贡献率已由2010年的26.6%攀升到33.5%。随着人才发展体制机制"坚冰"的不断融化，中国特色人才制度的优势进一步彰显，"天下英才纷至沓来、源头活水驱动创新"的愿景正逐渐演变为现实。②文化强国语境下，人才是关键，打造人才队伍是基础，我国历来有重视人才的优良传统，改革开放以来，文化产业从缓慢起步到快速扩张，文化产业人才在其中发挥了重要作用。

（一）文化产业人才是文化强国建设的关键

在英国，学生从12岁开始就要接受设计理念的教育，创意和设计等课程从小学到大学贯穿学历教育的始终。此外，英国政府意识到不仅要从产业发展角度来培育人才，更应该将创意产业融入民众生活，因此采取了一系列的措施，包括：开放更多的博物馆；大力发展教育培训、支持公民的创意发展等，这些为创意产业的发展和创意城市构建营造了良好氛围，也打下了坚实基础。美国重视应用文化产业的理论研究和管理人才的培养，如今文化管理已经成为一个专门学科，在全美有30多所大学开办了相关专业，培养了一大批高质量的文化产业管理人才。同时美国还积极

---

① 王一.文化创意，在城市中崛起[N].解放日报，2018-02-09.
② 胡馨木.党的十八大以来人才发展体制机制改革取得重要突破[N].中国组织人事报，2017-09-15.

网罗世界优秀艺术人才参与其文化艺术发展事业,其科学管理文化的水平得到了进一步提升。

发展创意产业的关键是对创意人才的培养,随着创意产业的迅速发展带来了人才需求的膨胀,如今国内创意人才短缺已经成为不争的事实。2011年,《中共中央关于深化文化体制改革 推动社会主义文化大发展大繁荣若干重大问题的决定》指出"推动社会主义文化大发展大繁荣,队伍是基础,人才是关键",提出"建设宏大文化人才队伍,为社会主义文化大发展大繁荣提供有力人才支撑"的人才工作目标。党的十八大报告明确提出"推进社会主义文化强国建设"思想和目标,加大创新人才培养支持力度,重视实用人才培养。2016年,中央颁布《关于深化人才发展体制机制改革的意见》,为加快推进人才培养、评价、流动、激励、引进等重点领域和关键环节的改革注入了强大动能。在十九大报告中,习近平总书记再次重申了人才的重要性,"坚定实施科教兴国战略、人才强国战略","培养造就一大批具有国际水平的战略科技人才、科技领军人才、青年科技人才和高水平创新团队"。随着"互联网+""文化+"的深度推进,未来复合型人才将存在巨大需求空间,文化发展将更加繁荣。

(二)文化产业人才是创意城市发展的核心

理查德·佛罗里达指出,创意阶层的崛起改变了人们的工作、生活、社会和休闲状态。城市的人力资本具有转化为创意阶层的潜力,国家的竞争依赖于吸引、保留和培养创意阶层。作为产业发展的重要因素,文化产业人才不仅影响城市经济的发展,甚至能够影响地区和国家竞争力。创新人才驱动创新发展,是构建创意城市的基础。因此,文化产业人才能够在产业发展中发挥重要的主体能动作用，成为文化产业及相关产业的核心动力。

文化创意人才是涵盖文化创意产业发展的全产业链，以自身的创造力作为核心，在生产、创作、传承、策划、营销、管理、研究等环节运用创意技能从而形成新的内容、信息和服务的人才。以国外文化产业发达的伦敦、纽约、东京等城市来说，文化创意产业的从业人员占总就业人口的比例超过10%；再反观国内，即便是北京、上海、深圳等创意产业发展处于领先地位的城市、文化创意产业就业人口比例还占不到1%。由此可见人才缺口之大。但值得欣喜的是，国内很多城市在创意人才的培养上已经率先迈出步伐，从近两年的"抢人大战"可见一斑。除了北京、上海、深圳、广州等城市相继出台政策吸引人才之外，天津、南京、杭州、厦门、武汉、郑州等城市也不断释放政策红利，从税收、奖励资金、科研扶持、成果孵化、购房落户等方面吸引创意人才进入。比如西安市出台的《西安市进一步加快人才汇聚若干措施》扩大人才认定范围，将文化创意人才纳入其中。厦门市政府《关于印发进一步促进文化产业发展补充规定》中与影视产业相关的政策多达11条。"长沙市人才新政22条"中提出要引进培育2000名高层次紧缺急需人才，创意人才赫然在列。当然，高质量的创意人才需要顶层设计和政府扶持，但这也是一项长期而系统的工程，需要久久为功，多方发力。

二、我国文化创意人才培养的现状分析

（一）我国文化产业人才培养的现状
1. 人才发展成果丰硕，数量与质量齐头并进
据文化和旅游部相关统计数据显示，"九五"期间，我国文化

相关领域从业人口从 1995 年的 44.6 万人增加至 147.2 万人，当时文化产业从业人员激增的原因在于文化市场的迅猛发展；2000 年以后，我国文化产业进入快车道，文化产业从业人口在逐年增加的同时增幅趋于稳定，从 2000 年的 147.2 万人增至 2017 年的 224.1 万人。[①] 40 年来，2000—2010 年是我国文化产业发展尤其快速的时期，文化产业就业容量大，成为吸纳就业效果最显著的产业之一。但 2012 年以后，文化产业行业自身面临着调结构、促转型等问题，虽然就业人数总量仍在增长，但增幅趋于平稳，文化产业人力资源进入转型期，文化产业从业人员质量明显得到提升。

2. 体制机制逐渐理顺，不断为人才"松绑"

频繁出台政策，优化人才服务，激发人才活力。2016 年《实施〈中华人民共和国促进科技成果转化法〉若干规定》和《关于实行以增加知识价值为导向分配政策的若干意见》出台，探索股权期权分红激励具体办法，让人才合理合法享有创新收益。2017 年 1 月，《关于深化职称制度改革的意见》正式出台，"注重职业操守，突出对创新能力的评价，突出对工作实绩的考核""发挥用人主体在职称评审中的主导作用""建立以同行专家评审为基础的业内评价机制"等。一系列有针对性、含金量高的举措，有力破解了职称制度体系不够健全、评价标准不够科学、评价机制不够完善、管理服务不够规范等存在已久的问题。[②] 上海、河北、广东等地先后出台了关于进一步促进科技成果转移转化的配套文件；

---

① 中经文化产业．一文读懂我国文化产业就业与人才问题成因 [EB/OL].(2017-11-07)[2018-06-14].http://www.sohu.com/a/203025359_99957768.
② 胡馨木．党的十八大以来人才发展体制机制改革取得重要突破 [N]. 中国组织人事报，2017-09-15.

湖南等地积极探索市场配置人才资源的规律和方法，鼓励人才以专利、技术、知识等参与市场分配。安徽推行股权期权激励，让人才在创新成果运用中有份额、有股权。除了激励机制更加完善，各个地区也开始对人才进行"松绑"。近年来，国务院分 7 批取消了 433 项职业资格许可和认定事项，削减比例达 70% 以上。北京、天津、陕西等地清理和规范人才招聘、评价、流动等环节中的行政审批和收费事项，为人才提供优质高效的服务。四川、宁夏等地建立起了人才管理服务权力清单和责任清单。

3. 初步建立多元人才培养体系，聚天下英才而用之

随着文化产业的快速发展，我国高校纷纷开始建立文化产业相关专业，培养适应社会需求的相关人才，科研教育水平大大提升。除此之外，广泛吸引海外人才归国，实行了更加积极、开放和有效的人才引进政策。2013 年，出境入境管理办法及配套法规中专设人才签证类别并正式启用。有数据显示，截至 2016 年底，我国留学回国人员总数达 265.11 万人，其中，70% 均为党的十八大以来回国的，形成了新中国成立以来最大规模留学人才"归国潮"。[①] 2016 年 2 月，《关于加强外国人永久居留服务管理的意见》出台，放宽了外国人来华的条件并简化程序，对外国人的居留服务管理制度进行全面创新和改革。

（二）文化产业人才培养的三大瓶颈

1. 从业人员数量不足

《中国文化产业蓝皮书》的数据表明，目前我国文化产品占世界市场 19% 的份额，这标志着我国已经具有相对成熟的文化产品

---

① 江琳. 为国家发展筑牢人才之基 [N]. 人民日报，2017-08-10.

加工能力。然而在文化创造力方面，发达国家创意产业就业人数所占比例往往普遍偏高，纽约为12%，伦敦为14%，东京为15%，而我国却不足1‰，且大多数为技能型创意执行人员。[①]

此外，文化产业从业人员的绝对数量不足，放在我国庞大的人口基数下更是显得微乎其微。在纽约，文化产业人才占到所有工作总人数的12%，伦敦为14%，东京为15%。[②]而在我国，2017年，全国文化产业从业人员达到2138万人，较2004年的873.26万人增加了1.45倍，[③]文化产业人才资源的开发看似与经济社会发展形成了良性的互动，但与加快转变经济发展方式的需求相比，我国文化产业人才还长期落后于产业的发展，行业需求与人才储备之间存在着巨大的缺口，高素质专业人才以及综合型专业人才还比较缺乏。与欧美等发达国家相比，人才成为制约我国文化产业升级转型和又好又快发展的重要因素之一。

2. 从业人员结构不平衡

目前我国文化产业人才结构，尤其是创意产业人才结构存在模仿复制型人才多、高端原创型人才少，加工型人才多、高端经营型人才少，技术型人才多、高端复合型人才少这三个突出问题。而目前最为紧缺的四类文化产业人才分别是高端原创的文化创意人才、文化产业经营管理人才、高端复合型的文化

---

① 徐陆.聚焦人才培养：解读国内创意人才的生存现现状[EB/OL].(2018-01-31)[2018-11-14].http://www.sohu.com/a/220127111_757761.

② 何婷英.文化强国战略视域下文化创意产业人才培养[J].上海市经济管理干部学院学报，2017（15）.

③ 张素，梁晓辉.国务院报告：文化产业成为推动新旧动能转换的重要力量 [EB/OL].(2019-06-26)[2019-07-19]. http://www.chinanews.com/gn/2019/06-26/8875872.shtml.

创意人才和国际性的文化创意人才。[①] 不合理的人才结构对我国文化产业发展产生了明显的制约作用。高端经营管理人才和复合型高端人才拥有综合性的知识和创新精神，既懂得文化艺术，又了解经济管理学知识，能够对文化产业价值链进行统筹规划和运作。

（三）人才培养需要处理好三对关系

1. 处理好高端文化人才与基层文化人才的关系

高端人才是文化建设的中坚力量，基层文化人才是基础元素。[②] 塑造创意城市，发展文化产业，需要统筹不同层次的人才，既需要培养具有复合型、专门型和国际型产业人才，也需要懂得某项职业技能的基层人才为创意城市的构建添砖加瓦，因此，在文化人才队伍建设中，高端人才和基层人才缺一不可。

2. 处理好文化人才质量与文化人才数量的关系

文化人才实现数量和质量的平衡，是文化强国和创意城市建设中的难点和瓶颈所在。据相关数据显示，"十二五"时期是中国文化产业快速发展时期。其间，文化产业增加值年均增速高达20%以上。2012年，以《文化部"十二五"时期文化产业倍增计划》为标志，文化产业发展迈上新征程。但文化人才队伍只增长了3.43%。以创意产业人才培养为例，截至2018年初，全国设有创意产业相关专业或相关研究机构的院校近100所，其中1/3还处在起步和探索阶段，培养本科生和研究生的院校仅

[①] 向勇.文化产业创意经理人创意领导力研究——基于海峡两岸文化产业案例分析[J].北京联合大学学报（人文社会科学版），2011（3）.

[②] 郝荣峰.文化人才是文化强国建设的关键[J].东北师大学报（哲学社会科学版），2012（3）.

50余所，[①]高端创意人才的培养仅主要集中在北上广深的院校之中，难以满足我国文化创意产业对于高端创意人才的需求。

3. 处理好通识教育与专业教育的关系

改革开放以后，教育改革事业快速推进，在相当长一段时间内，我国高校文化产业相关专业都非常重视专业教育。但随着融合发展的趋势越来越明显，文化产业开始逐渐与其他领域产生日益深广的联系，推广通识教育的呼声越来越强。通识教育与专业教育互相补充，但本质区别不在于课程设置而在于教学方式。通识教育更加重视基础知识的传授，从价值观念、方法论以及创新性、推广性、迁移性等方面关注学生思维模式的训练；专业教育则注重专门领域的知识传授和专业技能的培养。两种教育并行不悖，互不冲突，通识教育是专业教育的基础，专业教育需要融合通识教育。[②]因此，要明确人才培养的目的，设置相应的课程，正确处理好通识教育与专业教育的关系。

第二节　消除创意人才的瓶颈和掣肘

文化产业以及由文化产业发展衍生出来的文化产业教育追根溯源来自国外。20世纪70年代以后，以美国、英国作为先导，澳大利亚、加拿大和新西兰等大学相继效仿开设文化管理类的课

---

① 徐陆. 聚焦人才培养：解读国内创意人才的生存现状[EB/OL].(2018-01-31)[2018-06-15], http://www.sohu.com/a/220127111_757761.

② 谢艳娟. 通识教育与专业教育关系的辩证思考[J]. 教学与管理, 2015（15）.

程。① 随着社会经济的繁荣和社会分工的进一步细化，互联网大数据的加持和文化市场产业链的延长，文化产业的边界不断拓宽。

我国的文化产业教育实践远走于理论之前。20世纪90年代后期，教育部允许一部分学校开设文化产业学科试点正式拉开了文化产业专业学科建设的大幕。1993年，中国第一个以"文化经济"为专业方向的四年制本科专业——"文化艺术事业管理"专业在上海交通大学成立，标志着文化经济学的理论研究与学科建设进入了中国学术界的视野和高等教育领域。2002年中共十六大以来，文化产业成为我国改革开放的重要领域之一，"十一五"文化发展规划纲要明确提出"鼓励有条件的高等学校整合相关学科资源，集中开展文化事业、文化产业重大理论和现实问题研究，为先进文化建设服务。鼓励文化单位与高等学校合作举办高级研修班、培训班，培养高素质的专业技术人才、经营管理人才。鼓励和支持文化人才参加学术研究和交流，承担重大课题和项目"②。2004年3月，教育部下发《关于公布2003年度经教育部备案或批准设置的高等学校本专科专业名单的通知》，正式批准在山东大学、中国传媒大学（时为北京广播学院）、中国海洋大学和云南大学四所高校中首先开设文化产业管理专业。历经近20年，文化产业学科建设经历了从无到有的转变。目前，全国有近两百所学校开设了文化产业相关专业，700多所高校开设了相关的课程，形成了文化产业教育的基本态势，人才培养体系也已经初具

---

① 吕超.高校文化产业管理专业人才培养机制探究[J].中国成人教育，2017（22）.

② 中央政府门户网站.国家"十一五"时期文化发展规划纲要[EB/OL].(2006-09-13)[2018-05-19]. http://www.gov.co/jrzg/2006-09/13/content_388046_11.htm.

规模。

不能否认的是,文化产业的学科建设不但在路上,而且只是刚刚起步。当前我国文化产业教育依旧有很多悬而未决的问题,创意人才的培养还面临着诸多瓶颈和掣肘,党的十九大报告提出"坚定文化自信,推动社会主义文化繁荣兴盛"。面对我国蓬勃发展的文化产业,如何创新人才培养机制和理论?高校应该如何为社会输送更多适应需求的人才?

一、文化产业的学科建设现状

文化产业是一门适应社会需求而出现的新兴交叉学科。随着文化产业在社会整体发展中的地位日益重要,社会中对于建立文化产业学科体系、强化文化产业学科建设的呼声越来越高。当下,根据现实需求适时进行学科目录的调整、学科平台搭建以及人才培养模式的特色性和应用性等都是文化产业学科建设中的重点。[①]

(一)作为交叉学科的文化产业

文化产业的内涵和外延使文化产业的人才培养所牵涉的专业复杂多样。按照 2018 年国家统计局最新修订的《文化及其相关产业分类(2018)》,我国文化产业的范围包括:①以文化为核心内容,为直接满足人们的精神需要而进行的创作、制造、传播、展示等文化产品(包括货物和服务)的生产活动。具体包括新闻信

[①] 尹鸿.当前我国文化产业学科建设的现状分析[J].解放军艺术学院学报,2014(4).

息服务、内容创作生产、创意设计服务、文化传播渠道、文化投资运营和文化娱乐休闲服务等活动。②为实现文化产品的生产活动所需的文化辅助生产和中介服务、文化装备生产和文化消费终端生产（包括制造和销售）等活动。在2012年的分类标准基础上，将原本的10个大类归为9个大类，分别是：新闻信息服务、内容创作生产、创意设计服务、文化传播渠道、文化投资运营、文化消费终端生产、文化装备生产、文化辅助生产和中介服务、文化娱乐休闲服务。[①] 同时，伴随着近年来文化产业开始与其他产业产生融合，文化与金融、科技、旅游、农业等产业之间的交叉越来越多。但文化产业的相关学科到目前为止还不是一级学科，不同的高校将文化产业挂靠在不同的一级学科之下，比如艺术学、历史学、文学等。除此之外，文化产业作为一门跨专业的学科，涉及门类较多，课程体系不仅有文史哲经管法，还有营销策划、艺术设计等，所以专业教材的编纂难度随之增大，至今学界里未有一套获得统一认可的文化产业核心教材。

（二）学科建设的定位逐渐清晰

文化产业学科建设的发展过程大概要经历四个阶段。第一，探索期。在这一时期通过文化产业的性质、定位、产业需求等将学科进行分类，并依据考察结果提出初步的学科教学方案。第二，碰撞期。这是学科文化融合开始执行的阶段，这一阶段往往伴随着较大的变革举措，对文化产业应新的技术或市场需求而生的学科组织结构不断发生建立和消弭。第三，磨合期。多种与文化产

---

① 中华人民共和国国家统计局.文化及相关产业分类（2018）[EB/OL].(2018-04-16)[2018-06-27].http://zfxxgk. beijing.gov.cn/1100 37/ g jbz53/2018-04/18/content_65e8fe12e6374d06b635fd5b4bb37514.shtml.

业的相关学科逐步走向融合的一个较长的阶段，在这一阶段中新的制度或管理层的调整已经完成，工作重心在于维护新制度，使之能够顺利而有效地贯彻实施。第四，拓创期。在文化产业专业的整体学科趋向融合的基础上，剖析相关学科的"耦合点"，对优秀的学科文化进行交融，对平庸和低端的学科进行摒弃，从而整合出适合新时期文化产业教育的学科体系，为文化产业的人才培养找到最适合的方法，也为文化产业的可持续发展提供了源源不断的智力支持。①

二、创意人才培养的高校担当

（一）建立独立学科，设置核心课程体系

首先，建立文化产业的独立学科。一个没有归属的学科好比随水漂流的浮萍，只能跟随一级学科的研究方向进行课程设置。除此之外，没有统一的学科归属，学科建设无法拥有自主权，发展就会受到局限。要把文化产业这块"公家田"变为文化产业学科的"自留地"，② 促进学科发展的规范性和科学性。科学合理的设置课程体系，紧紧扣住人才培养目标，通过设置基础性的通识课程和针对性强的专业课程以及拓展性强的实操课程三个层面，培养兼具基础知识储备、组织策划能力以及经营管理能力的多方面应用型人才。

---

① 范周.学科与人才：推动文化产业持续发展[J].同济大学学报（社会科学版），2010（2）.
② 邓智文.高才文化产业人才培养的现状与思考[J].四川文理学院学报，2016（26）.

（二）理论结合实践，坚持"双导师"制

文化产业作为引领时代发展的潮流指向标，要求在人才培养时，更加注重知识的更新和技能的创新，因此，教师要及时更新转换教学模式并不断加强自身建设；学校要根据国际发展趋势和经济发展、结构调整的社会实际及时调整课程设置。通过各种机制，加强"双师型"教师队伍建设，要求教师同时具备丰富的理论知识和市场实践经验。各高校可在授课期间实行"双导师制"，即专业导师与业界导师同时为学生授课，业界导师可以将学生带入传媒机构实习，提前适应企业生活，企业也可借此将优秀的实习生留下作为人才储备。高校还可以带学生进到一些创业产业园的实践基地实习，将理论应用于实践。

（三）政、产、学、研一体化培养路径

文化产业教育需要提倡"实践性"，但强调实践而导致理论基础不牢固恐怕也会"过犹不及"。只有理论与实践并重，文化产业人才培养才能实现可持续发展。一方面，文化产业是一门实践操作性很强的学科，需要体现学生的动手能力。学校应创新现有的体制来强化学生的实践观念，如设置一定比例的"实践学分"等。同时，学校还主动积极地为学生搭建前沿性、市场化的学术实践平台。但是另一方面，绝不能因为重"实践性"而忽略了学生对于基础理论的掌握。当前，不少文化产业管理专业的人才培养要注重理论与实践结合，注重学生的直接体验及经验积累，带领学生进行大量的文化市场调查、文化项目活动方案策划、文化企业实地考察及实习。在校内建立文化产业实验室，在校外建立文化产业实践教学基地，让学生在实践中，了解社会及文化企事业单位需求人才的技能特点，进而切实地调整自身现有能力，及时补

充学习能力尚不足的方面。[1]

第三节　构建创意阶层成长的良好生态

一、外部：营造创意人才成长的人文环境

（一）完善政策措施，解决人才成长后顾之忧

一方面，着眼全局，站在城市建设和产业发展的高度，制定适应当下社会需要的人才培养战略，明确人才培养目标。另一方面，社会要加大对文化产业高端人才的鼓励措施，政府应当出台相关人才扶持政策，高校和社会机构也应配备相应的人才鼓励措施。再次，创意教育应该成为全民教育和终身教育，不断优化有利于激发创意的人文环境，建立文化产业人才和创意人才培养的长效机制。[2]

（二）加强知识产权保护与创意人才激励机制

文化产业的核心是创意和智力，文化产业人才的劳动成果大多以IP、内容和专利的形式出现，对文化产业人才最好的保护和鼓励就是保护其智力成果不受侵犯。美国将文化创意产业界定为版权业，足以见得美国对于文化产业从业者的智力保护程度。因此，文化产业从业者尤其是高校学生的创意在转化为实际产品并

---

[1]　范周，杨剑飞.产销不对路，文化产业人才培养的问题到底出在哪儿？[J].人文天下，2015（7）.

[2]　姜文学.创意产业与创意人才培养[J].天津师范大学学报（社会科学版），2008（5）.

产生价值的过程中,更加需要加强知识产权保护。

(三)打造"创意社区",发挥人才集聚效应

我国经济正处在转型变革的关键时期,想要实现由"中国制造"向"中国智造"转变,走创新性发展道路,需要变革传统的教育理念与教育方式,建立与之相对于的人才培养模式。发达国家创意产业实践证明,"跨越传统的行业门类"有利于造就"复合型"创意人才。[①] 高校和企业分别位于产业开发的不同位置,将高校和企业打造成"创意社区",促进高校与企业间的合作,为学生培养打造平台,互通有无,形成互补优势,有利于充分激发人才的创造潜能。中国政府与微软公司在"长城计划"中共同建设"教育部—微软产学研合作教育基地",依托"明日之星"实习生计划,通过微软亚洲研究院和教育部高教司的合作,将微软亚洲研究院建设成中国第一个培养计算机基础研究人才的教育基地,总结探索出一套培养高素质计算机基础研究人才的有效模式。此类项目及其所取得的经验应迅速推广。[②]

二、内部:充分发挥社会主体作用

(一)让大学成为"双创"最好的试验田

高校为创新营造了良好的内部环境。作为"双创"的重要载体,高校的科研条件、学术前沿的信息资源都将为创新提供有力

---

① 杜海东,关冬梅.论社会资本、创意产业及其绩效增长[J].商业时代,2008(29).
② 姜文学.创意产业与创意人才培养[J].天津师范大学学报(社会科学版),2008(5).

保障。高校应从体制机制上将创新纳入学校的教育、科研和学生管理之中，将创业创新与学生的课程学分、毕业论文、毕业推荐以及国际交流等方面紧密结合起来。同时，高校要加快教育改革，通过完善人才培养质量标准、创新人才培养机制、健全创新创业教育课程体系、改革教学方法和考核方式、强化创新创业实践、改革教学和学籍管理制度等举措为创新培育沃土。①

（二）通力合作，扩展人才培养渠道

首先，充分发挥社会培训机构的力量，与高校教育形成合力，拓宽创意人才的培养渠道。社会培训机构能够弥补学校教育的不足，这些机构讲授的知识往往前沿性、应用性强，能够促进官方教育机制的改良与创新。但在中国社会培训还未形成体系和趋势，在学术认定、教育规范上往往存在瓶颈，需要加强规范和管理，使各种层次各种领域的人都能有机会接受高质量、高效率的社会培训。其次，鼓励高校与创意机构合作，设立课后实践项目，为创意人才提供发挥才能的机会。同时，走出国门，充分利用国际优质的教育资源，开展国际合作与交流。

（三）协同创新，完善人才培养链

加强产学研合作。产学研合作是指高校和产业两个属于不同领域的行为主体，通过相互影响产生协同作用，进而提升各自发展潜能的合作过程。②创意经济时代，创意、智力和科技成果扮演着越来越重要的角色，知识在学界和产业之间的流动从没有如此频繁。产学研合作是一种全新的人才培养理念，有利于将创新成

---

① 范周. 让"双创"成为人才的孵化器 [J]. 山东人力资源和社会保障，2016（2）.

② 李晓溪. 高校文化创意产业人才培养研究 [D]. 上海：上海大学，2014.

果更快更好地转化为产业优势，推动经济增长。

产学研合作在发达国家已经有了半个多世纪的历史，发展成熟，被视为促进社会经济和教育发展的成功模式。中国的产学研开展起步较晚，始于 20 世纪 80 年代。2006 年，《国家中长期科学和技术发展规划纲要（2006—2020）》提出，必须在大幅度提高企业自身技术创新能力的同时，建立科研院所与高等院校积极围绕企业技术创新需求服务、产学研多种形式结合的新机制。以企业为主体，以产学研结合创新体系为突破口，构建较完善的具有中国特色的国家创新体系，争取 2020 年使我国进入世界创新型国家的行列。①

文化产业与文化创意产业作为跨界产业，不仅在学科上融合了艺术、经济、管理等众多门类，在行业和领域上也能实现跨界融合与集体协作。虽然在产业发展的初始阶段，人力资本较为分散，以致真正在处于创意产业核心层的从业人数会远少于加工、制造等外围从业人员，但这终究是一个依靠智力和创意驱动的行业，只有保护知识产权，促进创意成果转化，才能获得更高的经济效益和社会效益。

结语

习近平总书记一直强调"创新的事业呼唤创新的人才，我国要在科技创新方面走在世界前列，必须在创新实践中发现人才、

---

① 李晓溪. 高校文化创意产业人才培养研究 [D]. 上海：上海大学，2014.

在创新活动中培育人才、在创新事业中凝聚人才"。在创意产业快速发展的语境下,智力、创意发挥着至关重要的作用,因此,人才培养是发展文化产业和文化创意产业的关键因素。但我国文化产业人才培养可以说仍处于"摸着石头过河"的阶段,距离凸显我国文化产业人才优势的目标还有很长一段路要走。但可喜的是,我国高校和众多的一线教师,站在行业前沿,能够审时度势,敏锐的洞察行业的变化和趋势,不断调整和变革教学理念与方式;与此同时,不断创新的体制机制,利于人才发展的良好环境,建立健全的知识产权保护体系以及独立完善的学科体系都是未来文化产业人才培养中必须面对的问题。

第二篇
文化治理：文化产业的国家思维

我国是拥有高度优渥文化资源的文明大国，优秀传统文化底蕴丰厚，党和人民更是不断为创造社会主义先进文化而奋斗。把丰富的文化资源转化成为强大的综合国力优势，关键在于将弘扬优秀传统文化与创新现代国家治理模式、提高人民思想道德素质、培育和践行社会主义核心价值观相结合，把文化建设纳入国家建设的战略视野中，实现文化发展与经济建设、社会治理的深度融合。

第四章　文化治理与文化治理模式

引言

当一个国家或地区开始重视文化艺术的发展，并且将其作为社会整体发展的一个重要组成部分时，就必然会涉及如何管理和发展文化事业、文化产业，文化治理的概念由此产生。然而，文化治理的责任应该由谁作为主体承担？文化治理应该采取怎样的方式？从本质上来讲，文化治理模式应该是政府、市场和非营利组织等主体在文化事务治理中的一种结构关系。从逻辑上来讲，这个关系无外乎三种，要么由政府包办，要么交由社会及非营利组织经营和管理，要么由市场机制来进行调节。但目前综合世界各国的实践来看，没有任何一种文化治理模式是纯粹属于上述的"某一种"，文化治理的主体都是多元的，"没有一个单一的模式，市场（社会）解决不了文化艺术的全部问题，非营利组织和政府也一样"[1]。国外发达国家现有的文化治理模式，实际上都是混合的。但混合并不意味着完全相同，各个国家文化治理主体在治理

---

① 凌金柱. 外国文化行政研究 [M]. 上海：上海人民出版社，2014：219.

过程中的地位和作用存在着较大差异，不同国家根据自身的历史传统、政治制度及文化传承等方面的因素，选择不同的文化治理模式，有的侧重于政府，有的侧重于非营利组织及社会、市场。

第一节 改革进程中的文化治理演进

一、治理的理论溯源

20世纪90年代，"治理"理论开始在政治学领域兴趣，而后扩展到经济管理领域，逐渐地，西方各国政要开始把"治理"作为施政目标。治理区别于传统政府的"统治"概念，尽管有许多学者对其展开研究，却至今仍没有形成一个统一的概念。目前被比较多学者所认同的定义来自公共管理学家简·库伊曼（Jan Kooiman）的总结："治理意味着国家与社会，还有市场以新方式互动，以应付日益增长的社会及其政策议题或问题的复杂性、多样性和动态性。"[①] 在政治学领域，"治理"通常是指政府如何运用国家权力（治权）来管理国家和人民。此外，英国学者罗伯特·罗茨（Robert Rhodes）还根据"治理"的定义归纳出了六种不同的解释：一是作为最小国家的管理活动，指的是国家削减公共开支，并以最低成本获得最大收益。二是作为公司治理，指的是指导、控制和监督企业运行的机制。三是作为善治，指的是强调效率、公平和法治体系的服务公共化、社会化。四是新公共管

---

① 汪乃澄. 论治理理论的中国适用性 [J]. 当代社科视野，2012（12）.

理，指的是把市场激励措施和私人管理机制引入政府管理。五是作为社会控制体系，指的是政府与公共部门、私人部门之间的合作与互动。六是作为自组织网络，指的是建立在信任与互利基础上的社会协调网络。①

"治理"与"统治"内涵不同。第一，权力的主体不同。在传统统治模式中，中央政府及其下属、外派和其他公共机构是最主要的主体。然而，在治理理论中，国家及中央政府的治权有所节制，并且存在将权力下放到社会、地方政府甚至跨国组织的倾向。不仅是政府，企业和社会组织都是治理的主体。第二，权力运行的向度不同。在传统的统治模式中，权力是垂直运行的，社会公共事务的管理是自上而下的，是纵向的、单向的管理。治理则强调上下互动的权力运行，也就是通过互动、协商合作，建立伙伴关系，在建立身份和共同目标的任务中管理公共事务。治理的管理机制不是建立在政府的权威或中央高层行政命令之上，其权力向度是多元、相互的。第三，国家与公民的角色定位不同。在传统的统治模式中，国家的角色是决策者，公民的角色是被动接受者；国家是公共产品及服务的主要提供者，而公民是消极的消费者。但在治理语境下，国家和公民的角色发生了实质性变化，"国家能力将主要体现在整合、动员、把握和控制等方面；公民也不再消极被动，而是积极的决策参与者、公共事务的管理者和社会政策的执行者"②。

治理理论认为治理应依靠多元主体，"政府机构、民间组织和

---

① 彭莹莹，燕继荣.从治理到国家治理：治理研究的中国化[J].治理研究，2018（3）.

② 赵景来.政府转型与政府创新研究述略[J].求知，2011（7）.

志愿性机构通过合作、协商、伙伴关系等方式共同管理公共事务，其权力结构和运行机制是多样化和相互关联的"。治理理论中所描绘的治理结构必定是多中心的，是由政府、市场及非营利组织等在公共事务的处理和公共物品的供给上，通过平等协商的方式来解决问题。但，这并不意味着政府退出公共管理，相反，政府仍然处于一个主体地位，仍然在公共管理中占据主导地位，扮演"在立法和政策规制制定方面的首要角色，让各种各样的自组织网络得以运行"[①]。因此，政府、社会和市场在治理的过程中，尽管是多主体的，但仍然是有权重差别的。

二、文化治理的目标、对象和内容

基于对"文化"概念的不同理解，文化治理的界定也各不相同。具体来说，它可以从宏观、中观和微观层面进行解读。在宏观层面，文化治理是中国政治、经济、文化、社会和生态协同发展的国家战略中最重要的组成部分之一。在中观层面，中国文化体制改革是新中国成立以来文化建设的主要线索，文化治理的主要领域是新闻出版、广播电视、文化艺术。微观层面，以现行文化和旅游部（原文化部）所管理的内容为主，包括文化艺术及部分文旅融合领域。从实践性和有效性考虑，本书在接下来的两章中所要讨论的文化治理内容主要从上述宏观和中观层面予以把握。

研究文化治理，首先要明确文化治理的目标。从宏观层面来

---

① 薛澜，张帆.治理理论与中国政府职能重构[J].人民论坛·学术前沿，2012（6）.

看，实施国家战略是为了达成国家总目标。综合国力不仅包括军事和经济的硬实力，还包括文化和外交的软实力。与硬实力相比，软实力是一种更持久和更深远的力量，起源于一个国家的文化、政治理念和政策的吸引力。因此，国家文化软实力不仅仅是国际关系领域的文化影响力，吸引力和同化力，也是建设社会主义文化强国的题中之义。

从十八大明确提出建设社会主义文化强国，到十九大强调要坚定文化自信、推动社会主义文化繁荣兴盛，"社会主义文化"已经被写入党章。十八大以来，习近平总书记在不同场合多次发表关于国家文化软实力的一系列重要论述。他指出，"提高国家文化软实力，关系'两个一百年'奋斗目标和中华民族伟大复兴中国梦的实现。"[①] 提高国家文化软实力，是党和国家高度重视的重大战略任务之一，是我国文化治理的总目标和任务。它反映了中国特色社会主义发展道路的历史必然性，反映了国内外文化治理理论的最新成果，适应当前建设社会主义文化强国目标的现实要求，[②] 是历史与现实、理论与实践的辩证统一。作为国家文化治理的主体，政府、社会、公民应向这一目标共同迈进。

按照"治理"理念和实践中的主体区分和目标指向，国家文化治理的目的分为三个层面。

第一，从国家层面上，国家文化治理的目的是保障国家文化需求。该层面文化治理的对象是"国家和民族"，内容是保障国家和民族的文化稳定性。对内要弘扬中华优秀传统文化，通过培育

---

① 习近平. 习近平谈治国理政 [M]. 北京：外文出版社，2014：160.
② 景小勇，等. 政府与国家治理 [M]. 北京：文化艺术出版社，2016：111.

和弘扬社会主义核心价值观，提高公民思想道德素质，增强中华文化的认同感和民族凝聚力，维护政治稳定；对外通过增强文化软实力，提高中华文化的传播力及影响力，树立大国形象，开展国际、洲际文化交流，维护国家安全。

第二，从社会层面上，由治理的主体政府及其他公共部门提供公共文化服务。政府及社会公共部门作为"服务者"的角色面向社会公众提供基本性、均等性、全覆盖的公共文化服务，实现公民群体的基本文化权利，提供文化生活的基本保障。其内容和目标产生的主要背景是，改革开放后，政府从"管理者"变为"治理者"，努力建设服务型政府。

第三，从公民个人和市场层面，满足公民个体差异化、个性化的文化需求。公民除了基本文化需求，还有个性化文化需求。新时代我国社会主要矛盾已经转化为人民日益增长的美好生活需要和不平衡不充分的发展之间的矛盾，随着社会经济的发展，文明程度的提高，日益增长的美好生活需要表现出来的内容是不同的。该层面的文化治理对象侧重于"公民个人"，与社会层面的"公民群体"既有联系又有区别。一方面，公民个人的文化需求除了与公民个人的个体差异有关，还与整个国家和社会的文明程度息息相关，文明程度越高，意味着公共文化服务水平越高、文化市场越发达，公民个人的文化需求就会越多样、越丰富；另一方面，随着社会经济的不断发展，一个阶段的文化个性化需求可能成为下一个阶段的公共文化服务需求内容，例如90年代的互联网可能是某一知识阶层公民的个性化需求，但如今却成为城乡公民的群体性文化需求。

这意味着公共文化服务与公民私人文化需求在时间上和空间

上存在差距。基本性、均等性的公共文化服务内容相比个性化、差异化的文化需求具有一定的滞后性，因此，需要从国家、社会、市场三个层面加以协调：国家保障和规定统一的国家文化意志，保障文化发展方向；政府及社会其他公共部门提供公共文化服务，保障公民基本文化权利，使每一个公民都能够自由平等发展；再通过发展繁荣文化产业、培育健康的文化市场来弥补和满足"基本"与"个性"的文化需求之间的差距。在这个过程中，政府作为文化治理过程中的"主导性主体"，通过不断完善公共政策、深化文化体制改革等手段，进一步推进国家文化治理现代化。

三、全球化进程中的文化治理范式

（一）美国："社会运作型"模式

美国采用"社会运作型"文化治理体制，政府对文化事务的介入是有限的。在组织结构上，美国政府不设置管理文化事务的专门机构，而是交由第三方、非营利性中介文化组织来履行相应的管理职能，如国家艺术基金会、国家人文基金会、国家博物馆学会等。

非营利性文化组织，一方面代表政府行使相应的管理职能，对艺术产品、服务及艺术家、艺术团体提供协调、咨询和技术援助等支持；另一方面，承担文化事业发展资金提供者的角色。非营利性文化组织通过经营活动获取收入，同时接受社会捐赠和政府资助。一般来说，对于非营利的艺术机构而言，营业收入占总收入的50%，个人、公司和基金会的捐赠占比约40%，各级政府资助占 10%。[①]

这种模式的形成源于美国的政治体制和历史传统。独立战争之前，十三个殖民地相互独立，地方自治体制完善。独立战争胜利之后，正式建国，美国形成联邦制国家体制，联邦政府、州政府、地方政府三者之间具有很强的独立性，地方政府在法律上隶属州政府，州政府与联邦政府之间不存在隶属关系。这就导致了美国自诞生之日就充满自治气息，而今的美国社会也深受这种自治传统的影响。美国宪法对国家与政府权力边界有明确的限制，特别是在精神文化领域。民众也不希望政府运用强力的政治手腕过多介入，呼吁文化和艺术应属于私人领域，交由个人及社会处理。

但与美国社会浓厚的商业传统相比，文化艺术又具有自己的独特性。文化艺术产品具有公共产品和精神产品的双重属性，纯粹靠市场调节容易出现市场失灵的问题。这一问题在 19 世纪末 20 世纪初得到了验证。一方面，美国经济迅猛发展，一跃成为当时世界的头号经济强国；另一方面，商业垄断，贫富不均，文化在城乡、地区、各阶级之间十分不平衡的问题不断暴露。政府开始意识到需要改变传统的"自由放任式"文化政策，成立中介文化组织以寻求国家干预和自由放任之间的平衡。为了弥补 20 世纪 30 年代经济大萧条带来的文化艺术创伤，同时服务于第二次世界大战和"冷战"时期意识形态斗争的需要，美国政府开始主动参与和介入文化艺术发展，通过第三方非营利组织，以税收减免或财政补贴的形式对文化艺术进行资助。

---

① 凌金铸. 美国文化政策的形成 [J]. 学术界，2013（6）.

自此，美国文化治理模式开始呈现以下几个基本特征。第一，政府通过第三方中介机构实施间接管理。中介机构代行政府职责，保持自己的相对独立性。第二，政府通过税收减免政策，对文化艺术实施"有限的资助"，且政府提供的资金支持不能超过文化艺术发展所需经费的50%，各文化艺术组织必须从政府以外的渠道筹集所需款项。这种治理模式既符合美国历史与现实的基本国情。又有利于文化艺术的繁荣和文化多样性的保护。政府与第三方中介机构既保持了相互的独立性，又保证了行政效率。

（二）英国："政府分权型"模式

英国是君主立宪制国家，实行议会内阁制，只有一个中央立法机关和中央政府。由于历史原因，英国的地方政府享有较大的地方自主权，允许地方公民选举产生各级地方政府，负责管辖本地事务。英国的文化治理体制也相应具有这种特征，采用地方分权型治理模式。

英国的文化治理主体大致可分为三个层次。

上层为中央政府、各类非政府公共文化管理机构和地方政府以及地方文化管理部门和艺术组织、艺术家。与美国体制不同，英国政府设有中央一级的政府文化行政管理部门，即文化、媒体和体育部。该部门统领全国的文化艺术、新闻广播、电影电视、图书出版、体育和旅游事业，制定全国文化政策并统一划拨经费。但政府对文化事业的资助只占文化艺术团体收入的30%左右，其余部分需要文化艺术团体自行解决。

中间一级包括地方政府和非政府文化管理机构两个部分。地方政府特指"苏格兰、威尔士和北爱尔兰的政府"，负责中央政府文化政策的实施和文化经费的分配，拥有所管辖领域内文化政策的制定权，但不包括替代税的认可、广播、文化产品的出口管理等中央政府管辖范围之内的文化政策制定权。非政府文化管理机构指各种各样的文化艺术委员会，主要有两种类型，非政府公共执行机构和非政府公共咨询机构。文化艺术委员会是准政府性质，负责实施文化政策和具体分配由文化、新闻和体育部划拨的文化经费。[①] 英国现行的非政府文化管理机构主要有英格兰艺术理事会、工艺美术委员会、博物馆和美术馆委员会等。

基层一级的地方艺术理事会，包括英格兰10个地方艺术理事会和苏格兰艺术委员会、威尔士艺术委员会以及北爱尔兰艺术委员会。它们具体使用文化经费，向本地区的艺术活动、艺术项目等提供资助。

英国文化治理模式存在横向和纵向两个维度的分权，政府对文化事务进行"一臂之距"的间接管理。政府在行政管理上与文化事务保持一定的距离，既不强势介入损坏文化的独立发展空间，又不放任自流完全依靠市场机制运作。从纵向分权来看，一方面，中央政府已经将文化管理责任及经费的划拨权力交给所属的中央文化管理部门。另一方面，要求各地方政府承担相应的管理责任和行使相应的权力。横向分权指的是各级政府向非政府公共文化机构分权，一方面，后者为政府提供公共咨询、设计、策划等服务，同时负责把政府的部分文化拨款落实到具体的文化单位；另一方面由各个领域中立的专家组成委员会，这就保证了它们行使职能的相对独立性，避免过多的受到政府的行政干预。

---

① 曾红萍，中国文化产业竞争力分析：现状、问题与对策 [D]. 成都：四川大学，2007.

英国通过非政府公共文化机构对文艺事业进行间接管理，对国家文化管理具有重要意义。确立国家立法机构介入国家文化行政的管理体制，由国会颁布相关法律，直接授权成立国家艺术理事会等国家文化基金专门管理机构，一方面能够在非政府公共文化机构中直接体现国家意志，另一方面也扩大了国会干预文化管理的范围，与中央政府文化行政机构形成权力上的结构性制衡。

（三）法国："政府主导型"模式

与美英等国相比，法国有着更为悠久和鲜明的中央集权历史，在法国大革命前，中央集权就已经形成。历史学家托克维尔非常清楚地证实了这一观点："中央集权制……并非大革命的成就。相反，这是旧制度的产物，并且……这是旧制度在大革命后仍保存下来的政治体制的唯一部分。因为只有这个部分能够适应大革命所建构的新社会。"① 大革命扫除封建残余，中央集权以制度的形式被重新确立。作为单一制国家，法国中央政府享有宪法上的最高权威，地方服从中央，遵循中央的意志。

与此对应，法国的文化体制清晰地表现出"政府主导"的特征，政府主导文化事务发展，在中央政府设文化部，负责制定国家文化政策。中央文化部门领导地方文化行政组织。中央文化管理部门通过这些地方文化行政组织实施和执行文化政策，配置国家文化财政资源，提供公共文化服务。

法国"政府主导"的文化体制形成的标志性事件是1959年，

---

① 纪光欣，张静静.旧制度的毁灭与重塑——由托克维尔《旧制度与大革命》说开去[J].胜利油田党校学报，2015（5）.

法兰西第五共和国正式成立文化事务部，首任文化事务部部长安德烈·马尔罗推动一系列文化政策出台，从此法国开始有了自身完整的文化政策，文化事务部成为中央政府统一管理全国文化事务的最高文化行政机构。希拉克执政时期，为了重塑法国的文化大国地位，极力推广法国文化，法国国家对文化领域的控制进一步强化，许多文化事业以法律进行规范。

法国的文化治理模式分为中央和地方两级。中央一级设有文化与通讯部，是中央政府主管行政机构，通过派驻地方代表的方式，实施对全国的文化事业统一管理，[①] 包括制定政府文化政策法规；编制年度文化预算；管理和使用文化经费等。总统、总理及国民议会都对文化管理有潜在或间接的影响。在宪法上，总统、总理及国民议会虽有权对文化事业进行干预，但并非国家文化事务的直接执行者。文化部部长对国家文化事务起到决定性作用。

在中央层面，除文化与通讯部外，还有许多受中央直属领导的文化机构，大体分为三类：第一，直属文化和通讯部的国家重点文化设施，如卢浮宫博物馆、国家图书中心等；第二，受文化和通讯部直接领导的文艺团体，如巴黎国家歌剧院、法兰西喜剧院等；第三，文化和通讯部直属艺术院校，如国家文化遗产学院、建筑学院等。这些机构的主要行政负责人由中央政府统一任命，其组织和活动经费基本依靠财政拨款，重要决定审批权归于中央上层领导机构。

在地方层面，地方文化艺术机构大体分为大区、省和市镇三

[①] 曾红萍.中国文化产业竞争力分析：现状、问题与对策[D].四川：四川大学，2007.

个级别,各大区设有文化局,局长由中央指派到地方,既受文化和通讯部的领导,又接受大区政府的领导。主要职责是服从、执行和落实中央政府的文化分散政策,协调中央政府和地方的文化关系等。

法国文化行政体制具有很明显的中央集权色彩,首先,政府对文化进行直接管理,中央文化机构对地方进行垂直领导。一方面,国家是文化领域的立法者,文化部的首要职责就是"确立文化领域内法律法规和各项规章制度,并监督其实施",特别是在文化遗产保护方面,政府强制力尤为重要。另一方面,国家也是文化领域的管理者。博物馆等文化机构具有独立法人资格,由国家文化部直接监督和管理,预算均来自于文化部。其次,法国政府对文化事业单位直接进行财政拨款。在法国,官办的或政府直接管理的文化事业单位能够得到较多的财政支持,一般会占到全部收入的60%以上,而且每年都在增长。

与美英等国相比,法国政府主导的文化治理模式有着明显的优势,即利用国家力量积极促进文化发展,有利于克服公共文化产品的"市场失灵"现象,调节因文化市场的营利性目的驱动而带来的文化产品质量降低、文化资源分配不公等问题。但法国模式的弊端也很明显,第一,国家对文化艺术的干预作用,会潜在影响到艺术家的自由创作,削弱艺术家的创新动力。第二,过度依赖政府的财政投入,容易导致文化机构自身造血能力不足,特别是一些难以享受政府扶持的小众文化艺术形式,在后续的发展上极易陷入资金不足困境。第三,除巴黎外,法国其他地区文化设施及活动相对匮乏,纯粹依靠政府投入,造成地区之间、城乡之间的文化发展不平衡。

尽管法国是政府主导的文化行政体制，但并不意味排斥市场和个体行为，只是对其施加了诸多限制。近年来，法国政府不断对文化行政体制进行改革，出现了中央向地方，政府向市场、社会的分权的现象。一方面，中央权力下放，地方文化组织的资金和管辖权逐步移交给地方行政机构，中央和地方交叉提供地方文化发展所需的资金，地方行政机构积极性被激发，纷纷加大投入。中央与地方从监管与被监管的关系转向协商合作关系。另一方面，在管理体制上引入竞争机制，实行多元化，放开对文化市场的限制，电影、电视、图书等行业的市场化程度进一步提高。在向社会分权方面，法国政府效仿美国，通过修正税法，根据个人和企业对文化事业的捐赠适当对其减免征税。

（四）日本："综合服务型"模式

日本的文化治理体制是介于法国政府主导型和美国社会运作型之间的一种治理模式。无论是政府还是各种各样的社会力量，在文化治理过程中都发挥着十分重要的作用，因此称为"综合服务型"模式。

第二次世界大战后，日本进入民主改革时期，日本政府对战前、战时的文化干涉和管制政策进行反思，"不干预内容"原则逐步确立。一方面，由政府主持，开始重视对民族文化遗产的保护；另一方面，废除限制文化艺术创造和言论自由的出版法、报纸法、电影法等。

随着日本经济的迅速崛起，国民开始关注更高层次的精神追求，在这一背景下，日本政府提出"文化的时代"的口号，积极促进文化事业的建设。这一时期除了中央文化财政支持国家和民间重点文化项目外，文化管理出现地方行政化趋势，迅速波及全国。1979年,神奈川县知事提出"行政的文化"发展方向,将地方文化事务转由知事、市町村长直接负责。中央政府大力支持地方文化建设,对地方自治给予了诸多财政支持。

日本民间文化力量的崛起开始于20世纪90年代,在此之前对文化事务的资助主要依靠日本政府。由于中央政府的财政重建计划削弱了政府对文化事业的财政支持力度,民间社会开始参与文化建设,成立"企业公益活动协议会""文化艺术振兴基金会"等民间组织,扩大了对文化艺术活动的资助范围。民间力量的加入不仅缓解了政府资助的不足,还形成了政府、民间企业、艺术团体三方共同推进文化艺术建设的共同协作、互相补充、职责明确的文化行政机制。[①] 与此同时,地方文化治理也由文化硬件设施建设转向丰富文化内容,提供本地区居民文化政策。

如今,日本的文化治理体制是典型的多中心治理,除了中央政府和地方政府之外,民间企业、各种类的基金会以及非营利性组织为核心的第三部门都积极参与到文化事业的发展中来。

首先,政府作为最重要的治理主体,在中央层面设置文化厅,负责大部分的全国性文化事务。在省级层面,设置相应的部门,如教育委员会、首长部局等负责与文化行政相关的内容。中央及各级地方政府的主要职责有三:一是制定文化政策;二是为各种类型的文化团体和项目提供财政支持;三是通过税收减免政策鼓励民众积极参与到文化建设中来。

其次,民间企业和各类基金会。作为日本文化发展的重要资金来源,企业和基金会承担了大部分的文艺事业资助额,其中比

---

① 赵敬.试论日本战后文化行政的变迁[J].日本学刊,2012(4).

较重要的是日本文化艺术振兴基金,从1990年到2009年,它为14704个项目提供了353亿日元的资助额。[①]

最后,非营利性组织,主要承担地方性的文化事务。第三部门有比较强的自治性,管理各地方区域内的事务。比较有代表性的是公民馆,通过在一定区域内组织各种与文化、教育有关的事业和活动,促进当地居民强心健体,为社区文化的振兴和福利的提升做出贡献。

如上所述,日本模式有以下几个基本特点。

第一,中央政府与地方政府形成互补,形成多层次的文化治理体系。中央政府的文化厅与地方政府协同进行文化治理,从政策法规制定、文化活动组织及文化资金筹措等方面极大地促进了日本文化的发展。

第二,多元化的资金筹措渠道,充分保障文化事业发展的资金来源。20世纪90年代后,随着民间力量纷纷参与国家文化建设,融资渠道日益多元化。值得一提的是,日本有一个特殊的制度,叫作"指定管理者制度","允许地方政府将公共设施(包括公共文化设施)的管理服务外包给私营企业组织或者社会团体"[②]。这一制度大大降低了民间企业参与到国家文化建设的准入门槛,将市场竞争机制引入国家文化建设中来,地方政府有责任对民间企业的运营效益进行评估。

第三,"行政文化"改革改善了居民的文化生活环境,推动经

---

① 于晗,赵萍.日本公共文化服务的多元化供给及运营模式[J].新视野,2014(6).

② 金雪涛,于晗,杨敏.日本公共文化服务供给方式探析[J].理论月刊,2013(11).

济发展。同英国、法国一样，日本也经历了由中央集权向地方分权的过程，在这一过程中，由于地方自治体获得了较大的行政自主权，地方相较于中央更加了解和明确地方公民的各项文化诉求，能够切实关注地方居民的生活文化，推行以改善生态环境、提高公民素质和地方宜居舒适度的广义行政，包括建设特色商业街、维护地区城镇历史文化风貌、振兴地方性文化产业等措施在内的地方文化复兴手段，在日本国内被广泛同时推进，带来巨大的社会和经济效益。

第二节　改革进程中文化治理的中国实践

一、中国文化体制改革的基本历程与成就

1956年，中共八大明确提出，生产资料私有制的社会主义改造基本完成以后，国内的主要矛盾从工人阶级和资产阶级之间的冲突，转为人民对于建立先进的工业国的要求同落后的农业国的现实之间的冲突，人民对于经济文化迅速发展的需要同当前经济文化不能满足人民需要的现状之间的不匹配。[①]1978年，中共中央召开十一届三中全会，确立"解放思想、实事求是"的思想路线，这一改革为社会主义新中国指明了正确的发展方向，[②]在这一背景下，文化体制改革逐渐走向以改制、改革来谋求自立、自强的发

---

① 孙全胜.毛泽东人民内部矛盾论的"进化论"[J].黑河学刊，2011（3）.
② 卞敏.邓小平理论在中国特色社会主义理论体系中的历史地位[J].学海，2010（11）.

展道路。

（一）中国文化体制改革的基本历程

1. 初步探索阶段（1978—1991）

1978年以后，在日益宽松的社会、政治与经济环境下，文化生产与经营活动逐渐恢复原有活力。1979年，广州出现了国内第一家音乐茶座。但国家统包统管体制下所滋生的平均主义、人员冗余、院团布局不合理、自主性缺失等问题，在不同程度上制约着文艺院团的良性发展，文艺院团在新环境与旧体制之间挣扎徘徊，全国文化生产力难以实现又好又快地增长。

国有企业纷纷改制，以提升文化生产力为核心目的的文化体制改革也逐渐提上日程，在国务院的部署下，各个文化领域、众多试点单位进行了"承包责任制"等诸多方面尝试，以期在保障所有权不变的条件下，给予各单位院团以自主经营管理权。1985年，中共中央办公厅、国务院办公厅转发文化部《关于艺术表演团体的改革意见》（中办公[1985]20号），文件一针见血地提出了现有体制下文艺院团的弊端与不足，同时针对这些问题提出调整团体布局、精减人员、改革领导体制、改革内部管理体制等一系列的措施，进一步推动承包责任制在文化领域内的施行。

1988年，国务院转发文化部《关于加快和深化艺术表演团体体制改革的意见》，提出"艺术表演团体体制改革的步子迈得还不快，许多关系还没有理顺，配套政策还不健全和落实，各种思想阻力还很大，预期的目标还远远没有达到"。[①] 对此，文件明确

---

① 国务院批转文化部关于加快和深化艺术表演团体体制改革意见的通知[EB/OL]. (1988-09-06)[2018-11-18]. http://www.chinalawedu.com/falvfagui/fg22598/480.shtml.

提出了改制的总体设想,在组织运行上实行"双轨制",对表演人员实行"合同制",建立完善的文化市场体系,政府文化主管部门对艺术表演团体实行间接管理。这几大设想兼具了对市场环境、人才聘任、领导机制、运行机制等内外因素的考量,致力于促进文艺院团转制改革成为独立的经营实体,并最终实现经济效益与社会效益的双统一。这一探索对传统统购统管的旧体制造成了极大的冲击,为后期庞大、艰巨的文化体制改革积累了丰富的经验。

2. 深入探索阶段(1992—2001)

1992年,党的十四大提出经济体制改革的目标是"建设社会主义市场经济"。这意味着计划经济体制下的文化体制已经完全不适应新时期的发展要求,革旧立新,建立适应市场经济体制的文化体制显得更为迫切。"市场化"是这一阶段文化体制改革的中心,文化体制改革的核心问题是打造完善的文化市场、遵循市场规律、生产面向市场等。1996年,党的十四届六中全会做出《中共中央关于加强社会主义精神文明建设若干重要问题的决议》,提出要积极培育和完善文化市场。1997年,《中共中央关于进一步做好文艺工作的若干意见》发布,提出改革的基本目标是,建立起符合精神文明建设要求,遵循文艺发展内在规律,发挥市场机制积极作用的充满活力的社会主义文艺体制。[①]2000年,党的十五届五中全会通过《中共中央关于制定国民经济和社会发展第十个五年计划的建议》,提出完善文化产业政策,加强文化市场建设和管理,推动有关文化

---

① 韩永进. 中国文化体制改革32年历史叙事与理论反思[D]. 北京:中国艺术研究院,2010.

产业发展。①2002 年，党的十六大就文化体制改革这一问题指出，要把深化改革同调整结构和促进发展相结合，理顺政府和文化企事业单位的关系，加强文化法制建设，加强宏观管理，深化文化企事业单位内部改革，逐步建立有利于调动文化工作者积极性，推动文化创新，多出精品，多出人才的文化管理体制和运行机制。②

建立社会主义文化市场、建立健全顺畅的文化管理体制与运行机制、促进文化产业发展、完善文化经济政策等一系列的政策要求，充分展现了该阶段文化体制改革步幅之大、变革之深。从微观来看，该阶段文化事业单位在建立社会主义市场经济的大方向下，致力于建立面向市场的现代管理制度，根据市场化要求对院团内部机制进行重组和再造。而从宏观来看，文化产业得以与文化事业比肩，文化市场内的生产主体、经营主体以及投资主体也逐渐丰富，重点文化领域的市场体系都已初步形成，国家大包大揽的传统文化体制至此已形成。

3. 全面推广阶段（2002—2011）

在社会主义文化市场得以初步建立的基础上，打造一批有竞争力、影响力，能够引领社会主义文化发展方向的国有文化市场企业是文化建设的重中之重。国有经营性文化事业单位的转企改制成为文化体制改革中最紧迫也最为艰巨的任务。③对此，覆盖北京、浙江等 9 地，涵盖出版、影视等多个领域的 35 家试点单位在

---

① 曲明哲. 解析中国特色社会主义制度 [J]. 党政干部学刊，2011（9）.
② 龚嘉音. 改革开放以来文化体制改革的历史考察与基本经验 [EB/OL]. (2008-10-01)[2018-05-15].http://www.docin.com/p-352677848.html.
③ 韩永进. 中国文化体制改革 32 年历史叙事与理论反思 [D]. 北京：中国艺术研究院，2010.

《中共中央宣传部 文化部 国家广电总局 新闻出版总署关于文化体制改革试点工作的意见》《国务院办公厅关于印发文化体制改革试点中支持文化产业发展和经营性文化事业单位转制为企业的两个规定的通知》[①]等一系列意见措施的指导下完成了转企改制，实现了我国文化体制改革中的重大突破。

基于此，我国文化体制在逐渐改革的过程中，逐渐完成了现代市场体系的完善以及政府职能的转变，文化产业发展的结构与布局也逐步趋于合理。2009年，《文化产业振兴规划》正式出台，文化产业正式上升为国家战略性产业，文化体制改革日益纵深化。2010年，党的十七届五中全会通过《中共中央关于制定国民经济和社会发展第十二个五年规划的建议》，从建立健全国有文化资产管理体制和运行机制等方面着手，以推动公共文化服务体系的建设、推动文化产业成为国民经济支柱产业。

2003—2011年是我国经济建设与文化建设实现飞跃式发展的关键10年，也是文化体制改革不断攻坚克难、实现全面且深入发展的关键10年。10年间，文化体制改革从点到面，试点单位所取得的宝贵经验与成果广泛运用到了众多文化领域中，出版、电视、演出等领域内的经营性文化单位全面完成转企改制工作，打造了一批自主经营、自负盈亏的合格文化市场主体。同时，文化体制改革由浅入深，政府职能的转变、企业主体的重塑以及金融税收等政策法规的建设，为文化产业的繁荣、现代文化市场体系的构建打下了坚实的基础。不断提升的财政支持力度、多元文化主体的准入也在极大程度上推进了公共文化服务体系的建设。

---

① 王晓刚. 文化体制改革研究 [D]. 北京：中共中央党校，2007.

4. 全面深化阶段（2012—）

2012年，我国文化产业法人单位实现增加值18071亿元，比上年增长16.5%（未扣除价格因素，下同），比同期GDP现价增速高6.8个百分点。[①]电影票房从2003年的11亿元，增加到2012年的170亿元。2012年，全国出版、印刷和发行服务实现营业收入16635.3亿元，较上年增长14.2%。中国文化体制改革也由此进入了深水区。

"无论改什么、怎么改，导向不能改，阵地不能丢。"（习近平）在这一新的发展阶段，如何处理好文化产业的意识形态属性与产业属性之间的矛盾关系，打造出为大众喜闻乐见的文艺精品，实现社会效益与经济效益的双统一，成为深化改革过程中的主要任务。在过去的发展过程中，为流量而弃导向、为经济而舍底线的行为频发，严重危害了我国精神文明建设。为此，中央深改组审议通过《深化文化体制改革实施方案》，要求统筹好意识形态属性与商品属性的关系、文化事业和文化产业的关系、社会效益与经济效益的关系以及文化传承与文化创新的关系。

（二）中国文化体制改革的主要成就

2017年10月18日，习近平同志在十九大报告中强调，中国特色社会主义进入新时代，我国社会主要矛盾已经转化为人民日益增长的美好生活需要和不平衡不充分的发展之间的矛盾。社会主要矛盾的变化也表明，文化体制改革在极大程度上解放了我国的文化生产力，文化产业与文化事业比翼齐飞的战略格局已经形成。

---

① 从数字看中国[N]. 领导决策信息.2015（4）.

按照马克思主义唯物史观,生产力决定生产关系,生产关系要适应生产力的发展。解放和发展生产力是我国实施文化体制改革的核心内容,也是 40 年来我国文化体制改革所取得的最为突出的成果。据国家统计局统计,2017 年全国文化及相关产业增加值为 34722 亿元,占 GDP 的比重为 4.2%,比上年提高 0.06 个百分点;按现价计算(下同),比上年增长 12.8%,比同期 GDP 名义增速高 1.6 个百分点。[①]在文化生产力实现快速提升的同时,适应其发展的生产关系也得以初步确立。具体而言包括:以公有制为主体,多种所有制共同参与、竞争有序的现代市场体系、以人为本的公共文化服务体系以及科学合理的宏观管理体制。

文化体制改革的深化不仅实现了文化主体多元化,而且积极、顺畅、宽松的市场环境也在极大程度上促进了文化主题的生产活力与创造活力;另一方面,公共文化服务因其内在的基础,即公益性、平等性和便利性,成为文化造福人民的重要阵地。截至 2017 年底,以博物馆、美术馆、文化中心为重要内容的公共文化服务建设已经完成。全国共有博物馆 4721 个,参观人次 11 亿以上;公共图书馆 3166 所,总流通人次 74450 万;共有群众文化机构 44521 个,组织活动 197.86 万次,服务人次 63951 万。文化成果实现了人人共享。[②]

近年来,我国文化体制机制改革已取得突破性进展,呈现出

---

① 国家统计局.2017 年我国文化及相关产业增加值占 GDP 比重为 4.2%[EB/OL].(2018-10-10)[2018-11-18].http://www.stats.gov.cn/statsinfo/auto2074/201810/t20181010_1626888html.

② 文化和旅游部财务司.中华人民共和国文化和旅游部 2017 年文化发展统计公报 [EB/OL].(2018-05-31)[2018-11-25].http://zwgk.mct.gov.cn/auto255/201805/t20180531_833078.html?keywords=.

全面发力、多点突破、纵深推进的崭新局面。首先，各项深化文化体制改革的政策相继出台。文化体制改革的机制机理一点点明晰，主体框架一步步形成。其次，各项推进公共文化机构法人治理结构改革、基层综合性文化服务中心建设的重点措施得以落实。再次，文化扶贫工作取得重大进展。中央有关部门统筹安排财政资金，实施百县万村综合文化中心工程，启动贫困地区民族自治县、边境县村综合文化服务中心覆盖工程。最后，在文化市场改革方面，政府简政放权，推行一系列融资举措，鼓励文化企业进入市场，减轻企业负担，释放市场活力、主体动力和社会潜力。

与经济体制改革相比，文化体制改革有其独特的特点。需要在确保国有文化企业占据主导地位的条件下，在保证社会效益的同时，实现市场主体多元化，取得经济效益。促进政府由"组织文化"向"管理文化"的平稳过渡，需要不断探索和尝试，不断形成经验积聚，最终创造出富有中国特色的社会主义丰富的文化理论。

二、我国文化政策体系建设的基本历程与成就

（一）中国文化政策体系的演变与创新

文化政策符合国家最高级别的设计，是在出版、影视、艺术等领域采用的制度性规范、规范原则和要求，对行业产生导向、调节、规范、保护等作用。新中国成立以来，我国文化政策经历了从无到有，从缺到全的发展历程。但总的来看，文化政策体系建构的过程开始于1978年改革开放，集中体现在我国推行文化体制改革的过程中。

1. 探索期（1978—1991）

1978年，中国迎来时代新风，在这一风潮下为激发国有文化单位生产、创造的积极性，革除统购统销制下的体制机制弊病，以文艺院团为重点的转制计划开始实行，为此国家相继发布了《关于艺术表演团体的改革意见》《关于加快和深化艺术表演团体体制改革的意见》。《关于建立第三产业统计的报告》（1985）、《关于加强文化市场管理工作的通知》（1988）、《文化部关于文化事业若干经济政策意见的报告》（1991）等文件的陆续出台对"文化市场""文化经济"等文化产业中的重要因素有所提及，为后续文化政策的出台打下了一定的基础。

2. 起步期（1992—2001）

面向市场、利用市场，发挥市场的积极作用发展文化，提升文化生产力是这一阶段文化产业政策的重要方向。在这一方向引导下，一方面，注重破除旧有体制的束缚，明晰政府在文化建设中扮演的角色，加快文艺院团、出版、电影等领域转制的步伐，在电影领域内电影制片与发行逐渐放开，电影开始逐步实行实行市场经济的"院线制"。另一方面，出台一系列促进文化事业发展的政策，《国务院关于进一步完善文化经济政策的若干规定》《关于支持文化事业发展若干经济政策的通知》等政策逐步出台，从金融、税收、财政等多个角度出发，为我国文化事业的发展提供了较为全面的政策保障。同时，《著作权法》《电影管理条例》《音像制品管理条例》的发布，为未来文化市场的规范化发展打下了坚实的基础。

3. 发展期（2002—2011）

2002年以来，我国文化体制改革实现了由点及面、由浅入深的发展历程,该时期,文化政策围绕着国有经营性文化单位的转企改制,出台一系列优惠政策,如财政部、海关总署、国家税务总局联合发布《关于文化体制改革中经营性文化事业单位转制为企业的若干税收政策问题的通知》。此外,颁布一系列旨在鼓励非公有制资本参与文化产业的政策,如《国务院关于非公有资本进入文化产业的若干决定》,以及促进文化产品和服务进出口的政策,如《关于加强文化产品进口管理的办法》《关于进一步加强和改进文化产品和服务出口工作的意见》等。

4. 完善期（2012—）

2012年以来,文化政策主要针对文化产业领域内出现的新问题、新气象做出相关的指导,文化政策构建进入不断完善的阶段。"十三五"国家文化发展改革纲要提出"深化文化体制改革,促进文化事业发展和文化产业持续健康发展；繁荣的社会主义文艺创作,弘扬优秀中国传统文化,促进文化外联"等一系列要求,明确该阶段文化建设的发展方向。另外,该阶段以文化立法为突破口,陆续颁布实施《博物馆条例》《电影产业促进法》以及《公共文化服务保障法》,极大地促进了中国文化产业的法制化进程。

（二）中国文化政策体系建设的成就

纵观我国文化政策建构的几大阶段,回顾我国文化政策结构的发展历程,不难发现,我国文化产业政策体系内涵丰富、范围广阔,从文化市场建设到市场主体培育,从金融扶持政策到公共文化扶持,鼓励文化产品外流。这一政策体系从中国文化体制改革的实践出发,为我国文化建设事业保驾护航。具体而言,在文化政策建构的探索阶段,文化政策的出台解放了人的思想,转变了全国各地发展文化的思路，促使众多文化生产单位迈出了转制的步伐；在起步阶段，文化政策引领文化发展方向，通过明晰文化市场的作用、确立文化市场的地位，引导国内经营性文化单位面向市场展开生产经营活动；在发展阶段，文化政策扮演鼓励者的角色，通过税收、金融、人才、用地等方面的优惠政策，推动文化单位转企改制、文化园区建设，鼓励民营资本参与文化建设；进入完善阶段，规范文化市场内的竞争行为，顺应产业发展新趋势，查漏补缺，不断创新，为我国文化建设和文化产业发展提供保障。

第三节　加快构建国家文化治理体系

"十三五"规划强调，文化建设是"五位一体"建设中的关键一环。十九大的胜利召开带领人们步入全面建成小康社会、全面建成社会主义现代化强国的中国特色社会主义新时代。中国特色社会主义文化自信被正式列入党章，体现出党和国家对文化的经济价值与社会价值的认知程度与重视程度迈上新台阶。[1]

目前，我国的文化体制改革立足于国内实情和国际视野，保障老百姓普遍关注的文化民生，加大文化产业与科技创新的融合，催生更多系统完善的产业新业态。通过全面规划与重点培育的相互作用，发挥文化在提升国民整体幸福指数中的巨大作用，推动

---

[1]　范周，关卓伦，孙巍. 回首与展望：新时代下文化产业发展新态势 [J]. 出版广角，2018（3）.

文化事业普惠基层，对实现文化产业双效统一，推动文化产业协调、科学、可持续地发展具有重要意义。①

一、"一个核心"：市场是检验文化改革成效的重要标准 ②

目前，我国文化市场格局的基本框架已经基本形成，各个层次要素市场表现活跃，特别是最近 10 年来政府采取诸多措施，推了文化市场要素的不断健全。但从长远来看，建设现代文化市场体系应该是多层次、全方位的协调推进，不能够管中窥豹。

一是市场化发展要弱化"GDP 导向"。目前，在强劲的文化消费动力助推下，文化产业已经成为中国经济持续稳定提速的"新蓝海"。按照 2012 年统计口径，2017 年，我国文化产业增加值预计可以达到 3.45 万亿元，GDP 占比约 4.4%。但在地方层面，部分政府还存在提出的发展目标不顾本地实际、"大跃进"式发展的现象。这是目前发展文化产业的一个误区，文化建设仅仅以 GDP 的比重为衡量指标势必会引发一系列的问题。因此，建立和明确一个全面的、具有可操作性的文化考核标准非常关键。

二是市场主体要明确，产品流通要顺畅。当前，我国文化体制改革取得了丰硕的成果，但是依然存在很多问题。目前看来，改企转制的单位要真正地抛开政府的拐杖，完全以独立的市场主体参与市场竞争还有较长的一段路要走。以出版业为例，许多出版社转企改制，实行市场化、企业化管理，但是并没有很好地参

---

① 范周. 中央"十三五"规划建议的文化解读 [EB/OL].(2015-11-04)[2018-05-05].http://www.ce.cn/culture/gd/201511/04/t20151104_6900078.shtml.

② 范周. 全面深化改革时期文化建设若干问题思考 [J]. 理论视野，2014（1）.

与到市场竞争中去。据不完全统计，我国500多个出版社在世界上的市场份额仅仅等同于德国的一家企业。因此，文化体制改革必须充分地发挥市场的资源配置作用，促使企业能够完全按照市场需求进行有效运作，形成有序的进退机制和流通渠道，推动文化产品的生产与消费在市场的轨道中运行。

三是市场管理既要有效益又要注意文化安全。目前，文化体制改革已经进入深水区，一个突出问题就是文化市场管理的效益问题。譬如：一个动漫产业园区的管理涉及国家广电总局、文化和旅游部等多个部门，各部门职权不同，并从不同环节监管动漫产业的发展。但是这些部门的联合管理所产生的产业效益并不理想。据统计，日本10万分钟的动漫占据了全球动漫市场的68.7%，而我国22万分钟的产量却只占到1%的市场份额。管理成本高，产业效益低的问题亟须解决。其次是文化安全问题。动漫蕴含的民族文化对青少年是非价值观的养成具有重要影响，青少年处于成长阶段，充满好奇、刺激、新鲜的猎奇心理，极易受外国文化的影响。韩国对文化安全问题警觉性很高，在播放日本动漫时，片中角色都要改成韩国的名字。而我国对日本动漫的监管相对不力。在过去的20多年中，日本动漫大量进入中国市场，输出海量附属产品，引发青少年对生命与道德价值观的冷漠以及御宅族、援助交际等一系列的问题。所以，随着文化体制改革的深入发展，政府必须提高在市场管理上的文化警觉性。

四是文化市场要为公共文化服务提供支撑。文化体制改革释放文化产业活力，文化市场的繁荣又进一步为公共文化服务提供更大的运营空间。长期以来，公共文化服务被定义为政府的专项职能。政府既管文化又办文化，严重限制了其他社会资本与组织参与公共文化的积极性和能动性。根据国外的先进经验，市场是公共文化服务的重要实现形式。通过市场化运营方式，鼓励社会资本投资公共文化服务，逐步改变当前政府一力承担公共文化建设的局面，孵化一批优质的公共文化服务提供商，是未来文化体制改革的必然结果，也是现代公共文化服务体系的题中之义，更是现代文化市场建设的重要目标。

二、"五个基本点"：推进文化改革深入发展 [①]

2018年3月17日，十三届全国人大一次会议批准国务院机构改革方案，组建文化和旅游部，不再保留文化部、国家旅游局。4月8日，文化和旅游部举行揭牌仪式。这些都标志着文化体制改革不断深化。我们既要梳理以往的经验教训，又要结合新的社会经济文化发展实际，有所为有所不为，抓住以下五个基本点，推动文化体制改革全面深入发展。

一是加强顶层设计。如果文化产业的顶层设计不能统领全局，文化建设就会出现地域、群体等各种不平衡。目前比较突出的问题是文化建设的同质化，而且这种同质化的发展越来越严重。以北京市为例，2016年，北京市新总规提出"四个中心"建设。作为全国文化和科技创新中心，北京的文化发展特色不足，首都文化定位还需提升。从文化、经济、历史等多个角度来看，与三大文化带相对应，北京东部地区的发展应该着力在于科技和文化的

---

① 范周. 全面深化改革时期文化建设若干问题思考 [J]. 理论视野，2014（1）.

融合，中部应该重点加强文化对本地传统产业的提升与优化，西部地区则应加强文化与传统的农业、旅游业结合发展，使不同地区呈现出不同特点。但是目前各个功能区的特色并不突出，究其原因，首要的就是顶层设计不完善，执行过程中缺乏权威性文化立法的强制力。

二是民生问题要重视。文化建设的核心是惠民而不是政策。文化民生，不仅仅是要提供丰富多彩的文化产品和文化设施，满足老百姓在文化消费方面的硬性需求；同时要高度重视老百姓的信仰问题，从思想根源上体现"以文化人"的导向作用。通过对西安、杭州以及河北几个乡村的文化调研发现，文化的缺失导致信仰的淡漠，基层老百姓信仰问题需要高度关注。部分乡村基层的政权建设、党的组织建设令人担忧。当然这是个别现象，但也应该引起我党和文化工作者的警觉，加强信仰建设。台湾地区在此方面的经验值得借鉴，通过生活美学把文化融入生活的各个方面，通过润物细无声的方式让文化滋润着每一个人。

三是文化产业的发展应该循序渐进。尽管文化体制改革成果丰硕，为下一步文化建设打下了坚实的基础，但是，各级政府不能盲目乐观，不能片面注重GDP，更不能过分强调"快速发展"和"跨越式发展"。文化产业具有一定的发展规律和自身的特殊性，它的发展是一个历史过程，在不同的国度具有不同的特点，不能盲目地进行国际比较。尤其是在增长率等比例性数据上，更不能盲从。国外的统计范围和中国的统计范围不同，譬如，澳大利亚餐饮属于文化产业、英国建筑亦被纳入文化产业等。因此，国际的比较和排名不可盲目追随和攀比。我国文化产业发展应该脚踏实地，不追求数字，不追求国际比例，稳扎稳打地推进文化产业的协调、可持续发展。同时，文化产业的投资要找准切入点，不追风，不盲投，要在保障经济收益和社会影响的双纬度上推动文化金融的发展。

四是创新文化产业人才培养方式。据统计，我国1000多所高校60%以上设了文化产业及相关专业，但是我们学科不科学。以"动漫专业"为例，每年毕业生差不多有将近30万人，而产业一线的需求并没有这么大，60%以上的毕业生找不到对口的工作。人才培养与产业需求脱节是目前文化人才培养中最严峻的问题。文化产业说到底是人才的竞争，文化体制改革离不开人才培养模式改革。因此，要创新文化产业人才的培养模式和教学手段，将课堂教学与一线实践结合起来，将传统文化传承与创意化开发结合起来，将文化的美学思维与市场的商业结合起来。根据产业需求，致力于培养创新性复合型"产销对路"的文化产业人才。

五是推动文化改革与新型城镇化的协调发展。新型城镇化的重要特征之一是文化品质高。因此，在未来的发展中，一定要注重文化与城镇化的协调发展，提升新型小城镇的文化和公共服务质量，建设具有较高品质的居所。城镇化过程中，要留得住"乡愁"，保留文化基因和文化记忆。因此，在总体设计上要综合考虑，从功能上把文化融合进去，以文化推动城镇化，推动文化产业和当地的经济的有效结合。全面深化文化改革时期，既是各种文化矛盾的爆发期，更是文化经济转型发展的换挡期。围绕"市场"这个核心，紧抓"五个基本点"，高标准、大尺度、深层次地谋划改革，以实干求实效，在重点领域和关键环节力求取得突破，坚定不移地推进文化体制机制改革创新，实现文化产业与公共文化服务的双丰收。

三、"八个抓手":实现可持续的文化体制改革[①]

(一)协调发展是硬道理

坚持协调发展,着力形成平衡发展结构,物质文化与精神文明的协调发展是重要方面。"十三五"规划提出,要深化文化体制改革,实施重大文化工程,完善公共文化服务体系、文化产业体系、文化市场体系;在主要目标中特别强调"在提高发展平衡性、包容性、可持续性的基础上,到2020年国内生产总值和城乡居民人均收入比2010年翻一番"。"翻一番"的量化内涵要求在公共文化服务和文化产业发展中,要让人民群众感受到经济发展带来的幸福指数的提升。我们要明确文化建设的目标理念与发展方式,始终坚持"以文化人",协同推进社会主义文化建设。

(二)坚持文化产业支柱地位

坚持文化产业为国民经济的支柱性产业。"十二五"时期,中央对文化建设做出了一系列重大部署。十七届六中全会通过《中共中央关于深化文化体制改革推动社会主义文化大发展大繁荣若干重大问题的决定》,提出"十二五"期间文化产业成为国民经济的支柱性产业;中共十八大提出"建设社会主义文化强国"的战略任务;十八届三中全会提出"深化文化体制改革作为全面深化改革的一个方面";十八届四中全会提出"文化法制是全面依法治国的重要方面"。"十三五"规划的目标要求之一是"公共文

[①] 范周. 中央"十三五"规划建议的文化解读 [EB/OL].(2015-11-04)[2018-05-04]. http://www.ce.cn/culture/gd/201511/04/t20151104_6900078.shtml.

化服务体系基本建成，文化产业成为国民经济支柱性产业"。在"十二五"的基础之上，中央把这个目标延长了五年，这就意味着在接下来的五年中，我们过去所强调的倍增计划可以继续往前推进。当前，我国文化产业增加值不断增长，但是不能只强调文化数量上的增长，还要注重文化产业在质上的内涵式发展。

（三）文化产业与公共文化融合发展

公共文化服务与文化产业融合发展。党中央提出"推动基本公共文化服务标准化、均等化发展，引导文化资源向城乡基层倾斜，创新公共文化服务方式，保障人民基本文化权益；推动文化产业结构优化升级，发展骨干文化企业和创意文化产业，培育新型文化业态，扩大和引导文化消费"。公共文化是我国公民文化权的最基本的保障，文化产业是公共文化发展的最强劲支撑和推动力，两者之间互相支撑，特别是在公共文化内容的提升上文化产业更是可以大有作为，公共文化的社会化中也需要文化产业有更多、更现代化、更人性化的服务和表现。

（四）双效统一是文化发展的基本前提

文化及文化产业发展要坚持双效统一。文化发展不仅仅是产值的提高、数量的增多和门类的丰富，还应为广大人民群众提供更多的精神食粮，这也恰好体现了文化产业具有社会和经济双重属性的特殊性。因此，在文化产业发展过程中不能"唯量"说话，要发挥文化产业在经济增长中的重要作用，始终把文化产业的社会价值置于首位。文化企业要坚持生产社会效益良好的文化产品，在保证社会效益的基础上获得经济效益。事实也证明了具有良好社会效益的文化产品往往能够取得可观的经济效益，两者并不矛盾。政府部门需要在现有基础上进一步完善领导干部考核体系，加强监督，对文化产业的社会效益进行综合、科学的评价。

（五）文化发展要以精品为导向

文化需要协调发展，而协调发展最终的导向是要打造精品。"十三五"规划明确了文化建设的精品化方向。所谓文化产业的精品，就是实现文化产品的精准化，而公共文化的精品化就是使公共文化在向基层倾斜的过程中，让老百姓最渴望的公共文化服务内容能够得到最充分的体现和落实。正如习总书记2014年10月15日在文艺工作座谈会上所讲，"精品之所以'精'，就在于其思想精深、艺术精湛、制作精良"。因此，文化发展离不开文化精品的打造，要做到既有数量，又有质量；既有高原，又有高峰。这些思路和内容需要在"十三五"时期落到实处。

（六）文化建设要科学、协调、和谐、可持续

坚持区域协同、城乡一体的协调发展在文化建设方面同样非常重要。当下，我国文化建设"东高西低"的不平衡现象仍然存在，东西部地区在人才、资本、技术、规模等方面均存在较大差距。随着互联网的迅猛发展，文化产业新兴业态层出不穷，产值所占比重越来越大，在这种情况下文化产业、公共文化的发展需要从全新的角度进行认识，文化建设的不平衡现象可以借助互联网予以有效解决，全面提升文化产业发展等级，深入构建公共文化服务的全新体系。我国的文化建设处于这样的历史背景中，这就决定了"十三五"时期的文化建设要坚持科学发展、协调发展、和谐发展、可持续发展的大原则。文化产业与文化事业要得到有机统一，让文化建设更好地服务于小康社会建设目标的实现，实现经济建设与社会建设有机统一，实现发达地区文化发展与欠发达地区文化发展的有机统一，是文化发展的最终目标。

（七）网络文化安全事关重大

互联网的发展给文化建设带来了机遇，也带来了挑战，网络文化传播的新形态、新内容，是"十三五"时期文化建设需要予以重点关注的问题。网络文化安全是事关国家文化安全的重要组成部分，是与意识形态阵地建设密切相关的大事，也是当下国家文化安全问题矛盾最为突出、亟须解决与面对的重要领域。互联网技术更新快、发展普及快、信息扩散快，新型网络传播手段不断涌现，网络文化建设面临的形式异常严峻，在这种情况下，加强网上思想文化阵地建设，维护网络文化安全，则成为文化建设的迫切任务之一。因此，网络文化安全将成为"十三五"时期的文化建设过程中予以高度重视，积极应对，创新有为的重要方面，要通过积极建设与有效管理维护网络文化安全，实现网络文化建设的健康发展。

（八）完善文化发展的长期体系

文化发展体系建构重点在于可持续性，关键在于体系之间的相互借力、相互照应、相互整合。文化发展体系建设将成为"十三五"时期的发展重点。文化发展体系构建是一个长期性、系统性的工作，需要从顶层设计、宏观布局角度予以思考，更需要从市场主体、项目落地等微观环节密切筹划。在会展、出版、广告等传统文化产业发展的基础上，关注文化创意和设计服务与相关产业融合发展，以及文化产业和新型业态之间的融合发展等问题，从社会环境到人才培育，从流通体系、金融支撑以及国际贸易等方方面面，完善文化发展体系。

结语

"十三五"时期是重要战略机遇期,我国大有可为、必有作为。对文化治理模式的不断探索与创新是我国文化建设的重点,作为"十三五"时期转变经济发展方式、调整产业结构布局的中坚力量,文化应当发挥巨大作用,在经济社会持续、协调、健康发展的布局谋篇中添上浓墨重彩的一笔。

第五章 文化建设与文化发展战略

引言

　　文化是民族的血脉,文化建设事关教育、科学、文化艺术、新闻出版等多项社会主义事业,是我国推进社会主义物质文明和精神文明双重建设的重要条件。党的十八大提出"文化强国"战略,提出"实现社会主义文化大发展大繁荣"的战略目标。文化既是软实力,又与硬实力密不可分。这意味着,文化建设需被纳入我国经济带战略、新型城镇化战略、乡村振兴战略等国家战略的视野中统筹考虑。

第一节　构建国家文化战略

一、全球化视域中的"文化战略"

　　人类文明的发展与文化相伴而生,文化从诞生之日就包含时间和空间的双重维度。自古以来,不同国家和地域的学者对"文化"一词的概念有过诸多讨论,尚未取得共识。美国学者曾对文化的概念和定义做过统计，仅1871年到1951年间就有164种。①一般认为，文化包含物质和精神两方面的含义，是人类精神活动及其与经济政治相关的活动。这个"产品性质"的文化定义容易产生一个问题，就是人们一般在定义和考察文化时，很容易将文化作为外在的独立于人自身的某种现象或对象，忽略文化中关乎人自身生存和存在方式的过程特征，仅仅把文化作为人之外的现存的"某种东西"去考量，更注重文化的对象性特征。这是不科学的。

首先，文化作为人类的精神活动的产物，是"人"或者"社会人"存在伴生的产物，具有"人化"和"社会化"的特征，绝不可能独立于"人"而存在。其次，"文化"不仅是个名词，也是个动词，不仅包括博物馆、图书馆、音乐、美术等具体的文化表现形式，还包括舞蹈、绘画、书法等人类的特定行为及活动过程。因此，"文化"既是一种对象性的指代，也是一种过程性的描绘。忽略这些去研究"文化"，很容易将文化"形而上学"，忽略文化对个人、社会以及整个人类文明的作用。

基于此，荷兰学者冯·皮尔森（Van Peursen）《文化战略——对我们的思维和生活方式今天正在发生的变化所持的一种观点》（1970年）一书中对"文化"重新做了定义，提出"文化问题并不是理论思考的目的本身，对它的分析应当有助于形成一个指向并着眼于未来的文化政策"。②该观点是人类对文化认识从"对象化"到"工具化"的转折点，文化开始被当作"人的生活方式"和

---

① 王岳川，胡淼森.文化战略[M].上海：复旦大学出版社，2010：6.
② 彭修银，吴震东."间性"的弥合：以"生态"之名——兼论生态审美人类学及其可能性[J].陕西师范大学学报（哲学社会科学版），2014（5）.

"极易对人生活产生重大影响"的动态性概念去解释并应用。冯友兰先生《论"比较中西"》一文中也有类似观点:"中国人一日不死尽,则中国文化及中国国民性即一日在制造之中。它们并不是已造的东西……我们就是制造它们的工程师和工人。"① 学者对文化的认识已经打破了静态理解,引入动态视角,"过程""生成"成为文化的关键特征。因此,只有在"正在运动"并"对人有持续影响"的意义上才能谈文化的"战略"问题。

"战略"一词最早起源于军事和战争,直到近代才从"军略"的含义扩大到经济、文化、商业、艺术和体育等诸多方面,偏指一种全局性的、大规模的谋略。② 将战略与文化问题联系起来,意味着文化是有选择性的,与"物竞天择,适者生存"的生物进化论原理一样,任何一种文化现象都不应该得到上帝的独宠。15世纪人类地理大发现之后,从英格兰到新英格兰,从古希腊到中华人民共和国,从东方佛道儒到西方传教团,从民族国家再到跨国公司,不同民族和地域的文化在传播和相互交融的过程中经历了繁盛、衰微、消失与重生的轮回,并在此过程中去论证自身存在的合理性,去获取别国文化的认同。

文化战略离不开文化"竞争力"问题。全球化之下,文化战略更多的是文化竞争策略,关乎在世界各国的竞争和博弈中,如何在未来保持自身文化活力的生命力的前瞻性问题,关乎一个国家未来50年、100年甚至更长久的文化命运。历史实践证明,文化战略应基于对自身的科学认识,符合当今时代和民族利益。

---

① 胡春梅.女性的隐喻——我国当代海外移民作家作品的一种解读[J].北京教育学院学报,2009(1).

② 王岳川,胡淼森.文化战略[M].上海:复旦大学出版社,2010:9.

二、文化战略是治国方略的重要组成部分

国家文化战略是国家治理战略的重要组成部分。任何一个国家，任何一个时代都需要文化战略。通过文化战略的实施，形成主流观念、主流意识形态、主流价值观和主流文化导向等。因此，文化战略是国家治理理念的文化基础。

十七届六中全会对中国文化的发展做了全面性部署，为新时期国家文化战略的形成提供了重要基础。十八大以来，习近平总书记发表的系列重要讲话中都谈到了文化发展的战略问题。其中，从"三个自信"到"四个自信"，习近平总书记强调，"文化自信，是更基础、更广泛、更深厚的自信"。[①] 在全面实施"两个一百年"奋斗目标的过程中，文化的战略地位得到空前提高。

十九大以来，文化的战略地位得到进一步提升。党的十九大报告多次提到"坚定文化自信，推动社会主义文化繁荣兴盛"。随着"中国特色社会主义文化"被写入党章，"建设社会主义文化强国，实现中华民族伟大复兴"被写入社会主义建设的总体目标，中国社会主要矛盾反映了中华民族的伟大飞跃，文化建设肩负更多的使命。

今天讨论的文化战略是"大文化战略"的概念，是国家治理总体战略的重要组成部分，与治国理政水乳交融，同过去所说的"文化战略"既有联系又有区别。它不仅包括文化本体的范畴，强调对文化本身发展和文化对社会影响的关注，它还具有鲜明的意识形态属性，是巩固政权、维护社会稳定、凝聚民心和提升综合

[①] 孙程程.浅谈把握文化自信的时代要求[J].才智，2017（12）.

国力、提高全民族核心竞争力的重要手段。当今世界，一个民族、国家，仅仅依靠军事、经济等硬实力是远远不够的，美国学者约瑟夫·奈认为文化软实力是"文化景点，意识形态和价值观吸引力以及制定国际规则的能力"。文化软实力标志一个国家在国际竞争中的制高点、主动权及核心竞争力。

可以从政治、经济、文化和信仰这四个方面来理解我国的"大文化战略"。

第一，政治层面。中国特色社会主义文化战略，必须牢牢坚持马克思主义在我国建设和发展中的指导地位，建立历史唯物主义和辩证唯物主义的思想和理论体系。因此，充分发挥文化对于社会主义意识形态和中国特色社会主义新时代的积极引导作用至关重要。在这个舆论体系的建设中，强调去除杂音，正面引导和净化新闻舆论环境，特别是在"互联网+"的网络信息传播背景下，社会舆论攸关社会稳定和国家的长治久安，稍有不慎将可能影响到的是国家的公信力、影响力及话语权。

第二，经济层面。文化战略与我国的GDP和人民生活水平息息相关。随着我国经济发展进入"提质增效"的新常态，目前文化产业正在成为推动我国经济转型发展的重要力量。据统计，2017年我国文化产业增加值超过3.45万亿元，GDP占比将近4.4%。"十三五"规划把文化产业作为中国国民经济发展的支柱性产业，具有很大的发展潜力。此外，文化软实力和文化话语权在激烈的国际竞争之中格外重要，彰显国家在国际交往中的民族地位及身份认证。面对近来发生的中美贸易战、中菲关系、两岸关系等问题，文化战略以其强有力的渗透力、吸引力、凝聚力、动员力，成为国家核心竞争力的灵魂。

第三，文化层面。"文运与国运相牵，文脉同国脉相连"。近年来，我国已经实现了世界图书出版总量第一、电视剧制播总量第一、电影银幕数第一，电影市场世界领先；公共文化服务得到进一步推动，2013年至2016年，全国公共图书馆累计流通人次近23亿；博物馆参观总人次近30亿，全国已经有三分之二的村有了文化中心，所有社区都有了文化活动室。然而，文化创作仍然面临较为严峻的问题，文艺作品"有高原、没高峰"的现象依然存在。需要强化对中华优秀传统文化的深入挖掘，需要有创新力的文化精品，这就要求文艺工作者发挥创造力，潜下心来搞创作，坚持艺术理想，传承保护与创造性转化多措并举。

第四，信仰层面。文化战略所要解决的一个重要问题就是国民的信仰问题，即为国民信仰"正名"。党的十八大以来，习近平总书记多次强调文化自信，明确指出文化自信是更基本、更深沉、更持久的力量。文化自信滋养着中国人民的文化信仰。[①] 文化战略要以"国民文化自信的全面提升"为重点，振奋国人的精神生活，通过打造全体国民的精神家园，实现中华民族的伟大复兴，实现"中国梦"。

三、文化战略具有重要战略资源价值

文化之所以成为国家发展战略的重要组成部分，其中有两个至关重要的原因。

第一，文化作为一种新的资源和财富创造形态，是不同于传

---

① 以高度的文化自信推动社会主义文化繁荣兴盛[J]. 共产党员，2018（6）.

统的以资源消耗型和环境污染型为主要资源形态及财富增长方式的经济社会发展模式。[①]文化能够改变人类社会发展中的生产力和生产关系结构，推动低碳经济、绿色经济、知识经济发展，实现现代企业管理模式和多中心的互联网生态的建立。文化产业是朝阳产业，尤其是随着互联网信息技术的发展，传统产业链实现质的飞跃，价值创造的最大值聚焦在更为低碳、环保、绿色、节约的生产环节。与此同时，互联网文化产业的诞生改变了过去传统的单向、单一中心的信息传播模式，人与人之间的生产关系变得扁平化。不仅是经济基础，文化还改变了人类社会的上层建筑。文化具有制度建构和解构性，即制度建设。现今人类社会的一切文化制度，例如文化贸易制度、文化审查制度、文化准入制度等，都是由于文化的发展变革而带来的。美国和法国的世纪大战带来了电影产业的市场准入和电影贸易的国际壁垒；现代通信技术的迅速发展和广播行业的诞生，引发欧洲关于广播视听产业应该放松还是管制的革命；互联网技术的出现，导致了虚拟文化的出现，随之而来的网络色情、网络传销、网络直播中的不良内容等对社会发展和未成年人的身心健康造成了极大的威胁，使许多国家不得不通过制定网络分级制度、互联网市场监管制度等来规避风险。这些都是文化对人类文化制度带来的解构与重构。

第二，文化兼具物质和精神双重属性，在改变生产方式和财富创造方式的同时，也改变了人类的精神表达和传播方式，国家和社会的秩序解构与重构因此产生。"文明输出""文化霸权""国家文化安全"是文化的影响力和渗透力，通过潜移默化的影响，深刻反

[①] 胡惠林. 当前中国文化战略发展的几个问题 [J]. 艺术百家，2011（6）.

映出不同国力、不同文化影响力国家在文化交流过程中的文化不平等关系，这是国际竞争最高级形式，事关每一个国家和民族的独立性和文化身份认同。有学者指出，"文化在现代发展的成熟程度以及它在一个国家的国民经济和社会发展所处的地位、发挥作用和影响能力，将直接构成一个国家的综合实力和软实力"。①

四、"文化强国"战略是我国重要的国家文化战略

2011年10月18日，中国共产党第十七届中央委员会第六次全体会议审议通过《中共中央关于深化文化体制改革推动社会主义文化大发展大繁荣若干重大问题的决定》，提出"文化强国"战略，推动中国进入千载难逢的历史机遇期。

（一）"文化强国"战略格局的内涵及变迁

1."文化强国"战略的变迁

随着经济的发展和国情的不断变化，文化强国的内容和指向性不断进行调整，已成为中国文化产业发展和文化体制改革的主要线索和趋势指标。

第一阶段是1978—1992年。该时期"文化搭台，经济唱戏"，主要任务是政治和经济的"拨乱反正"，文化作为一种社会现象开始受到关注。1978年，十一届三中全会揭开中国改革开放的序幕，市场经济逐渐显现。图书、音像等市场发展表明文化产业新兴产业蓬勃发展。20世纪80年代后期，一些文化产业门类进入大发展阶段。1991年，《文化部关于文化事业经济政策的意见》正式提出

---

① 胡惠林.文化产业发展必须坚持文化方向[J].上海教育，2011（22）.

"文化经济"。正如1982年党的十二大所讨论的,在社会主义精神文明建设的过程中"文化建设应为改革开放和经济建设提供支持"。尽管这个阶段的文化尚未被正式授予"产业"的地位,但"社会思想动员与社会发展之间是相互依赖的"这一基本思路得到了党中央的高度认同,并延续到了十三大。十三大报告正式提出"要努力形成有利于现代化建设和改革开放的理论指导、舆论力量、文化条件和社会环境"。在文化产业的初兴阶段,社会开始意识到文化作为"文化"本体以外的多重属性。

第二个阶段是1993—2002年,该时期提出"文化也是生产力",出现了两个关键词,"市场"和"政策"。1992年,中国共产党第十四次全国代表大会召开,成为中国从计划经济向市场经济转型的转折点。一方面,由于长期思想文化的封闭导致中国社会出现了"文化饥渴"现象。随着对外开放和市场经济的深入推进,西方文化开始涌入,在一定程度上填补了中国文化市场的空白。东西方文化在交融碰撞的同时,意识形态的矛盾愈加突出,思想文化领域出现了"反精神污染"和"反资产阶级自由化"两大斗争。鉴于该阶段文化的思想和经济属性已经充分表现出来,1996年,党的十四届六中全会通过《中共中央关于加强社会主义精神文明建设若干重要问题的决议》,提出"发展文化要在市场中发挥积极作用,认识并逐步规范文化市场",明确"弘扬主旋律,提供多样性,把社会效益放在首位,实现经济效益和社会效益的统一"。

另一方面,该阶段,文化产业开始被正式纳入国家文化政策视野,通过文化体制改革和一系列产业政策的颁布,解放和发展文化生产力成为文化发展的主题。2000年10月,党的十五届五中全会做出"完善文化产业政策"、"以满足人们日益增长的文化消费需求拉动产业结构调整和产业优化升级"的战略部署。2001年，《中共中央关于制定国民经济和社会发展第十个五年计划的建议》第一次提出"文化产业政策"概念。① 随后，党的十六大及十六届三中、五中全会进一步明确完善文化产业政策、发展文化产业的任务。其中，十六大报告明确提出发展中国文化产业的战略构想，十六届三中全会再次重申这一发展战略，提出要"促进文化事业和文化产业的协调发展"。该阶段，文化产业从自发性发展进入国家层面的初步自主性战略规划发展阶段。②

第三个阶段是2003—2008年，主要理念是"文化产业应该成为改革动力和增长点"。随着中国加入WTO和国际文化竞争的日益加剧，文化的重要地位得以真正确立。2004年下半年到2005年初，国家统计局先后发布《文化及相关产业分类》《文化及相关产业分类统计指标体系》，第一次对"文化产业"有了明确界定。与此同时，十六届四中全会通过《中共中央关于加强党的执政能力建设的决定》，提出解放和发展文化生产力，进一步革除制约文化发展的体制性障碍。中国已经意识到文化生产力发展的重要趋势，抓住了市场化、全球化文化发展的关键，自觉做出积极主动的回应。

2006年8月，我国第一个关于文化建设的中长期规划——《国家"十一五"时期文化发展规划纲要》发布，将文化发展纳入国家发展总体战略，统筹规划。③2007年10月，十七大报告提出要在高起点推进"文化内容形式创新，体制机制创新和沟通手段创

---

① 钱振华.我国文化强国战略变迁与文化建设[J].前线，2016（11）.
② 同上.
③ 钱振华，王子晨.我国文化强国战略变迁与文化建设[J].理论建设，2016（12）.

新","解放和发展文化生产力是繁荣文化的唯一途径"。[①]并提出"提高国家文化软实力"的要求。该时期是中国文化产业快速全面发展时期。以动画产业为例,2007年,中国电视漫画总产量达到101900分钟(不含广告时间),超过了日本同期总产值125000万分钟(含广告时间)[②]。快速发展的文化产业推动文化发展理念的不断完善和升华,文化作为社会发展动力的能量开始不断积聚和爆发。

第四个阶段是2009年至今,文化产业上升至国家战略层面,成为国民经济支柱性产业和经济转型升级的引擎。2009年9月,国务院发布《文化产业振兴规划》,这是继国家纺织轻工业规划后的第十一个产业振兴规划。[③]这表明国家开始采取更加有力的措施促进文化产业的发展。此后,文化资源,文化产业基地,骨干文化企业,新兴文化业态等热词频频出现在公众视野。2011年10月,十七届六中全会通过《中共中央关于深化文化体制改革推动社会主义文化大发展大繁荣若干重大问题的决定》,首次提出建设文化强国的战略目标。该战略目标的提出,将我国文化改革发展的指导理念全面提升到国家长期战略目标的层面,[④]充分宣示了文化在实现中华民族伟大复兴之中的重要地位和基础性作用。

2012年11月,十八大报告对文化强国战略做出进一步阐述,指出"建设强大的社会主义文化的关键是加强全民族的文化创

---

① 郭如才.十六大以来党中央关于文化建设的新思路[J].党的文献,2012(8).
② 广电总局对2007年度全国电视动画片制作发行情况进行通告[J].电视字幕(特技与动画)2008(2).
③ 钱振华.我国文化强国战略变迁与文化建设[J].前线,2016(11).
④ 吴保华.新形势下阜康市县域文化产业发展思路探究[J].昌吉学院学报,2012(6).

造",进一步释放我国文化创造活力,解放和发展文化生产力和中华文化的国际影响力。2017年,中办国办印发《国家"十三五"时期文化发展改革规划纲要》,提出到"十三五"末将文化产业打造成为国民经济支柱性产业。该论述与我国国情实际相符。当下,我国经济发展已经从"重量"转向"重质",经济增长面临"提质增效""创新驱动"和"转型升级"的新一轮考验。据统计,2016年,全国文化及相关产业增加值超过3.07万亿元,占GDP比重已经达到4.14%,超过同期GDP名义增速4.4个百分点,这意味着文化产业已经成为名副其实的经济增长新"引擎"。因此,将文化产业作为国民经济支柱性产业,进一步肯定了文化产业的国民经济生产力地位,明确将"繁荣发展社会主义先进文化"作为党和国家重要战略方针的重大决心。

党的十九大再次提出"建设社会主义文化强国"的战略目标,进一步明确了中国特色社会主义新时代文化建设的基本方向。社会主要矛盾的变化印证了社会需求已经从物质需求发展到人类精神需求的重大转变,正如习近平总书记所强调的,"建设一个强大的文化国家,是发展中国特色社会主义事业,实现中华民族伟大复兴中国梦的内在要求"。中国特色社会主义的内在要求是物质文明和精神文明协调发展、比翼齐飞。

2."文化强国"战略的基本内涵

第一,推进文化强国建设,应当积极培育和落实社会主义核心价值观,确保社会主义先进文化的领导作用。这是文化强国建设的基本前提和基础。一方面,主导文化决定了社会主要文化的发展方向和维护者文化生态的健康。只有在主导文化的统领下才能避免社会文化的失范,才能规避由于文化生态圈的缺失而导致的文化风险,不同文化之间的互动可以呈现和谐有序的发展。另一方面,社会主义核心价值观是社会主义文化的灵魂,是决定文化性质和发展方向的重要因素,是社会主义先进文化的精髓。习近平总书记反复强调"培育和发扬社会主义核心价值""坚持社会主义先进文化的发展方向"。因此,积极培育和落实社会主义核心价值观、增强社会主义先进文化的领导作用是我国建设社会主义文化强国的内在要求和基本原则,必须牢牢把握,不容有失。

第二,推进文化强国建设,应当以中华优秀传统文化为根脉,兼收并蓄世界文明有益成果。一方面,当今世界的全球化开放程度为多元多样的文化碰撞提供了天然的便利条件,也使人们在面对传统与现代、民族与世界的权衡和抉择中犹豫不决、不知所措。习近平总书记强调,"中华优秀传统文化是我们的根脉,积淀着中华民族最深沉的精神追求",是"永远不能离别的精神家园"。因此,现代文化建设必须植根于中华优秀传统文化中,从时代精神中汲取力量。另一方面,弘扬中国优秀传统文化并不意味着故步自封,需要加强与世界多元文化的交流。"文化因交流而丰富,文明因交融而多彩",人类社会的发展基于文化多样性。建设文化强国不仅意味着保护和弘扬中华民族的优秀传统文化,也意味着在兼收并蓄的包容世界文明的基础上与时俱进、开拓创新。

第三,促进文化强国建设,应当牢牢抓住思想领导,维护文化安全。习近平总书记在十九大报告中将"意识形态领导权"单独提出并特别强调,把文化安全问题提高到至关重要的国家战略层面。一方面,中国发展进入了全新历史阶段,社会主要矛盾发生变化。新的思想成果的诞生,将成为全党全民的共同思想基础。另一方面,在"互联网+"背景下,信息传播方式发生了深刻变化，互联网成为宣传思想工作的重要阵地。因此，必须要高度重视信息安全和文化安全问题，方向不能偏，道路不能斜，将主旋律、正能量传递到人民的心中。只有明确思想工作的内涵，才能走上建设正确、发展社会主义文化大国的道路。

第四，推动建设文化强国，应当大力提高国家文化软实力。这是建设文化强国的内在要求和价值目标。目前，国家软实力在国际竞争中的地位日益凸显，提高民族文化的"软实力"有三点要求：一是增强中华民族的凝聚力；二是增加中华文化的吸引力；三是增强中国文化和国际交流的影响力。因此，文化中"软实力"的关键词是"实力"，文化力量的关键词是"力量"。

（二）"文化强国"战略提出的依据

1. 立足于我国深厚的文化底蕴和文化资源

我国历史文化悠久，拥有深厚的文化底蕴和丰富的文化资源。改革开放以来，特别是党的十六大以来，中国文化建设速度加快，文化事业蓬勃发展，文化事业和文化产业取得巨大成就。如何继承、保护和利用中国深厚的文化底蕴和丰富的文化资源，关系到建设社会主义精神文明和中华民族伟大复兴的进程。

中国丰富的文化资源和改革开放以来文化建设取得的成就，为建设社会主义文化强国、创造了有利条件。古有四书五经、唐诗宋词等传世经典，端午节、中秋节等传统节日，儒学、法学、道学等传统思想流派，国画、国乐、书法等传统艺术，这些都是中华文化的瑰宝。大运河的开凿和建设，为文明的交汇融通提供了载体，成为流动着的中华文化和民族精神，至今还在发挥作用。随着社会主义核心价值体系建设的进一步推进，良好的思想道德风尚得以弘扬，社会公众的思想道德素质和科学文化素质得到显著提高。科学文化与人文文化协同发展,满足人民群众需要的文化产品更加丰富,精品工程不断涌现,文化事业全面繁荣。中国特色社会主义文化建设的喜人形势,为建设社会主义强国文化国家创造了有利条件。

2. 着眼于全面推进中国特色社会主义事业

40年的改革开放,使我国经济实力和综合国力有了显著提高,已经成为世界第二大经济体,正在走向世界经济强国。面对硬实力的快速增长,我们迫切需要在软实力建设中增强文化力量,形成自己的文化优势,建设一个强大的文化国家。随着中国经济社会发展和人民物质生活水平的提高,文化建设日益繁荣,人民群众的精神文化需求日益增强,亟须进一步指明进步方向,凝聚各方智慧,激发前瞻力量,实现社会主义文化的伟大发展与繁荣。

一方面,改革开放后中国经济增长迅速,综合国力有了显著提升,在很多方面已经追上甚至赶超欧美、日韩等发达国家。据统计,目前中国人口全球排名第一,实际控制国土面积全球排名第四,是少数的具有成为超级大国潜力的国家之一。中国GDP总量已经超过美国的一半,是日本的两倍以上。中国的工业产值连续多年超越美国,锡、镁、稀土、水泥、铜产量居世界前列;发电量、汽车产量、造纸产量和锌产量均列世界第一位。可以说,在"硬实力"方面,中国已经占据优势地位。但在"软实力"方面,在文化力量和文化发展程度的对比上,中国仍然与美、英、日等世界主要发达国家有较大差距。有两个衡量指标:一个是电影海外票房,另一个是包括电影、电视、媒体、音乐、游戏、出版业、广告业等在内的所有文化产品的出口额。注意在第二个指标的计算中,只有本国版权商分得的票房分账部分或者是版权费、版税才计入(见表 5-1)。

表 5-1 世界各主要国家文化产业影响力

	海外票房/亿美元	数据年份	文化服务出口/亿美元	数据年份
美国	143	2015	1770	2015
英国	6.73	2015	201.1	2011
法国	2.45	2016	79.6	2015
中国	2.78	2016	54.3	2016
日本	1.44	2016	39.75	2012
韩国	0.29	2015	51.17	2015
印度	1.52	2015	?	

可以看出,中国在两个指标上都与美国、英国、法国有巨大的差距,即使 2016 年是法国海外电影票房的历史低谷。2017 年外媒评出的全球文化影响力 top10 榜单,意大利、法国、美国、西班牙等国家均榜上有名,但中国却并不在此列。有研究人员认为,美国之所以是世界霸主,除了超强的国家实力以外,英语的影响力也极为重要(见表 5-2)。

表 5-2 世界各主要国家外语语言影响力

	外语学习人数/百万	外国第二语言使用者/百万	网页占比
英语	1500	510	52.10%
法语	120	194	4.10%
西班牙语	21	90	5.10%
俄语	3?	115	6.50%
德语	15.4	10—15	5.50%
中文	5.6	15?	2.00%
意大利语	2?	14	2.30%
日语	3.76	?	5.60%
葡萄牙语	?	32	2.60%
阿拉伯语		132	0.80%

其中，第二语言使用者指能够熟练使用非母语外第二种语言的人，例如生活在美国的华裔、生活在加拿大、印度等国法语区的人，他们以英语为官方语言，但因为家庭、种族、成长环境等其他原因能够熟练掌握第二门外语。中国借助移民潮、汉语热，助推15亿以汉语为第二语言使用者的形成，汉语的国际影响力在逐年提高，但汉语的学习人数相较于其他语种仍较低，且汉语的海外影响力在相当程度上依赖于海外华人，局限在日韩、东南亚等华人文化圈。汉语的世界影响力大体处于第三梯队。

另一方面，中国特色社会主义进入新时代，主要矛盾已经转化为人民日益增长的美好生活需要和不平衡不充分的发展之间的矛盾。这就意味着迫切需要更多更丰富的文化产品来满足人民群众日益增长的文化需求。创新是文化生命力的源泉。只有较强的创新能力，才能推动历史文化资源创新转化为经济社会发展资源，文化软实力才会转变成文化生产力。近年来，我国文化产业的规模大幅提升，2016年全国文化及相关产业增加值为30785亿元，占GDP的比重为4.14%，加上2016年体育产业的1.9万亿元，旅游产业的3.3万亿元，从泛文化产业角度看，产业规模可以说是非常巨大。① 文化发展势头良好，不断推动社会主义文化大发展大繁荣。

3. 在日趋激烈的全球化竞争中赢得主动权

社会主义文化强国建立在国家文化软实力提升的基础上，并

---

① 中国经济网.2017年文化产业增加值或达3.45万亿元，文化产业发展仍需金融助力[EB/OL].(2018-01-29)[2018-05-09].http://www.ce.cn/culture/gd/201801/29/t20180129_27949177.shtml.

在日益激烈的全球竞争中取得主动权。[①] 当今世界处在大发展、大变革、大调整的时期，综合国力全面竞争日趋激烈。只有占领文化发展制高点，拥有强大的文化软实力，才能在激烈的国际竞争中赢得主动权。文化安全在全球竞争中占有重要的战略地位，需要进一步加快文化体制改革的发展，充分利用中国丰富的传统文化资源，借鉴世界各国优秀文明成果，努力建设一个强大的社会主义文化大国，形成与中国国际地位相称的文化软实力和文化影响力，维护国家文化安全。

目前，全球化与中国文化安全问题凸显。一方面，对本土文化认同感的迷失愈演愈烈。全球化下，贸易自由推动跨国公司的兴起和资本、技术、人才的无国界自由流动，给部分发展中国家带来了文化恐慌和文化安全问题。全球化带来的"文明的冲突"需要通过有力的文化手段寻求解决和释放空间。另一方面，中国的文化安全问题关乎整体国运。1946年，宗白华先生在《中国文化的美丽精神往哪里去？》一文中以哀婉凄切而又自信求索的双重情感，表达了对当时乱世中西方文化凌驾于中华文化之上的无奈。而如今，在经历后现代主义、文化霸权主义、消费主义、全球注意、娱乐至死等多重洗礼之后的中华文化，已经进入高科技与高风险并存的时代。文化战争是隐于形、藏于神的，国家和民族的文化安全问题关乎意识形态，关乎整个民族的气运。在此背景下提出的文化强国战略，正是对全球化竞争和文化安全冲击的主动思考和积极回应。

---

① 牟文余.文化自强与文化强国研究[J].重庆城市管理职业学院学报，2012（3）.

第二节　社会主义文化强国的战略远见

一、四个视角实施"文化强国"战略[①]

（一）以人为本，促进文化发展提质增效

建设富强民主文明和谐美丽的社会主义文化大国，需要以人为本，满足人民群众对美好生活的需要。"口袋丰富"之后，"精神丰富"已成为人们过上更好生活的重要期望。党的十九大报告指出，"为了满足人们对美好生活的新期望，我们必须提供丰富的精神食粮"。因此，文化产业、公共文化、文艺创作都应该找到自己的重点和力量。

第一，进一步推进文化产业供给侧改革，扩大有效供给，实现文化产业发展，提高文化产业的质量和效益。要创造和引导供给，提高文化素质，促进民生福祉，促进文化产业结构的优化升级。激活文化供给的内生性增长，促进新文化产业的不断整合、演绎、变革和创新，提高供给水平。同时，进一步深化文化体制改革，加快政务分权，完善文化市场体系，充分激发文化市场的活力。引导公司以质量和内容为基准，以更新和多样性为目标，继续提供高品质的文化产品。

第二，创新公共文化服务的形式和内容，准确把握人民群众日益增长的文化生活需求，在现有公共文化服务的层次和水平上

[①] 范周.坚定文化自信，建设新时代社会主义现代化文化强国[J].前线，2017（11）.

进一步发展。探索公共文化服务社会化运作的新模式，完善公共文化服务融合发展机制，创新公共文化服务管理体制机制，增强定制公共文化服务能力。提升公共文化服务发展水平，探索公共文化服务标准化、均等化的实现形式。

第三，大力推进文艺创作。在新时期，文艺工作者要以文化自信为己任，坚持以人为本的领导思想。坚持以推动"工匠精神"发展为创作方向，以人民群众喜闻乐见的文艺作品为创作起点，勇于创新。创造与时俱进的文化品位，解决"有高原、无高峰"文艺作品的困境，利用多元文化满足人们对美好生活的需求。不断为人们提供越来越丰富的精神食粮。

第四，充分发挥文化发展的辐射带动作用。文化领域的精准扶贫应当先行。"脱真贫、真脱贫"在这个过程中，必须加强文化自信作为文化扶贫的主要思想。要深入贯彻落实"扶贫扶志"发展理念，抓住问题，弥补不足，在落后贫困地区实施"文化精准扶贫"。同时，要着力解决贫困地区供应不足等问题，不断增加有效供给的数量、质量、效率和效益。培育和发展新能源，新兴产业和新的经济增长点。

（二）依法治国，完善文化立法体系

坚持全面依法治国，是习近平社会主义思想和新时期中国特色社会主义基本战略的重要内容之一。按照马克思主义的基本原理，新时期我国主要社会矛盾的变化属于经济基础范畴，作为上层建筑的法律制度也应相应调整，以适应法治和文化领域新时代的需要。在现代文化建设过程中，应加强文化立法。

尽管党的十八大以来我国文化立法取得了显著成效，尤其是《电影产业促进法》《公共文化服务保护法》等法律的制定和实施弥补了中国文化立法的不足。但由于起步较晚，我国文化立法有待进一步完善。一方面，文化立法是中国文化发展和国际一体化的必然要求。在国际交往中，法制建设是一个重要环节。通过立法和法律手段，依法有效保护中国的文化主权和文化安全，有利于促进中国文化平稳、可持续发展。另一方面，增加文化立法的覆盖面，补充文化差距是处理文化领域新兴问题的实际需要。在互联网等新技术的影响下，中国文化发展日新月异，新业态、新产品形式不断涌现，随之产生诸多新问题，文化立法的前瞻性不足，导致了当前文化领域出现的新问题。

（三）不断创新，推动文化传承与发展

建设社会主义文化强国离不开文化自信，文化自信建立在传承和弘扬中华优秀传统文化基础之上。坚持中国优秀传统文化的创新转型和创新发展，需要深入研究、挖掘中华民族优秀传统文化的本质和时代意义，详细阐述革命文化和社会主义先进文化的价值和特色，注意处理批评与继承、使用和保护的关系，向全国人民传达和弘扬中华民族优秀传统文化。

新时代要求我国人民肩负起新的文化使命。这一新使命要求，我们必须牢固树立中国文化立场，增强文化自信心和价值观自信心，促进中华传统文化的传承。不断推进中国优秀传统文化的创新转型和创新发展，应该加大文化传承和创新力度。积极引导和实践社会主义先进文化，实现文化创造与创新的文化进步，将创新思维渗透到文化发展的各个领域，激发全民族创造的文化创新活力。

（四）讲好中国故事，增强国际话语权

讲好中国故事绝不是简单的文化出口和文化交流，而是向世

界传播中国声音、展现中华文化的重要方式，其本质是我国文化自信的重要载体，其内涵既包括以开放包容的姿态接受外来文化，也包括我国优秀文化"走出去、走进去"。

新时代讲好中国故事要做到以下两点。一是坚持做好外来文化的中国化。十九大报告中首次提出"坚持总体国家安全观"，文化安全是国家安全的重要领域，也是国家文化认同的重要支撑。经济全球化和文化全球化促进了国家文化交流的深入，也加深了文化安全隐患。因此，我国不仅要重视文化产业"引进来"和"走出去"的政策倾向，还要注重保护国家文化安全。科学谨慎对待外来文化，并利用中国话语体系转为自用。要逐步建立以国家利益为最高利益的文化发展观，建立积极的国家文化安全预警体系。二是坚持中国文化国际化。在中国文化走出去的过程中，要寻求中国故事的国际表达的有效形式，形成可与国际社会沟通的外部话语体系，让世界聆听和认识中国文化，了解和理解中国文化。同时，努力提高对外文化贸易的竞争力，让中华文化在走出去的过程中树立中国形象，传播中国的声音，形成推动中华民族振兴的文化力量。

"中国梦"是中国共产党十八大以来，习近平总书记提出的重要指导思想和重要执政理念。2012年11月29日，习近平总书记在参观国家博物馆《复兴之路》展览时，第一次阐释了"中国梦"的概念："实现中华民族伟大复兴，就是中华民族近代以来最伟大的梦想。"他将"两个一百年"奋斗目标作为"中国梦"的进一步阐释，即"在中国共产党成立一百年时全面建成小康社会，在新中国成立100年时建成富强民主文明和谐的社会主义现代化国家"。2017年10月18日，习近平总书记在十九大报告中指出，实现中华民族伟大复兴是近代以来中华民族最伟大的梦想。

习总书记关于"中国梦"的重要论述中蕴含着丰富而深刻的科学内涵，其中，文化是解读中华民族伟大复兴梦想的一个重要视角。习近平总书记明确指出："没有文明的继承和发展，没有文化的弘扬和繁荣，就没有中国梦的实现。"[①] 由此可以看出，中国梦具有典型而鲜明的文化属性和文化内涵，只有激活中国梦中的文化因子，才能发挥其凝聚民族共识、联通世界力量的强大作用力。因此，文化是推动中国梦提出、形成、发展以及最终实现的重要一环。

二、实现社会主义"中国梦"

（一）时间内涵：昨天、今天、明天的与有荣焉

弗洛伊德曾经说过："梦都是源于过去。"近代以来，中华民族经历了一段"分化"时期。随着生活苦难的日益加剧，中国人民逐渐认识到，生存必须要靠自强。在1949年新中国成立之前，中国梦的主题是救亡图存，实现中华民族和国家的独立。

新中国成立后，伴随着"一五""二五"计划的实施，中国从一个落后的农业国朝着工业和军事大国的目标迈进。改革开放使中国走上了经济发展的快车道，中国共产党领导全国各族人民积极投身"四化"和"新四化"建设。从革命、建设到改革，从"摸着石头过河"到中国特色社会主义"四个自信"，"中国梦"的

[①] 范周.坚定文化自信，建设新时代社会主义现代化文化强国[J].前线，2018（1）.

主题是奋起直追的改革与探索。这一梦想承载着为开创中国特色社会主义道路艰辛探索的伟大历程。未来，中国梦的主题应是脚踏实地。

不难发现，中国梦在不同时期的不同主题中有一个共同的鲜明特点，那就是时刻闪烁着的中华优秀传统文化宝贵基因。从"救亡图存"到"奋起直追"再到"脚踏实地"，"中国梦"是自强不息的中华民族精神的精华，也是中华民族悠久的家国天下情怀的传承。

"天行健，君子以自强不息。"中国梦继承了中华民族"刚健有为、自强不息"的文化基因，刚健自强精神是中国梦的传统文化基础之一，也是实现中国梦的重要力量源泉。实现中华民族伟大复兴的中国梦，是中国人争取自力更生、自强不息的精神的体现，也是中华传统文化的重要标志。

"苟利国家生死以，岂因福祸避趋之。"中国梦凝聚着家国天下的文化血脉，是对中华传统文化中家国情怀的继承和发扬。国家富强、民族振兴和人民幸福始终是中国梦的基本内涵，在中华传统文化中，发展经济、实现富强始终是先贤圣哲的追求。孟子曰，"夫仁政，必从经界始"[1]，体现了古人最早对于国家治理的理念追求。《大学》有"修身、齐家、治国、平天下"的表述，管子曰"善为政者，田畴垦而国邑实"，这些都体现了古人对于家国天下、治国理政的钻研与探究。国家之于人民是"先天下之忧而忧，后天下之乐而乐"的神圣使命；人民之于国家是"民为邦本，本

---

[1] 光明网.中国梦的文化内蕴[EB/OL].(2017-07-10)[2018-05-10]. http://epaper.gmw.cn/gmrb/html/2017-07/10/nw.D110000gmrb_20170710_4-11.htm.

固邦宁"的实践根基。"富有之谓大业,日新之谓盛德",中国梦是人民幸福的梦,也是国家富强、民族振兴的价值旨归。①

(二)空间内涵:国家、民族、世界的统合共识

中国梦的空间内涵有两层深意,一是属于中国的梦,另一是属于世界的梦。21世纪后,随着经济全球化浪潮席卷世界,全球政治、经济、文化正在通过各种各样的渠道融通交汇,形成一个整体。在这一背景下,中国梦既包含了实现强国富民的愿望,也包含了为世界做出贡献的美好希冀。

第一,它是区别于其他国家的梦,植根于中国五千年璀璨的中华文明,强调"舍小我,顾大我"的大格局大智慧;强调"国家好,民族好,大家才会好"的集体主义价值观;强调"盼望国家好、民族好"的爱国主义精神;强调个人命运和国家紧密相连,实现个人自由全面发展的高尚情操。

第二,它是中国国家整体实力提高的梦。从国家层面来说,"中国梦"的目标是实现国家富强、民族振兴、所有人民自由全面发展。国家繁荣强大,综合国力显著增强,代表了中国梦的实力特点。民族复兴意味着"中国龙"精神的兴起和腾飞,代表了中国梦的精神特征。人民的自由全面发展意味着中国梦不是少数精英阶层的梦想。

从这个角度来看,要实现中国的梦想,就必须提高中国自身的文化软实力,借鉴中国优秀的传统文化,积极培育和践行社会主义核心价值观。一是形成对自身,也就是对中华传统文化理性、

---

① 光明网.中国梦的文化内蕴[EB/OL].(2017-07-10)[2018-05-10]. http://epaper.gmw.cn/gmrb/html/2017-07/10/nw.D110000gmrb_20170710_4-11.htm.

正确的认知，从精华中梳理和挖掘出仁爱、大同、诚信、正义、友善的中华文化鲜明特征。二是适用于社会主义核心价值体系的应用和实践。中国梦的实现需要文化软实力的提高，文化软实力的提升离不开社会主义核心价值观的培育和实践。

实现"中国梦"是世界的重大利好。改革开放政策决定了中国的发展是开放的发展，合作的发展，共赢的发展。[①] 一方面，"开放包容"是我国对外交往中的不变原则，中国是一个负责任的大国，在合理追求自身利益的同时，坚持把本国人民的利益同其他国家的利益结合起来。无数的实践证明，无论是80年代的改革开放，还是21世纪的"亚投行""一带一路"，中国以积极的态度推动世界各国自身发展和对国际事务的参与，用"中国模式"寻求解决人类社会更多问题的办法。另一方面，"中国梦"是和平崛起的"中国梦"。和平的国际环境不仅是实现"中国梦"必不可少的外部条件，也是对"中国梦"锲而不舍的追求。过去，中国经历了太多战争和不稳定因素的创伤，深知和平对于一个国家发展和人民生活的重要作用。"中国梦"的实现依赖于中国的和平崛起和文明的道路，而不是高举自重，依靠文化霸权进行扩张。

从这个角度来看，实现中国梦，必须重视文化安全问题。对外保有相对的独立性和安全意识，在世界文化的激荡和浪潮中站稳脚跟，拥有自己的立足之地。对内立足于中国人的"务实精神"，脚踏实地，重视学习和吸收世界各国人民创造的优秀文明成果，携手共进。

---

① 傅云鹤. 生态文明视域下美国梦与中国梦的比较 [J]. 改革与开放，2015（6）.

三、认同社会主义"中国梦"

(一)中国梦是对自身主体性梦想的认识

中国梦表达了全体中华儿女的共同愿望和情怀,"每个人心里都有一个中国梦"便是对中国梦文化认同的最佳诠释。

中国梦表达的是中国对自我主体性梦想的认识。把中国比喻成一个人,主体性是指人在实践过程中表现出来的能力、作用、地位,即人的自主、主动、能动、自由、有目的地活动的地位和特性。[1]中国的主体性梦想就是在长期的实践和发展中自主地、能动的自我描绘出的理想图景,是对自身的能动性认识。

古代中国自我描绘的理想图景是中央王国唯我独尊、礼乐四周的"天下",这是故步自封做出的"白日梦"。尽管古代中国经历过秦皇汉武,经历过贞观之治,也经历过康乾盛世;尽管中国有四大发明,有万邦来朝,还有数以万计的遗世珍宝,但不可一世、唯我独尊的"世界中心"之梦在1840年鸦片战争爆发后彻底梦碎。近代以来,由于文化和制度上的落后,中国人民逐渐意识到自己的梦境无法与现代西方国家的梦境抗衡,中国开始从自我沉醉的梦境中惊醒,开始把别人的梦当作自己的理想蓝图。[2]如效法西方实行君主立宪制,实行民主共和制。实践证明,脱离实际的"梦"都是无法实现的。

---

[1] 张琳.马克思社会有机体理论对思想政治教育的启示[J].思想教育研究,2010(11).

[2] 人民网.中国梦的国家认同与文化认同[EB/OL].(2013-07-08)[2018-05-21]. http://theory.people.com.cn/n/2013/0708/c40531-22114917.html.

因此,"中国梦"应该实事求是,具有强烈自主性色彩。梦的内容既不能是噩梦,也不能是乌托邦式的空想。应该是在学习别人的同时,做自己的梦,奏自己的曲,走自己的路。在万类霜天竞自由的全球化时代,中国梦与世界其他的各种"梦想"既相互比肩又相互参照。正是在这种参照中,中国梦提供了中华民族文化认同和中国人民国家认同的目标性理念。[①]

(二)中国梦是对未来前景和理想途径的描绘与实践

中国梦通过对未来前景和理想途径的描绘与实践,实现了全中华民族与世界各国的文化认同。中国梦是绵延不断的,但在不同时代,中国梦的内容各有侧重。古代中国大多数时候将国泰民安作为理想图景,从"百姓服从统治社会才能稳定"角度出发,将"民为邦本""君为臣纲""率土之滨,莫非王臣"作为治国理念,从君臣关系,君民关系角度思考社会发展路径。尽管人民安居乐业,社会稳定发展,但从理想图景到实现路径都建立在不平等关系上的,是统治者造梦,人民做梦。

民国初期,中国梦的理想图景与实践路径是摆脱西方列强的控制,结束军阀混战的战争,实现中华民族的完全独立。抗日战争时期,中国梦则是驱逐入侵的外敌,捍卫民族的独立,让中华文明得以延续。[②] 新中国成立后,中国梦是经济快速发展和赶超世界先进水平。随着改革开放和中国特色社会主义建设取得历史性成就,中国梦是实现中华民族的伟大复兴,这个光荣的梦想越来越清晰、越来越接近实现。

---

① 人民网.中国梦的国家认同与文化认同[EB/OL].(2013-07-08)[2018-05-21]. http://theory.people.com.cn/n/2013/0708/c40531-22114917.html.

② 同上.

如今，中国梦吹响进步的号角，它不是乌托邦式的梦想，是集对自身科学认识、对未来理想描绘与对实践路径探索于一体的，具有想象力、行动力和创造性的梦。从马克思主义认识论的角度出发，中国梦是认识与实践相统一的产物；从马克思主义唯物论的角度出发，中国梦是物质与意识相统一的产物；从辩证法的角度出发，中国梦又是具体的历史的，随着实际情况变化发展。美好的未来在向我们招手，中华民族的伟大复兴梦想，就是全体中华儿女不竭的力量源泉。

四、践行社会主义"中国梦"

（一）文化自信是实现中国梦的精神动力[①]

党的十九大报告指出，"文化自信是一个国家、一个民族发展中更基本、更深沉、更持久的力量"。文化自信是实现中华民族伟大复兴的重要前提和内在基础，是实现中国梦的现实需要和精神动力。文化自信为打造国家文化软实力的新模式、实现多元优势资源的有效融合提供思想依据，促进我们在世界舞台上讲好中国故事、传播好中国声音、阐释好中国特色、展示好中国形象。

知易行难。文化自信，源于由内而外的坚实支撑。实现中华民族的伟大复兴，实现中国梦，要深刻理解中华民族最深层、最根本的文化基因。

第一，文化自信是实现中国梦的内在根基。纵观古今，我国既有上下五千年凝聚的优秀传统文化作为底蕴，也有在中国革命、

[①] 范周. 坚定文化自信，建设新时代社会主义现代化文化强国[J]. 前线，2017（11）.

建设、改革的伟大实践过程中孕育的革命文化和社会主义先进文化。这些珍贵的文化内核，根植于每个中国人的血脉之中。改革开放40年来，文化的优秀、国家的强大、人民的获得感，为文化自信的深入人心注入了源源不断的精神能量，为全民族文化创新创造活力的激发增添了无穷动力，更为实现中华民族伟大复兴奠定了文化基础。

第二，文化自信是实现中国梦的现实需要。当今世界舞台的竞争，说到底是文化软实力的竞争。当代社会及其日常生活领域，不论是达成价值共识还是实现文化认同，说到底在于能否有效发挥文化的凝聚力量和引领作用。因此，实现中华民族伟大复兴，坚定文化自信是现实需要。面对近代以来西方中心主义及其文化霸权扩张长期占据人类历史和世界秩序中心位置的现实境遇，中国需要更加注重以文化自信为前提和引导的文化软实力建设，只有这样才能增强国际话语权，才能使我国的优秀文化屹立于世界民族之林，实现中华民族伟大复兴的中国梦。正如党的十九大报告所提出的，"没有高度的文化自信，没有文化的繁荣兴盛，就没有中华民族伟大复兴"。

第三，文化自信是实现中国梦的精神动力。一个国家、一个民族的强盛，离不开文化兴盛的支撑。坚定文化自信，才能推动文化繁荣，才能为当代中国发展进步、为实现"两个一百年"奋斗目标和中华民族伟大复兴的中国梦提供不竭精神动力和强大文化保障。文化自信彰显和呈现了中国特色社会主义道路既具有独创性又具有普适性的文化价值样态。文化自觉和文化自信体现着中国特色社会主义文化的独特魅力。坚定文化自信，有利于从文化价值层面审视把握中国特色社会主义道路的发展方向、基本理念。坚定文化自信就是坚持发展中国特色社会主义的不竭精神源泉。

（二）中华传统文化是践行中国梦的根基[①]

实现中国梦需要集中一切资源，调动一切积极因素，而传统文化就是一项重要的资源，也是最有利于调动国人的积极因素。[②]习近平总书记在十九大报告中着重指出"培育和践行社会主义核心价值观，要深入挖掘中华优秀传统文化内涵"。这其中蕴含了中国梦与社会主义核心价值观、中华传统文化之间的几种关系。第一，社会主义核心价值观作为当前我国精神文明建设中的重要环节，是全国各族人民文化价值观的"最大公约数"，为实现中国梦提供了重要的思想保证。第二，中华优秀传统文化是社会主义核心价值观的源头。只有不断挖掘中华优秀传统文化，才能让社会主义核心价值观更加深入人心。第三，实现中国梦，必须弘扬中华优秀传统文化，中华传统文化是实现中国梦的牢固根基。

传承中华传统文化，要遵循以下几点思路。

第一，在传承理念上，凸显"以文化人"。中华传统文化的传承始终要以"人"作为主体和对象，通过文化的教育和潜移默化地浸润对人的行为产生影响，将"以文化人"作为传承理念和最终目标，坚持以人民为中心的工作导向。

第二，在传承思路上，强调"活化传承"。让传统文化"活"起来，是目前我国在文化传承工作中的重点。例如，我国有很多优秀的民族和传统文化经典是以非物质的表现形式为载体，这部分非物质文化遗产在传承的过程中以"口传心授"为主要特点。

---

① 范周，关卓伦.让传统文化闪光，点亮中华文化传承[J].人文天下，2017（7）.

② 葛剑雄.中国梦与传统文化[J].中国国家博物馆馆刊，2015（12）.

因此，加大对"非遗"传承人的保护和梯队建设力度是功在当代、利在千秋的大事。活化传承区别于"拯救"，也不是单纯的"保护"，不是将传统文化束之高阁，放进博物馆，而是通过大众的参与和互动，口耳相传，代代相传，从"载体"建设向"软体"建设转变。

第三，在传承方式上，彰显"与时俱进"。习总书记在多次重要讲话中做出了对传统文化进行"创造性转化"和"创新性发展"的重要论断。这其中有两层深意，一是对传统文化进行有扬弃地继承；二是对传统文化进行现代化的挖掘。[①] 一方面，结合时代条件对适合时代发展的内容加以继承和发扬；另一方面，把弘扬优秀传统文化与发展现实文化有机统一起来，积极开发和探索有利于传统文化现代传承的新元素、新内涵和新形式，使之与现代元素相结合。

（三）青年人是共筑中国梦的新时代生力军[②]

"青年兴则国家兴，青年强则国家强。青年一代有理想、有本领、有担当，国家就有前途，民族就有希望。中国梦是历史的、现实的，也是未来的；是我们这一代的，更是青年一代的。中华民族伟大复兴的中国梦终将在一代代青年的接力奋斗中成为现实。"十九大报告中，党和国家对青年的成长给予了殷切的期望和真切的关怀。在文化方面，青年应担起传承传统文化的重任，这对弘扬民族精神、提升国家文化软实力、实现中华民族伟大复兴具有重要意义。

---

① 范周，关卓伦. 让传统文化闪光，点亮中华文化传承 [J]. 人文天下，2017（7）.

② 范周. 文化自信的战略思考 [J]. 人文天下，2018（1）.

第一,新时代青年要树立高度的责任感和担当意识。青年群体是实现中国梦的生力军,也是中华文化发展的内在驱动力。因此,发展和弘扬中华文化,离不开青年群体建设。首要的就是理想和信念建设,每一名青年人都应该树立起理想,坚守住信念。习近平总书记强调,"广大青年要勇敢肩负起时代赋予的重任,敢于有梦、勇于追梦、勤于圆梦"。2016年感动中国十大人物,"耶鲁村官"秦玥飞,在耶鲁大学毕业后放弃高薪,毅然回国并投身农村,为当地谋取民生福祉做出巨大贡献。在殿堂和田垄之间,不是每一名青年都能够选择后者,但理想和信念的意义就在于,它能够指引着每一个年轻人前行。

第二,新时代青年要牢牢树立高度的使命感。面对当前中西方文化的大交汇与前所未有的文化大侵袭,维护国家文化安全,继承和发扬中华传统文化是每一个中国青年的历史使命。青年文化建设,还要求青年人要牢记使命,不忘初心。广大青年必须以主流价值为导向在价值选择与判断中明确方向,在弘扬和传承本民族优良传统文化的过程中增强民族文化自信。任何一个文明的传承都离不开青年群体,作为文明延续和传承的重要载体,青年人必须时刻警醒自己,牢记使命。

第三,新时代青年既要脚踏实地又要保持活力。想象的天空与实干的脚印同等重要。中国梦不是飘浮的空中楼阁,更需要一步一个脚印扎实地埋头苦干。将理想播种在大地上,是每一个青年人应该遵循的成长轨迹。"志之所趋,无远弗届,穷山距海,不能限也。"文化建设如同科研攻关,青年人要从自身寻找动力,挖掘潜能,敢于创造,勇于拼搏,用青年群体的实际行动夯实青年文化的基础和内涵。此外,时代塑造着青年,青年也在塑造着时代的形状。近年来，以"互联网+"为代表的技术潮流，成就了一批又一批有活力和有创造力的青年。他们身上所共有的精神就是站在时代前列，勇于用创新改变时代；他们体现出来的时代活力，是当今青年很好的榜样和范例。

第三节 社会主义文化强国的战略支点

一、乡村振兴战略夯实大国文化基础

乡村振兴战略是习近平同志2017年10月18日在党的十九大报告中提出的战略。"三农"问题是关系国计民生的根本性问题，必须始终把解决好"三农"问题作为全党工作重中之重。[①]2018年2月4日，2018年中央一号文件《中共中央国务院关于实施乡村振兴战略的意见》发布。2018年3月5日，国务院总理李克强在政府工作报告中提出，"大力实施乡村振兴战略"。

在我国农业农村开放度不断提高、城乡经济关联度显著增强的当下，提高乡村发展水平、进而通过乡村振兴解决农村和农业的不充分发展问题，吸收大量农村剩余劳动力，推动新型城镇化建设。农村地区既要在经济发展上转变结构方式，也要在公共服务上普及和提升至较高水平，减少并最终弥合城乡差距。

从这个意义上讲，十九大提出的乡村振兴战略与十八大提出

---

① 习近平.决胜全面建成小康社会，夺取新时代中国特色社会主义伟大胜利——在中国共产党第十九次全国代表大会上的报告[M].北京：人民出版社，2017.

的新型城镇化发展战略是一致的,这两个战略虽然侧重点略有不同,但两者相互支持配合。新型城镇化的目的之一是提高城镇化质量,实现产业发展和城镇建设融合,让农民工逐步融入城镇,最终从空间城镇化转变为人的城镇化。而乡村振兴的目标也是使农村人居环境明显改善,农村建设深入推进,最终建立起城乡融合的发展机制。从根本上来讲,都是为了解决城乡间发展的不平衡问题,为城镇化建设提供一种基础支持和基层抓手。推进乡村振兴和新型城镇化战略要同步推进,正如习近平总书记所指出的:"城镇化要发展,农业现代化和新农村建设也要发展,同步发展才能相得益彰。"①

因此,城镇化离不开文化的潜移默化。党的十九大提出建设社会主义文化强国,树立和夯实文化自信,弘扬和传承中国特色社会主义文化。文化在新型城镇化和乡村振兴中扮演着怎样的角色,起到什么样的作用,已经成为业界关注的焦点。在推进新型城镇化和农村振兴的过程中,不仅要关注传统观念中的空间物质构成,还要注意文化的保护与传承。"让居民看得见山,看得见水,记得住乡愁"这是以人为本的新型城市化的要求,也是对文化作用的精辟描述。与文化共生,邀文化共舞,这是新型城市化的题中应有之义。

(一)文化产业助推新型城镇化建设的时代背景

1.城镇化发展面临的主要挑战

城镇化也称之为城市化、都市化,是以农业为主的传统乡村社会向以工业和服务业为主的现代城市社会逐渐转变的历史过程,

---

① 党的十八大以来深入推进以人为核心的新型城镇化纪实[EB/OL].(2016-02-27)[2018-04-11]http://cpc.people.com.cn/xuexi/n1/2016/0227/c385474-28154765.html.

具体包括人口职业的转变、产业结构的转变、土地及地域空间的变化等。①21世纪以来,随着城乡发展不平衡不协调的问题日益显现,在中央政府的持续推动下,对城镇化的认识不断丰富和完善。十七大报告将"新型城镇化"列入"新五化"范畴,区别于传统城镇化,新型城镇化将统筹城乡建设和人的发展作为核心要义。习总书记在十九大报告提出"房子是用来住的,不是用来炒的",这句话体现了以人居为本的新型城镇化建设内容,城镇化不应以城镇的房地产升值为主要目标,不应以城为本,而是以人民的美好居住需求为目标,即以人为本。将"以人为本"理念贯穿"五位一体"建设的始终,这是当前各地推进新型城镇化建设的行动指南和不变准则。

城镇化在经历了从传统到新时代的转型过程中,也暴露出许多问题与挑战。一方面,蔓延式的城镇化发展模式导致了耕地减少、"鬼城"现象和城市"热岛"环境变化,进而引发我国粮食安全、社会矛盾、金融风险、生态破坏等一系列问题。另一方面,随着城市化进程的不断深入,城市化带来的文化缺失也引起了社会各界的关注。

第一,城乡文化存在落差。由于城乡二元体制下对乡村文化建设方方面面的改革与城镇相比存在一定的滞后性和指导的乏力性,具体表现为农村文化资金投入严重不足,文化消费形式和内容单一,文化供给不足,导致城乡文化发展水平差异较大。

第二,顶层规划缺乏。在传统的城镇化建设规划中,对交通、

---

① 杨瑞雪.少数民族农牧民工社会支持网络变迁及其影响因素分析——以内蒙古呼和浩特为例[J].劳动保障世界,2018(4).

房屋、土地等都有明确而详细的规划，但对于当地文化的规划和建设却依然不足，一方面，只注重对钢筋水泥等空间载体的硬件建设，忽略了文脉传承等软件创新；另一方面，在文化领域，有关部门在建设规划中没有将"文化设施"纳入统一考虑，许多农村缺乏图书馆、文化中心等大型公共文化服务基础设施。

第三，文化乡愁迷失。在部分地区城镇化建设的过程中，存在大批拆房建楼、忽视文物保护的现象，致使很多城镇个性和特色消失，由于保护力度不够，传统古村落消失。对于城市居民来说，每天穿梭于钢筋混凝土搭建的城市中并无归属感；对于农民来说，城镇化不仅改变了他们的户籍身份，还切断了他们与乡土文化之间的联系，切断了他们与生俱来的精神脐带。

2.产业结构优化调整进入新阶段

第一，整体经济结构优化升级。十年来，中国经济发展迅速。由此带来的资源浪费、环境污染、产能失衡等一系列问题一直困扰着中国社会经济发展。党的十九大报告指出，当前中国经济已经从高速增长阶段转向高质量发展阶段，现在正处于转变发展方式、优化经济的时期。从宏观调控的四大目标来看，经济增长、就业、价格和国际收支必须由"快"变"稳"。从经济增长方式来看，需要依靠技术革新，推动资源有效配置。从结构调整深化来看，消费、投资和出口"三驾马车"的增长需要更加平衡。文化产业是集经济、文化、技术于一体的产业类型。在中国转变经济增长方式的过程中，文化产业已成为促进国民经济增长的支柱产业之一。与其他产业不同，文化产业除了能够带来经济效益的提升外，还能够通过文化的辐射作用带来相对集聚的人文环境。对于一个城市、一个地区来讲，不仅是GDP的增长，更是人居环境和人文素质的显著提升。

第二,居民文化消费持续增长。根据中国文化消费指数(2017),我国文化消费综合指数持续增长,由2013年的73.7增至2017年的81.6,年平均增长率为2.6%。[①]与2016年相比,城镇居民文化消费总体状况仍优于农村居民,但与上年相比差距明显缩小。其中,农村居民五个分指数缩小了与城镇的差距。充分说明,中国城市化进程不仅是一个物质财富聚集和增长的过程,也是一个文化进步的过程。从我国城乡居民不断增长的文化需求中可以看到,一方面,人口的城市化改变了几亿人口的生活方式,成为促进文化消费持续增长的动力;另一方面,文化市场的繁荣催生了多种文化形式,以适应城市居民日益增长的文化需求。人民生产生活质量的提高,成为中国新型城镇化进程中的又一大动力。

第三,县级文化产业的发展对促进经济发展具有重要作用。中国有2000多个县和县级城市。因此,县域经济对国民经济具有重要意义。近年来,在县域经济的众多产业形式中,以民间工艺、武术、杂技、传统民间艺术等传统文化为代表的县域文化产业,成为县域经济发展的新生力量。以河北省蔚县为例,剪纸是当地的特色和支柱产业,2012年,以剪纸产业为核心的全县文化产业增加值占GDP的6.9%,超过国家一级支柱产业概念,对蔚县整体经济的拉动和提升至关重要。

3. 新时代人本思想的重塑

人本思想的提出可以上溯到孔孟,"仁者爱人,民为贵,君为轻,社稷次之"是中国传统思想文化的精华。人本思想是社会文

---

① 范周. 文化产业发展的六个新态势 [J]. 中国国情国力, 2016 (12).

明程度的标志，如今人本思想已成为社会一种主流的价值取向。

改革开放以后，曾出现过以 GDP 为重的发展观，认为发展就是经济的快速运行，就是 GDP 的高速增长，忽视甚至损害了人民群众的需要和利益。这种发展观"见物不见人"，其实质是一种"以物为本"的思想。[①]党中央在十六届三中全会后对这一发展思路进行了调整，提出以人为本的"科学发展观"，归根到底都是为了满足广大人民群众的物质文化需要，保证人的全面发展。

在此后的十余年间，随着社会经济的不断发展，人们对于精神文化的需要日益旺盛，"以人为本"的发展思路得到进一步修正，党和政府逐渐意识到人民的精神文化需求独立于物质需要存在，且存在更加丰富的表现形式。新时代我国社会主要矛盾的转化也体现了对人的精神文化需求更加侧重的考量，这是发展文化产业和推进新型城镇化的题中应有之义。

（二）文化产业助推新型城镇化建设的内生动力

1. 新型城镇化及文化产业自身的特点

文化产业是一种融合了经济、文化和技术的产业，一方面提高了文化产品的沟通能力，另一方面降低了文化产品生产管理、分销和销售成本，有效整合资金流、物流和信息流。打破贸易壁垒，消除地区限制，实现跨区域发展。同时，文化产业是 21 世纪的朝阳产业，是推动经济发展的支柱产业之一。文化产业可以促进经济发展方式转变和产业结构合理调整。依托文化创意资源推动能源消费逐步减少，减少本地区资源短缺和环境压力，有

[①] 简尚高.高校落实以人为本发展理念的研究[J].长江大学学报（社会科学版），2010（12）.

助于进一步推动生态文明建设。此外,文化产业还具有显著的社会效益和经济效益。随着文化产业的快速发展,通过文化辐射的作用,文化产业可以推动城市管理,商业运作和公共服务创新演进,推动健康医疗、教育、环保、智慧交通、电子信息和文化的发展。

改革开放以来,中国城市化水平由1978年的18.6%上升到2012年的52.57%。[①] 城市化进程有很多内容,但从根本上讲,行业的支撑作用非常重要。进入21世纪以来,中国文化产业在城市化进程中发挥了重要作用,新型城镇化的几个要素都与文化产业的发展完美结合。因此,无论是新型城镇化的加快推进还是文化产业的飞速发展都是相互促进的。

2. 文化要素的无可替代性

党的十八大报告明确提出,要推进建设强大的社会主义文化强国,提高文化产业的规模化、集约化和专业化水平。[②] 文化产业在今后的新型城镇化建设中应发挥其产业优势,以人文理念为指导,以文化繁荣发展促进新型城镇化进程。

第一,文化产业加速了城市集群建设。随着城市化进程的加快,城市间的联系越来越紧密,出现了更具竞争力的文化经济。城市群的优势在于进一步提升专业化分工、资源利用效率,促进技术进步和管理创新。当工业化大生产发展到一定程度时,专业化生产已成为普遍的一种形式,产业链对采购、销售、运输等生产环节的关注越来越多。

---

① 新型城镇化要重视文化产业发展 [EB/OL].(2013-12-07)[2018-05-10]. http://blog.sina.com.cn/s/blog_5eced75b0102f0z3.html.

② 同上.

第二，文化产业刺激城市的外部经济效益。外部经济效益可以产生集聚效益，促进城市化。文化产业的外部经济效益显著。与工业和农业相比，文化产业是知识密集型、技术密集型和创意密集型行业。依托文化创意资源，有助于减少能源消耗，减少资源短缺和环境压力，进一步推动生态文明建设。

第三，文化产业推动城市经济扩散效应的发挥。文化产业是城市经济扩散的重要动力，进而产生运输网、资金网、信息网。文化产业越发达，城市经济的扩散效益越强，因子聚合越具吸引力。城市规模越大，越能促进周边城市的经济合作，促进城市群的形成。

（三）文化产业助推新型城镇化建设的现实路径

1. 积极发展特色文化产业

特色文化产业基于民族和区域特有文化资源，由民间自发兴起，其文化产品具有鲜明的民族和区域文化特点，在我国文化产业中最具民族特色和区域特色。近年来，随着县域文化产业的崛起，国家政策对发展特色文化产业一直发挥着引导和推动作用。"十三五"规划纲要提出，要优化产业布局，推动产业转型升级。第一，发展特色文化产业有利于将本土文化资源优势转化为产业优势和经济优势；第二，文化产业由于其绿色产业和低碳环保的特性，在新型城镇化的产业选择中有着天然的比较优势，将产城融合与产业升级合二为一符合新型城镇化的内涵和题中之义。第三，文化产业的就业价值非常突出，在县域范围内发展特色文化产业，有利于缓解农村人口的大规模就业难题。许多特色文化产业，如刺绣、手工艺等属于劳动密集型产业，在落实就业上具有先天优势。另一方面，农村人口从第一产业腾挪至第三产业，实现人口和产业的双重转型,也加速了农村地区的城镇化进程。

2. 激活城市群的产业效应[①]

在全球范围内,城市群已经成为人居环境与生产要素深层次融合的新空间组织形式,这一组织形式演绎出产业集群化的新方向,推动产业集群功能与区域产业空间和生活空间有机联系。随着城镇化的加速,城市之间的联系更加紧密,跨区域、跨行业、跨所有制的产业集群逐渐跳出单一城市行政归属的框架束缚,向城市群扩张,形成了更加具有市场竞争力的文化经济体。可以说,产业集群如"平滑空间上的黏滞点",吸收集聚了稠密的经济能量,培育了一大批具有世界影响的产业,承担了全世界主要生产要素的专业集聚和市场资源的优化配置功能。

改革开放以来,中国经济高速增长,但离实现"共同富裕"还有一定差距。随着新型城镇化建设的加快,未来文化产业在县域地区尤其是农村地区的发展,将成为实现文化富民的重要途径,对实现国家经济发展的总体平衡起到重要推动作用。在中国大多数地区,文化产业的发展集中在城市,城市汇集了文化产业发展所必需的人才、创意、资本等核心要素,拥有文化产业的市场主体,这也使都市圈、城市群的文化产业发展依托区域中心城市呈涟漪状分布。但就未来文化产业的集体式崛起而言,必须破解文化产业发展的城市依赖症,使广大县域地区、乡村地区通过文化产业的发展实现经济的跨越发展。新型城镇化为文化产业破解空间布局的制约性瓶颈,为实现一、二、三产业融合发展提供了前

---

① 范周.国家社科基金项目"我国文化产业政策研究"赋予中国新型城镇化以文化内涵[N].光明日报,2013-10-16.

所未有的契机。随着新型城镇化建设的推进，核心城市和周边城市之间的关系，将因为文化产业的纽带作用而更加紧密，文化产业将有机统领城市群发展。此外，随着文化与科技融合的加速，可以预见，以城市信息化、智能化、数字化系统为架构的智慧城市建设成为下一阶段城镇化发展的重要手段，有助于进一步推动三产的集约、生态建设。

3. 开拓市场拉动文化消费 [①]

人的城镇化，其核心意义是生活方式的城镇化，文化消费，是生活方式城镇化的重要体现。开拓区域文化市场拉动本地居民和外地游客的体验式文化消费是推动新型城镇化的重要方面。统计显示，我国文化消费潜在市场规模约为4.7万亿元，而实际文化消费规模仅超过1万亿元，存在着3.7万亿元的文化消费缺口。在人均GDP同等水平下，我国文化消费规模也仅为发达国家的1/3左右。[②] 这既说明我国居民潜在的文化消费需求并未得到有效满足，也说明我国文化消费拥有巨大发展空间。特别是在广大的农村地区，文化市场普遍存在文化产品同质化严重、创新性不强、文化业态单一等问题。因此，拉动文化消费不是仅仅丰富"乡亲们"的腰包，也不是无节制地增加文化产品供应，更不是单一的自上而下的政府组织行为，而是包含了培育文化消费心理、提高文化购买力、提升文化鉴赏力等多个环节，这些环节环环相扣，缺一不可。在这其中，重点是要抓住从农民转成的市民，挖掘这部分人的消费潜力，吸引更多的文化消费，是在新型城镇化进程中的

---

① 范周. 赋予城镇化以文化内涵 [J]. 新重庆，2014（2）.

② 高坚. 影视剧多屏传播现状、动因及对策 [J]. 中国广播电视学刊，2018（1）.

重点抓手。

开拓文化市场也要走群众路线。丰富的社区文化生活既是"乡亲"向"邻居"转变的主要途径，也为各种文化产品提供了实践的温床。一方面广泛开展健康有益的民俗文化活动，加强对民间文学、民俗文化、民间音乐舞蹈戏剧的扶持，充分激发基层群众的文化活力；另一方面鼓励民营企业和其他社会力量积极参与到公共文化和文化市场建设，搭建创意设计、公共文化、人力资源等公共服务平台，促进城镇文化市场的良性发展。

二、经济带战略加速大国文化腾飞

2017年5月，中共中央办公厅、国务院办公厅印发《国家"十三五"时期文化发展改革规划纲要》，提出"围绕'一带一路建设、京津冀协同发展、长江经济带发展等国家战略，加强重点文化产业带建设"。①"十三五"以来，各级规划文献显现出文化产业新发展趋势，即区域经济协同发展。文化的产业化发展离不开科学的空间布局，其未来发展方向与国家提出的跨区域经济带建设密切相关。一方面，文化产业的发展为各经济带发展提供动力，有利于增强经济带、特别是跨区域板块的文化软实力；另一方面，经济带规划也为未来文化产业发展提供了更为广阔的空间，从而促进文化产业结构的优化升级，促进文化市场资源的合理配置，促进中华文化的传承与交流。

---

① 雒树刚.认真学习贯彻党的十九大精神，推动文化产业持续健康发展[J].时事报告（党委中心组学习），2018（2）.

(一)"一带一路"的文化规划[①]

"一带一路"是"丝绸之路经济带"和"21世纪海上丝绸之路"的简称,2013年9月和10月,习近平总书记提出建设"新丝绸之路经济带"和"21世纪海上丝绸之路"的合作倡议。"丝绸之路经济带战略构想"和"21世纪海上丝绸之路经济带战略构想"应运而生。[②]

"一带一路"倡议提出四年多来,取得了丰硕的前期收获,从中国倡议变成了全球共识,目前已得到世界上100多个国家和国际组织的响应和支持,并同40多个国家和国际组织签署了合作协议,为中国及沿线国家带来了丰硕的合作成果。根据商务部资料,2014—2016年,中国同"一带一路"沿线国家贸易总额超过3万亿美元。[③] 丝路基金为亚欧有关国家及其项目提供了数十亿美元的贷款。2016年,中国企业对"一带一路"相关的53个国家非金融类直接投资145.3亿美元,新签合同额1260.3亿美元,占同期中国对外承包工程新签合同额的51%;[④] 中国政府每年向相关国家提供1万个政府奖学金名额,地方政府也设立了丝绸之路专项奖学金,鼓励国际文教交流。[⑤]

[①] 范周."一带一路"倡议中的文化建设与交流若干思考[J].大陆桥视野,2016(11).

[②] 傅梦孜,徐刚."一带一路"进展、挑战与应对[J].国际问题研究,2017(5).

[③] 张阿樱,李志平,马丽娟.实践视域中的新时代文化自信研究[J].黑龙江省社会主义学院学报,2018(1).

[④] 董建军.在共建"一带一路"倡议中提升物流业开放合作新水平[J].大陆桥视野,2015(10).

[⑤] 张阿樱,李志平,马丽娟.实践视域中的新时代文化自信研究[J].黑龙江省社会主义学院学报,2018(1).

习近平总书记把"一带一路"精神阐述为以"和平合作""开放包容""互学互鉴"和"互利共赢"为核心元素的丝路精神,其中最为关键的是产生不同国家、不同民族间的文化共鸣,经济上互利是短暂的,文化认同却是功在当代、利在千秋的大事。因此,文化是"一带一路"倡议的重要组成和重要力量,"一带一路"倡议背景下文化产业的建设和交流成为目前我国区域经济带建设中的重要问题,需要遵循以下几点思路。

1. 破解传统思维"带""路"观念,文化交流搭建桥梁

近年来,我国文化外向型发展步伐不断加快。加大中外人文交流力度,创新对外传播、文化交流、文化贸易方式,在交流互鉴中展示中华文化的独特魅力,推动中华文化走向世界,是我国新时期的对外交流重点。2015年,"一带一路"倡议进行思路上、范围上的调整,破解了传统思想上"带"和"路"的观念,为更多地域、领域的发展都提供了机遇。

2. 构建优秀传统文化传承体系,实现文物资源活态传承

在"一带一路"倡议中,应该积极构建中华传统文化传承体系,将传统文物进行创意活化,转变成世界各国人民喜闻乐见的文化创意产品,从而传播中国的价值观。

习近平总书记在国家文物保护会议上指出,"文物承载灿烂文明,传承历史文化,维系民族精神,是老祖宗留给我们的宝贵遗产,是加强社会主义精神文明建设的深厚滋养。保护文物功在当代、利在千秋。"国务院印发《关于进一步加强文物工作的指导意见》,提出"大力发展文博创意产业,让文物资源活起来,以更好传承文明、服务社会"。"让文物活起来"作为全国文物工作的重要指导思想,已经由中央多次对外传达,为"一带一路"倡议下中国文化建设与交流提供更多的形式和内容。

自2013年以来,故宫博物院内清朝顶戴花翎状的遮阳小帽伞、朝珠样式的耳机、皇袍花纹的T恤,在网络上一夜爆红,受到了来自海内外游客的喜爱。目前,故宫方面已经掌握了包括故宫淘宝和故宫商城在内的两大线上端口。除了拓展线上的文创产品销售渠道,故宫博物院方面还在红墙外的东长房区域建立与故宫文化环境相协调的文化创意馆。2013年故宫增加文化创意产品195种、2014年增加文化创意产品265种、2015年增加文化创意产品813种,近三年累计研发文创产品1273种。故宫淘宝目前的粉丝量已经达到近30万人;2015年底,故宫文化创意产品达8700多种,营业额超10亿元。

3."互联网+"颠覆传统思维,助力传统产业脱胎换骨

截至2016年6月,我国网民规模达7.10亿,我国互联网普及率达到51.7%;其中,手机网民规模达6.56亿,网民中使用手机上网的人群占比92.5%。互联网时代的到来使人人都可以成为内容的生产者,互联网时代人人平等的地位凸显。

"互联网+"为"一带一路"的文化交流和发展提供了前所未有的便捷,打破了传统的交流方式,让地球村真正成为现实。在"互联网+"背景下,网络文学、电子出版、自媒体等新兴文化业态正在抢占发展机遇,文化产业也在发生着一次深刻的"裂变",推动新的文化产业生态链形成、加速文化贸易走出国门,"一带一路"的文化内涵将伴随互联网的在地普及而传播四海。

"一带一路"的建设无疑给传统文化带来了新的发展机遇,但盲目的一拥而上并不是将传统文化发扬光大的最佳选择。富有感召力的文化价值观念和优秀的文化内涵往往能触及人的灵魂,给人带来春风化雨、润物无声的感召。适销对路的产品和喜闻乐见的形式也同等重要。中国传统文化定能在丝绸之路上，香气四溢。

（二）长江经济带的文化畅想

2014年9月，国务院印发《关于依托黄金水道推动长江经济带发展的指导意见》，将长江经济带建设成为具有全球影响力的内河经济带、东中西互动合作的协调发展带、沿海沿江沿边全面推进的对内对外开放带和生态文明建设的先行示范带。[①] 长江作为母亲河，孕育了我国远古时期南方地域的主要文明形态。其独特的区域地理环境孕育着包括水系文化、渔农文化、蚕桑文化、陶瓷文化、红色文化、工商文化等多种特点鲜明的文化形态，蕴藏着音乐舞蹈、工艺美术、史诗歌谣等世界文化艺术领域悠久博大、丰厚精深、不断演进发展的无尽宝藏。

长江文化是流域性的空间文化，也是动态发展的区域和历史文明的印证，它传承、包容、辐射和影响着长江经济，使之成为最具活力和最有前途的盆地经济。因此，长江文化与长江经济是统一整合的。长江文化带的建设离不开长江经济带的背景和条件。

第一，长江经济带建设为长江文化发展提供了良好的经济和环境基础。从全球来看，文化创意产业的发展日益呈现出规模化、集约化、区域化的趋势。文化产业往往集中在资源禀赋好、环境条件佳、科技实力强、法律和市场成熟度高的区域。如华盛顿州和加利福尼亚州的太平洋西海岸是著名的高科技新兴产业集群，西雅图汇集亚马逊、微软、波音和其他全球商业巨头，洛杉矶拥

---

① 李玼. 云南参与长江经济带建设的对策研究 [J]. 时代金融，2018（1）.

有世界级的视听娱乐行业。旧金山拥有世界闻名的全球科技创新中心硅谷，其每年创造出的巨大产值，足以使加州超越法国，成为世界第六大"经济体"。据统计，2015年，由于硅谷企业的强势增长，仅加州一个州的GDP增长就达4.1%，超过了美国（2.4%）、法国（1.1%）。[1]

长江流域就是这样一个拥有巨大资源能量的区域。该流域涵盖沿江上海、江苏、浙江、安徽、江西、湖北、湖南、重庆、四川、贵州、云南等11个省市，国土面积占比达20%，承载了6亿人口，自然资源优渥，交通等基础设施发达，经济基础优越。自明代中期以后，工商业便肇始于此；改革开放后，长三角地区亦是中国对外开放的排头兵。数据显示，2016年，长江经济带GDP达33.3万亿元，经济总量占全国经济总量的43.1%，以占全国约1/5的土地面积，贡献了全国2/5以上的经济总量。[2] 以上海为龙头的长三角地区人均GDP已经超过1.5万美元，按照世界银行标准已经进入中等发达地区的行列。[3] 尽管，中部长江中游地区和西南部长江上游地区与东部长三角地区经济发达程度仍然差距较大，但2016年的统计显示，中上游地区的重庆和湖北两个省份的人均GDP也在高于53980元的全国平均水平之列。这意味着，如今长江中上游地区已经成为我国经济发展最快的区域。尤其是上游的贵州、重庆，中游的江西、安徽、湖北和湖南，近几年已经逐渐

---

[1] 腾讯网.硅谷的力量：如果加州是一个国家 它的GDP可以排名全球第六[EB/OL].(2016-06-09)[2018-05-26].http://new.qq.com/cmsn/20160619/20160619006693.

[2] 至诚财经.长江经济带去年生产总值达33.3万亿元 占全国4成以上[EB/OL].(2017-07-31)[2018-05-28].http://www.zhicheng.com/n/20170731/160606_2.html.

[3] 花建."一带一路"倡议与我国文化产业的空间新布局[J].福建论坛·人文社会科学版，2015（6）.

成为全国经济发展的新增长点。

长江经济带沿线各省市间良好的经济和资源基础,为文化的可持续发展提供了强大的物质和环境支撑。各地区以长江为轴连接成一个空间上的整体,通过要素流通、市场共享、产业转移、发展互动,体现了发展模式的多样性和可持续性,释放出巨大的市场潜力和发展后劲。有资料显示,在长三角城市群和珠三角、京津冀城市群总体文化传播力的比较中,上海市的领先地位不可动摇。

第二,长江经济带文化产业发展应重视集聚化、规模化、国际化,释放助推经济发展的强大动力。首先,在中东部上海、南京、武汉等中心城市为增长极,布局重点文化产业形态,积极发展高科技、大数据、人工智能、数字创意产业等加持的"互联网+""文化+科技"型产业,促进产业规模化和集聚化,培养和孵化国家级、省部级重点文化产业园区和骨干龙头企业;在西部贵州、云南、四川等省市重点布局"文化+旅游"型文旅融合性产业,充分发挥当地资源及人文优势。其次,面向国际,坚持发展先进的、与国际接轨的文化产业,积极参与国际竞争。长江经济带地区因为拥有长三角、杭州大湾区、国家级中心城市武汉、成都等相对发达地区,国际化程度高,市场发育良好,在产业的选择和发展上,不应当仅限于国内,更应该放眼于国际。最后,尽管长江经济带地区拥有较高的国际化程度,但仍需要给予传统文化必要的重视,同时注重对本地消费市场和消费习惯的关注以及培育。文化产业离不开大众消费,也离不开中华传统文化的根基,走本土化和国际化的"双轨制"道路是长江经济带地区文化产业发展的破题之道。

(三)"大运河"的文化共识[①]

中国大运河是一条流动的、活着的世界级人类文明遗产。南起杭州,北至京城,牵起了京津冀、长三角两大城市群,联通了两个直辖市。此外,大运河西北接"丝绸之路经济带",东南连"21世纪海上丝绸之路",从某种意义上来说,大运河成就了"一带一路"整体布局的重要一笔,推动国家战略的协同性、全局性和科学性。

2014年6月,中国大运河正式列入"世界遗产",成为中国第46个世界文化遗产。2017年,习总书记在中央办公厅调研室《调研要报》第48期中做出批示,强调"大运河是祖先留给我们的宝贵遗产,是流动的文化,要统筹保护好、传承好、利用好"。深入贯彻落实习总书记讲话精神,北京、浙江、山东等地纷纷布局展开大运河文化带建设。

大运河文化带建设与国家战略密切相关。首先,它是连接"一带一路"——"陆丝"与"海丝"之间的纽带,联通着黄海、黄河、淮河、长江、钱塘江五大水系,与长江的纵横轴向式结合,在空间上与"一带一路"形成水陆两路兼济的双重对接,是推进"一带一路"建设的重要切入点。其中,以杭州为代表的江南丝绸产地,是丝绸之路这条古代出产丝绸的贸易交通线的内容生产地,与大运河文化带存在着内在紧密联系。其次,大运河是京津冀协同发展的关键。目前,北京通州、天津武清和河北廊坊共同成立"通武廊旅游合作联盟",三地正式揭开携手打造京津冀协同发展

[①] 范周.古运河畔话杭州,大运河文化带建设新思考.[EB/OL].(2017-05-25) [2018-05-25]. http://baijiahao.baidu.com/s?id=1601389680765019401&wfr=spider&for=pc.

试验示范区的序幕。这既是京津冀文化的集中展现,也是以文化为引领,积极推动三地境内大运河沿线区域产业升级的重要尝试。而雄安新区作为北京、天津和河北三极的核心,更是期冀借助大运河文化带建设的契机大力推动自身建设。最后,大运河文化带中扬州、镇江等地是长江经济带中的重要节点城市。苏州、无锡、常州等长江经济带建设发展的诸多经验,可以为大运河文化带提供借鉴和思考。

大运河文化带建设,要遵循"保护好、传承好、利用好"三点思路,结合大运河及沿线各地区域特点,重点布局,多点开花。大运河是世界文化遗产,是一条文化带,也是一条经济带。推进大运河文化带建设,要坚持以文化促经济,用文化抓产业,凝聚沿线人民的文化共识,谋求沿线区域的协同发展;增强世界人民的文化认同,以大运河文化为载体,推动中华文明声名远播。

第一,抓住重点,保护先行。沿线各省市目前都在加快运河开发的速度,运河面貌日新月异的同时也产生了一系列问题,如建设中急功近利的心态导致遗产保护压力加大;文化遗产未能妥善活化,传承利用质量不高;资源环境形势严峻,流失浪费加剧;生态空间挤压严重,运河消失加速;地域交流不足,合作机制有待改善等。对于运河的开发应该有重点、有节制,要在保护的基础上开发和利用好大运河这一世界级文化遗产。具体而言,各地应提升物质文化遗产保护和开发水平,加强非物质文化遗产的保护和传承,不断完善对于历史文化风貌的保护和开发方式。

第二,古为今用,强化传承。建立综合展示体系。以杭州的中国京杭大运河博物馆为代表的运河主题公共文化空间,是当前最为常见的运河历史文化综合展示载体。未来，清楚的定位、差异化的表现形式应成为展示载体发展的新趋势。与此同时，要积极开展非遗宣传和普及活动。山东广播电视台与台儿庄古城旅游集团有限公司签署战略合作协议，打造"媒体＋景区"的创新合作模式。而西安市委宣传部将抖音作为城市文化宣传的重要手段，写入西安市委宣传部文件中。如何借助新兴传播方式、工具和平台，开展分众化、创新性宣传，值得沿线各地深入思考。重视社会教育引导，在全国多地中小学举办"运河文化进校园"活动，使千年运河的悠久文化得以不断传承、发展。

第三，合理布局，科学利用。对于运河的开发和利用，集中表现为遗址保护与展示类、生态休闲与运动类、文化旅游与体验类、文化创意与融合类、文化合作平台类五大类，尤其是后三者应成为大运河文化带建设中的重头戏。文旅融合应该是大多数沿线地区依托运河重点发展的产业方向。进一步打造高水平文化交流平台，推动中外人文交流，提升自身传播话语权应该是提升大运河自身价值的要义所在。特别值得注意的是，各地在开发和利用过程中，要正确处理资源和产业之间的关系。资源固然重要，但绝不能成为地区发展的包袱。深圳传统文化资源相对匮乏，但文化产业却实现了蓬勃发展，深圳的发展经验值得借鉴。大运河文化带的建设最终要落脚在运河公共文化建设、运河文化产业建设和运河文化的世界传播上。

第四，系统思考，以人为本。运河故事是运河两岸人民生息繁衍的片段集结，运河文化也是世世代代社会生活的生动再现。运河的发展与人民息息相关，建设大运河文化带应立足于更好满足人民对于美好生活追求的现实需求，不断丰富人民群众的精神文化生活。总书记提出"还河于民,造福于民",是我们在大运河文化带建设中应该始终坚持的原则和价值取向。

运河沿线有不同的自然风景、人文景观和民风民俗,但运河文化却是从南到北、一脉相传。大运河文化带建设以运河文化的保护、传承和利用为基本原则,以运河文化遗产和历史风貌为重要对象,以发展运河文化事业、运河文化产业和实现运河文化世界传播为主要目标,既是一项延续文脉、古为今用的宏伟工程,又是一项凝聚智慧、体现创新的时代探索。大运河文化带建设日渐深入,但对运河的思考不会止步。

三、城市群战略构建大国文化自信

(一)从"京津冀一体化"到"雄安新区"的文化思考

2014年2月26日,习近平总书记在听取京津冀协同发展工作汇报时强调,实现京津冀协同发展是一个重大国家战略,要坚持优势互补、互利共赢、扎实推进。[①]随着"京津冀一体化"上升为国家战略,三地迎来了协同发展的新历史机遇。2017年4月1日,中共中央、国务院在河北省保定市腹地设立雄安新区,新区承载"千年大计,国家大事",旨在集中疏解北京非首都功能,探索人口经济密集地区优化开发新模式,调整优化京津冀城市布局和空间结构,培育创新驱动发展新引擎,是党中央在探索京津冀地区协同发展模式、顶层设计环节的又一重大落子。[②]

---

① 邹德玲.京津冀经济圈产业结构的调整策略研究[J].商场现代化,2018(5).

② 陶一桃.论雄安新区与中国道路[J].中国经济特区研究,2017(12).

作为京津冀地区共同支持和发展的战略产业，文化产业在调整产业结构，促进产业升级方面发挥了关键作用。京津冀三地毗邻雄安新区，文化底蕴深厚，资源禀赋丰富，地域特色鲜明，差异并存，文化产业合作空间广阔。

《北京城市总体规划（2016年—2035年）》提出，按照"一核两翼"进行空间布局，将京津冀地区打造成为世界级城市群。其中，北京市中心城区作为"一核"，北京城市副中心（通州副中心）、雄安新区分别作为北京市域内和市域外的"两翼"。而通州副中心向东与天津的武清、向南与河北的廊坊接壤，在未来规划上将与天津和河北省协同统筹考虑。

北京市是京津冀协同发展战略中的重要一核，北京市"四个中心"的功能定位，决定了这里是高端要素资源的集中高地，创新驱动的发展动能显著，教育、医疗等公共资源优势明显。作为中国北方典型的特大城市，北京"大城市病"严重，首都功能有待进一步优化提升，城市发展模式有待转变，建设国际一流的和谐宜居之都任重道远。[①]

天津具有独特的"津派"文化底蕴，其特色鲜明的文化产业，软件互联网、广告和展览业等产业优势明显。大多数行业都集中在内容创作、制作复制、发行和展示上。河北省具有深厚的历史文化底蕴。工业部门主要集中在生产再生产和文化消费等中间环节，具有发展文化生产的巨大潜力，在文化制造业发展方面具有较大潜力。

---

① 范周.京冀战略合作协议是全面推进雄安新区建设的重要战略部署[J].前线，2017（9）.

而雄安新区作为新成立的国家级新区,极具发展潜力。2018年4月,《河北雄安新区规划纲要》问世,雄安新区将以疏解北京非首都功能为"牛鼻子"推动京津冀协同发展,成为五大发展理念的集中施展平台,高起点高标准高水平规划设计。雄安新区现有服装、压延制革、毛绒玩具等不符合新区定位和未来规划的部分传统产业链或都将迁往周边河北省其他地区。在对外贸易和城市规划方面,也要更多借鉴天津港口城市的优势和经验。从这个意义上说,京津冀地区的协同发展和河北省雄安新区的建设,是新时期京津冀三地的新机遇。雄安新区发展的巨大空间,将从根本上治愈北京的"大城市病",实现北京城市发展。[①] 更好地发挥"一核两翼"核心作用的重要战略支撑,也是天津及河北部分产业结构优化、城市功能转型、在京津冀一体化中发挥协调与支撑作用的重要契机;更是通州副中心在"一核两翼"中作为其中一"翼"的结构性功能配置。最重要的是,北京首都功能的优化将对雄安新区的发展起到一定作用,缓解京津冀的"虹吸效应"。

今后,京津冀文化协调发展的核心问题在于如何为顶层设计树立良好的地位和良好的布局。要推动三地成为国内文化产业发展的高地,又要突出自己的特色和优势,形成文化发展的互补功能。在中国文化产业"导致加速,曲线超越"的关键时期,京津冀地区的文化协调应该起主导作用。在产业转型升级,项目扩建对接等方面探索值得借鉴的经验。特别是在"互联网"的背景下,三地必须更加关注新兴产业的发展。

---

① 范周.京冀战略合作协议是全面推进雄安新区建设的重要战略部署[J].前线,2017(9).

总之，京津冀文化的协调发展必须打破传统思维，把三地文化产业置于战略高度，统筹规划，形成分工明确、共同发展的格局。随着京津冀协同发展，经济、交通、商业、生态、协同发展，文化协调不可缺席。只有文化协调基因的激活，才能从根本上改善京津冀地区协调发展的内在动力，从而促进其他地区的全面综合发展。

（二）粤港澳大湾区的文化想象

湾区，指由一个海湾或相连的若干个海湾、港湾、邻近岛屿共同组成的区域。① 中国的泛珠三角地区正在崛起一片新的城市群——粤港澳大湾区，是由香港、澳门两个特别行政区和广东省的广州、深圳、珠海、佛山、中山、东莞、肇庆、江门、惠州九市组成的城市群，是国家建设世界级城市群和参与全球竞争的重要空间载体，与东京湾区、纽约湾区和旧金山湾区并称世界四大湾区。② 据统计，2016年，粤港澳湾区人口数量、土地面积和港口集装箱吞吐量均在四大湾区首位，GDP总量达到1.38万亿美元，超越旧金山湾区且仅次于纽约湾区。2017年，粤港澳大湾区建设被写入十九大报告和政府工作报告，提升到国家发展战略层面。推进粤港澳大湾区建设，有利于深化内地和港澳互惠合作，对港澳地区参与国家发展战略，提升竞争力，保持长期繁荣稳定具有重要意义。③

从全球范围来看，大湾区经济的特点主要有三方面：一是聚

---

① 陈晓锋.用超越历史的眼光发展粤港澳大湾区——香港发挥独特优势积极参与粤港澳大湾区建设[J].港澳研究，2017（10）.
② 粤港澳大湾区[J].中国战略新兴产业，2018（5）.
③ 同上.

集全球创新资源；二是高度开放和联通的体系；三是高度一体化的大城市群。世界银行曾有一项数据显示，全球有 60% 的经济总量集中在入海口。[①] 而文化是"入海口"经济中"软实力"的重要体现，粤港澳大湾区具备湾区经济发展的基础，是最适合发展文化创意产业的优渥土壤。

一方面，大湾区多元文化交融，文化资源丰富。既有广东地区传统的岭南文化、客家文化、粤商文化，又有面向国际的西方文化、大都市文化，同时不同文化间又因为居民语言相通、文化同源，具有天然的亲切感与文化认同，是适合文化产业发展的肥沃土壤。同时，粤港澳大湾区经历了农耕文化、海洋文化、侨乡文化的演进，形成了丰富的文化民俗、民间艺术和文化脉络。据统计，目前广东省级非物质文化遗产有超过 452 项；香港公布的首份非物质文化遗产清单共 480 个项目；澳门也有神像雕刻、南音说唱等 15 个非遗项目。

另一方面，大湾区拥有最具创新能力和高度开放的产业及市场条件。在产业分布上，不同地域各有侧重，大湾区西岸，包括广州北部、南部、佛山、珠海、中山等地区是技术密集型产业带，以"装备制造业+农业"为主，集中布局新材料、新能源、农业产品、生物医药、电子加工和制造外包等产业。东岸，包括广州东部、中部；东莞、深圳等地区是知识密集型产业带，以"新兴产业+高科技"为主，集中布局互联网、人工智能、科技创新、电子通信和金融服务等产业。而沿海地区，包括惠州、深圳、江

---

① 陈晓峰.用超越历史的眼光发展粤港澳大湾区——香港发挥独特优势积极参与粤港澳大湾区建设[J].港澳研究，2017（10）.

门等属于生态环保型重化产业带，分布着以医疗设备、油气开采、石油化工为代表的先进制造业；以及以教育培训、文化创新、商务休闲为代表的现代服务业。总体而言，大湾区以科技、物流、教育、金融和旅游等产业为主要载体，已经走出了一条全国最具创新能力的产业发展之路。尤其是在高科技研发领域，有权威人士预测，未来粤港澳大湾区将有望成为中国硅谷，成为世界性的科技创新湾区。

在市场条件上，粤港澳大湾区自由市场经济高度繁荣。其中，香港地区是世界公认的国际化大都市，是中国对外开放的南大门，是重要的国际金融中心、贸易中心与航运中心，市场成熟度高。既有包括香港大学、香港中文大学等国际知名高校、科研院所，又孕育了包括香港交易所在内的现代股权交易平台；还有迪士尼、中国香港动漫节、英皇娱乐等高度成熟的文化市场主体。澳门地区是葡语国家交流平台中心，也是我国对外开放的重要通道，主导产业旅游休闲服务业和博彩旅游业市场高度成熟，每年为澳门地区带来巨额收入。

因此，粤港澳大湾区具有发展文化创意产业和科技创新产业，融合文化资源的内在优势。湾区文化产业带的建设也是未来粤港澳大湾区战略建设的关键。一方面，按照《关于实施中华优秀传统文化传承发展工程的意见》，集中挖掘、继承和发扬大湾区民间丰富的传统文化艺术，根据湾区各大城市群文化的不同特点构建互补的差异化发展模式，如深圳的文创产业、香港的都市文化、澳门的葡系文化等，实现"创造性转化、创新性发展"；同时，依托对外开放口岸，积极推动中华文化走向世界。另一方面，发挥大湾区市场和产业特点，让市场配置资源，实现人才、资本、技术等各要素的充分流通；同时，发挥已有产业优势，积极发展人工智能、数字创意产业、智能制造等新兴产业形态，探索"文化+科技""文化+金融""文化+旅游""互联网+文化"的产业融合新模式。

未来，粤港澳大湾区将是文化创意产业的窗口，是中国最活跃的文化市场与文化 IP 的聚集地，也将是文化创意产业带动传统产业制造方式和居民生活方式转型升级的示范平台，更是中华文化走出去和吸引国际人才走进来的窗口。未来，粤港澳大湾区将蕴含无限的文化想象力，以巨大的文化包容度和经济吞吐量，为我国湾区经济建设提供最大的发展空间，成为我国文化产业经济带战略中的重要环节。

结语

如上所述，无论是文化强国战略，还是乡村振兴战略、五大经济带战略，都体现了文化与经济的密切相关性，它们既是文化战略，又是经济战略。文化与经济作为我国社会主义建设中"五位一体"的重要环节，早已相互渗透，呈"你中有我，我中有你"之势。文化经济已经成为经济发展的战略推动力，在经济战略的制定中已经进入国民经济发展的方方面面，扮演着越来越重要的角色。

第三篇
文化经济：国民经济的新增长极

改革开放以来,中国社会发生了广泛而深刻的变革。经济体制改革推动国民经济快速发展,使中国加快融入经济全球化的浪潮。同时,经济领域的改革也不断影响着政治、文化、思想领域的变革与开放。人民物质生活水平不断提高,文化需求快速增长,文化经济迅猛发展。

文化经济是国民经济的有机组成部分,既直接推动文化产品创作、生产、传播、消费,也日益与旅游、设计、金融、科技、农业、医疗等产业融合,在经济社会发展中的地位和作用越来越突出。相比于其他产业,文化产业具有低投入、低消耗等鲜明特点,在优化产业结构、促进转型升级、扩大消费、增加就业、推动可持续发展等方面发挥独特的作用。在国际金融危机的大背景下,在我国经济发展进入新常态的新形势下,加快发展文化产业,对于转变发展方式、调整经济结构、提高发展质量和效益,更好地满足人民群众多方面、多层次、多样化的精神文化需求以及全面建成小康社会,意义重大。

第六章　文化产业成为国民经济支柱性产业

引言

中国文化产业的发展与改革开放、与祖国繁荣富强和民族伟大复兴息息相关。20世纪70年代末到20世纪80年代中期,随着改革开放的提出,社会文化消费得到了复苏,文化产业取得一定程度的恢复性发展。但该时期,文化产业的发展还没有完全摆脱计划经济体制的束缚,文化还没有被赋予真正意义上"产业"的地位。

党的十四大提出"积极推进文化体制改革",文化产业发展开始由较单纯的"以文补文"进入初始发展阶段,主要表现为文化产业快速发展,文化需求朝着娱乐型、多样化、可参与性的方向发展,民营资本在激活文化市场活力、发展文化产业方面发挥了独特的作用。到了20世纪90年代中期,以北京、上海为首的部分城市提出了文化产业的发展目标。1998年,文化部文化产业司成立,文化产业开始被纳入国民经济发展的管理体系。2002年,党的十六大第一次在党的正式文件中科学地区分了文化事业与文化产业。2009年9月,国务院常务会议审议通过《文化产业振兴规划》,将文化产业列入"十一五"国家产业振兴规划,次年10月提出在"十二五"期间"推动文化产业成为国民经济的支柱性产业",文化产业正式列入国家战略性支柱产业[①]。2012年,得益于国内外的良好发展环境和条件,我国文化产业呈现出持续增长的强劲发展势头,实现全面提升。内涵式发展、融合发展、特色发展成为当下文化产业发展的突出特点。文化科技、文化旅游、文化金融、文化旅游等一批新兴的文化业态为文化产业的快速发展注入了新的活力,文化创意、数字出版、移动多媒体、动漫游戏等新兴文化产业成为文化产业发展新的增长点和构建现代文化产业体系的重要组成部分。尤其是以互联网为载体的新型文化产业的快速发展,日益成为文化产业的新增长点。2016年,以"互联网+"为主要形式的文化信息传输服务业营业收入达5752亿元、增长30.3%。[②]到2017年上半年,以"互联网+"为主要形式的文化信息传输服务业营业收入达到3397亿元,同比增长高达32.7%。[③]人民群众精神文化生活更加丰富多彩。

经过40年的发展,我国文化产业发展呈现出欣欣向荣的局面,文化及相关产业保持平稳快速增长,占GDP比重稳步提升,在推动经济转型升级、平稳健康可持续发展中发挥了重要作用。2004年,我国文化产业增加值仅为3440亿元,占GDP比重为

---

① 张晓明.中国文化产业发展之历程、现状与前瞻[J].山东社会科学,2017(10).

② "互联网+"助文化信息传输服务业增长30.3%[EB/OL].(2017-02-09)[2018-10-25].http://www.sohu.com/a/125839351_360254.

③ 文创+互联·大平共赢时代[EB/OL].(2017-09-22)[2018-10-25].http://www.sohu.com/a/193943271_650412.

2.15%。[①] 到 2016 年，全国文化及相关产业增加值达 30785 亿元，比上年增长 13.0%（未扣除价格因素，下同），比同期 GDP 名义增速高 4.4 个百分点；占 GDP 的比重为 4.14%，比上年提高 0.17 个百分点。按行业分，2016 年文化制造业增加值为 11889 亿元，比上年增长 7.6%，占文化及相关产业增加值的比重为 38.6%；文化批发零售业增加值为 2872 亿元，增长 13.0%，占 9.3%；文化服务业增加值为 16024 亿元，增长 17.5%，占 52.1%。[②] 在各省市经济下行、增速放缓的情况下，文化产业仍维持超过 GDP 增速的成长态势，加快转变发展方式、大力发展文化产业已经成为全国经济发展共识。

第一节 文化产业兴起的历史背景和理论语境

一、文化产业形成的历史背景

追溯文化产业发展源头，探寻其发展历史可以发现，文化产业是世界经济发展的必然选择，也是科学技术进步的必然结果和文化崛起的必然要求。[③]

[①] 国家统计局社会科技和文化产业统计司、中宣部文化体制改革和发展办公室. 中国文化及相关产业统计年鉴 [M]. 北京：中国统计出版社，2017：32.
[②] 统计局网站. 2016 年我国文化及相关产业增加值比上年增长 13%[EB/OL]. (2017-09-26)[2018-04-11].http://www.gov.cn/xinwen/2017-09/26/content_5227621.htm.
[③] 范周. 中国文化产业发展迎来新的机遇期 [EB/OL].(2014-10-29)[2018-04-11]. https://mp.weixin.qq.com/s?__biz=MzAxNTEwMjcwMQ%3D%3D&idx=1&mid=200878145&scene=21&sn=db14824a82eb5a650ae0e3048a4ddf3a.

(一)政治环境孕育文化产业战略

第二次世界大战改变了世界政治格局和社会环境。第二次世界大战期间，除正面战场作战，舆论控制成为各国政府重视的第二战场。传播学五大奠基人之一拉斯韦尔（Harlrold Lasswell）于1927年在《世界大战的宣传技术》中对舆论管理的重要性和宣传技巧进行详细论证和说明，开启政治影响媒介和社会文化的篇章。第二次世界大战结束后，各国急需休养生息，调整经济发展模式，谋求新的经济增长点。美日英等国开始以文化产业促进本国经济发展和文化软实力，把文化产业和创意产业提到国家战略的重要层面加以重视。20世纪80年代，在国际政策上扮演重要角色的新自由主义思想提出，公有制以及从严从紧的政府管制是经济低迷的诱因，强调市场自由和私有化改革，反对国家对经济和市场的干预和管控，继而推动了私有化改革。[①] 在此思想的引导下，文化市场的概念逐渐形成，市场成为有效、公平的资源配置方式，而在文化生产和消费中，以牟利为目的的文化商品及服务的生产与交换，是实现效益与公平的最好方式。[②] 为促进文化市场繁荣，各国制定了支持文化产业发展的相关政策措施，推动了世界范围内文化产业的兴起和发展。因此，政策是引发文化产业转型的基本因素和发酵剂。

(二)经济发展提供文化产业动力

如果说政治环境孕育了文化产业的发展，经济发展则是文化产业兴起的内在动力。20世纪60年代末，资本主义工业社会的黄金时代结束，社会经济开始衰退，文化作为一种经济活动，日

---

① 范周.文化产业新思考2[M].北京：光明日报出版社，2014：4-5.
② 同上.

益被公众所熟悉和接受。第二次世界大战结束后,欧洲国家采取"休养生息"的经济政策,国民经济得到了恢复性发展,人民的生活水平得以提升。从20世纪70年代早期到20世纪90年代,资本主义国家经济危机频发,大批工人失业,社会经济动荡不安。为应对经济危机,主要发达国家转变经济发展战略,加快发展第三产业,文化产业因此得到发展。可以说,文化产业是产业分化、社会进步的必然结果。随着社会进步和人民生活水平的提高,居民的基本生活得到保障,对文化产品和服务的需求日益增加,文化消费增长大大超过第一、二产业的消费增长。随着互联网信息技术的发展,第三次技术革命爆发,推动了第三产业的快速发展,物质生产领域中包括劳动力在内的大部分资源纷纷向非物质生产领域转移,文化产业因此产生并不断发展壮大。

(三)科技变革助推文化产业腾飞

科学技术的变革推动产业结构变革,引领人类社会的创新发展。以蒸汽机的发明和电动机的广泛运用为标志的第一、二次工业技术革命,推动西方资本主义国家快速崛起,并不断发展壮大。19世纪40年代至19世纪70年代,电报、电话相继发明,20世纪20年代至20世纪50年代,无线电广播、电视技术与媒介相继出现。随着现代技术的发明和应用,科学技术对文化生产、传播的影响日益增大。科技进步是文化产业化、产业创新化的支撑和动力。20世纪中期,被誉为第三次工业革命的"信息时代"到来,以计算机信息处理、网络为标志的科技革命为文化产业实现大批量、产业化、规模化的复制、拷贝和传播流通带来了无限的可能,推动文化成为人民生活不可分割的一部分。

二、文化产业发展的理论语境

(一)文化产业的理论溯源

文化产业(Culture Industry)这一术语产生于20世纪40年代,最早出现译为"文化工业",法兰克福学派第一代重要人物本雅明(Walter Benjamin)在《机械复制时代的艺术作品》中表达关于文化工业的思想,讨论了大工业生产方式和技术复制手段所产生的文化和审美领域的革命。1947年,法兰克福学派的阿多诺(Theodor Wiesengrund Adorno)和霍克海默(Max Horkheimer)在《启蒙辩证法》中《文化产业:欺骗公众的启蒙精神》一章中首次明确提出"文化产业"和"大众文化"的概念,指工业生产时代大批量生产标准化、规格化、工业化的文化商品,带有浓郁的批判色彩。1963年,阿多诺重新思考"文化工业"的概念,在《文化工业的再思考》中总结道:"我们之所以用'文化工业'取代'大众文化',是为了从一开始就排除与它的鼓吹者相一致的那种解释。"[①] "文化工业"是建立在科学技术之上的可以大规模成批量进行生产和复制的文艺创作活动,是依靠传媒技术和科技手段造就社会大众口味的文化消费品的行为。

法兰克福学派是当代西方的社会哲学思想流派,主要以批判的社会理论思想著称,代表人物有马克斯·霍克海默、西奥多·阿道尔诺、瓦尔特·本雅明、赫伯特·马尔库塞和尤尔根·哈贝马斯等。法兰克福学派的批判理论带有明显的工业社会

---

① 霍步刚. 国外文化产业发展比较研究 [D]. 大连:东北财经大学,2009.

时代特征，他们最早提出了文化产业模式在当时的资本制度下对大众文化重要社会影响作用，一直以来存在许多争议。但不可否认的是，法兰克福学派提出的"文化工业"模式对后来文化产业理论的发展起了不可估量的作用，随着时代的发展，"文化工业"已经褪去了批判色彩，逐渐发展成为一种新型经济模式。

英国文化研究学派，又称伯明翰学派，与法兰克福学派是20世纪西方马克思主义思潮及当代文化研究中影响最大的学派，以雷蒙·威廉姆斯、斯图尔特·豪尔、托尼·本尼特、约翰·费斯克等为代表。概括来说，英国文化研究学派对文化产业理论的贡献主要是，第一，奠定文化产业的基础理论，认为文化产品是开放的、可解读的文本，而大众是具有创造性的主动参与者。不同的受众群体会通过"编码—解码"的双向过程，对文本有不同的理解。第二，摒弃高雅文化与低俗文化的传统划分，聚焦大众文化和媒介文化产品，认为大众文化和媒介对个人、国家、民族文化生成和建构有很重要的影响作用。第三，把经济分析纳入文化研究领域，认为文化研究与政治经济联合是非常有必要的。从此，"文化研究"转向真正意义上的"产业研究"。

（二）文化产业的国际概念和界定

国际上，文化产业的定义和概念还没有得到统一的界定。1980年初，欧洲议会所属的文化合作委员会邀请各国政府官员、专家学者、企业家共同探讨"文化产业"的涵义、政治和经济背景及其对社会和公众的影响等问题。[①]之后不久，英国大伦敦市议会（GLC）将"文化产业"定义为："其主要是指国家资助体系以

---

① 单世联. 现代性与文化工业 [M]. 广州：广东人民出版社，2008：381.

外的那些文化活动和商业运作,以及普通大众所消费的所有文化产品"。[①]自此,"文化产业"这一学术概念开始在世界范围内广泛应用。

不同国家和组织根据自身的产业发展水平与利益诉求,对文化产业的名称、定义和分类略有不同。联合国教科文组织将文化产业定义为:"结合创造、生产与商品化等方式,运用本质是无形的文化内容。这些内容基本上受到著作权的保障,其形式可以是货品或服务。"主要包括印刷、出版和多媒体,视听、唱片和电影的生产以及工艺和设计等,在一些国家还包括建筑、视觉和表演艺术、体育、乐器的制作、广告和文化旅游等。[②]英国普遍采用"创意产业"这一概念,主要是指"源于个体创造力、技能和才华的活动,而通过知识产权的生成和取用,这些活动可以发挥创造财富和就业的潜力。"[③]法国沿用"文化产业"的概念,定义是"传统文化事业中特别具有可大量复制性的产业"。欧盟在其2000年的信息规划中提出了"内容产业"的概念,指"制造、开发、包装和销售信息产品及其服务的产业"。[④]总体来说,各国对于文化产业所具有的文化与经济相结合的根本属性不存在任何意义,分歧较大的则是某一具体行业的归属(见表6-1)。

---

① 朱卫兵.广义产业视野中的广播电视新闻专业[J].东莞理工学院学报,2007(4).
② 苑捷.当代西方文化产业理论研究概述[J].马克思主义与现实(双月刊),2004(1).
③ 张雷.地方文化资源与创意经济的融合机理分析[J].理论学刊,2009(7).
④ 苑捷.当代西方文化产业理论研究概述[J].马克思主义与现实(双月刊),2004(1).

表 6-1 不同国家文化产业分类与内容[①]

国家	"文化产业"名称	文化产业分类情况
英国	创意产业	广告、建筑、艺术和古董市场、手工艺、设计、时尚设计、电影、互动休闲软件、音乐、电视和广播、表演艺术、出版和软件等13个部门。
美国	版权产业	核心版权产业、交叉产业、部分版权产业、边缘支撑产业。
法国	文化产业	展现传统文化服务的文化基础设施建设、文化设施的管理、图书出版、电影、旅游业等几个方面。
澳大利亚	文化娱乐业	遗产类、艺术类、体育和健身娱乐类、其他文化娱乐类。
韩国	文化产业	影视、广播、音像、游戏、动画、卡通形象、演出、文物、美术、广告、出版印刷、创意设计、传统工艺品、传统服装、传统食品、多媒体影像软件、网络以及其相关的产业。
日本	内容产业	内容产业、休闲产业、时尚产业。

（三）文化产业的中国理解

相较于国外，我国文化产业的发展及相关研究则相对滞后。1985年，国务院转发《关于建立第三产业统计的报告》，教育、文化、广播电视、旅游作为第三产业被列入国民生产统计项目。2003年，文化部颁布《关于支持和促进文化产业发展的若干

---

① 苑捷.当代西方文化产业理论研究概述[J].马克思主义与现实（双月刊），2004（1）.

意见》，将文化产业的概念界定为："文化产业是指从事文化生产和提供文化服务的经营性行业，文化产业和文化事业是相对应的，都是社会主义文化建设的重要组成部分。"[①]2003年7月，国家统计局、中宣部及国务院等有关部门组织成立"文化产业统计研究课题组"，根据《国民经济行业分类》国家标准（GB/T 4754—2002），制定《文化及相关产业分类》，第一次明确我国文化产业的统计范围、层次、内涵和外延，为开展文化产业统计工作和政府有关部门对文化产业实行规范化管理奠定了基础。同时，对文化产业的概念进行界定，"本分类规定的文化及相关产业是指为社会公众提供文化、娱乐产品和服务的活动，以及与这些活动有关联的活动的集合"。[②]此外，国家还颁布一系列文化产业相关的政策法规文件，从政策角度进一步对文化产业的分类和范围进行界定。如党的十七届六中全会通过《中共中央关于深化文化体制改革 推动社会主义文化大发展大繁荣若干重大问题的决定》，提出"发展壮大影视制作、出版发行、广告、印刷、娱乐、演艺、会展等传统文化产业，文化创意、动漫游戏、移动多媒体、数字出版等新兴文化产业（见图6-1）。"[③]

---

① 文化部办公厅.文化部关于支持和促进文化产业发展的若干意见 [EB/OL].(2003-09-04)[2018-04-11]. http://www.shouduwhcy.com/index.php?a=post&id=140&index.php?m=Index.

② 国家统计局.国家统计局关于印发《文化及相关产业分类》的通知 [EB/OL].(2004-04-10)[2018-04-11]. http://www.whyn.gov.cn/publicity/view/44/1447.

③ 中共中央关于深化文化体制改革 推动社会主义文化大发展大繁荣若干重大问题的决定 [EB/OL].(2011-10-25)[2018-04-11].http://politics.people.com.cn/GB/101380/16017728.html.

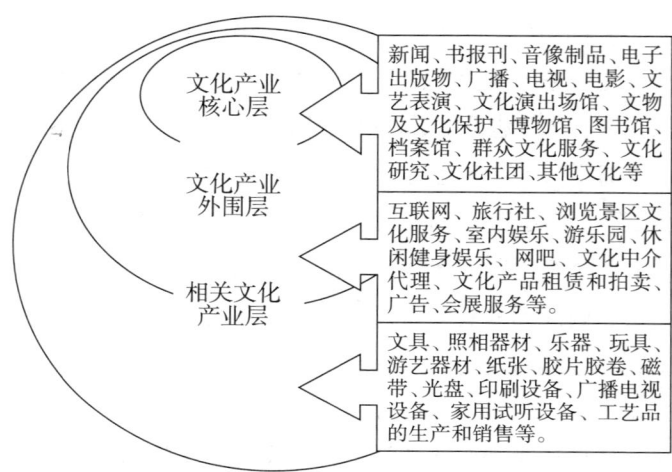

图 6-1 2004 年文化产业统计分类标准 ①

随着互联网信息技术的快速发展以及在文化产业领域的广泛运用,"文化+"产业融合加剧,传统文化产业转型升级,新业态不断涌现,文化产业分类和统计标准也随之不断变化。2012年,我国参考联合国教科文组织重新定义的国际文化产业分类标准《文化统计框架2009》,根据《国民经济行业分类》(GB/T4754—2011),对我国文化及相关产业定义及分类标准进行重新界定,将文化产业定义为"文化及相关产业是指为社会公众提供文化产品和文化相关产品的生产活动的集合"。根据这个定义,我国文化及相关产业的范围包括:第一,以文化为核心内容,为直接满足人们的精神需要而进行的创作、制造、传播、展示等文化产品(包括货物和服务)的生产活动;第二,为实现文化产品生产所必需

---

① 国家统计局.国家统计局关于印发《文化及相关产业分类》的通知[EB/OL].(2004-04-10)[2018-04-11]. http://www.whyn.gov.cn/publicity/view/44/1447.

的辅助生产活动；第三，作为文化产品实物载体或制作（使用、传播、展示）工具的文化用品的生产活动（包括制造和销售）；第四，为实现文化产品生产所需专用设备的生产活动（包括制造和销售）（见表6-2）。①

表6-2 《文化及相关产业分类》（2012）产业分类表②

文化产品的生产	新闻出版发行服务	新闻、出版、发行
	广播电视电影服务	广播电视、电影和影视录音
	文化艺术服务	文艺创作和表演、图书馆与档案馆、文化遗产保护、群众文化等
	文化信息传输服务	互联网信息、增值电信（文化部分）、广电传输等
	文化创意和设计服务	广告、文化软件、建筑设计、专业设计等
	文化休闲娱乐服务	景区游览、服务娱乐休闲、摄影扩印等
	工艺美术品的生产	工艺美术品的制造。园林、陈设艺术及其他陶瓷制品的制造，工艺美术品的销售等
文化相关产品的生产	文化产品生产的辅助生产	印刷复制、文化经纪代理、文化贸易代理与拍卖、文化出租、会展、其他文化辅助生产等
	文化用品的生产	办公用品的制造、视听设备的制造、鞭炮产品的制造、文化家用电的销售、其他文化用品的销售等
	文化专用设备的生产	印刷专用设备的制造、广电专用设备的制造、广播电视电影设备的批发、舞台照明设备的批发等

---

① 国家统计局设管司.文化及相关产业分类（2012）[EB/OL].(2012-07-31)[2018-04-11]. http://www.whyn.gov.cn/publicity/view/44/1447.

② 同上.

随着互联网时代的到来，以"互联网+"为依托的文化新业态不断涌现并发展迅猛，日益成为文化产业新的增长点。2017年6月30日，新的《国民经济行业分类》（GB/T 4754—2017）正式颁布。为适应当前我国文化新业态不断涌现的新形势，满足文化体制改革和文化发展规划的需要，2018年4月，国家统计局发布《文化及相关产业分类（2018）》，将原来的10个大类、50个中类调整为9个大类、43个中类，并设置了相应的类别名称。

第二节 文化产业发展的中国特色

一、中国文化产业发展的总体特征

千金难买回头望。站在历史发展的新起点上，回首过去的40年，我国文化产业在政府、企业与广大人民群众的共同培育下，从幼小走向壮大，从边缘走向中心，从封闭走向开放融合，目前已经形成了较大的产业规模、综合性的产业体系和多元化的经营主体，产业发展呈现出良好的态势，正在逐步成为国民经济支柱性产业。

（一）双效统一激发文化产业活力

经过40年的发展，我国文化产业增加值快速增长，产业规模不断扩大，企业数量和从业人数大幅增加，传统行业转型升级，新兴业态不断涌现，文化产业结构不断优化、趋于合理。文化产业成为国民经济发展的支柱性产业。

文化产业增加值快步增长。2004—2016年，我国文化产业增加值呈逐年上升趋势,从 2004 年的 3440 亿元增加到 2016 年的 30785 元,翻了三番多,绝对增长量达到了 27345 亿元。其中有两次飞跃性增长,一次是 2010 年,文化产业增加值的增量为 2266 亿元,较之上年倍增,原因是 2009 年我国出台《文化产业振兴规划》,将文化产业上升到国家战略性产业加以重视;一次是 2012 年,增量达到 4592 亿元,主要原因是 2012 年我国调整了文化产业的统计口径。2013 年文化产业增量也超过 3000 亿元,主要是由于在统计口径中加入了个体户(见表 6-3)。

表 6-3 2004—2016 年文化及相关产业增加值及占 GDP 比重

年份 Year	增加值(亿元) Value-added (100 million yuan)	增长(现价,%) Increase Rate (current price, %)	占 GDP 比重(%) as Percentage of GDP (%)
2004	3440		2.15
2005	4253	37.1	2.30
2006	5123	20.5	2.37
2007	6455	26.0	2.43
2008	7630	18.2	2.43
2009	8786	22.6	2.52
2010	11052	25.8	2.75
2011	13479	22.0	2.85
2012	18071	16.5	3.48
2013	21870	11.1	3.67
2014	24538	12.2	3.81
2015	27235	11.0	3.95
2016	30785	13.0	4.14

文化产业增加值占 GDP 的比重逐年升高,从 2004 年的 2.15% 上升到了 2016 年的 4.14%。2004—2016 年,有两个年份,即 2012 年和 2013 年文化产业增加值占 GDP 的比重显著提升,分别比上年增加 0.6 个百分点和 0.25 个百分点,其主要原因是文化产

业统计标准发生了变化。以 2012 年为分界线，2004—2011 年，文化产业占 GDP 的比重稳步上升，但增长较为缓慢，平均为 0.05 个百分点，2013—2016 年，文化产业占 GDP 的增长点维持在比上年增加 0.15 个百分点左右[①]，在经济增长中的地位和作用日益上升，成为经济社会发展新引擎（见图 6-2）。

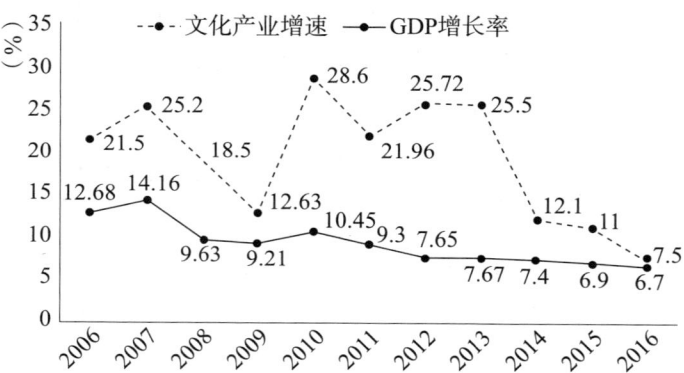

图 6-2　2006—2016 年文化产业增速与 GDP 增长率对比图[②]

（二）产业升级换代加速结构转型

经过 40 年的发展，我国文化产业结构不断优化，向高端化、内容化方向发展的趋势明显，现代文化产业体系建设取得显著成效。

首先，传统文化产业升级发展。传统文化产业是文化产业的基础和骨干力量。根据《中共中央关于深化文化体制改革　推动社会主义文化大发展大繁荣若干重大问题的决定》，传统文化产业主要包括出版发行、影视制作、印刷、广告、演艺、娱乐、会展

---

① 范周.文化产业论纲 [M].北京：社会科学出版社，2016：262.
② 范周.2017 中国文化产业年度报告 [M].北京：知识产权出版社，2017：2.

等①。以新闻出版行业为例，1979年11月，中央宣传部发布《关于报刊、广播、电视台刊登和播放外国商品广告的通知》，批准新闻出版单位承办广告。②1985年全国地方性出版工作会议后，明确出版业由生产型转向生产经营型，图书出版业开始引入民营资本，由生产导向型向生产经营型转变。1996年，广州日社报率先成立第一家报业集团。2000年3月，辽宁出版集团成立，这是我国第一个真正意义上政企分开、全面实行现代企业制度模式、实施产业发展的新闻出版企业。③随着互联网信息技术作为"第四媒体"逐渐普及，大众传播兴起，2006年10月，上海新华传媒股份有限公司"借壳上市"，成为我国新闻出版发行企业中第一家上市公司，开创我国文化企业上市和股权分置改革的先例。④在技术创新的驱动下，新闻出版业开始由传统向数字化转变。从"十二五"规划提出"新闻出版业数字化转型"到"十三五"规划提出"新闻出版数字化转型全面布局"，新闻出版业的内容和商业模式不断更新转换。经过多年的发展，我国已经成为世界出版大国，图书、期刊、报纸等纸介质传统出版物印数连创历史新高。

其次，新兴文化产业快速发展。所谓新兴文化产业是相对于传统文化产业而言，在现代科学技术推动下出现的新的文化行

---

① 中共中央关于深化文化体制改革 推动社会主义文化大发展大繁荣若干重大问题的决定[EB/OL].(2011-10-25)[2018-04-11].http://politics.people.com.cn/GB/101380/16017728.html.

② 蒋晓丽，李建华.中国新闻传媒30年巨变及其反思[J].西南民族大学学报（人文社科版），2008（12）.

③ 付琦.我国新闻出版业发展水平影响因素的实证研究[D].桂林：广西师范大学，2013.

④ 汪耀华.中国书业30年成长历程[J].编辑之友，2008（11）.

业[1],主要包括网络文化、文化旅游、影视制作、动漫游戏、演艺会展和广告媒体等行业门类。20世纪90年代以来,随着"互联网+""文化+"的加快,文化产业在生产方式、经营模式、传播手段、盈利模式等各方面发生重大变化,涌现出许多文化产业新业态,成为我国文化产业发展的亮点和新增长极。2006年9月,《国家"十一五"时期文化发展纲要》提出"大力发展以数字化内容、数字化生产和网络化传播为主要特征的新兴文化产业"。[2]2007年10月,党的十七大报告提出"运用高新技术创新文化生产方式,培育新的文化业态"。以数字创意为代表的新兴文化产业既有利于改善文化产业供给结构,促进产业转型省级,实现文化产业领域的供给侧改革;也有利于丰富文化消费内容,满足人们日益增长的美好生活需要;更推动文化与国民经济各门类跨行业、跨领域融合发展,促进经济结构转型,培育产业发展新动能。经过多年的发展,我国数字出版产业新形态、新产品和新服务不断涌现,形成较为完备的数字出版体系。电影数字化在制作、发行、放映等领域实现全面突破,多渠道发行、多层次开发的电影生产经营体系进一步完善,数字化放映成为发展主流。网络动漫游戏迅速崛起,成为文化产业发展的重要增长点。2016年,以"互联网+"为主要形式的文化信息传输服务业营业收入5752亿元、增长30.3%,[3]动漫游戏、网络文学、网络音乐、网络视频等已经成为新

---

[1] 祁述裕,韩骏伟.新兴文化产业的地位和文化产业发展趋势[J].马克思主义与现实(双月刊),2006(5).

[2] 杜丽芬.新兴文化业态:核心概念及其初步分类[J].商场现代化,2010(6).

[3] "互联网+"助文化信息传输服务业营收增长30.3%[EB/OL].(2017-02-09)[2018-04-12]. http://www.sohu.com/a/125839351_360254.

的消费增长点，文化产业新业态正成长为推动经济结构转型的新生力量。

（三）"文化 +"跨界融合趋势明显

经过 40 年的发展，文化产业与国民经济各行业加速融合，文化直接融入国民经济更广泛的领域，并通过供给侧结构性改革优化产业结构、组织结构和消费结构，放大了文化产业的格局和境界。在创新驱动下，文化产业为传统产业注入新活力，拓展新空间，培育新经济增长点，文化＋旅游、文化＋金融、文化＋农业、文化＋康养、文化＋体育、文化＋制造、文化＋智慧城市、文化＋特色小镇、文化＋人工智能等"文化 +"横向拓展、纵向延伸，不断促进文化创意和设计服务与相关产业的融合创新，不断向一、二、三产业和上、中、下游全产业链覆盖延展，通过资源整合和跨界竞合，突破行业壁垒，创造产业空间，推动文化产业的繁荣发展。① 在很多地区，文化产业与相关产业融合发展形成的特色文化产业，成为地方经济发展的新引擎。通过融合、创新发展，文化产业正走出"吹拉弹唱"的"小文化"，融入国民经济的"大文化"，成为看不见、摸不着的"软实力"和拉动地方经济腾飞的"硬实力"。

（四）文化产业所有制结构大力调整

坚持以公有制为主体、多种所有制共同发展是我国社会主义初级阶段的基本经济制度，也是激发全社会参与文化产业发展积极性，加快文化产业发展的基本制度。改革开放以来，国家积极发展国有文化企业的同时，积极推动促进非公有制文化企业发展，

---

① 范周. 文化产业发展的六个新态势 [J]. 中国国情国力，2016（12）.

社会各界投资文化产业热情高涨,以公有制为主、多种所有制共同发展的文化产业格局基本形成。

一方面,国有或国有控股骨干文化企业发展势头强劲。改革开放以前,截至 1977 年末,国有文化企业共 1887 家,主要分布在电影(发行和放映)、图书发行(新华书店)、印刷和文物商店。1978—2002 年,共计成立国有文化企业 4459 家。自 2003 年国务院启动转企改制以来,国有文化企业获得快速发展,2003—2007 年,国有文化企业数量年均增加 300 多家,自 2008 年起年均增加 500 家以上。① 根据财政部发布的《国有文化企业改革发展报告》,截至 2016 年底,全国国有文化企业共计 14838 户,同比增长 6%;资产总额 36937.1 亿元,同比增长 16.3%;营业总收入 15673.9 亿元,同比增长 11.3%;利润总额 1373.6 亿元,同比增长 4.7%。②

另一方面,非公有制文化企业快速发展,民间投资热情高涨,涌现出一批具有较强实力和竞争力的民营文化企业。党的十二届三中全会以后,我国打破单一的公有制经济,开始实行公有制基础上有计划的商品经济,社会化文化产品的生产开始逐渐繁荣。2012 年,文化部发布《关于鼓励和引导民间资本进入文化领域的实施意见》,提出要对民营文化企业和国有文化企业一视同仁,鼓励民营资本投资文化产业,打破资本进入文化领域的"弹簧门"

---

① 中央文化企业国有资产监督管理领导小组办公室. 国有文化企业发展报告(2012)[M]. 北京:经济科学出版社,2012:12.
② 李楠桦. 财政部:2016 年底国有文化企业资产总额 36937.1 亿元 [EB/OL]. (2017-12-28)[2018-04-11]. http://finance.people.com.cn/n1/2017/1228/c1004-29733096.html.

和"玻璃门"。在全国工商行政管理部门登记注册的文化市场主体中，非公有制文化市场主体在2003年仅为58.6万户，而截至2012年6月已增加到215.79万户，占文化市场主体总量的97%，增长了268.23%。其中，个体工商户、微型企业为103.8万户。[1]党的十八大召开以后，文化主管部门联合相关部门积极推动文化产业领域的"大众创业、万众创新"。根据《中华人民共和国文化部2016年文化发展统计公报》，截至2016年，全国文化市场经营单位24.27万家，比上年末增加1.10万家；从业人员160.90万人，增加4.43万人。[2]

（五）区域文化产业协调发展

改革开放以来，随着我国国民经济的快速发展，全国各地逐步形成区域性经济、文化发展特色。文化产业作为区域经济的重要组成部分，成为优化区域经济结构的重要"催化剂"。

中央结合我国经济和产业区域化发展特点，一方面，重视发挥东西中部地区文化资源优势，发展特色文化产业，努力形成东西中部优势互补、良性互动的区域文化产业协调发展格局。另一方面，积极推进"一带一路"建设、京津冀协同发展、长江经济带发展，实施重点城市群规划，发挥新增长带、增长极的辐射和带动作用，推动形成空间集聚效应明显的重点文化产业区块和文化产业带。此外，以北京、上海、深圳、杭州、南京、成都等为

---

[1] 蔡武.筑牢文化自信之基——中国文化体制改革40年[M].广州：广东经济出版社，2017：94.
[2] 文化部财务司.中华人民共和国文化部2016年文化发展统计公报[EB/OL].(2017-05-15)[2018-04-11].http://www.ce.cn/culture/gd/201705/15/t20170515_22803759.shtml.

首的部分重点城市依托本地文化资源优势，不断创新文化产业发展思路，为促进本地区经济发展方式转变和区域经济转型发挥了引领作用。区域发展不再是简单割裂的资源共享，打破界限、联动发展，区域文化发展进入新格局。[①]

二、中国文化产业发展面临的时代机遇[②]

（一）文化消费增长为文化产业发展提供新空间

改革开放40年来，中国居民文化消费发展迅速。城乡居民生活水平得到极大的改善和提高，推动消费需求的转型升级，主要表现在：消费观念上，从注重文化产品的功能价值转向精神价值，随着消费者对文化产品功能价值需求的满足，文化产品的物质成本边际效用递减，随之而来的是精神成本边际效用递增；在消费水平上，从追求模仿型消费转向个性化消费，追求文化产品和服务的创意表达；在消费结构和层次上，从生存型需求向享受型需求转变，文化教育、休闲旅游、康体养生等消费热点迅速升温。虽然城乡居民文化消费水平仍存在一定差距，但是文化消费都呈现出多样化、高端化的趋势，从生活必需品为主逐渐向非必需品为主转变。

但值得注意的是，当前，我国社会主要矛盾已经转化为人民日益增长的美好生活需要和不平衡不充分的发展之间的矛盾。经济的快速增长，并没有带来人民精神文化需求的同步满足，文化

---

① 范周.深度解读《文化部"十三五"时期文化产业发展规划》[J].人文天下，2017（5）.

② 范周.文化产业论纲[M].北京：社会科学文献出版社，2016：31-37.

建设滞后于经济建设的发展速度与质量。公民参与文化生活和文化活动的权利、分享文化发展成果的权利等，开始上升到政府的责任和百姓生活的精神追求等重要层面。中共中央、国务院《关于深化文化体制改革的若干意见》指出，培育现代文化市场体系，要加强文化产品和要素市场建设，打破条块分割、地区封锁、城乡分离的市场格局，形成统一、开放、竞争、有序的现代文化市场体系。文化需求与文化供给不断得到双向快速发展。

2011年中国共产党第十七届中央委员会第六次全体会议审议通过的《中共中央关于深化文化体制改革 推动社会主义文化大发展大繁荣若干重大问题的决定》其中最大的亮点就是提出建设"文化强国"长远战略。全会研究了深化文化体制改革、推动社会主义文化大发展大繁荣若干重大问题，认真总结我国文化改革发展的丰富实践和宝贵经验，研究部署深化文化体制改革、推动社会主义文化大发展大繁荣，进一步兴起社会主义文化建设新高潮，对夺取全面建设小康社会新胜利、开创中国特色社会主义事业新局面、实现中华民族伟大复兴具有重大而深远的意义。文化强国，是中国经济转型升级的重要组成部分，是中国国民生活质量全面提升的重要组成部分，也是中国文化企业一次千载难逢的历史性成长机遇。文化创意商品的最大价值在于它的社会效应，它表现为物质产品，但传递着精神价值，它代表着人的智慧及兴趣、爱好和人的创造力，标志着个人与社会发展和进步的程度；它蕴含着健康向上、乐观正向、积极进取的生活态度和价值取向，潜移默化中起着教化人、陶冶人和提升人的精神境界的作用。

居民文化消费需求持续增长，为加快我国文化产业发展提供了广阔的市场空间。当前，我国社会和经济正经历着转型调整，经济增长方式从生产型经济向需求经济转变。同时中国文化正在发生潜移默化的变化,从身份文化转向平等文化,从精英文化转向大众文化,从一元文化转向多元文化,中国人越来越超出狭隘的民族文化意识,面向世界与未来文化,接受多元文化,融入全球文化;文化结构从物质文化为主导转向精神文化为主导;文化态度从文化自信转向文化自省。[①]

(二)产业结构调整为文化产业发展提供新机遇

党的十七大报告提出"加快转变经济发展方式,推动产业结构优化升级",用"转变经济发展方式"代替"转变经济增长方式",是中国经济发展的迫切要求和必然选择。文化产业与转变经济增长方式的内涵是相一致的,都是强调质量与结构的改善,从高投入、高消耗、高污染向高效益、高附加值和高人力资本含量转变,从注重物质形式和财富积累向注重精神需求和公共福利转变,从单纯强调经济增长指向经济、社会和环境综合指数转变;从强调技术、资金、土地等生产要素向强调制度、知识和结构方向转变,从短期粗放发展向长期集约发展方向转变;同时文化产业作为绿色低碳产业,具有低能耗、无污染和高附加值的特点。因此,发展文化产业是加快转变经济增长方式、实现经济可持续发展的重要途径。

改革开放以来,我国积极参与国际产业价值链构建,参与国际分工,使我国经济发展水平和产业化水平获得了快速提升。但从"微笑曲线"理论来看,很多行业都处于"微笑曲线"的底部,也就是产业链低端,而处于"微笑曲线"两端的高附加值环节被

---

① 范周. 文化产业论纲[M]. 北京:社会科学文献出版社,2016:31-37.

发达国家大企业所占据。文化产业兼具生活性服务业和生产性服务业双重特征，其生产性特征可为传统产业在生产上的各个层面和阶段提供创意创新支持，因而传统产业的升级客观上要求文化产业作为生产性服务业的需求与融合大大增长。

文化产业本来就是现代服务业，不仅服务于大众的最终消费需求，也服务于其他经济部门的生产性需求，设计产业就是文化产业作为生产服务业的典型部门。近年来，为了推动发展方式转变，扭转中国制造业过于低端的弊病，设计产业受到了越来越多的关注。上海甚至已将设计产业作为文化产业发展战略的重心。经济危机来袭，文化产业助力传统制造业升级的作用被高度关注，文化产业与传统产业关联作用开始成为决策层关注重点。[①]

（三）文化科技发展为文化产业创新提供新支撑

当今时代，以信息技术为主的高新技术的发展，正在对提升文化创新能力、催生文化新业态发挥着日益重要的支撑和引领作用，正在成为促进文化产业发展的新引擎。传统文化业态在与高新技术的融合中得到不断提升。出版、影视制作、报业传媒、演出会展业等传统文化行业，通过与数字化技术、网络技术、移动通信技术、计算机技术等高新技术的结合，明显提升了传统业态的发展活力。当前基于3D、高清、多媒体、虚拟现实等高新技术与文化内容融合形成的多种新型影视、展示等文化产品，正在越来越多地得到消费者的喜爱，并对世界文化市场带来了巨大影响。因此，满足人民群众多样化的文化需求，提高文化影响力等，都对进一步加强各类先进文化表现技术、工具和手段的开发，提

[①] 范周.文化产业论纲[M].北京：社会科学文献出版社，2016：31-37.

升相关技术与文化创意有机结合、融合创新的能力有着迫切的需求。

科学技术的运用与信息技术高速发展为文化产业特别是新型文化产业发展提供了基础、技术和效益平台支撑。数字、网络、电子等技术的推广普及,为文化产业内容创作、业态创新、产品传播提供极为有利的条件,极大地降低了制作成本、提升了创作效率,大幅提高了产品的表现力和传播力。随着我国信息化水平的快速提高以及三网融合的业务不断创新与发展,高新信息技术会不断向文化产业领域扩散与融合,文化产业将在内容和形式上得到不断创新与发展。信息化、数字化和智能化时代使一切皆有可能。2012 年国务院通过了《关于大力推进信息化发展和切实保障信息安全的若干意见》,实施"宽带中国"工程,加快推进电信网、广电网、互联网三网融合,培育壮大相关产业和市场,加快推动信息化和工业化深度融合、社会领域信息化、农业农村信息化建设工作,标志着信息化新经济将为中国经济可持续发展提供新引擎,对调整经济结构,转变发展方式,保障和改善民生,带动就业,维护国家安全具有重大意义。数字化改变了生产和生活的效率、形式及内容,图书出版、印刷、电影电视、广播视听等产业生产成本大幅度下降,建筑、平面、动漫、网络数字化阅读和视听、手机、多媒体等新媒体的应用,形成了时尚现代的生活方式,为文化产业的"跨界"发展提供了技术条件。数字图书杂志出版印刷、移动视频电视多媒体广电、移动音乐、移动交互式游戏、移动电子商务、移动支付、位置服务等新兴业态不断涌现,虚拟世界将成为人类的精神家园和文化领地,从而更好发挥文化在提高国民科学素质和人文素养中的积极作用,为经济发展注入更多文化元素,从而提高我国软实力,增强综合国力和国际竞争力。[①]

(四)城乡统筹发展为文化产业扩张提供新平台

国际上,经历了长期城镇化的发展,人口又逐渐从城市流向农村,在城市郊区逐步形成了新的聚合型生活群落,这种群落既高度融合了工业文明的科技精华,又体现出高度的绿色环保和可持续生活理念,完全区别于工业进程中的城镇化过程,被称为文化时代的第二次城镇化。如果说,第一次城镇化以"工业科技"为特征的话,第二次城镇化,则体现出迥然不同的特色,它是以一种更加绿色、更加文明、更加文化的视角去呈现新的发展历程,文化科技成为其典型的特点,也正是以这种智能化、信息化、人本化的特征,人类第二次城镇化以其全息生态的风格成为各国城市发展的焦点,更为文化产业的"城市包围农村"搭建了载体和桥梁。

文化产业推动城市功能和空间结构向多功能、多组团转型。随着后工业化时代的到来,产业结构不断"软化",信息产业成为主导产业,信息、科技、文化、艺术、知识等非实物形态成为城市间交流的主要内容,城市的生产和生活功能逐渐转向以服务功能为主导的信息服务、管理决策、服务的中心,实现由制造业城市向服务业城市的转型,由传统城市向信息城市的转型,由单一功能城市向多元功能城市的转型。目前世界著名的城市都已经成为一个综合功能主导的文化创意中心。在空间结构上,文化产业加速城市实现逆城市化的多组团、多核聚集模式,由静态空间

---

① 范周.文化产业论纲[M].北京:社会科学文献出版社,2016:31-37.

结构向多维空间结构转型；文化产业在城市发展中多以群落形式出现，通过发展经济、文化、艺术、科技等各种形式形成文化创意集群、文化产业园区、文化产业社区等，形成创意阶层、创意组织和空间的集聚效应，它们使城市形成了一个个特色鲜明的单元，支撑起充满活力的城市；同时，这种集聚效应逐步扩散，由国家城市向跨国区域城市乃至全球城市的转型，由"城市"的城市向"区域"的城市的转型，城市的空间结构出现了"城市是区域的城市、区域是城市的区域"等大都市经济圈发展趋势。党的十九大报告明确把区域协调发展战略作为七大战略之一。无疑，新时代赋予了中国区域协调发展以更高的历史使命和科学的发展要求。

文化产业有助于推动城市的更新、复兴与升级。通过发展文化产业，不仅保护城市的文化生态，而且传承和延续了城市文化历史风貌，使老工业城市焕发新的青年活力，成为世界卓越的创意和文化中心、开放多元的国际文化都会。文化产业有助于打造城市品牌，形成城市核心竞争力。文化产业是发展城市经济，打造城市名片的重要途径。从英国的伦敦、布里斯托尔，到美国的纽约、华盛顿、辛辛那提，到加拿大的温哥华，再到日本的大阪、横滨，全球越来越多的城市开始加入"创意城市网络"项目。2004年，联合国教科文组织成立了"创意城市联盟"，为手工艺和民间艺术、设计、电影、文学、美食、媒体艺术和音乐等方面有特色和实力的城市开辟了国际交流与合作的平台，上海和深圳入选创意之都、成都入选美食之都，中国越来越多的城市通过加入创意城市联盟打造创意之都，在全球范围内形成良好的知名度和美誉度，成为展示地域文化、促进国际交流合作，推动文化产品的多样性的重要平台。[①]

（五）全球一体化为文化产业走出去提供新舞台

文化产业，是一个全球化的新兴产业，是当代全球贸易的重要组成部分。金融危机正在推动全球文化贸易格局和文化产业格局的变化，中国在国际文化贸易中的地位正在迅速改变，在国际文化产业中分工体系中的位置也正字发生变化。随着中国经济实力的增强和国际影响力的提升，我国国际影响力和美誉度不断提升，为加快文化产业融入全球化发展，提供了更为有利的条件和环境。境外专家和民众了解中华文化的愿望日益强烈，为中国文化产业发展和文化企业开拓全球国际市场迎来了难得的机遇。

在经济全球化、文化多元化、政治多极化的背景下，仅仅凭借经济、军事和政治力量的强大，是难以在全球化的竞争中赢得主动。通过社会制度、文化理念、伦理道德、生活方式、科技水平等体现出来的软实力，正在形成一个国家参与国际竞争的整体形象。欧美发达国家和日本、韩国、新加坡等亚洲国家通过创意、版权、动漫、影视等产业发展将其文化价值观渗透其中，潜移默化地影响着全世界的思想观念、生活情趣和精神面貌。大力发展文化产业，将传统文化与现代文化、外来文化与本土文化有机结合在一起，运用各种文化创新的表现方法，以海纳百川、开放包容的心胸，以国际通用的表现语言，寻找中国特色文化与国际文化价值的契合点，使中国文化和精神在当前世界多元文化并存互补的文化格局中扩大国际影响力。因此，发展文化产业，不断发掘和创新我国传统历史文化和民族文化资源，以文化商品和服务

[①] 范周．文化产业论纲[M]．北京：社会科学文献出版社，2016：31-37．

为物质载体，以图书、动漫、影视、电游等为途径，是提高我国文化软实力的重要途径。①

第三节　文化产业与文化市场

一、我国文化市场的发展历程

改革开放之后，随着文化娱乐和文化消费活动的悄然出现，"文化市场"这一概念开始形成并提出。从萌芽阶段的缓慢发展到在政府的帮扶支持下自觉、独立、快速发展，统一、开放、竞争、有序的文化市场已经逐渐形成。1979年1月28日，上海《解放日报》率先刊登了"文化大革命"后中国内地的第一则报纸广告。同年年底，广州东方宾馆开办中国内地第一家音乐茶座，随后，歌舞厅、酒吧、电子游戏厅、台球室、保龄球馆等各种类型的文化休闲娱乐场所开始出现，推动我国文化娱乐市场的恢复性发展。1987年2月，文化部、公安部、国家工商行政管理局联合下发《关于改进舞会管理问题的通知》，肯定"举办营业性舞会是我国经济发展和人民物质文化生活水平提高的一种客观需求"，②营业性舞厅的合法性地位得到官方认可。随着1988年《关于加强文化市场管理工作的通知》的颁布，"文化市场"的概念被正式提出。1989年，文化部设立市场管理局，全国文化市场管理体系初

---

① 范周.文化产业论纲[M].北京：社会科学文献出版社，2016：31-37.
② 李增勇.日志中国：交谊舞再现大会堂露出舞禁初开苗头[N].新京报，2009-01-27.

步形成。[①]

20世纪90年代以来，我国进入以社会主义市场经济体制为指导的新的历史时期，文化市场的规模、层次、结构都发生了质的飞跃。党的十四大提出"积极推进文化体制改革"，社会力量办文化快速发展。处于发展阶段的文化市场，文化产品种类不断丰富。1995年到1998年间，我国互联网行业快速发展，大大提高了大众获取文化信息的效率，为大众提供更加丰富、多样化的文化消费内容。该阶段，文化市场参与主体呈现多元化发展趋势。1998年，社会所办的文化产业的机构总数已经是文化系统的2.7倍，从业人员为1.5倍，所创增加值为1.5倍，[②]包括文艺演出市场、广播影视市场、新闻出版市场、文化娱乐市场、休闲旅游市场、艺术品市场、教育培训市场等在内的文化市场体系初步建立。

2000—2012年，以我国加入WTO为标志，我国文化市场开始走向国际舞台，趋于规范化、集团化、品牌化发展。2009年《文化产业振兴》的出台，标志着文化产业已经成为我国重要战略型支柱产业之一。为了推动文化市场发展，政府颁布一系列政策文件，加快推进我国文化市场结构调整与改革。2012年，党的十八大报告首次提出"建设社会主义文化强国，关键是增强全民族文化创造力"，为文化市场繁荣发展提供机遇。值得注意的是，2000年以后，随着互联网信息技术的快速发展，文化与科技融合日渐紧密，以电脑、手机为主的文化传播媒介不断更新换代，推动文化信息的快速、直

[①] 王离湘.关于建立健全现代文化市场体系的几点思考[N].中国文化报，2016-05-06.

[②] 文化产业发展第十个五年计划纲要[EB/OL].(2002-01-25)[2018-04-11]. http://www.china.com.cn/ch-whcy/7.htm.

接传播。与此同时，电影产业再次崛起。2003年，我国开始实施中国电影市场化改革，市场扩张带来电影票房的提升，从2003年的10亿元飞涨到2017年的559.11亿元，电影市场呈现良好发展的态势。

近年来，我国文化市场相关法律法规不断完善，力求推动文化市场的规范化发展，最大化释放文化市场效益。2013年，党的十八届三中全会通过《中共中央关于全面深化改革若干重大问题的决定》，明确提出现代文化市场建立的目标要求，首次提出"建立健全现代文化市场，发挥市场在文化资源配置中的决定性作用"。[①]2014年10月28日，中共十八届四中全会审议通过《中共中央关于全面推进依法治国若干重大问题的决定》，提出制定文化产业促进法，以法律形式保障文化市场的健康、可持续发展，推动文化市场效益的规划化、制度化、法制化。随着高新科技的发展，新兴文化业态不断涌现，文化市场分流为传统文化市场和新兴文化市场。文化市场进入高速发展的优化整合新阶段。

截至2017年末，全国文化市场经营单位25.74万家，比上年末增加1.47万家；从业人员173.37万人，增加12.42万人。年末全国共有娱乐场所78616个，从业人员60.01万人，全年营业总收入546.87亿元，增长1.5%，营业利润130.69亿元，增长3.9%；互联网上网服务营业场所143434个，从业人员44.09万人，全年营业总收入382.59亿元，降低11.5%，营业利润107.18亿元，降低18.4%。[②]

---

① 中共中央关于全面深化改革若干重大问题的决定[EB/OL].(2013-11-15)[2018-06-18]. http://www.gov.cn/jrzg/2013-11/15/content_2528179.htm.

② 中经文化产业.文化和旅游部2017年文化发展统计公报[EB/OL].(2018-05-31)[2018-06-12]. https://mp.weixin.qq.com/s/dq-GnhejtFrW0I_JBfFXkg.

二、我国文化市场的发展变迁

经过 40 年的发展历程，我国的文化市场已经初步成熟，市场效益也日渐攀升，在市场规模、监管制度、市场结构、经营模式、消费模式等多个方面呈现出较为明显的变化。

（一）文化市场组织结构变迁

伴随着社会文化需求的变化，不同文化业态的式微、崛起与替代，文化市场结构不断发生改变，基本形成了由文化娱乐市场、图书出版市场、电影电视市场、网络文化市场、演艺市场、艺术品市场等组成的多样化、全面化文化市场体系，并已逐步搭建起书展、博览会、影视节等一批具有国际影响力的文化交易平台。一方面，传统文化市场主体如电子游艺厅、台球厅等历经 20 世纪 90 年代的风靡后，在市场份额中逐渐消减。根据《中国文化文物统计年鉴》的数据，电子游艺厅机构数由 1995 年的 61225 个减至 2003 年的 18035 个，台球厅机构数由 1996 的 24443 个减至 2003 年的 5137 个。另一方面，相比传统文化市场中台球厅、电子游艺厅等的逐渐没落，随着科技进步和经济发展，我国网络文化产品和服务的供给能力不断增强、网络文化产业的规模化、专业化水平迅速提高，网络文化市场不断壮大。据文化部文化市场司行业数据监测点统计，2016 年上半年，我国网络文化市场整体营收达 1017.2 亿元。其中，网络游戏市场营收 838.9 亿元，同比增长 24.1%；网络音乐市场营收 25.4 亿元，同比增长 43.5%；网络动漫市场营收 70.3 亿元，同比增长 77.1%；网络表演（直播）实现井喷式发展，市场营收 82.6 亿元，同比增长 209.3%。① 此外，跨界融合打开文化市场新空间。如旅游演出成为演出业与旅游业跨界融合的亮点。随着旅游产品多样性不断提高和旅游市场消费环境日趋改善，我国旅游文化市场持续活跃。2018 年清明假日期间全国国内旅游接待游客超过 1 亿人次，同比增长 8.3%；实现旅游收入 421 亿元，同比增长 8.0%。

（二）文化市场经营模式变迁

随着现代物流产业的发展和文化市场的不断发展壮大，规模经营模式引入文化门类，文化领域逐步打破原有计划经济体制下形成的条块分割、城乡分离的文化市场格局，文化市场的经营方式逐渐由分散经营向连锁经营转化，随着互联网信息技术的发展，近年来，电子商务成为文化产业的主要经营方式，全产业链经营体系逐渐成形。以演出市场为例，传统的演出团体、演出场所、票务公司、经纪机构逐渐融合集约发展，实现演出产业链条的上中下游全覆盖，开启演出市场规模化集约化发展之路。

（三）文化要素市场体系变迁

经过 40 年的发展，我国从以文化产品市场为主体转变为以文化要素市场为主体，资本市场、产权交易市场、技术市场、信息市场、人才市场等得到快速发展。资本市场方面，随着民间资本进入文化领域的"弹簧门"和"玻璃门"被打破，民间投资热情高涨。借助政策红利和产业发展态势，文化产业类上市公司，早已经成为资本市场各路资本热捧的"新宠"。截至 2017 年 4 月，沪深两市文化类上市企业达 103 家，约占 A 股上市公司总数的

---

① 周志军.上半年我国网络文化市场营收破千亿元[N].中国文化报，2016-08-10.

3.21%，形成特色鲜明的"文化板块"。[①] 文化产权市场方面，2009年6月15日，上海文化产权交易所正式揭牌，这是我国第一个综合性文化产权交易平台。随后，深圳、广州、成都相继成立文化产权交易所。文化产权交易平台通过专业的评估鉴定、定价挂牌、公开竞价，在实现文化产权与社会资金、风险创业资本有效对接等方面发挥重要作用。

（四）文化市场管理制度变迁

2004年，中办、国办转发《关于在文化体制改革综合型试点地区建立文化市场综合执法机构的意见》，确定在北京、上海、浙江、广州等9个地区开展文化市场综合执法改革试点。自此，文化市场综合执法改革由试点逐步向全国推广，政府积极整合各部门有关行政执法力量，组建以城市为中心的文化市场综合行政执法机构，推进副省级以下城市组建综合文化行政责任主体，提高执法管理效能，规范了文化市场秩序。党的十八大以后，中央进一步推进文化市场综合执法改革工作。2016年4月，中共中央办公厅、国务院办公厅印发《关于进一步深化文化市场综合执法改革的意见》，同时由文化部牵头建立全国文化市场管理工作联席会议制度，加快推进现代文化市场体系建设。为促进文化市场的规范化发展，政府有关部门颁布了一系列政策法规以及规范性文件，仅2010年文化部就出台了19部文化市场相关部门规章，国家广电总局制定五部部门规章。[②] 这些政策法规涉及文化市场主体、交易规范、内容审查、投融资等，推动了文化市场的规范化、有序化发展。

---

① 张玉玲. 文创产业：警惕资本套利[N]. 光明日报，2017-07-22.
② 雷小龙，张飞鹏. 近年来文化市场的发展特点与政策应对[J]. 中国市场，2011（8）.

三、建立健全现代文化市场体系

文化产业的发展是我国文化市场体系发展的基础,同时受文化产品供需的影响。文化产业的发展需要健康的文化市场体系做支撑。建立健全现代文化市场体系,能激发文化市场主体的发展热情,推动文化产业健康、有序、可持续发展,同时也是发展先进文化、提升国家软实力的重要举措。

(一)创新文化市场管理理念

创新文化市场管理理念,首先要加强基础研究工作,从市场准入、事前事后监管等各方面分析文化产业对社会经济的影响,充分发挥市场在资源配置、引导主流文化等方面的重要作用。其次,健全现代文化市场治理体系,形成以政府、企业、社会为主体的现代文化市场多元治理体系,对文化市场主体、产品及其消费者进行多元约束的有效激励;发挥社会组织、行业协会、消费者的协同治理作用,最大限度地提高对文化市场的治理能力,优化文化市场治理结构,规范文化市场秩序,促进文化产业健康发展。

(二)增强文化市场主体多元化和竞争力

文化企业是文化市场的重要主体。一方面,要继续推动国有经营性文化单位转企改制。加快国有文化企业股份制改造,推进国有文化企业产权制度改革。鼓励国有文化企业加快结构调整,实行跨地区、跨行业、跨所有制的资源整合,推动文化要素和文化资源向优质文化产业和企业集聚,充分发挥国有文化企业在市场中的主导作用和主体地位。另一方面,鼓励非公有制文化企业发展。打破社会资本进入文化领域的"弹簧门"和"玻璃门",降低社会资本进入门槛，鼓励和引导非公经济以多种形式投资文化产业和园区建设，参与国有经营性文化单位转企改制，充分发挥好、引导好、保护好非公有制文化企业参与积极性，促进混合所有制经济发展。此外，还要面向小微文化企业提供有针对性的服务和政策扶持，拓宽小微文化企业融资渠道，鼓励小微文化企业走"专、精、特、新"道路，营造有利于小微文化企业发展的政策、市场、资金、人才和社会环境。

（三）建立多层次、跨领域文化要素市场

文化要素市场是现代文化市场体系的有机构成。当前，我国文化产品和服务的供需不平衡，文化资源要素流通不畅，需要进一步加强文化要素市场建设。为此，一方面要加强文化产品市场建设，推动互联网高新科技与文化产业各领域充分融合，推动传统文化产品市场转型升级，培育建设新兴文化产品市场，不断拓展文化市场领域和范围，健全大众文化交易和消费市场。另一方面，健全文化生产要素市场，有序发展资金、人才、管理、信息、科技、版权等要素市场，建立健全文化资产评估体系和文化产权交易体系，积极搭建多层次、多类型的文化产业交易所，促进文化生产要素跨行业、跨地域、跨所有制流动。此外，还应加强引导和推动民办非企业单位、社会团体、市场中介机构等第三方机构建设，鼓励为文化企业提供文化资产评估鉴定、股权代理、文化交易、咨询服务、投资担保、监督监管等各种文化市场中介服务，推动文化市场有序、健康发展。

（四）营造现代文化市场体系政策环境

建立健全现代文化市场体系，一方面要尊重文化市场发展规律，另一方面也要充分发挥政府的宏观调控作用，为文化市场健康发展提供良好的外部环境。首先，要建立健全文化市场法律法

规体系，加强版权保护，创造文化市场的法治环境。其次，加强文化内容监管，根据文化产品的更新换代，实施推行相关政策法规，实现文化产品和服务内容监管的及时化和分层化。再次，加强文化市场综合行政执法，深化文化市场综合行政执法改革，规范综合行政执法机构设置和执法行为。最后，健全文化市场行政监督管理机制，利用高新科技提高市场监管手段，加强对文化主体市场行为的事中、事后监管，加强文化市场重点领域的执法监督，严格执行文化市场准入和退出机制，畅通群众举报渠道，充分发挥第三方组织和群众监督的作用。

第四节 文化产业与文化消费

随着我国经济的高速发展，人民生活水平的不断提高，文化消费在人们生活消费中的比重逐步增加。文化消费作为文化产业链条的终端环节和文化市场发展的"晴雨表"，对推动文化商品的研创和生产，营造满足不同消费群体文化需求的文化消费市场，增加社会文化消费总量，提高居民文化消费水平，具有不可替代的作用。培育和扩大文化消费成为政府、企业和民众共同关注的焦点和发力的方向。党的十九大报告指出，中国特色社会主义进入新时代，我国社会主要矛盾已经转化为人民日益增长的美好生活需要和不平衡不充分的发展之间的矛盾。这对我国文化消费的提升提出了要求。[①]

---

① 习近平.决胜全面建成小康社会 夺取新时代中国特色社会主义伟大胜利[EB/OL].(2017-10-18)[2018-06-18]. http://politics.people.com.cn/n1/2017/1028/c1001-29613514.html.

一、文化消费大时代的来临

从我国改革开放自身发展的逻辑和市场经济建立的发展历程来看,文化消费是刺激经济增长的重要引擎之一。改革开放以来,文化的繁荣发展一直是党和国家的强烈愿望;但在不同时期,这一事业的发展不可避免地受到不同发展任务和不同发展水平的制约。计划经济体制下,文化事业单位实际上是在物质资源极其稀缺条件下满足人民基本文化需求的特定方式,文化消费成为"奢侈品"。在经济体制转型、文化消费市场尚未真正形成的特定历史时期,"双轨制"成为发展文化事业不得已的过渡性政策选择。[①]

20世纪末到21世纪初,我国市场经济体制基本成型,人民群众日益增长的文化消费需求为文化产品和文化服务的生产和销售提供了很大的发展空间。[②] 随着社会主义市场经济体制改革和文化体制改革的不断深入,文化消费市场日益成熟,推动我国综合实力的提升和全面实现现代化。根据《文化蓝皮书:中国文化消费需求景气评价报告(2016)》,1994—2014年这20年间,全国城乡文化消费总量由1054.24亿元增长至14915.39亿元,年均增长14.17%;城乡文化消费人均值由88.46元增长至1093.29元,年均增长13.40%。其中2014年文化消费增长明显加速,总量增长14.80%,人均值增长14.22%。[③]

随着互联网的发展,以互联网为代表的新媒体、新技术正在

[①] 范周.建设文化强国必须加快发展文化产业[J].人民论坛,2011(11).
[②] 同上.
[③] 王亚南.文化蓝皮书:中国文化消费需求景气评价报告(2016)[M].北京:社会科学文献出版社,2016:1.

对文化消费产生广泛而深刻的影响,不仅改变了文化消费的内容、方式和价值取向,也使文化消费活动突破时间、空间范畴,实现大范围传播和转型升级。此外,消费者在互联网文化消费活动中,不仅是消费者也是生产者,实现生产和消费的双结合、双互动,不断创新文化消费形式。随着互联网的发展,传统文化消费内容逐渐与互联网新兴文化消费内容融为一体,实现线上线下的融合共生。互联网将所有人群的文化活动联系起来,推动文化消费的随时化、随地化、更新化,文化消费热点不断涌现,中国正迈入文化消费升级的新时代。

二、我国文化消费市场大观

近年来,我国居民消费结构发生了较大变化,突出表现在居民商品消费比重下降,有些商品饱和或趋于饱和,而服务性消费比重不断上升,表明居民生活质量在逐步改善、消费结构在不断优化。这主要是由于文化产业迅速腾飞,日益满足人民群众多元化、全方位的精神需求,推动文化消费保持较快增长。

(一)文化消费政策红利不断释放,文化消费转型升级加快

随着消费在产业结构调整中的地位逐渐凸显,国家颁布了一系列政策积极发挥文化消费引领作用,满足居民精神文化需求,这对于提高人民精神文化生活质量和加快推动产业转型升级而言意义重大。政策的频繁出台吹响了扩大文化消费、加速文化产业转型升级的号角。[①]第一,以需求为导向,以供给"晋级"满足需

---

① 范周,王若晞.转型升级,文化消费如何发力[J].民族艺术研究,2016(7).

求"升级",先后出台《关于加快发展生活性服务业促进消费结构升级的指导意见》《关于积极发挥新消费引领作用 加快培育形成新供给新动力的指导意见》《关于促进消费带动转型升级的行动方案》《国务院办公厅关于进一步扩大旅游文化体育健康养老教育培训等领域消费的意见》等,从宏观指引到切实行动,强调从供给侧实现消费升级的重要性。第二,扩大消费试点,文化消费政策针对性实施。2015年6月,拉动城乡居民文化消费试点项目正式开展,东部地区试点以O2O大数据平台拉动居民文化消费;中部地区通过激励居民文化消费进行试点;西部地区试点采取补贴政策鼓励文化消费。试点项目一方面从消费者的角度来培育居民的文化消费习惯,引导居民的文化消费;另一方面通过国家文化消费服务平台,及时准确地获取文化消费方面的客观数据,通过实时大数据分析引导文化企业按需有效生产,形成文化产品和服务的有效供给。[①]

在"六大消费工程""十大扩消费行动"等政策措施的协调推动下,我国文化消费需求不断增长,文化消费结构不断转型升级,对国民经济的拉动作用显著,逐渐从注重量的满足转向追求质的提升、从有形物质产品转向无形服务消费、从批量化重复型消费向个性化多样化消费转变。[②]其中,文化、健康、旅游消费增长迅速,图书音像、文化办公用品和中西药品销售额增速均超过50%,文化内涵、消费体验成为影响消费者选择的重要因素。

(二)居民文化消费需求不断增长,文化消费潜力释放不足

2013—2016年,全国居民人均文化消费从576.7元增长至800

[①] 范周,王若晞.转型升级,文化消费如何发力[J].民族艺术研究,2016(7).
[②] 同上.

元,人均绝对值增量223.3元,年均增长率11.53%。其中,全国城镇人均文化消费从945.7元增长至1268.7元,人均绝对值增量323元,年均增长率10.27%;全国农村居民人均文化消费从174.8元增长至251.8元,人均绝对值增量77元,年均增长率13.86%。2017年,全国居民人均教育文化娱乐消费支出为2086元,占全部支出的11.4%。[①] 随着"互联网+""文化+"持续发力,新兴文化消费形态不断出现,居民文化消费趋于个性化、多样化。根据"中国文化消费指数(2017)",我国文化消费综合指数持续增长,由2013年的73.7增至2017年的81.6,年平均增长率为2.6%。[②] 随着文化产业的发展,文化产品和服务的种类日益丰富,水平和质量稳步上升,消费渠道也日趋便利化、多样化,为居民文化消费活动营造了良好的环境与氛围,居民的消费满意度稳步提升。

作为文化产业发展的内生动力和源泉,文化消费增速加快,对文化及相关产业的贡献日益凸显,文化消费占文化及相关产业增加值的比重逐年增加,从2013年的37.51%增加到2015年的39.73%,增加了2.22个百分点。与此同时,文化消费占GDP的比重也在逐年增加,从2013年的1.32%增加到2015年的1.52%,增加了0.2个百分点。[③] 这主要是因为文化消费不仅取决于居民

---

① 中华人民共和国国家发展和改革委员会.2017年中国居民消费发展报告[EB/OL].(2018-05-24)[2018-06-13]. http://www.ndrc.gov.cn/fzggz/hgjj/201805/t20180524_887071.html.
② 李冬阳,刘香园.中国文化消费指数(2017)发布 90后00前青少年文化消费需求最旺盛[N].经济日报,2018-01-18.
③ 中华人民共和国国家发展和改革委员会.2017年中国居民消费发展报告[EB/OL].(2018-03-31)[2018-04-13]. http://www.gov.cn/xinwen/2018-03/31/content_5278812.htm.

的文化消费意愿和能力，同时也取决于文化产品和服务的供给情况。事实上，文化消费需求正形成"倒逼"趋势，推动文化与相关产业快速发展，推动文化市场繁荣。值得注意的是，目前我国文化消费潜力释放不够。文化消费市场还处于初级起步阶段，尚未从"数量导向"转为"质量导向"阶段，一方面，缺乏大众广泛认可的精品力作和质优价廉的大众文化商品，另一方面，部分文化产品和服务的价值未受到应有的重视，市场价值尚未完全释放。

（三）二三线城市文化消费崛起，城乡文化消费不平衡加剧

近年来，二三线城市文化消费异军突起，已成"票仓"。根据《2015中国电影产业研究报告》，2014年全国县级城市拥有数字银幕7204块，占银幕总数的30.53%。2014年前11个月，全国新建955家影院，其中在省会城市的只有241家，地级市295家，县级城市419家。重庆、河北、浙江等10省（区、市）实现了县域数字影院全覆盖。但与此同时，由于我国历史遗留下来的城乡鸿沟、地区鸿沟"非均衡性"社会结构，各地文化消费的差异化扩大，首先体现在城乡差距、地区差距上。根据《文化蓝皮书：中国文化消费需求景气评价报告（2016）》，1994—2014年，全国城乡文化消费地区差在第一个5年缩小2.94%，第二个5年扩大2.35%，第三个5年扩大2.06%，第四个5年缩小14.48%，20年间累计缩小13.28%[①]。缩小城乡差距、地区差距正是"全面小康"建设的攻坚任务。

---

① 王亚南.文化蓝皮书：中国文化消费需求景气评价报告（2016）[M].北京：社会科学文献出版社，2017：96.

尽管文化产业的内容生产和创作大多集聚在要素资源高度集中的大城市，但文化需求却不仅仅存在于城市居民中。随着人们物质生活水平的提高，广大农村地区和老少边穷地区的文化需求日益提升并不断旺盛。作为中国电影发展过程中的独特"风景"，近年来，"小镇青年"异军突起，成为中国电影票房的新主力。也有学者通过分析抖音、快手、趣头条等独角兽企业，发现其共同的商业模式是关注底层崛起，下沉营销传播渠道，关注三四五线城市乃至乡镇、农村市场。① 值得关注的是，随着我国公共文化服务体系的日渐完善，农村的文化基础设施不断完善，文化项目层出不穷，农民的基本文化权益得到保障，但农村文化市场依然较为薄弱，农民多样化、个性化的文化需求难以得到满足。

（四）文化消费主体趋于年轻化，老年文化市场后发力不足

随着互联网的兴起，我国网络文化市场出现，新兴文化消费形态层出不穷，文化消费主体日益庞大且趋于年轻化。一方面，从网络文化市场的消费者年龄结构来看，年轻群体已成主力军。根据第 41 次《中国互联网络发展状况统计报告》，截至 2017 年 12 月，我国网民规模达 7.72 亿，以 10—39 岁群体为主，占整体网民的 73.0%。其中，20—29 岁年龄段的网民占比最高，达 30.0%；10—19 岁、30—39 岁群体占比分别为 19.6%、23.5%。② 另一方面，从网络文化市场用户规模来看，网络新闻 64689 万人，网络视频 57892 万人，网络音乐 54809 万人，网络游戏 53332 万人，网络文

---

① 朱邦凌.得小镇青年者得天下！小米、拼多多、快手、趣头条的 IPO 密码[EB/OL].(2018-07-03)[2018-07-05]. http://www.sohu.com/a/239129033_821803.

② 中国网信网.第 41 次《中国互联网络发展状况统计报告》[EB/OL].(2018-01-31)[2018-05-11].http://www.cac.gov.cn/2018/01/31/c_1122347026.htm.

学 37774 万人。网络娱乐应用中网络直播用户规模年增长率最高，达到 22.6%，其中游戏直播用户规模增速达 53.1%，真人秀直播用户规模增速达 51.9%，[①] 足见网络文化市场用户的庞大。

年轻群体由于在文化消费中占据着重要位置，而被设定为文化消费市场的主力军，当前大部分文化产品和服务基本围绕年轻人的喜好进行。不可忽视的是，随着人口老龄化、高龄化和现代医疗康养服务体系的健康，老年市场将会是文化消费新蓝海。从业者应当根据老年人的身心状况、消费习惯和特点，提供定制化、个性化的文化消费产品和服务，使之成为文化消费市场的新增长极。

三、转型升级，文化消费如何发力？[②]

（一）坚持顶层设计与地方创新协同共进

在国家层面，更加注重顶层设计，制定促进文化消费的基本原则、整体框架和制度体系，推动建立全国性的文化消费统计标准和管理规范，加大对文化消费试点城市的指导与培训，突出顶层设计在文化消费发展中的宏观管理作用。在地方层面，要鼓励其发挥积极性和主动性，实现创新突破。具体而言，一是要抓特点，支持其结合自身特色和优势，打造可复制推广的促进文化消费模式；二是要抓亮点，支持其集中力量重点突破，在某些消费领域里形成全国性的亮点；三是要抓痛点，支持其抓住市民反映

---

① 中国网信网.第 41 次《中国互联网络发展状况统计报告》[EB/OL].(2018-01-31)[2018-05-11].http://www.cac.gov.cn/2018-01/31/c_1122347026.htm.

② 范周，熊海峰.关于文化部文化消费试点城市的中期考察思考 [EB/OL].(2017-04-27)[2018-04-12].https://mp.weixin.qq.com/s/zLbbVIVfaCx46evGHqWVAQ.

最为强烈、需求最为旺盛但还没有满足的消费痛点，快速形成文化消费的氛围和良好的社会口碑。

（二）推动文化供给侧和需求侧两端发力

文化产品的供需矛盾是制约目前文化消费的绊脚石，要坚持需求引领，供给创新，提高文化供给的质量和效率，形成文化需求升级与文化供给升级协调共进的高效循环。在文化消费侧，以人民为中心，一是要进行大规模的消费调研，分析和发现市民文化需求，并依托文化消费信息平台建立大数据库，持续跟踪文化需求变化；二是提升城乡居民的文化消费意愿和支付能力，并通过行之有效的措施让其转化为实际的文化支出；三是要提升居民文化消费理念。在文化供给侧，一是要增强有效供给，提高文化产品供给水平和质量；二是要淘汰过剩供给，减少低端供给；三是要加强"互联网+""文化+"融合发展，不断创新文化产品和服务的传播手段、销售渠道和经营模式，形成文化产业新业态，从而创造新的文化消费市场，引领文化消费需求新方向；四是关注文化消费的代际差异。代际人口的文化属性差异明显，尤其是以"90后"为代表的新生代文化消费主力军，个性化、差异化消费是其显著的文化标签。[①] 同时还要关注老年文化消费市场这片"蓝海"，实现文化消费的个性化、差异化、体验感、定制化。

（三）发挥政府引导和市场主导互补优势

当前我国文化消费市场还存在管办不分、政企不分、资源配置不合理、部分行业垄断等问题，难以充分实现市场利益的最大化。扩大文化消费，要处理好"看得见的手"和"看不见的手"

---

① 范周.警惕文化消费的"数字繁荣"[J].前线，2016（11）.

之间的关系，充分发挥好政府和市场的作用，实现社会效益优化和文化资源配置效率升级。从政府引导而言，要把握发展底线，划好发展红线，始终坚持把社会效益放在首位，推动"双效统一"；要营造公平的竞争环境，搭建好文化消费的平台。从市场主导而言，要充分发挥市场在文化资源配置中的积极作用，激发市场主体活力，特别是要注重激发文化企业家的热情，着力培育一批文化企业和文化企业家，发挥其在产品创新、资源整合、市场开拓中的示范引领作用，构筑起推进文化建设和文化消费的引擎力量。

（四）为文化消费插上科技与金融的双翼

移动互联网、大数据、物联网、VR与AR技术、可穿戴设备、人工智能等新兴技术正改变着人们传统的消费模式，要顺应时代新趋势，关注文化消费中的新技术、新业态、新趋势，引导文化消费需求和业态发展，特别是在中西部地区，文化消费发展要有前瞻意识。同时，文化消费离不开金融的助力，要通过创新文化消费的金融服务模式，为消费的扩大与提升提供支撑。例如宁波市探索发行了"金融文化卡"，一张卡绑定全城主要文化机构和企业，持卡消费可打折，目前已经签约文化机构和企业近400家，发卡36万余张，有效激发了广大群众的消费热情。

（五）促进公共文化和文化产业有机融合

公共文化和文化产业在推动文化消费中相互促进、互为补充。公共文化是基础，是为了提供基础文化消费，保障居民的基本文化权益；而文化产业则能够为居民提供多样化、个性化、定制化的文化消费产品和服务，满足人们更高层次的文化需求和文化享受。在推动文化消费大发展大繁荣中，两者要有机结合，相互促进。特别是对于一些中西部城市而言，在积极培育文化产业的同时，要更加注重公共文化服务的发展，引导市民文化消费，培养文化消费习惯，激发文化消费热情，为文化产业提供坚实的产业基础和良好的发展氛围。同时要兼顾文化消费市场配置中的城乡平衡，科学规划、深度调研，做到数量上的均衡合理，内容上得当实用。此外，还要拓展文化消费新空间，加快文化产业与其他产业的跨界融合、转型升级，让市民享受到更多的文化福祉。

文化消费市场的有效配置和健康发展，是推动文化产业成为未来经济转型升级重要引擎的关键因素，我国应当抓住发展时机，建立文化消费的多方协调机制，推动文化领域的供给侧改革，建立健康、健全的文化生产消费机制，引导居民树立正确的文化消费观，切实为我国国民经济的转型升级开疆拓土。

第五节 文化产业与文化企业

改革开放以前，由于文化市场尚未真正建立，我国不存在真正意义上的文化市场主体，大多数文化生产单位受政府直接管辖。直到改革开放以后，文化市场主体开始与行政机构分离，文化市场主体呈现多元化发展格局。

一、我国文化企业发展概况

（一）企业经营指标大幅提升，趋于规模化

根据"全国文化企业30强"经济数据显示，2011年发布的

第三届"全国文化企业30强"总净资产为528亿元,主营收入为585亿元。而到了2018年第十届"全国文化企业30强"总净资产已达到4569亿元,同比增长6%;主营收入为3768亿元,同比增长8%。第十届"30强"企业主营收入是第三届的6.44倍,净资产为8.65倍,税前利润为4.13倍,企业经营指标大幅提升。与此同时,随着转企改制的持续深入,一批文化企业加速向规模化集团化扩张,并显现了跨地区、跨行业的整合、重组、兼并。据国家统计局数据显示,截至2017年底全国已有规模以上文化及相关产业企业5.5万家,实现了营业收入91950亿元,比上年增长了10.8%,增速提高了3.3个百分点。[①]反映出了我国文化企业总体成长性不错,整体向好的趋势。虽然规模以上文化企业数量在全部文化企业中占比还不到10%,但却是推动我国文化产业发展的中坚力量。

(二)文化企业多元化、结构化趋势明显

经过多年的发展,我国文化企业在所有制结构上出现国有企业、民营企业、股份制企业、中外合资企业、外商独资企业等多种形式并存的局面。在企业结构上,一方面,我国规模以上文化及相关产业企业作为我国文化产业发展的中坚力量,发展迅速,"顶天立地"。另一方面,小微文化企业创新活力,竞相迸发,"铺天盖地",随着"大众创业、万众创新"的深入推进,政府不断推出政策措施助推小微文化企业成长培育,众创、众包、众扶、众筹"四众"支撑平台快速发展,中小微企业的创新活力竞相迸

---

① 邹银娣.2016年及2017年规模以上文化企业统计数据[EB/OL].(2018-03-02)[2018-04-12].https://mp.weixin.qq.com/s/h2eNzlZeUMKXY3gSc4Qk_A.

发。我国文化企业正在形成大、中、小企业良性互动、梯次发展格局。

（三）资本推动文化企业扩张、融资、重组

改革开放以来，我国借鉴和吸收经济体制改革经验，文化产业发展增量放活，鼓励和引导各类社会资本进入文化产业发展的各个领域，文化产业实现快速增长。2017年文化产业融资总额3418.12亿元，比2016年2561.11亿元增长33.5%。与此同时，资本市场"文化板块"地位更加巩固。截至2017年12月31日，沪深股市共有文化上市公司192家、总市值23675.96亿元，分别占沪深股市上市公司总数和总市值的5.5%、4.1%。[①] 根据历年"文化企业30强"入选名单中可以看出，上市公司或是有多家上市公司的大型文化企业集团占大多数，如中国电影、上海电影、华谊兄弟、完美世界和华策影视等。

二、国有文化企业的"喜"和"忧"[②]

经过多年的发展，我国国有文化企业一方面呈现平稳发展态势，企业数量不断增加，产业规模不断扩大，开始呈现多元化、规模化、集约化、连锁化、国际化发展，出现了一大批规模大、实力强的上市公司，令人惊喜。财政部发布的《国有文化企业改革发展报告2017》显示，国有文化企业资产和经营规模不断扩大，截至2016年底，全国国有文化企业共计14838户，同比增长6%；

---

① 张玉玲.2017文化产业最新"成绩单"[N].光明日报，2018-05-30（10）.
② 范周，武艺，谢菲.六举措力推国有文化企业"双效统一"[J].人文天下，2015（7）.

资产总额36937.1亿元，同比增长16.3%；营业总收入15673.9亿元，同比增长11.3%；利润总额1373.6亿元，同比增长4.7%。其中，中央文化企业共计3610户，同比增长4.4%；资产总额9312.3亿元，同比增长13.2%；利润总额518.7亿元，同比增长1.1%，数字产品的研发、产出和盈利优势明显。地方国有文化企业共计11228户，同比增长6.6%；资产总额27624.8亿元，同比增长17.4%；利润总额854.9亿元，同比增长7.1%。[①] 经过多年的发展，国有文化企业在推动文化体制改革、实现"双效统一"、推动文化产业转型升级、探索文化产业新模式新路径等方面发挥了重要的作用，成绩显赫。

但我国国有文化企业发展也存在一系列的问题。2015年7月，中央全面深化改革领导小组第十四次会议审议通过《关于推动国有文化企业把社会效益放在首位、实现社会效益和经济效益相统一的指导意见》，强调要"推动国有文化企业建立健全两个效益相统一的评价考核机制，确保把社会效益放在首位、实现社会效益和经济效益相统一"。对此，要明确国有文化企业发展存在的问题，有的放矢地改革，实现双效统一。[②]

（一）认识社会效益，深化机制改革

国有文化单位包括通过文化体制改革转化成的公益性文化事业单位和经营性文化企业单位。其中，经营性国有文化企业单位

---

① 财政部网站.《国有文化企业改革发展报告（2017）》正式发布 [EB/OL].(2017-12-28)[2018-06-11]. http://www.gov.cn/xinwen/2017-12/28/content_5251072.htm.
② 范周，武艺，谢菲.六举措力推国有文化企业"双效统一"[J].人文天下，2015（7）.

虽然进行了转企改制，但仍在维护国家文化安全、引导主流文化等方面承担主要责任，应当始终把"经济效益"放在首位。然而，当前国有文化企业在实现社会效益方面依旧存在不足。

首先，一些国有企业不能正确认识社会效益的内涵，将社会效益狭隘地理解为坚持正确舆论导向、开展公益文化活动以及重大文化工程建设、评奖等具体工作，忽视了引导科技创新、文化传承等战略性工作，并主观认为社会效益与经济效益之间存在矛盾，实现社会效益必然导致经济效益减少。对此，国家应当继续深化体制机制改革，加强分类指导，帮助国有企业进一步加深对社会效益及其重要作用的认识。按照文化产品和服务的一般规律，将代表国家水准，体现民族特色的有示范作用的重点院团和宣传文化导向的重要新闻媒体单位划分为不同类别的公益单位，采取相应的量化考核机制，完善社会效益的评判制度。

其次，国有文化资产流动性差，对于企业运作模式不熟悉，一些准公益性特别突出的文化企业在适应市场竞争、推动品牌建设发展上后劲不足，因此导致部分国有文化企业在经济效益不足的基础上对社会效益的漠视现象。对此，国有文化企业应当在社会效益第一的基础上积极融入市场，增强自身的竞争力，提升经济效益，为社会效益的发挥提供经济基础。与此同时，鉴于部分刚转型的国有文化企业不能完全适应市场环境，国家应当采取相应的措施帮助这类企业积极适应市场，找寻适宜的盈利方式，为国有文化企业实现经济效益提供助力。[①]

[①] 范周，武艺，谢菲.六举措力推国有文化企业"双效统一"[J].人文天下，2015（7）.

（二）完善国有文化资产管理框架

纵观当前国有文化资产管理体制，大部分是相对分散的管理框架设计，虽然带有一定程度的探索和过渡性，但是国有文化资产管理体制框架的稳定形态迄今未建立，并不能完全发挥国有文化资产的宣传教化功能。

由于国有文化资产具有特殊的文化宣传教育功能，管理过程中需要党委宣传部门对于重大变动事项进行把关。在中央层面，国有文化资产的管理职能是由党委宣传部门、文化行政主管部门、政府财政部门共同承担。其中，党委宣传部门负责文化企业单位主要领导干部的监督管理、文化体制改革的组织协调和宣传业务指导、重大国有文化资产变动事项的审查把关；文化行政主管部门负责国有文化资产实施的具体管理；财政部门既是国有文化资产的出资人，同时也肩负着监管职责。这样的管理方式不利于实现"管人管事管资产管导向"相统一，影响国有资产的高效管理和合理利用。对此，国家应当从文化宏观管理的特殊要求出发，科学划分三个部门职能，整合组建专门的国有文化资产经营机构，行使出资人权利，建立专门的国有文化资产管理中心，行使监督权利，协调三个部门的关系，实现财政监管、舆论监管、行政监管规程的合流。

在地方层面，部分省、市设计自有的管理工作机制，与中央的管理制度有所差别。中央和地方的分散管理造成国有文化资本的流动性不强，不利于国有文化资产社会利益的最大化。对此，应当建立出资多元、监管统一的国有文化资产管理体制。同时，建立起从中央到地方的业务指导关系，有利于在全国范围内推动文化资源的整合和文化资产的兼并重组。[1]

(三)健全内部机制,增强企业活力

目前,国有文化企业实现社会效益的主要方式有购买公共文化服务、部分项目补贴、获奖奖励等方式。但是,由于激励机制的不完善,很多国有文化企业缺乏实现社会效益的积极性,在市场机制下容易"利益至上"。对此,国家可建立鼓励国有文化企业提高社会效益的专项基金,对社会效益显著提升的国有文化企业进行奖励,对以社会效益为主的文化项目优先扶持,激发国有文化企业的积极性。国有文化企业可建立内部的预留和奖励机制,预留专项资金用于实现社会效益活动的各类开支,对于社会效益突出的项目给予内部员工奖励。

另外,由于很多国有文化企业内部预算的管理模式架构不明晰,缺乏对于社会效益支出内容的明确细目规定和预算管理,难以为社会效益的实现提供现金流。对此,国有文化企业需要加大企业发展资金留存,增加企业加强社会效益的自由资金;加强对于社会效益类项目立项依据、可行性分析、资金测算、实施进度和计划安排的统筹管理,要不断完善国有文化企业内部考核机制,将社会效益考核和经济效益考核放在同等重要位置进行设计。[2]

(四)引导市场建设,规范市场竞争

我国文化市场体系不健全、市场竞争秩序不规范是制约国有文化企业实现双效统一的重要原因。文化市场具有意识性、知识性、艺术性、精神性、多样性等诸多特征,文化市场的特殊性决

---

[1] 范周,武艺,谢菲.六举措力推国有文化企业"双效统一"[J].人文天下,2015(7).

[2] 同上.

定了文化市场经营性组织必须较其他产品服务经营者拥有更高的知识文化素养，必须要在保证产品和服务具有一定社会效益的基础上方能获取相应的经济效益。

而目前，一方面，国有文化企业缺乏对文化市场体系特殊性认识，现有的文化市场门类更多青睐经济效益的实现。以文化市场交易平台为例，深圳文博会和北京文博会上鲜有公益性文化产品的专门展示和交易。由于以社会效益为主的文化市场门类还没有建立，很难以市场为手段引导文化要素向社会效益流动。另一方面，在触及导向底线和有违社会效益的行为上，国有文化企业与民营文化企业待遇不对等，市场退出机制尚未建立，对国有文化企业难以形成震慑，对国有文化企业的失范行为难以形成警示。

对此，一方面，政府要扩大文化资助和采购规模，同时要加强与群众消费的联系，引导国有文化企业和民营文化企业对社会效益的重视，探索建立如公共文化服务博览交易会等平台，加大文化企业社会效益为主的产品和服务的展示推广。另一方面，要制定统一的文化市场竞争规则并监督其执行，对国有文化企业和民营文化企业实行同样的市场准入和退出标准，加强企业监督信息共享、社会征信体系建设、企业年报公示制、完善文化安全审查制度。[①]

（五）改善评奖机制，规范评价制度

目前，我国的评价评奖体系不科学、体制制度不健全是另一个制约国有文化企业实现双效统一的重要因素。具体表现为以下

---

① 范周，武艺，谢菲.六举措力推国有文化企业"双效统一"[J].人文天下，2015（7）.

三点：第一，缺乏有效的评奖激励和推广宣传机制。评奖作品仍局限在评价体系内部，短期内人民群众缺乏了解和接触渠道，虽然各部门通过运用主流媒体、公共文化场所等资源加大了优秀文化产品推广力度，但与人民群众的接受习惯和偏好还有差距。第二，现有国家和部委各个奖项名目众多，文化评奖不同程度地存在过多过滥、权威性不够等问题。第三，部分国有文化企业只满足于表面的"政治导向"不犯错，不愿为实际的"伦理导向"不走偏负责任，使产品生产供应在一定程度上流于低劣化，导致社会效益和经济效益前轻后重及彼此分离。

对此，首先，政府要提高国家和各部委奖项的评奖质量，降低主观评价因素，把官方评价、群众评价、专家评价和市场检验统一起来，使评奖成为推动文化产品更好地为人民群众服务、面向市场的调控手段。在这一过程中，可委托第三方民间公信机构，针对具体产品的公众口碑及社会舆情反响等来获得代表性评价信息，也可委托第三方民间公信机构运作民间评奖机制，为公众意见表达提供必要的平台和渠道。其次，要按照文化产品评价的一般规律，完善文化产品评价的关键性指标。最后，要对国有文化企业的社会责任内涵及内容进行理论分析，建立文化企业社会责任评价指标。从文化企业特殊性出发，明确国有文化企业经济责任、法律责任、环境责任、文化责任和公益责任的具体内容。[①]

（六）规范运行机制，优化人员激励

目前国有文化企业的人才流失现象严重，这与国有文化企业

---

① 范周，武艺，谢菲.六举措力推国有文化企业"双效统一"[J].人文天下，2015（7）.

运行机制不灵活的问题密切相关。首先，身份转化与薪酬制度不对等，影响管理层和员工的工作积极性。目前国有文化企业高管多为任命制，企业员工也多为转制后的原有人员，从公务员、事业单位人员向企业管理人员、企业员工的身份转化后，个人待遇缺少与市场化薪酬和奖惩机制配套的规范化管理和对接式操作，国有文化企业员工低于同业人员平均水平薪资的事实也影响到国有文化企业员工对企业的积极性。其次，国有文化企业高级人才流失严重。由于国有文化企业受制于传统主营业务的保持和决策逐层上报备案机制，在业务转型和市场对接上效率不高，这使越来越多的高端文化人才被互联网公司或民营文化企业吸引而出走。

对此，首先，国有文化企业要探索管理层和员工持股，借鉴高科技企业管理层持股和技术入股的方式，将股权激励与工作激励、荣誉激励纳入员工社会效益工作的考核中，提高每位员工坚持导向原则，提升文化品位的自觉性。其次，国有文化企业可依工作实际需要合理设置人员岗位、确定人员结构比例、设定人员社会聘用条件。同时，可参照企业年金的做法，建立年金制度，促进人才的引进与合理流动。[①]

三、民营文化企业"成长的烦恼"

我国的民营文化企业是改革开放的产业，是在我国经济体制改革过程中逐步产生和发展起来的。改革开放以来，随着文化体

[①] 范周，武艺，谢菲.六举措力推国有文化企业"双效统一"[J].人文天下，2015（7）.

制改革的不断深入，政府加大了非公有制文化企业发展的扶植力度，不断扩大、拓宽了民间资本参与文化建设的深度和广度，极大地调动了民营文化企业的积极性，民营文化企业热情高涨，实现快速发展，尤其是小微文化企业数量占文化企业总数的80%以上，在满足群众多样化文化需求、增加就业等方面发挥独特作用，是文化产业市场主体的重要支撑力量。但由于内外部原因，民营文化企业在发展过程中还面临一系列的问题，如规模小、资金链短缺、经营散乱、缺乏市场竞争力等。如何营造有利于民营文化企业发展的内外部环境，充分发挥民营文化企业的积极性，推动民营文化企业做大做强，成为当下文化产业健康、有序、创新发展的重中之重。

（一）困扰民营文化企业的"隐形门"

第一，政策扶持不足。近年来，政府颁布了一些系列推动民营文化企业、中小微文化企业健康发展的政策措施，如《关于非公有资本进入文化产业的若干决定》《关于鼓励和引导民间资本进入文化领域的实施意见》等，极大地提高了民营资本参与文化建设的积极性，但实际上，现行的相关文化政策多为原则性指导意见，缺乏实施细则，而且门槛较多。由于民营企业缺乏有效的服务平台、成熟的申请机制和途径，难以真正享受政策红利。

第二，缺乏资金支持。民营文化企业由于自身的特点，大多实力较弱、现金流不稳定、生长周期长、缺乏融资贷款能力，导致大多金融机构缺乏对民营文化企业的投资意愿和信心，民营文化企业缺乏融资贷款能力，常常陷入资金链断裂的困境。2010年3月，《关于金融支持文化产业振兴和发展繁荣的指导意见》出台，进一步改进和提升对我国文化产业的金融支持力度。但从实际效果来看，金融机构对文化企业的支持仍然集中在大型国有文化企业，对民营文化企业的投资意愿较弱。此外，由于缺乏能够进行无形资产抵押和贷款的中介服务平台和机构，大多数民营文化企业难以真正享受到金融政策支持，即便申请成功，也是"杯水车薪"，难解"燃眉之急"。

第三，管理能力较弱。一方面，企业内部管理能力较弱。很多民营文化企业管理者管理经验不足，缺乏完善的财务管理、项目管理、人力资源管理、信息管理体制机制。为了节约经营成本，很多企业缺乏内部培训，决策、经营能力得不到提升，对员工的吸引力较弱，人才流动性大。另一方面，由于当前文化产业法律体系和知识产权法律体系不完善，加上政府部门存在"越位""缺位"现象，民营文化企业缺少强有力的法律保障和外部环境。

（二）民营文化企业发展的"破门之机"

改革开放40年文化产业的发展成就证明，民营文化企业已不再是国有文化企业的补充，而是我国文化市场体系中不可忽视的重要内容，对发展社会主义先进文化，充分调动全社会参与文化建设的积极性，提高我国文化产业的整体实力和竞争力具有重要作用。为打造以公有制为主体、多种所有制经济共同发展的文化产业格局，需要充分认识和尊重民营文化企业的地位和作用。

第一，发挥民营文化企业的市场主体作用。通过资源对接、版权保护、人才培养等，不断释放和激发民营文化企业活力。首先，搭建民营文化企业信息沟通平台，加强资源整合，定期组织政策介绍会、项目洽谈会、人才交流会、投融资洽谈会、产品和项目推介会等，引导和鼓励民营文化企业之间、民营文化企业与政府之间建立良好的信息沟通渠道，以便提供更多更好的文化产品和服务。其次，加强文化产业相关领域法律法规建设，加强版权保护，严厉打击侵犯知识产权、版权的行为，为民营文化企业发展提供良好的政策法律环境。再次，加强对民营文化企业的人才培养和管理，注重对民营文化企业人才合法权益的保护，利用国家艺术基金等组织多种形式的人才培训、学习考察等活动，提升民营文化企业的管理理念、方法和水平。

第二，市场和政府"两手抓，两手硬"。各级政府应当把民营文化企业的发展纳入文化产业发展的总体规划，通过政策扶持、平台搭建、税收奖励等多种方式引导和鼓励民营文化企业发展，给予其与国有文化企业同等的优惠政策和地位，进一步细分产业政策，创新鼓励扶持办法，为民营文化企业搭建公共服务平台，根据不同民营文化企业的发展现状给予针对性的指导和帮助，提供诸如项目孵化、人才培养、资源对接、政策咨询等指导和服务。

第三，统筹资源，协力互助。通过资源统筹、行业联合、结构创新，为民营文化企业的发展建立良好的市场环境。建立政府、企业、行业协会、第三方组织的合作协调机制，尤其要注重发挥第三方组织在文化市场监管、维护市场主体合法权益的重要作用，鼓励民营文化企业通过行业协会、第三方组织结构等加快交流合作，互利共赢；进行金融创新，引导建立无形资产评估机构和交易平台，鼓励银行等金融机构开发、创新文化企业版权交易、产权质押贷款等信贷产品，为民营文化企业提供切合需求的文化金融产品，切实解决民营文化企业"贷款难""融资难"等问题。

结语

总体上看,我国文化产业发展步伐明显加快,占国民经济比重稳步上升。但不容忽视的是,我国文化产业整体实力还较弱,产业规模仍待提升,产业结构有待完善,尚未充分发挥支柱性产业的带动作用。我们一定要充分认识发展文化产业的重要性和紧迫性,加快推动现代文化市场体系、产业体系建设,推动文化产业结构转型升级,扩大和引导文化消费,推动文化产业再上新台阶。

第七章　文化产业的集群发展

引言

20世纪70年代以来，信息技术的广泛应用带来产业组织结构翻天覆地的变化，各国开始重视产业集群发展，提出产业集群战略。从杜能（Thünen）的经济学理论，到起源学说的马歇尔外部经济理论和韦伯工业区位理论，再到20世纪90年代克鲁格曼的新经济地理理论[①]，学者们根据自身的学科背景，从不同角度对"产业集群"做出了不同定义。1990年，迈克尔·波特在《国家竞争优势》中提出"钻石模型"，利用竞争优势理论分析产业集群，推动"产业集聚"理论的成熟。产业集群（Industry Cluster），是指"在特定区域中，具有竞争与合作关系，且在地理上集中，有交互关联性的企业、专业化供应商、服务供应商、金融机构、相关产业的厂商及其他相关机构等组成的群体"，也指"在某一特定领域中，大量联系密切的企业及相关支撑机构在空间上集聚，并形成强劲、持续竞争优势的现象"[②]。

"文化产业集群"这一概念在"产业集群"概念的理论基础上

---

① 孙洁.文化创意产业集聚动力机制研究[D].上海：上海社会科学院，2012.
② 迈克尔·波特.竞争论[M].高登第，等，译.北京：中信出版社，2003：118.

又有所创新。本质上,文化产业集群的形成离不开知识溢出、规模经济、竞争优势、交易成本等动力因素,但由于文化产业以"创意"为核心进行文化产品和服务的提供,除了遵循一般产业集群发展规律,还呈现出独特的发展特点。美国区域经济发展学教授理查德·佛罗里达认为,文化产业集群与传统产业集群是有本质区别的,后者主要强调的是技术和管理的创新,前者更强调文化创意,而创意正是文化产业的灵魂。[①] 作为文化产业和产业集群理论结合的产物,文化产业集群的概念可以界定为:由众多相互独立而又相互联系的文化企业,根据专业化分工和产业协作,在一定空间区域范围内集聚而形成的产业组织机构。[②]

文化产业集群对推动产业发展、促进城市更新、形成区域竞争力具有不可磨灭的作用,成为衡量一个城市乃至国家文化产业发展、经济繁荣、国际竞争力的重要指标。当前,在世界范围内,已经形成多个相对成熟、具有国际影响力的文化产业集群。如伦敦戏曲表演艺术产业集群、洛杉矶"好莱坞"影视娱乐产业集群、英国谢菲尔德创意产业集群和曼彻斯特北部文化集群、法兰克福图书会展产业集群、东京动漫产业集群等。这些文化产业集群汇聚了文化领域的行业巨头和智库,形成分工合理、联系紧密的组织网络,具有较强的集聚效应和国际竞争力。以伦敦西区戏曲表演艺术产业集群为例,在莱斯特广场(Leicester Square)、考文特花园(Covent Garden)、皮卡迪利广场(Piccadilly Circus)、摄政街(Regent Street)、夏夫茨伯里(Shaftesbury Ave)和干草市场(Haymarket)集聚了 60 多家剧院,创造巨大的就业机会和经济效

---

① 余丽蓉. 文化产业集群的多学科视角分析[J]. 科学进步与对策,2009(12).
② 同上.

益，为伦敦增加了城市魅力。此外，在文化资源丰富的地方也容易形成文化产业集群，如厄瓜多尔的奥塔瓦洛手工艺品集市小城，以传统的印第安纺织品为主，是厄瓜多尔最著名的土著集市之一。类似这些小城镇凭借独特的文化创意资源，成为举世闻名的文化产业集群。文化产业集群作为文化产业发展的重要组织形式，成为区域文化产业竞争中重要的因素。

第一节　文化产业集群的发展演进

一、中国文化产业集群的演进

得益于改革开放和文化产业的发展，中国的文化产业的集群发展主要形式是文化产业园区、文化产业基地和文化产业带，其中，文化产业园区化发展是中国文化产业集群的主流趋势。

2004年，文化部出台《文化部关于命名文化产业示范基地的决定》，我国文化产业集群获得了快速增长，已形成了京津冀创意产业集群、长三角创意产业集群、珠三角创意产业集群、滇海创意产业集群、西部川陕创意产业集群和中部创意产业集群。[①] 在产业布局方面，经济较为发达的东部地区主要以艺术设计、创意会展、影视传媒、文化科技、文化贸易等为主，中西部地区具备丰富的文化资源禀赋和自然环境优势，主要以文化旅游、休闲娱乐产业为主。除了文化产业集群，我国还有大运河文化带、藏羌彝

---

① 袁海.文化产业集聚的形成及效应研究[D].西安：陕西师范大学，2012.

文化产业走廊等产业集聚区，而集聚区内又分布着支撑文化产业发展的文创园区。据不完全统计，目前全国正常运作的文化园区有 2600 家左右，其中产业形态基本分布比例为：21% 为产业型，66% 为混合型，3% 为艺术型，5% 为休闲娱乐型，5% 为地方特色型。截至 2017 年，已有 350 余家由国家命名为文化创意产业各类相关基地、示范园区。[①] 回顾文化产业集群在我国的发展历程，总体上大致可以分为三个阶段，每个阶段都在集聚、辐射和带动的功能上有了质的提高。[②]

第一阶段是集中业态的产业园区。在园区发展的初级阶段，大多园区属于低层次的发展，缺乏清晰的发展定位。主要通过低价租赁老旧厂房改造，进行简单的空间环境改造，而后对外出租。集聚的企业大多为寻求政策优惠，缺少产业链上中下游的协同合作，园区发展毫无特色，导致"大杂院"的产生。

第二阶段是协作统筹的集聚区。随着政府加大监管和引导以及文化产业的发展红利，一些园区管理者开始从"二房东"角色中脱离，聚焦于文化产业某一门类相关企业的集群发展，加强集聚区企业在产业链上中下游的相互协同合作，不断形成园区文化特色和核心竞争力。如北京 798 艺术区，受包豪斯建筑风格、园区环境、廉价房租等因素的影响，从 2001 年开始，不同艺术风格的艺术家和画廊开始入驻，进行市场、基础设施、人才、政策等方面协同发展，形成以中国当代艺术为特色的文化产业集聚区。

---

① 范周. 十八大以来，文创园区如何实现跨越式发展？[EB/OL].(2017-10-15)[2018-04-11]. https://mp.weixin.qq.com/s/8gbFzsdqQExE1qNaYSTjng.

② 范周. 文化产业论纲[M]. 北京：中国社会科学出版社，2016：262.

第三阶段是专业分工的功能区。所谓功能区，是指具有区域核心功能、主体功能、特色功能代表性的地区。不同功能区受自身自然环境条件、产业基础的影响，具有不同的核心功能，但相互间能够通过分工协作，协同发展。2014 年 5 月，北京市政府发布《北京市文化创意产业功能区建设发展规划（2014—2020年）》，明确提出规划建设 20 个文化创意产业功能区，按照"两大主线带动、七大板块支撑"的产业体系，优化文化创意产业空间布局，促进要素集聚与产业链分工协作，引导文化产业的特色化、差异化、集群化发展，并发挥辐射带动作用，引导产业转型升级，优化空间结构，带动城市整体风貌提升。

二、我国文化产业集群的类型

根据不同的分类标准，目前我国对于文化产业集群的观点大致集中于以下几种类别：一是按照传统产业集群理论将文化产业集群分为主导产业型、传统文化资源型、文化创意型、文化产品制造型四种类型。[1] 二是按照文化产业门类将文化产业集群划分为影视产业集群、动漫产业集群、传媒产业集群等。三是按照文化产业发展形态将文化产业集群分为不同的类别，如花建在《区域文化产业发展》一书中认为，文化产业集群的形态丰富复杂，有的是一栋楼宇，有的存在于社区，也有的在旅游胜地，还有的是通过旧城改造形成崭新的、独具一格的创意空间。[2] 四是根据国家

---

[1] 邹立清.浙江省文化产业集群模式研究[J].经济论坛，2007（20）.
[2] 花建.区域文化产业发展[M].长沙：湖南文艺出版社，2008：282.

文化及相关产业分类标准进行划分，如康小明、向勇在《产业集群与文化产业竞争力的提升》一文中，将文化产业集群划分为核心文化产业集群、外围文化产业集群与相关支撑机构三个层面。[①] 结合众多学者分类标准和文化产业空间集聚常规形态，文化产业集群类型可归纳为以下四种。

（一）政策主导型文化产业集群

政府主导型文化产业集群，是指政府根据区域发展总体战略和产业发展规划，通过财政、土地、税收、金融等方面的政策优惠引导和鼓励文化产业向某一区域集聚，完成文化产业集群发展。政策主导型文化产业集群大致分为两种模式：一种是通过旧城改造，将老旧工业厂房转型升级改造为文创产业园区；另一种是进行新区开发，规划开发新的产业发展用地，由政府投资监管园区配套基础设施建设。以上海"8号桥"创意产业园为例，政府通过公开招标，评估挑选适合的投资开发主体。前期由投资开发主体按照市场规律，进行集聚区的规划、开发、招商等工作；后期通过成立管委会，形成"管委会为辅、企业为主"的运作模式，通过政府规划引导与企业市场化运作的有机结合、良性互动，推动"8号桥"创意产业园成为上海创意、时尚新地标。

（二）企业主导型文化产业集群

企业主导型文化产业集群是在经济元素的驱动下，由企业自身进行文化产业集群的策划和实施，其基本要素的满足多是对文化产业集群自身资源的一次整合和一次放大。永新华韵前门传统

---

① 康小明，向勇.产业集群与文化产业竞争力的提升 [J].北京大学学报（哲学社会科学版），2005（2）.

文化街区、尚 8 中法艺术区都是以企业主导的文化产业集群。相较于政府主导的文化产业集群区，企业主导型文化产业集群在核心竞争优势的培育上更具优势，可视自身定位与发展需要来确定集聚区的核心业务，实现创新成长与突破。

（三）区位诱导型文化产业集群

区位诱导型文化产业集群指受到区位优势的吸引，企业自发进行产业集聚，或是为了便利的交通，或是为了创意人才发展，或为了靠近目标消费群体和交易市场。这种区位诱导型文化产业集群大多是自发形成，发展到一定阶段，为了规范化发展和市场监管的需要，政府会主动介入，承担一定的协调、监管职责。我国早期的文化产业集群大多是区位诱导型集群，如北京 798 艺术区、宋庄等。

（四）专业分工型文化产业集群

专业分工型文化产业集群主要分为两种，一种是垂直关联型文化产业集群，主要是指随着企业规模化、集约化发展，企业内部各职能逐渐专业化、独立化发展，成为独立的企业，形成企业集团内部的垂直分工的上下游产业链。如北京 CBD 国际传媒产业园为例，该集聚区依托中央电视台、北京电视台、人民日报等国内传媒机构以及 CNN、VOA、BBC、维亚康姆、美国《华尔街日报》等国际知名传媒机构，形成集影视内容制作与发行、新闻出版传播、广告会展和版权交易为主导产业为一体的传媒产业集群，成为北京重要的传媒产业集聚地和文化商贸区。另一种是水平关联型文化产业集群，是指在同一产业集群内部，为避免同质化竞争，企业通过提供差异化产品吸引消费者，开拓文化消费市场。

第二节 文化产业集群的集体画像

多年来,我国文创园区作为文化产业的载体,将废旧厂房改造为动漫产业基地、文化产业园、影视基地及主题公园等,文创园区在变革中不断与城市融合,形成独具地域特色及产业特色的文化产业园区、城市文化创意街区,并与新兴科技、产业政策、历史文化、城市社区相交融,促进文创产业的空间聚合向价值聚合层面转化,形成城市文化和创意城市融合、文创园区协同发展、中国文化"走出去"的新态势。

一、我国文化产业园区发展的四大亮点

(一)文化产业园区数量增长,带状发展

为促进文化产业特色化、差异化、集群化发展,我国自2004年起开始引导和推动文化产业园区发展。据统计,2002年我国文创园区仅有48个,从2012年开始实现井喷式发展。2012年我国文创园区达1457个,2014年达3500个。2015年工业和信息化部下发《关于进一步促进产业集群发展的指导意见》,文创园区数量整体回落,全国正常运作的文创园区为2056个左右。2016年,全国文创园区超过2500家。2017年,全国共有文化产业园区近3000家。借助政策红利和产业东风,我国文化产业区园区强势发展,成为我国文化产业发展的重要载体。

此外,我国文化产业园区由封闭式的点状发展模式向带状辐射发展,在自身品牌形成的过程中,也不断注重社区功能的开发、

为园区发展注入新的动力。比如，北京郎园 Vintage 通过"放学别走""红酒品鉴""文化沙龙"等项目，将商业与休闲、社交、生活结合在一起。文化产业园区作为大量的文化艺术人才聚居之地，环境舒适、格调高雅、品位独特，再加上众多休闲空间使其也成为吸引游客参观的特色文化景观。

（二）文化产业园区差异分布，类型多样

截至 2017 年，全国省级（含直辖市）文化产业示范园区接近 600 家。其中，东北部地区 32 家，东部地区 261 家，中部地区 152 家，南部地区 78 家，西部地区 50 家。[①] 从园区数量的地区分布可以看出，文化产业园区的数量和水平与当地经济实力有较高程度的正相关关系。经济发达地区，如浙江、江苏、北京、上海等省市，均有着大量不同产业门类的文化产业园区，在创意设计、艺术服务、会展服务、演艺娱乐等产业的结构优化中均发挥了较为明显的作用。而经济较为落后的西部地区，如内蒙古、西藏、新疆等地，受经济情况的制约，文化产业园区的产业门类则更多集中于传统文化、休闲旅游等较为初级的阶段。

经过多年的发展，我国文化产业园区可以分为传统弘扬型文化产业园区（如永新华韵前门传统文化街区）、创客生态型文化产业园区（如创客 157 创业创新园）、创意改造型文化产业园区（如郎园 Vintage）、业态融合型文化产业园区（如台儿庄古城文化产业园）、数创引领型文化产业园区（如张江高新科技园区）、协同创新型文化产业园区（如南京环南艺文创功能区）、民族特色

---

① 言之有范.文化产业园区年度报告：环境提升且亮点频出，2017 园区发展回顾.[EB/OL].(2018-02-13)[2018-07-08]http://mp.weixin.qq.com/s/3UbXMn_FtJA6Kma4Uj0KUA.

型文化产业园区（如新疆野古生态园）和国际导向型文化产业园区（如白马湖生态创意园）8种类型，种类多样且趋于专业化、差异化。

（三）政策红利不断释放，带动效应显现

2010年，文化部启动对文化产业园区（集聚区）认定相关政策，印发《国家级文化产业示范园区管理办法（试行）》《关于加强文化产业园区基地管理、促进文化产业健康发展的通知》，推动了国家级文化产业示范园区的建设，加强文化产业园区基地的有效管理。2014年，文化部办公厅修订印发《国家文化产业示范基地管理办法》的通知，进一步加强了国家文化产业示范基地的建设管理，提高了我国文化产业规模化、集约化、专业化发展水平。2016年9月，文化部办公厅下发《关于进一步完善国家级文化产业示范园区创建工作方案》，将以演艺娱乐、动漫、游戏、游艺、数字文化、创意设计、文化旅游、艺术品、传统工艺、文化创意和设计服务与相关产业融合发展等为重点领域，有明确的优势行业和发展定位，已集聚100多家文化企业，具备一定产业规模的园区，进一步创建成为示范园区，优化区域文化产业发展环境，提高区域文化产业竞争力。[①]2017年9月，文化部公示第一批国家级文化产业示范园区创建资格名单，各省市也相继出台扶持文化产业蓬勃发展的相关文件，利好消息频出，政策红利不断释放。

（四）多元业态繁荣共生，创新融合发展

经过多年的发展，部分园区突破传统向的单一发展模式，打

---

① 文化广电新闻出版局.文化部办公厅关于进一步完善国家级文化产业示范园区创建工作方案[EB/OL].(2016-12-12)[2018-05-11].http://www.whwh.gov.cn/art/2016/12/12/art_13682_838220.html.

破了不同业态壁垒，实现了多元业态的跨界融合发展，不同业态在文化产业园区内实现了良好共生，为文化产业园区的发展带来了新的启发。如亦庄科技文化融合园区，利用北人集团8.69万平方米老旧厂房空间资源，打造了北京亦庄数字科技创意园、亦创智能机器人产业园、亦创国际会展中心三园合一的发展模式，以承办世界机器人大会、"中国网络文学+"大会的契机，积极推动柏惠维康等人工智能企业及科技文化融合度高的数字技术研发、高端装备制造类企业入区，积极争创"科技+文化+会展+体验"四合一的首都科技文化融合示范基地。

此外，还有部分园区围绕核心产业打造产业链上下游，实现多种业态紧密联系并繁荣共生，配合周边产业实现全面协同创新。以南京环南艺文创功能区为例，作为鼓楼区委区政府与南京艺术学院共同打造的"创意结晶"，环南艺文创功能区致力于构建更加优良的载体平台和发展环境，更好地推动文创产业发展、提升人文艺术品位。功能区依托区域独特的文化底蕴和人才资源、人文优势，按照"1+7+1"的空间发展格局，重点发展创意设计、新媒体技术与应用、数字影音娱乐、文化艺术服务与培训等产业。功能区共投入5.95亿元，引入10亿元功能区发展基金支持产业发展；联手银行、保险公司等金融机构，推出"文创贷"特色金融产品，扶持小微文创企业发展壮大；省市文化产业扶持政策也不断向功能区倾斜，2015—2016年，功能区内共有12家企业13个项目获取财政扶持资金6000万元，有4家企业共获取文化金融低息贷款2365万元。2017年，功能区291家文化企业实现文化及相关产业增加值8.4亿元，占全区文化GDP12.5%；实现文创税收1.69亿元，增幅15%。上市文化企业5家，由华讯方舟、亚信科技、宁谊文化、福佑设计等一批龙头文化企业带动发展。[①]

二、我国文化产业园区发展的六大"陷阱"

从数量上来看,借助政策红利和产业东风,我国文化产业区园区强势发展,成为我国文化产业发展的重要载体。然而,我国大部分文化产业园区还处于依靠租金的低级发展阶段,尚未形成集群效应明显的文化产业园区。园区建设存在一些亟待解决的问题。

(一)政策依赖严重,忽略内生发展

我国大多数文创园区是在地方政府强力扶持下的"政府工程",政府导向型文创园区是我国发展文化创意产业集群的重要方式。园区通过土地、税收、基建等政策优惠吸引企业入驻,但缺少对园区企业的衍生服务,如融资、人才、管理服务等,内生动力培养不足。如各种动漫产业园、广告产业园等即使提供再完备的公共服务,仍然难以在园区内部形成可循环的生态链,造成"挂牌园区"和"空壳园区"现象。近年来,随着文化产业红利不断释放加之受房地产物业供需关系的影响,文化产业园区的租金不断上涨,很多文化企业难以维持高昂的租金,逐渐从园区中搬离,造成文化产业园区的空心化问题。

(二)盈利模式单一,造血能力不足

从全国文化产业园区情况来看,10%是比较成功的,20%基

[①] 熊海峰,宋立夫.文化产业园区年度报告:环境提升且亮点频出,2017园区发展回顾[EB/OL].(2018-02-13)[2018-05-11].https://mp.weixin.qq.com/s/3UbXMn_FtJA6Kma4Uj0KUA.

本维持，70%经营状况较差。造成这个窘境的重要原因之一就是园区盈利模式单一，大部分为租金收入、土地增值和地产，以及政府的各类补贴和转移支付等，使产业园区发展模式越来越偏向于房地产模式，园区盈利模式设置不合理，导致园区自我造血功能差，影响园区长远发展。造成该现状的原因除了园区定位不准、盈利模式不成熟、产业链不完善等问题之外，还在于一些园区为了招商引资和吸引产业、品牌企业入驻，加大土地、税收等政策优惠，造成园区债务危机。此外，近年来，部分文化产业园区因投融资平台现金流不足、可经营资产少、贷款抵押物难落实等问题，难以获得银行授信和信贷资金支持，缺乏"造血功能"。政府资金支持只能在短期内解决园区经营问题，但终归是治标不治本。园区要想长久发展只有通过资金的内源驱动，实现自给自足才是王道。对此，一是园区应该搭建并维护园区的公共服务平台，为企业整合资源，促进本地资源的优化配置和共享；二是建立园区文化品牌，增强园区的影响度和辐射度；三是着力培养品牌企业，对一些有发展潜力的企业予以政策和平台扶持，从而培育出具有影响力的园区品牌企业，借以提升园区的影响力；四是整合金融资源，建设多元化的园区投融资体系，加大"互联网＋金融"模式的创新，搭建线上众筹平台等，解决园区内企业融资难问题，也可间接解决空壳园区问题。

（三）园区业态单一，集群效应较弱

产业集聚前提是企业集聚，国内文化创意产业园大多是"撮合型"。一来部分企业为了享受政府优惠政策，在园区间"候鸟式"迁徙，造成资金和土地双重浪费。二来部分园区采用点对点的招商引资方式实现文化企业的"撮合型"集聚，缺少资源整合和产业合作，导致入驻企业同质化发展和园区内部的恶性竞争，产业集聚力较低。文化产业园区的产业链并不是简单地上下游关系，而是以市场为导向、创意为核心的价值创造链。但是目前无论是在园区之间还是园区中的企业之间都没有成熟的全产业链。此外，值得注意的是，"互联网+"时代，部分园区产业发展仍较为落后，传统文化产业占比过高，文化科技含量低，缺少文化产业新业态，缺少发展活力和发展动力。以现代文化产业特征较为突出的深圳为例，仅高端工艺美术类园区就占了46%左右，缺少影视演艺、数字出版等类别园区。[1] 对此，文创园区应一方面转变传统地产的运营观念，以产业方式进行运营，加强园区内产业形态的融合。另一方面应加强科技对文化产业园区的引领。大数据和云计算将会改变人们的生活方式，随之而来的是商业模式的变更，如淘宝模式、众筹模式、PPP模式等，线上文化产业园区、虚拟园区、众筹园区等的出现为文创园区创造了别样的生态体验。

（四）重硬件轻软件，缺乏服务意识

目前，部分文创园区公共文化平台及配套服务设施不健全，过于重视基础设施，忽略服务、品牌等软实力的建设，缺少平台功能和服务意识，甚至与入园企业争利，无法提供企业需要的公共服务。园区大多依靠租金和政府政策补贴维持运营，"二房东"模式普遍存在。一个成熟的文化产业园区，不仅要有健全、完善的配套基础设施，还应形成可输出的运营模式，培育发展独具特色的优质文化品牌。对此，园区可从资金流、信息流和人流三方面，着力打造建立在产业规模化和产业链条化基础上的公共服务

---

[1] 詹双晖. 文化产业园区建设有待协同发展[N]. 中国社会科学报，2017-07-10.

平台。资金流方面,搭建公共服务平台,从投资端和融资端进行供需资源的整合。信息流方面,为企业搭建政府资金项目申请通道和对外信息沟通、合作推广平台。人流方面,吸引人气、集聚人流,为园区企业提供的重要服务,增强企业对园区的"黏性"和"依赖度",推动园区的可持续发展。

(五)封闭式管理,产业新区变空区

目前,我国的园区大多是封闭式的,产城分离现象严重,难以发挥在城市发展中的集群带动效应。放眼全球,一些国家的文化集聚区大多是面向居民、开放式的城市空间,成为"文化街区""城市公园",成为居民文化消费和休闲娱乐的主要场所。随着经济发展进入新常态,人民群众文化消费需求更加旺盛,满足人民日益增长的美好生活需要成为各行各业发展的重要目标。对此,文创园区应当打造具有市场交易功能的开放式、体验式文化园区,注重城市文化底蕴和创意产业的有机结合,加强园区产业发展与社区生活服务的有机融合,提升居民的文化消费体验,加强园区与社区、街道、校区的"四区"合作,营造城市创新创意的文化发展氛围,激发文化产业的带动效应。

(六)政府管理粗放,缺少统筹管理

当前,我国政府在对文化产业园区的管理过程中还存在职权分配不当、政出多门等问题,尚未形成文化产业统筹发展服务管理机制。尤其是在文化项目立项管理方面审批烦琐,导致文化园区和文化企业在项目申请过程中操作难度大,难以落地。此外,部分地区缺少严谨科学的文化产业发展规划,相关政策配套不接地气、不健全,且缺少专业的园区评估和监管体制,文化产业园区的市场准入和退出机制不健全,难以在遵循市场发展规律的基础上，对文化园区、文化企业和文化项目实行有效、规范化的监管。对此，政府应着重加强文化产业园区及其入住文化企业的规范管理、建立市场化开放化的传播渠道、知识产权保护、健全文化产权评估交易体系、营造自由开放的文化氛围等。此外，还应加强产学研合作，加强对文创园区概念认定，建立科学的文创园区标准化评价指标体系，避免"挂羊头卖狗肉"；实施完善的文创园区动态管理机制，定期清除"变了味"的"空壳"文创园区。

三、未来文化产业园区的转型发展

（一）基础：传统文化结合的新型表达

2017年，中国传媒大学文化发展研究院对全国副省级以上城市的文化产业示范园区进行了统计。统计结果显示，基于中国传统文化打造的文化产业园区占据了中国文化产业园区的最大比重。而随着新兴产业的高歌猛进，传统文化的呈现方式也实现了重大的突破。传统文化弘扬型文化产业园区虽是"传统的"，但并非是"陈旧"的。经过对园区走访发现，越来越多的传统文化园区开始采用全息投影、AR/VR等新型呈现方式对传统文化产品进行全方位的展示；采用交互式的媒介和全景式的讲解对传统文化进行深入浅出的讲解；采用体验式的场景设置还原传统文化产品的制作过程，加深消费者的印象，激发消费者的兴趣，将传统文化与新型表达结合在一起，逐渐成为全国文化产业园区的新底色。

（二）风向：多维度文化的深层次融合

1. 经营理念上强调与社会融合

文化产业园区正在纵向介入地区的公共文化服务体系中，通过举办趣味性更强、社会联系更为广泛的社会活动，实现商业对公共文化服务的补充。另外，文化产业园区也与城市更新息息相关。在城市空间腾退、搬迁和改造工业用地的同时，文化产业园区如何利用好"去存量"后的城市空间，推动城市更新的进程，实现产业升级，提升生产效率，降低环境风险，也是文化产业园区将要回答的重要议题。

2. 产业体系中强调与科技融合

文化产业园区已在两个方面充分体现出这一趋势。首先是园区的数字化管理，在过去半年中，多份行研报告和企业报告中提到要采取"数字化管理"或"数字化运营"的方式。普华永道2018年6月份发布的《2018全球数字化运营调研报告》提出："在数字化冠军企业中，运营体系使整条价值链的协调运作和完全透明化成为可能。"诸如郎园、东方嘉诚、尚8等园区（品牌）均运营着线上的园区管理系统，以提升工作效率。而内容方面，数字创意产业也成为市场中不可忽视的上升力量，"抖音热"也见证了短视频能够产生强大效能，电影、电视、动漫、自媒体等科技支撑的文化领域，也都还有着长足的市场进步空间。

3. 资金保障上强调与金融融合

2018年1月，北京市文化产业投融资协会成立，专业服务于北京市文化创意产业投融资工作；2018年2月，《关于促进首都文化金融发展的意见》正式公布，进一步强调了金融手段在文化产业发展中的重要作用。以目标导向原则为政策效能评估模型，众多文化金融政策已在北京市产生了广泛的、积极的影响。而根据6月份发布的《中国文化金融发展报告（2018）》可知，文化金融已超越文化信贷和文化保险的阶段，金融元素已经更加丰富多彩。

针对文化概念作金融炒作的行为,"去杠杆""减泡沫"的趋势也得到了充分体现。文化金融领域完善的金融手段加持,使文化产业园区的发展空间进一步拓宽,进一步得到保障。

(三)革新:"五个创新"理念

文化产业园区是扎根市场服务文化企业的平台,同时也是新的竞争单位,重塑了竞争形态。迎接文化产业发展浪潮,并且形成服务经济的竞争优势,是新时代发展中必须面对的重大战略课题。结合北京市众多优秀案例所提供的发展经验,可以将文化产业园区的发展经验,以及文化产业园区创新发展的路径,概括为"五个创新"。

1. 创新发展理念

文化产业正逐渐成长为我国的支柱型产业,作为文化产业的重要载体之一,文化产业园区在消费升级和社会服务中扮演着重要角色。纵观世界园区发展历史,形形色色的高新技术产业园区、开发区、创业园区等均是区位理论或产业集群理论在实践中的运用。在集群效应的作用下,文化产业园区、文化企业可以获得更高的生产率、边际效益和竞争优势。强化文化产业园区的创新引领效应,实现园区的迭代升级,首先要创新发展理念,以理念和理论来指导园区的发展,不囿于已有成绩,大胆拓展新兴领域的广阔空间。除此之外,文化产业园区的谋划也要立足全球视野。在中国融入世界经济体系的背景下,文化领域也已处于"国际竞争国内化,国内竞争国际化"的状态。开发中国特色的文化创意和服务经济,必须有跨越疆界的大胆吸纳和新锐创造精神,特别是突出全球化思维与本地化行动的原则相结合,让国内外的优质资源,与本地资源形成战略对接,实现园区发展理念的全局支撑和重点突破。

2. 创新商业模式

不论是简单的产业集聚，圈地分房的"房东经济"做法，抑或是企业协作通力打造完整产业链，都已经无法完全满足文化产业快速发展的需要。新时期园区商业模式的创新发展，首先应加强科技支撑的首位度，如引进或建设科研院所、科创团队、众创空间等，集聚高新技术企业、科创导师，突破授权发明专利数量，培育科技型中小微企业，引入和扶持各类基金等；其次，要加强创意的依附性，构建创新生态体系，激活城市和区域的创新活力；此外，还要植根平台思维，打造园区之间、园区与企业之间、企业与企业之间的良性沟通机制，增强协同力量，形成新的商业模式。

3. 创新业态内容

根据众多文化产业园区反馈的经验来看，业态内容的升级推动了园区质量的飞跃。单一业态的文化产业园区，应坚持高端化、精品化和国际化的路线，形成区域产业活动向心力；多重业态的文化产业园区则应坚持业态之间的良好协作与融合，重视长尾产业。同时，产业集聚不仅是外在空间上的集聚，也是功能与业态的集聚，大胆突破业态壁垒，推进业态融合也是解决园区发展缓慢问题的路径之一。其中，重点引擎活动是短时期内激发城市活力的重要措施，能够有效地推动城市各方面建设快速发展。内容的升级突破，引进大型引擎项目和会展赛事等活动必不可少。借助引擎项目，提升城市环境，推进城市知名度，推进市容改善，挖掘城市发展潜力，激活城市经济转型升级的内生动力因子。

4. 创新产城关系

产业集聚区是城市的重要组成部分，产城融合是产业集聚区发展到目前最为明显的动态特征之一，包括空间的融合、功能的融合、配套设施的融合等方面。新时期的文化产业园区在城市文化体系建设中发挥着更重要的作用，在文化产业园区中，娱乐、商业、休闲、运动等空间或设施能够融入城市与社区，发挥更广泛的城市职能。文化产业园区也可以按照标准国际化、布局均衡化、设施现代化、风貌特色化的导向，重点推进国际化功能服务配套，加强优质级公共服务设施覆盖，完善基础性公共服务设施布局，系统性提升整体建设和服务品质，致力打造产城功能融合人文自然相谐的生活品质之城。

5. 创新社会效益

社会企业是一种为实现既定的社会目标和可持续发展而进行商业交易的新型组织形态。以此概念为基准，文化产业园区同样应具有社会性和企业性的双重属性，在改进公共服务、解决社会问题、促进地区经济发展方面凸显作用，具有发展为社会企业的潜力。按照社会企业的发展目标，文化产业园区运营主体应该在以下方面进行战略调整，以期弥补部分社会功能的空白和不足。首先，要增强底线意识和红线意识，坚持把社会效益放在首位，在产业化运作的同时与城市公共文化相结合，实现社会效益和经济效益相统一；其次，文化产业园区的运营主体应追求卓越，用匠心精神铸就文化精品，确保基业长青；最后，坚持以人为本和可持续发展理念，是打造符合社会企业标准的文化产业园区所应秉持的基本原则。[①]

[①] 范周，宋立夫. 提升与完善：文化产业现状与产业园区发展的共振 [J]. 人文天下，2018（9）.

（四）未来："三个转向"

1. 由资源型向智慧型发展

产业集聚沿着资源集聚区（简单扎堆）—生产集聚区（分工系统）—科技集聚区（创新系统）—创意集聚区（创意系统）—智慧集聚区（智能系统）的方向不断演进升级。2016年12月，国家标准委、住建部、质检总局等多部门联合公布《新型智慧城市评价标准》，提出通过智慧建设进一步提升城市便民惠民水平、提高城市居民幸福感和获得感，实现城市可持续发展。随着互联网信息技术的发展，借助"互联网+""文化+"融合发展以及现代物流等新兴产业，形成园区O2O相结合的产业服务平台，如投资融资平台、信息咨询平台、科技服务平台和产权交易平台等，[①]推动文化产业园区由资源聚集型向科技化、信息化、智慧化方向发展，提高文化产业集群的信息化水平和协同发展能力。

2. 由创意营造转为情怀培植

传统的文化产业园区大多通过对园区基础设施和空间改造实现创意营造，未来文化园区将更多注重文化生态和文化情怀的培养，塑造园区文化"印象"。经过多年的发展，很多文化产业园区都已把提升体验性作为重点工作，如超级接口、人性化细节、浸入式互动、场景化设计、后续黏性等，其中超级接口就是要做好与用户的所有品牌接触点。[②]以郎园Vintage为例，郎园尤其注重园区文化生态培养，以"创意办公＋体验式商业＋艺展中心＋设

[①] 范周. 十八大以来，文创园区如何实现跨越式发展？ [EB/OL].(2017-10-15) [2018-08-11].https://mp.weixin.qq.com/s/8gbFzsdqQExE1qNaYSTjng.

[②] 同上.

计型餐厅"为四大主要业态,涵盖兰境艺术中心、LCD设计实验室、"文创猫"、"人民智造"、郎园果壳空间等5个方向的"孵化器+创客空间",充分利用小剧场、文化演出、创业沙龙等形式,实现园区文化创造活力的不断发展;举办丰富多彩的文化社群活动,如一年一度的品牌活动"郎园文化节"。同时,做好社区营造,注重与周边社区的互动,打造市民口碑,使文化产业园区成为居民文化消费和休闲娱乐的重要场所,是未来园区发展的重要趋势。

3. 由国内集聚转向国际协同

随着"一带一路"建设、京津冀协同发展和雄安新区建设、长江经济带发展、粤港澳大湾区发展,各地依托当地文化特色和产业发展基础,因业布局、因地制宜、因时施策,形成点面结合、优势互补、错位发展、协调共享的文化产业集聚发展格局。2015年5月,京津冀三地的66家文化创意产业园区代表共同发起并签署了《京津冀文创园区协同发展备忘录》。2018年8月,北京市朝阳区联合中国文化产业协会牵头倡议,联合中国传媒大学文化发展研究院等智库机构、全国23个城市(城区)相关部门、近100家老旧厂房改造转型园区共同发起成立全国首个老旧厂房保护利用与城市文化发展联盟。园区也正在成为各地推进"一带一路"倡议的重要载体。在第十届北京文博会上,"一带一路"产业带上的各大文化产业园区,都在大力推动沿路文化产业的发展,以文化产业为载体实现对外交流。未来,文化产业国际合作承载区将越来越多。同时,互联网的发展促使实体文化创意产业集群在实体基础上打造无界域、国际化的虚拟文化创意产业集群,建立国际化的数字文化产业交易平台和文化市场,构建"虚拟文化创意产业园区"或"文化创意信息数字交易港",将是未来文化产业园区发展的主流趋势。①

第三节 文化产业集群的中国现象

一、老旧厂房改造与集聚空间扩展

城市化的快速发展所带来的"城市病"问题在我国尤为明显,城市功能略显臃肿。目前,全国各大城市均在向外疏散城市的工业功能,实现城市功能的轻量化发展,留下了大量废弃的老旧厂房。以北京为例,根据北京市文化创意产业促进中心的调研数据显示,全市目前各区腾退老旧厂房242个,总占地面积达2500万平方米;已转型利用老旧厂房占地面积为601万平方米,正处于转型期的老旧厂房改造项目占地138万平方米,两者共740万平方米,约为总面积的29.6%,即北京市老旧厂房占地面积仍有七成处于待开发状态。②在如此城市空间布局的调整下,利用文创园区盘活城市中的老旧厂房空间资源,既能实现待更新空间的去存量化,促进文化空间的增量发展,又能增强城市文化氛围。让老旧厂房长出文化"新苗",可以说,是城市发展中的一举多得。③

然而目前,老旧厂房的改造过程并不顺利,所面临的最大问

---

① 范周.十八大以来,文创园区如何实现跨越式发展?[EB/OL].(2017-10-15)[2018-08-11].https://mp.weixin.qq.com/s/8gbFzsdqQExE1qNaYSTjng.
② 刘旭.老旧厂房该保则保不能拆占[N].北京青年报,2017-09-24.
③ 范周.让老旧厂房长出文化"新苗"[N].经济日报,2018-01-14.

题就是土地性质的变更问题。土地性质不变更，后续改造中立项规划、建设施工、安监消防等一系列手续便难以进行，基础设施的费用标准也相差甚大，这正是绝大部分文化企业所面临的首要难题。按照现行制度，改变用地性质从工业用地为商业用地，需要交纳高额土地出让金，这对于以轻资产运营为主的文创企业来说难堪重负，从而不得不放弃。怀柔区新城杨宋镇07、08街区作为中国（怀柔）影视产业示范区的核心功能区，在利用存量资源发展文创产业方面，面临的突出问题就是用地性质调整困难。

土地性质难以转变带来的另一个后果是，部分提供公共文化服务的园区难以享受国家的政策扶持。根据《公共文化体育设施条例》规定：建设公共文化设施使用国有土地的，经依法批准可以以划拨方式取得。然而，对于利用老旧厂房改造而来的园区来说，尽管他们为公共文化提供了场所和设施，但由于场地不属于国家划拨的土地，不符合公共文化的一般要求，因此仍然享受不到相关政策的优惠。政策瓶颈成了阻碍当下文创产业良好发展的原因之一。

为了鼓励老旧厂区改造，国务院的多份政策文件中都涉及了土地性质变更的问题，包括《关于推进文化创意和设计服务与相关产业融合发展的若干意见》《关于推进城区老工业区搬迁改造的指导意见》《关于支持新产业新业态发展促进大众创业万众创新用地的意见》等。不难看出，国家对于土地使用方面的问题尤为重视。然而上述国家政策在制定上偏向于战略方向的把控，在这些相关文件出台后，国家土地资源管理相关部门（住建部、国土资源部等）并没有出台相应的配套实施细则。这就导致了尽管国家在顶层设计上对发展方向有了正确的把握，但地方在具体实施环节却"寸步难行"。尽管，杭州、上海、广州、深圳等一些文化产业发展较好的城市,主动对接中央文件的主旨思想,结合本地实际出台相关政策。然而,各省市落地政策力度不一,许多悬而未决的难题仍然存在。具体实操和配套政策的缺失导致政策落地走不过"最后一公里"。

2017年12月31日,北京市人民政府办公厅出台《关于保护利用老旧厂房拓展文化空间的指导意见》,较好地补充了此前老旧厂房政策中的漏项和细则不全等问题,进一步为文化企业松绑,使由老旧厂房改造而来的文化企业和空间进一步合规化。《关于保护利用老旧厂房拓展文化空间的指导意见》呈现出四个特点:第一,更具操作性,注重战略性,立足北京非首都核心功能疏解,对城市闲置工业用地进行结构性调整;第二,注重融合性、公益性与产业性相融合;第三,注重可行性,对老旧工业厂房进行文化价值分级,分类分级实施,对已进行老旧厂房改造的文化空间进行重新评估和审定;第四,注重协同性,政府与市场协同推进,鼓励多方参与。在城市功能空间转型和用地转型处理的问题上,北京提供了新的思路和实施方法。我们期待,北京的探索可以为国家政策精神的真正落地提供行动参考。[①]

二、文化产业集群和新型城镇化

在全球范围内,城市群已经成为人居环境与生产要素深层次融合的新空间组织形式,这一组织形式演绎出产业集群化的新

---

① 范周.保护利用老旧厂房拓展文创空间,挣脱桎梏全面释放文创活力[J].人文天下,2018(1).

方向，使产业集群功能与区域产业空间和生活空间有机联系在一起。随着城镇化的加速，城市之间的联系更加紧密，跨区域、跨行业、跨所有制的产业集群，逐渐跳出单一城市行政归属的框架束缚，向城市群扩张，形成了更加具有市场竞争力的文化经济体。可以说，产业集群就犹如"平滑空间上的黏滞点"，吸收集聚了稠密的经济能量，培育了一大批具有世界影响的产业，并承担了全世界主要生产要素的专业集聚和市场资源的优化配置功能。

改革开放以来，中国经济高速增长，"共同贫困"的局面早已消失，但"共同富裕"还只是一张蓝图。随着新型城镇化建设的加快，未来文化产业在县域地区尤其是农村地区的发展，将成为实现文化富民的重要途径，对于国家经济发展的总体平衡将起到重要推动作用。在中国大多数地区，文化产业的发展仍集中在城市，城市汇集了文化产业发展所必需的人才、创意、资本等核心要素，拥有文化产业的市场主体，这也使都市圈、城市群的文化产业发展，依托区域中心城市呈现涟漪状的分布。但就未来文化产业的集体式崛起而言，必须破解文化产业发展的城市依赖症，使广大县域地区、乡村地区通过文化产业的发展实现经济的跨越发展。

城镇作为人们文化经济生活的重要空间载体，随着我国城镇化建设的开展，带来的综合效应逐渐增强，强劲刺激区域经济的发展，成为文化产业集群的实践形式之一，为文化产业破解空间布局的制约性瓶颈，为实现一、二、三产业融合发展提供了前所未有的契机。随着新型城镇化建设的推进，核心城市和周边城市之间的关系，将因为文化产业的纽带作用而更加紧密，文化产业将有机统领城市群发展。[①]

文化产业集群和新型城镇化建设之间的关系极为密切。一方面，新型城镇化建设拓展了文化产业的发展空间，推动文化产业要素重组和科学配置，推动文化产业链的全面升级。另一方面，文化产业集群在吸引文化市场主体集聚的同时，不断完善配套基础设施建设，加快推动新型城镇化进程。为了实现新型城镇化和文化产业集群的良性互动，要做到以下几个方面。

第一，加强顶层设计，搭建区域协同发展机制。因地制宜，制定科学合理的文化产业政策，做好文化产业发展的中长期综合发展规划，加强资源整合和产业结构调整，避免重复建设。优化文化资源和文化产业布局，从整体上把握新型城镇化过程中文化产业集群的发展要求和发展方向。同时，建立参与主体共同协商机制，推动政产学研一体化，加快资源整合、信息沟通和产业协同发展，切实提高文化产业集群创新能力和城镇竞争力。

第二，加强城镇基础设施建设，完善文化要素市场。城镇基础设施建设水平直接影响区域文化资源和要素的集聚发展，进而影响区域城镇化水平。因此，要采用多种措施和渠道筹集资金，加强当地交通、通信、网络、排水、供气、供电等基础设施建设，由于文化产业的特殊性，还要加强空间文化氛围的营造，增加对人才、资本、企业等要素的吸引力和黏合力。此外，由于行政体制机制对要素自由流动具有一定的限制，还要增加区域内"造血"能力，加强当地文化要素市场的培育，推动新型城镇化和文化产业集群的良性互动。

---

① 范周.赋予城镇化以文化内涵[N].光明日报，2013-10-16.

第三，强化城镇文化治理，提升产业集群运作能力。充分发挥文化在城镇治理中的作用，激发文化主体的参与意愿和发展活力，形成产业集群发展的内生动力。加强体制机制创新，畅通城镇治理主体的沟通协作渠道，推动城镇治理的合理化、科学化和智能化，实现新型城镇化与文化产业集群的有序衔接和发展。

结语

文化产业集群在横向上形成产业分工，纵向上推动产业延伸，是文化企业实现能力提升、形成市场竞争力的重要空间载体，也是文化产业适应经济全球化的必然趋势。可以说，文化产业集群是文化产业健康有序发展的必然选择，也是文化产业走向成熟的重要标志。

当下，文化产业集群发展还在不断探索。在当前跨国文化产业集团抢占并垄断大部分文化产业的核心技术和国际市场的情况下，以数字化为特征的新型文化产业正在异军突起。如何依托实体文化产业集群，建设数字化的网络文化市场和交易平台，打造无边界国际化虚拟文化产业集群，是未来文化产业集群的发展方向和趋势。

第八章 文化与相关产业融合发展

引言

随着互联网信息技术的发展和在产业领域的广泛运用，产业融合作为一种经济现象引发社会各界的广泛关注。由于最初的产业融合主要发生在信息技术领域，且出现融合的产业多具有共同的技术基础，因此早期的研究学者倾向于"技术决定论"，即认为科技创新是产业融合的根本动力，产业融合是科技发展到一定程度的必然产物。直到1998年，甘巴尔代拉（A. Gambardella）和托里西（Salvatore Torrisi）修正了这一观点，他们认为技术融合只是产业融合的第一阶段，要完成产业融合的全过程，还需经过业务与管理融合、市场融合这两个阶段，如果只有技术融合，而缺乏管理融合特别是市场融合，产业融合将难以实现。[①] 产业融合不仅能够降低产品生产、交易成本，提升发展优势，还能优化产业格局，催生新产品和新业态；更能优化市场竞争关系，推动市场有序、健康发展。

文化与相关产业融合是文化产业发展到一定程度的必然结果。

[①] 冯晓棠，张爱英. 文化要素为核心的产业融合新趋势分析[N]. 经济问题，2016（4）.

随着互联网信息技术的发展，人类进入知识经济时代，文化的开放性推动文化要素向国民经济全方位、各领域渗透、融合，成为经济发展最重要、最有效的动力因素。文化产业兼顾第二、三产业的产业属性，具有附加值高、创新能力强等特点，能够自然渗透并融入第一产业和第二产业，形成文化产业新业态。随着人民物质生活水平的提升，对精神文化方面的需求日益强烈。国民经济部分行业迫切需要与文化产业融合发展，改变其附加值小、高耗能、高污染、技术含量低、缺乏自主品牌的发展困境。与此同时，文化产业也可以通过与其他相关产业融合发展，拓展产业链，丰富文化产品和服务的种类。与传统产业融合不同，"文化+"产业融合不仅仅是技术、管理和市场的融合，更重要的是以文化为核心的全方面的融合，是对传统产业融合的创新发展，是产业融合的新趋势。

第一节 "文化+"推动产业融合

一、"文化+"融合发展特征

"文化+"是文化与国民经济各领域更广泛、更全面、更深度、更多层次的创新融合，通过推动产业转型升级和结构优化，激发产业发展活力和内生动力。由于文化产业的特殊性，文化产业融合作为一种更高层次的融合方式，从思维理念、发展路径到融合范围都独具特征，具体表现在以下几个方面。

第一，从"低层思维"到"高层思维"的转化。"文化+"力求打破传统的思维观念和模式，通过大融合思维和全面化思维，推动文化产业业态更新和创新发展。不仅重视基础设施、资金、技术等方面的"硬件"思维,而且重视人才、创意等"软件"思维,推动"文化+"向高层次融合发展。

第二,从"传统文化"向"新兴文化"的转变。随着互联网信息技术的发展和文化产业红利不断释放,传统文化产业转型升级,新兴文化业态不断涌现,文化产业正从新闻出版、影视艺术、广播电视等传统的文化门类,向网络视频、网络动漫、网络游戏等新型数字内容产业转变,从"小文化"迈向"大文化",文化产业的先导作用不断强化,推动文化产业与国民经济的统筹快速发展。

第三,从"初级融合"向"高级融合"推进。有专家认为,产业融合发展存在三个阶段:初级阶段往往表现为产业间的单向融合;中级阶段往往表现为以两产业链各价值节点和产业相关要素为对象进行的双向融入;高级阶段往往表现为两产业无边界的一体化状态。[①] 实现"文化+",就是要加大资源收集、整合、挖掘、耦合力度,搭建产业融合发展的桥梁,推动文化产业融合从初级阶段向高级阶段推进。

二、"文化+"融合发展类型

产业融合理论认为,产业融合包含了三个类型:产业渗透、产业交叉以及产业重组。产业渗透通常是指高科技企业向传统产业渗透,进而提升传统产业产品和服务估价值;产业交叉是指产业之间由于功能互补和自然延伸而产生的融合;产业重组是系

---

① 张江涛."文化+"产业融合发展的新形态[N]. 光明日报,2015-12-25.

统产业内子产业的重组和资源重新配置与黏合。① 文化产业作为知识密集性、产业关联性极强的产业，决定了"文化+"不能是产业间的简单相加，而是通过对产业链的解构和重组，实现创新融合发展。具体有以下四种形式。

（一）高技术的渗透性融合

高技术的渗透性融合，关键在于高科技的发展及其与文化产业各领域的渗透发展。21世纪以来，在互联网信息技术的大力支持下，文化产业附加值朝向更广泛、更深层次拓展，涌现出许多新兴产业业态，优化消费者的用户体验，促进产业新发展。如随着数字技术的发展推动阅读媒介从纸质转向数字化，网络文化出现并日趋行业化、产业化、生态化，成为文化产业的"新金矿"。传播技术的广泛应用带来新媒体的蓬勃发展，带动网络视频、网络直播、短视频、微信微博等传播媒介的不断涌现。新闻传播领域，移动直播、H5应用、机器人写稿、无人机采集、虚拟现实等技术从无到有，推动了新闻传播全方位创新，实现重大突破。影视剧领域，在线视频和移动视频的出现取代了传统电视机，消费者的文化体验活动不再受时间、地点的局限。根据第41次《中国互联网络发展状况统计报告》，截至2017年12月，网络视频用户规模达5.79亿，较去年底增加3437万，占网民总体的75.0%。手机网络视频用户规模达到5.49亿，较去年底增加4870万，占手机网民的72.9%。② 随着移动互联网的发展和大屏手机的普及，网络

---

① 霍艳莲. 产业融合视阈下文化产业与旅游产业的融合效应、机理与路径[J]. 商业经济研究，2015（4）.

② 中国互联网络信息中心. 第41次中国互联网络发展状况统计报告[EB/OL]. (2018-01-31)[2018-05-19].http://www.cac.gov.cn/2018-01/31/c_1122346138.htm.

视频移动化发展趋势愈加明显。文化产业与高科技行业的融合不仅推动了优质资源整合，提高资源利用率，同时也推动新业态和新产品的产生，促进产业自身发展和价值链的攀升，为经济腾飞奠定基础。

（二）产业间的延伸融合

产业间的延伸融合，就是跨企业间的融合，是指不同产业在同一元素的作用下，横向延伸、重组，赋予文化产业新的功能，形成新的经济增长点。具体而言，就是通过不同产业的价值延伸和功能互补，不断消除行业壁垒，推动行业间的共生发展，如"文化＋旅游""文化＋医疗""文化＋农业"等。"文化＋旅游"是通过文化丰富旅游活动的内容、产品和服务，增加旅游目的地的吸引力，从而为文化消费创造更大的市场空间。"文化＋医疗"是指通过文化和医疗产业的融合，发展成为涵盖健康养老、休闲养生、医疗保健、文化体育等诸多业态融合的新兴产业，为产业发展注入新鲜活力，提升产业附加值。"文化＋农业"是指以文化为内容、以创意为先导、以产业融合为精髓，发展乡村旅游和休闲农业，实现农村生产、生活、生态再造，推动传统农业转型升级。此外，文化产业还可以与其他产业实现产业要素的互补协同，推动融合发展。如文化旅游活动中的：旅游目的地、住宿餐饮、文艺演出以及博物馆、展览馆等公共文化设施可以通过相同的文化要素进行资源整合，打造实景演出等新兴文化产品和服务，丰富消费业态，满足消费者更高层次的文化需求。

（三）产业内部的重组融合

产业内部的重组融合，即跨要素融合，是指通过产业内部各要素之间通过重组、融合，形成的新形态。文化产业内部的重组融合更多表现为文化资源的重新组合，即跨要素融合，就是以文化、科技、信息、创意、资本、市场、人才、资源、品牌等为代表的产业要素，通过集聚创新实现产业链的构建。如"文化＋金融""文化＋科技"等。文化产业本身就是一个庞大的体系，根据《文化及相关产业分类（2018）》，我国文化产业包括 9 个大类、43 个中类以及 146 个国民经济行业小类，任何一个要素的融合发展都能释放出巨大的产业效能。以影视产业为例，影视产业包括剧本创作、拍摄、后期制作、人才招聘、版权保护、营销推广、衍生开发等环节。随着泛娱乐产业的发展，以版权为核心推动文化产业在产业价值链上的延伸，向上进行剧本创作和电影、电视、网络剧拍摄，向下进行形象授权，拓展游戏、玩具、服饰等衍生品，实现资源与市场的有机统一。

（四）跨平台的空间融合

随着全面感知、互联互通、智慧服务的实现，文化产业服务平台在资源聚集、企业孵化、产品培育、交流合作等方面发挥重要作用。尤其是随着信息技术的发展，不同文化企业通过跨平台合作，能够打破"空间壁垒"，实现深层次、多领域、全面化的融合发展。互联网具有平台聚众的天然优势，从文化产品的内容生产、传播手段、运营方式等多个方面进行融合发展，消除市场壁垒，拓展产品类别和形态。目前，基于云计算、大数据、网络视听技术的发展，诞生了越来越多的服务型平台和平台型企业，以"免费"和"开放"为核心竞争力，创造"用户"时代。这些平台和平台型企业，借助用户数量优势带来的"滚雪球"效应，重组文化商业生态。如腾讯通过 QQ 聚集的用户资源，借力粉丝经济，推行泛娱乐化战略，发展出腾讯文化、腾讯视频、腾讯游戏、腾讯音乐等文化业态，成为互联网文化企业巨头。

第二节 "文化+"引领产业迭代

一、我国文化产业融合发展的历程

文化产业的融合发展是伴随着图片、视频、音频等文化形式的产生而出现的，我国文化产业融合发展最早出现在电影行业领域，更多表现为产业链的构建。改革开放以后，随着国家开始重视文化产业发展，文化衍生品开始兴起。无论是北京电影制造厂等国有文化单位，还是华谊兄弟等民营文化企业，都开始了集团化发展道路，不断推进产业链的延伸拓展，尽可能挖掘文化产品的经济属性，初步形成了集影视内容生产、拍摄制作、发行销售、宣传推广、衍生产品制造等电影产业链。

但此时的价值链锻造并不是广义上的文化产业融合。我国文化产业的广义融合，也即突破产业内部融合发展，实现文化与相关产业跨领域、跨产业、跨要素的全方位融合发展是在21世纪以后，随着市场竞争的愈演愈烈，产业融合优势不断释放，政府开始重视产业融合发展对推动文化产业发展、带动产业结构转型升级、提升国家软实力的重要作用，相继出台了一系列推动产业融合发展的政策措施。2014年3月，国务院颁发《推进文化创意和设计服务与相关产业融合发展的若干意见》，提出"推进文化软件服务、建筑设计服务、专业设计服务、广告服务等文化创意和设计服务与装备制造业、消费品工业、建筑业、信息业、旅游业、农业和体育产业等重点领域融合发展"[1]，这是我国最早最全面的文化产业融合政策。随后，各地纷纷贯彻落实文件精神，因地制宜制定一系列实施意见和行动计划。2015年11月10日，习近平在中央财经领导小组会议上首次提出"供给侧改革"，[2]其中供给侧改革的重点之一就是聚焦新兴产业发展，创造经济新增长极。文化产业作为创新度、活跃度、融合度极高的新兴产业，具有较强的辐射性和渗透性，是供给侧改革的重点行业和领域。

借助"互联网+"，我国文化产业融合发展态势逐渐深入。传统文化产业的内容生产创作、传播技术和经营模式不断发生变化，推动转型升级。网络文学、网络视频、网络音乐、网络游戏等数字内容产业蓬勃发展，为文化产业注入新鲜"血液"，在新型城镇化建设、特色小镇建设、区域协同发展的各个层面表现显著，成为我国当下经济发展的热点。

二、我国新型文化业态发展亮点

党的十八大以来，我国经济发展进入新常态，这意味着经济发展开启新速度、新方式、新结构与新动力。在经济发展的"新常态"背景下，必须主动适应经济发展节奏，以供给侧结构性改

---

[1] 国务院关于推进文化创意和设计服务与相关产业融合发展的若干意见 [国发（2014）10号] [EB/OL].(2014-03-14)[2018-05-19]. http://www.gov.cn/zhengce/content/2014-03/14/content_8713.htm.

[2] 习近平经济理论热词盘点 [EB/OL].(2016-08-09)[2018-05-29]. http://www.ce.cn/xwzx/gnsz/szyw/201608/09/t20160809_14679458.shtml.

革为主线，深入实施创新驱动发展战略，以创新发展新经济培育新动能，加快新旧发展动能接续转换，推动经济平稳健康发展。还应以"互联网+"为动力支撑，推动国民经济各领域跨界发展，凸显现阶段发展新业态的重要意义。新业态既是转变经济发展方式的突破口，又是推动产业迈向中高端的强大动力。

在我国经济进入新常态的大背景下，新产品、新业态正大量涌现，融合发展渐成趋势，继续深化改革也成为各方共识。文化产业新业态作为文化创意与科技创新融合发展的产物，具有高知识含量、低资源消耗、高附加值以及对传统产业的改造提升等特性，正逐步成长为经济增长的新亮点。文化产业新业态发展以技术为支撑，与科技深度渗透，以互联网新思维为导向，跨界融合继续深化，业态创新不断涌现。[①] 文化产业新业态呈现分享化、平台化、融合化发展特征，已成为推动经济结构转型的新生力量，为产业结构注入活力。

（一）"互联网+"思维，引领文化产业新业态

文化与科技融合，有利于助推文化向国民经济各领域渗透，提升文化创作力和文化品位，推动文化产业转型升级，酿生文化产业新业态。此外，更为重要的是，文化与科技融合带来的"互联网思维"，对推动企业研发生产、管理运营具有重要的引领作用。

1. 网红经济：网络红人创造新媒体经济奇迹

互联网平台为文化产品和服务的价值延伸提供了可能，用户集聚带来的粉丝效应推动产品品牌价值的提升。根据艾瑞和微博联合发布的《2017年中国网红经济发展洞察报告》，2017年，粉

---

① 范周，蔡晓璐，齐骥. 理性调整，深度融合——2016中国文化产业年度盘点[J]. 艺术评论，2017（4）.

丝规模在10万以上的网红人数较2016年增长57.3%；与此同时，2017年中国网红粉丝总人数在原有的庞大基础上继续增加，达到4.7亿人，环比增长20.6%。网红人数与粉丝规模双双增长，使网红经济变现空间进一步扩大，为产业链各方发展壮大提供了有力保障，也为国内网红经济的进一步发展奠定了更坚实的基础。①

"电商+直播"是目前及未来几年中国网红产业变现的主要来源。自2014年以来，泛娱乐直播市场规模呈快速增长趋势。2016年，国内泛娱乐直播市场规模208.3亿元，较2015年大幅增长180.1%。2016到2017年，短视频用户数与消费量的大量增长，也带动了直播市场的进一步发展。短视频与直播作为平台内容的两大载体，以网红账号为核心，呈现相互导流，共同发展的态势。而直播收入作为网红变现的重要一环，其可预期的增长态势也为网红经济的持续火热进一步加码。②

2. 网络直播：娱乐+社交+商业的共舞

中国演出娱乐行业协会联合"中娱智库"发布的《2017中国网络表演（直播）发展报告》显示，2017年我国网络表演（直播）市场整体营收规模达到304.5亿元，比2016年的218.5亿元增长39%。③ 网络表演（直播）已经成为网络文化内容供应、技术创新、商业模式创新的代表，是网络文化市场重要组成部分。

在国家文化政策支持、网络基础设施和移动宽带加速普及、

---

① 艾瑞 & 微博.2017年中国网红经济发展洞察报告 [EB/OL].(2017-06-18)[2018-05-21].http://b2b.toocle.com/detail--6401420.html.
② 同上.
③ 中娱智库.2017中国网络直播行业发展报告 [EB/OL].(2018-01-19)[2018-05-21].http://www.entbrains.com/news/shownews.php?id=70&lang=cn.

视频技术日趋成熟、资本助推等利好因素推动下,网络表演(直播)行业从前几年的高速发展,过渡到近几年市场结构化调整、直播平台重塑业务规划的时期,部分平台或遭受淘汰或尝试转型。中娱智库的数据监测显示,截至 2017 年,全国共有 200 多家公司开展或从事网络表演(直播)业务,较 2016 年减少近 100 家。[①]

经过几年的高速发展,我国网络表演(直播)行业营收模式日益多元化,与其他产业的联动日益紧密,"直播+"模式日益成型,对社会经济的带动效应日益明显。除了礼物和打赏等传统营收模式之外,网店几乎成为主播的标配,阿里巴巴、聚美优品、唯品会、蘑菇街、蜜芽等大小电商平台纷纷投身这一领域。根据淘宝直播的数据显示,目前已经有超过千万的用户观看过直播内容,每天的直播场次接近 2000 场。YY、一直播等也在试水"直播+电商"的变现模式。未来这种全新的销售模式势必会在更多类型传统垂直产业领域获得认可,直播电商的爆发式增长将是可以预期的,而这种颠覆式增长也必将改变和影响整个线下传统产业的格局和发展走向。

3. 移动电竞撬动游戏产业新格局

近年来,电竞行业发展迅猛,而移动电竞更是成为电竞行业中的一只潜力股。据统计,得益于移动电竞游戏的爆发,2017 年中国电竞整体市场规模突破 650 亿元。根据中国音数协游戏工委(GPC)、伽马数据(CNG)、国际数据公司(IDC)联合发布的《2017 中国游戏产业报告》,2017 年中国游戏市场实际销售收入达

---

① 中娱智库.2017 中国网络直播行业发展报告 [EB/OL].(2018-01-19)[2018-05-21].http://www.entbrains.com/news/shownews.php?id=70&lang=cn.

到 2036.1 亿元，同比增长 23.0%，游戏用户规模达到 5.83 亿人，同比增长 3.1%。其中，移动游戏仍然是中国游戏市场收入的最重要构成，而且有愈演愈烈的趋势。2017 年，移动游戏市场实际销售收入 1161.2 亿元，份额继续增加，占 57.0%；移动游戏用户规模达到 5.54 亿人，同比增长 4.9%。[①]

随着移动电竞行业的发展，一个由手游内容提供商、电竞赛事运营商、直播平台、电竞俱乐部及联盟、电竞选手、电竞主播等构成的中国移动电竞产业生态已初步形成。从内容提供（游戏产品）、内容生产（赛事运营）到节目制作、展示播出的产业链越来越完整。各主体间互动性的不断增强和产业链的不断延伸，正在推动移动电竞行业发展壮大和日趋成熟。

（二）优质 IP+ 泛娱乐，构建文化内容新生态

纵观网络文学、动漫、游戏、电影、综艺和电视剧等内容产业，在开发优质 IP 的大道上阔步向前，取得了可喜的成绩。近年来，文化产业各领域优质 IP 逐渐浮出水面，随之呈现爆发之势。首先，基于互联网及移动互联网，聚合行业力量所共同孵化的精品动漫 IP，通过泛娱乐内容形态的共生，构建了具备大众影响力的二次元文化消费形态，形成大众的泛娱乐流行文化。优质 IP 与二次元经济的泛娱乐化跨界融合，共建了文化产业新业态的内容生态。其次，IP 产业链火爆开发源动力。优质 IP 集聚，为 IP 开发提供原动力。纵观网络文学、动漫、游戏、电影、综艺和电视剧等内容产业，在开发优质 IP 的大道上阔步向前，取得了可喜的成绩。

---

① 中国音数协游戏工委（GPC）、伽马数据（CNG）、国际数据公司（IDC）. 2017 中国游戏产业报告 [EB/OL].(2018-01-10)[2018-05-21].http://www.cgigc.com.cn/gamedata/16925.html.

另外,随着中国互联网用户对二次元文化的接受度提升,中国活跃二次元内容消费者保持稳定增长。动漫领域,从模仿到原创,从市场到产能,中国动漫产业飞速发展。截至2017年年底,我国动漫产业产值达到1500亿元,在6300亿元的文娱业总产值中占比24%,成为其越来越重要的组成部分。① 奥飞娱乐、华强方特等动漫巨头不断寻求企业发展新路径,扩大产业布局至电影、科技、主题乐园、文化衍生品等方向,在发展民族动漫文化产业、助力中国文化产业"走出去"过程中发挥了积极引导作用。中国互联网巨头也不甘落后,BAT先后布局动漫产业——腾讯、百度竞相成立动漫子业,阿里更有涉猎衍生品领域的野心。随着泛娱乐时代的来临,使国产动漫迎来发展的新契机,围绕着IP进行产业布局是整个泛娱乐时代的核心内容和价值体现。国产动漫的品牌塑造以内容为王,加上用户体验,两者互相叠加、垂直渗透。同时,国产动漫品牌的推广运营可以最大限度地呈现优质动画IP的价值,促进产业持续发展。

(三)分享化、平台化、融合化成发展新趋势

第一,分享经济模式推动了文化产业新业态发展方式的创新。分享经济,是不特定的市场主体在网络技术的支撑下,将一种使用不充分的经济资源挖掘利用,实现增益价值的经济模式。它将闲置、零散、沉默的资源有效组织起来,进行优化配置,既降低成本,又满足社会需求,让多方获利。特别是计算机与移动互联网让资源利用、分享途径、收益分配变得异常清晰与便捷。根据

---

① 徐潇.中国动漫产业市场规模逾千亿 迎来"黄金时代"[EB/OL].(2018-05-16)[2018-05-21].http://www.xinhuanet.com/fortune/2018/05/16/c_1122838013.htm.

国家信息中心信息化研究部、中国互联网协会分享经济工作委员会联合发布的《中国分享经济发展报告2017》，2016年我国分享经济市场交易额约为34520亿元，比上年增长103%，共有6亿人参与，比上年增加1亿人。预计未来5年分享经济年均增长速度在40%左右，到2020年分享经济规模占GDP比重将达到10%以上。[1]随着分享经济规模的不断扩大，资源共享、信息开放进一步加深，大幅度提高闲置或利用不充分的资源与服务的利用效率，不仅对传统的垄断、独占、超额利润带来了巨大冲击，同时也极大程度地激发创新活力、盘活社会资源、拓宽网络经济潜力，促进一大批新型业态的蓬勃发展。[2]

第二，文化产业新业态呈现平台化发展。文化产业新业态的平台化发展，是对文化产业业态的"空间重塑"。随着行业信息化水平越来越高，文化产业发展不再局限于有限的空间，而是以合作共赢为目的，通过企业发展平台化，开展多领域、跨平台的融合创新，实现多产业的跨界融合，促使产业的新业态不断涌现。[3]从线上内容的选取创作，到实体产品的生产，再到销售、应用，文化产业链的上下游正在与移动互联网融合，涌现一批文化创意平台，促进了文化产业内容与渠道、产业与资本的有效结合，推动全产业链价值的拓展与延伸。数字内容、新媒体、网络文化和信息资源的开发利用成为文化创意平台的主要功能，很多分散的

---

[1] 国家信息中心.中国分享经济发展报告2017[EB/OL].（2017-03-06）[2018-06-08]. http://b2b.toocle.com/detail--6387464.html.

[2] 范周，蔡晓璐，齐骥.理性调整，深度融合——2016中国文化产业年度盘点[J].艺术评论，2017（4）.

[3] 同上.

社会资源和个人资源被有效调动起来，实现了价值变现。从单一平台到多平台网络化发展，依托产业链、价值链等构建多平台的网络化协同发展，最终实现物理信息系统的建立，社会生产依托平台向着不断优化资源配置的方向发展。

第三，文化产业新业态呈现融合化发展。各业态跨产业、跨要素、跨领域的融合发展衍生出了一批新兴业态。文化产业新业态也正是凭借其深入融合创意与创新资源的优势，有效推动着文化产业与相关产业的发展升级。如"文化＋科技""文化＋金融""文化＋创意"等为代表的跨要素融合模式，以及"文化＋制造业""文化＋旅游""文化＋农业"等多种跨行业融合模式，通过改造提升传统产业的研发创作、生产制造与传播消费等各环节，为旅游、商贸、农业等相关产业开辟出全新的产业发展模式。这些新型文化业态具有很强的引领牵动功能，对带动文化产业发展相对滞后地区、发挥文化产业在国民经济结构的重要支柱性作用具有积极意义。此外，媒介融合也成为文化产业新业态的新增长点。近年来，互联网技术不断升级，驱动媒介融合呈加速发展态势，掀起了信息、电信、文化、娱乐、传媒、出版、金融等产业跨界融合的浪潮，不同形态的传媒机构迅速打破媒介形态藩篱组成信息生产和运营联盟，通过相互渗透与补偿、相互连接与适应，形成新的文化产业增长点。[1]

2018年3月5日，李克强总理的政府工作报告中提到"深入实施文化惠民工程，培育新型文化业态"，通过新型业态推进文化

---

[1] 范周，蔡晓璐，齐骥.理性调整，深度融合——2016中国文化产业年度盘点[J].艺术评论，2017（4）.

供给，使消费成为生产力，助推新型文化业态成为拉动文化产业发展的新"引擎"。

三、新型文化业态发展的未来趋势

（一）打造全媒体生态系统，重塑媒体未来

全媒体生态系统包括技术子系统、用户子系统、产品与服务子系统以及融合媒体体制与机制子系统。其中，基于大数据、云平台、多渠道传播、多平台分发的技术子系统是基础，支撑起全媒体生态化发展格局；用户子系统和产品与服务子系统是全媒体生态系统的重要支撑。随着互联网技术的日新月异，传统媒体已经被市场推到了十字路口，在媒体融合的大背景下，传统媒体需要继续在转型中寻机会，在创新中求价值。在未来的全媒体生态版图中，传统媒体必须跟上新入口的变化速度，以新思维构建媒体融合的新生态。一是引入开放、共享与用户至上的互联网思维，解放思想，共享资源，以用户体验为核心[①]；二是引入移动互联网思维，利用粉丝经济、免费的第三方传播平台和技术，推动文化内容、渠道、平台、管理一体化，实现精准营销，提供定制化、个性化服务。

（二）探索网络化生产模式，引领生产变革

首先，基于互联网信息技术的生产模式，不再只是信息流通的方式和渠道，更是破除了行业壁垒，深刻地改变着传统产业形态，形成了全新的生产模式。其次，互联网互联、互通的特性实

---

① 范周.重构·颠覆——文化产业变革中的互联网精神[M].北京：知识产权出版社，2016：79.

现了不同产业在多领域的共享、共融，推动文化产业的专业化发展，带动中小型文化企业的腾飞，促进大型文化企业内部分化出更多专业化、个性化的团队，以便更好适应市场变化，迎合市场需求。再次，基于互联网信息技术的新型生产模式，推动产业分工大变革，促进文化产业形态和产业模式的创新发展。

（三）推动产业整合发展，变革管理模式

在新业态发展过程中所产生的生产要素之间的共享与快速流通、一体化融合，将促使现代企业的管理模式逐渐转型为大众协作的创新管理模式。互联网大众协作管理实际上就是众多非正规组织的网络用户积极参与到企业的创新过程中，并形成一定的协作关系，这一形式是企业管理创新中的最新尝试，也将成为未来企业管理的新潮流。推动文化资源的全面整合，实现全产业链环节的分工合作、协同发展，有利于提升中小型文化企业精准、柔性、高效的供给能力。整合线上线下交易资源，打造制造、商贸、物流、金融等高效协同的生产流通一体化新生态。创新企业管理理念，最终降低企业运营成本。

（四）健全版权保护机制，推动秩序化发展

健全的版权保护机制是文化产业健康发展的基石。无论是文化产品的创作，还是文化产业链的打造，版权都是最初的源头，是文化产业发展的强有力的保护伞。在我国文化产业发展中，版权保护水平有了明显的提高，行业格局也朝着更加规范化、秩序化的方向发展。在未来，我国版权立法保护体系会进一步完善，将会涉及文化产业的各个领域；行政保护力度持续增强，同时也会加大对盗版、抄袭等行为的打击力度，版权纠纷案件数量随之减少；除此之外，企业、创作者版权保护意识不断提高，公众将

会形成版权付费的新消费习惯。在政府、社会、企业各方的努力之下，将会迎来版权为王的时代，版权保护的环境将进一步改善，版权市场的发展渠道也将更加规范，版权市场会重焕光彩。

第三节 "文化+"促生发展动能

一、文化+科技，为高质量发展"赋能"

作为20世纪人类最伟大的发明之一，互联网正逐步成为知识和网络信息时代人类社会发展的战略性基础设施，推动着生产生活方式和社会发展模式的深刻变革，成为推动我国信息化建设的重要力量。在当下中国经济新常态的背景下，李克强总理提出"互联网+"行动计划。"互联网+"行动不是局限于技术革命的计划，而是理念上的革命，产业上的变革。

互联网时代，文化与科技跨界融合，推动传统产业转型升级，新型业态不断涌现，应运而生层出不穷的新兴业态和文化消费模式，成为推动文化产业和经济增长的新动力，创作出巨大的经济价值。"文化+科技"逐渐成为一种新经济形态。具体来说，"互联网+"将从四个方面推动文化产业发展。

第一，推动新型文化产业生态链的形成。互联网信息科技通过整合资源要素，形成辐射范围广阔、包容性极强的文化生态系统，逐渐消除了文化生产者与消费者之间的隔阂。以电影生产为例，片方通过开设微信、微博公众账号的方式定期发布影片动态，与观众互动，打通口碑营销，催生粉丝经济。而逐渐兴起的在线售票则凭借着便利、低价的优势，吸引着用户和影迷，同时提高影院资源使用效率。观众通过众筹方式转化为投资者，进而增加影片的持续关注度、观众的参与度。这些互联网的新形式与文化产业产生了微妙反应，打破了电影制作者和消费者之间的隔阂，实现了产业与草根资本的无缝对接，越来越多的影视作品通过众筹平台成功募集到制作费用。

第二，提升和重塑文化产业平台经济，促进免费、开放、互通平台型文化企业、文化集群发展。以腾讯为例，2012年3月，腾讯互娱事业群提出"泛娱乐"战略融合发展模式，以IP为核心，以游戏运作和互联网平台为基础，打造跨领域、多平台的新商业模式，打造文化产业新生态。发展至今，腾讯互娱一方面通过QQ、微信集聚用户流量，另一方面通过腾讯文学和原创动漫平台获取优质IP资源，再借助腾讯电影、腾讯视频、腾讯游戏等实现IP、流量变现，推动商业模式的多样化。

第三，加深对文化市场的精准分析，提高战略决策。随着互联网信息技术的发展，大数据技术被广泛运用在市场分析和市场定位方面，为企业准确获取消费者消费需求和喜好以提供受大众喜爱的文化商品和服务提供依据。以《纸牌屋》为例，《纸牌屋》的投资方Netflix（网飞）公司的网站有近3000万订阅用户，这些用户每天在Netflix上产生3000多万个行为，包括暂停、回放、添加书签以及每天300万次搜索、400万个评分。[1]Netflix基于自身统计数据以及第三方机构（如尼尔森）的调研数据进行分析，最终做出拍摄《纸牌屋》的决策。

---

[1] 许鹏.解析新媒体时代手中角色的革命性变化[J].新闻研究导刊，2014（7）.

第四,激发"大众创业、万众创新"的活力。"互联网+"带来了新动能,更为众多文化企业提供了共享经济平台,为大众创业、万众创新提供了广阔舞台。随着互联网信息技术的发展,众创空间蓬勃兴起,推动文化要素资源的自由流动和融合互动,推动文化企业和整个行业从资源驱动型向创意驱动型转变,大创意时代随之而来。

二、文化+旅游,合力打造"诗和远方"

文化是旅游产业的核心要素,旅游是文化产业的重要载体,两者互生共融,不可分割。文化对旅游的提升作用体现在吃、住、行、游、购、娱这些旅游产业链的方方面面。以吃、住、行为例,城市文化、地方特色与旅游的结合愈加紧密。近几年民宿成为旅游市场的一股风潮。作为一种旧乡愁与新乡土相结合的产物,民宿除了解决基本住宿外,更能体验到当地人的生活方式,是地方文化与旅游住宿的结合。以游、购、娱为例,旅游内容和形式多样化的消费诉求和经营需要催生了各类文化业态与旅游的融合。以实景演出为代表的旅游演艺市场,使消费者从传统的"上车睡觉,下车拍照"式游览转变成对文化的深度体验,推动了当地消费比重的提升。据《2016年中国旅游演出市场报告》显示,2016年全国共有旅游演出剧目232台,中国旅游演出票房收入为43.03亿元,同比增长20%,保持较快增长。[1]此外,影视、动漫、音乐等文化业态

---

[1] 范周,徐好函.进入文旅融合新时代,推动文化产业新发展[J].北京文化创意,2018(2).

与旅游的融合也更加广泛和深入，有效丰富了旅游产品，创新了旅游营销模式。文化产业的介入，有助于促进旅游产业内涵式、创新型、特色化、体验式的发展，这不仅是旅游产业自身转型升级，实现高质量发展的需要，也能满足当下旅游市场日益提升的多样化、差异化的消费需求。利用文化创意激活旅游资源，赋予传统旅游业新的活力，将是未来文化旅游发展的新动能。

另一方面，旅游产业推动文化传承发展。经济学家于光远曾经说过，"从社会文化价值看，旅游具有非常明显的教育意义，它可以是一种社会化的因素，因为它使人亲自了解现实，可以培养人们面对现实的某种态度，它也是一种培养感情的因素，在很多情况下，它有利于智力、科技、艺术和文学方面的创造。"旅游产业对文化的建设和推动作用，通过市场经济的发展，依托游客的旅游消费达到文化建设的目标。首先旅游产业能够促进传统文化的保护与传承。在大多数城市，文化遗产已经成为当地重要的旅游景点。旅游聚集的消费群体，成为地方文化消费市场的重要客群，而基于传统文化所形成的消费场所也成为有别于自然风光的新兴旅游项目。除此之外，旅游产业扩大了公共文化服务体系的覆盖范围，旅游业可以引导更多外来游客享受地方博物馆、美术馆、纪念馆等公共文化设施，从而达到提升文化效益的作用。

当今正处于大众旅游时代，随着人民生活水平和知识水平的不断提升，文化和旅游更加密不可分，旅游不再是看山看水，而是品鉴文化，了解地方文化，拓宽视野、提升文化的重要渠道。从经济和产业发展的角度而言，文化是旅游最好的资源，旅游则是文化最大的市场，两大产业相互交融、相得益彰。不管是出神入化的旅游演艺，特色浓郁的古城古村古镇、主题公园、文化小镇，还是国家或城市的旅游形象宣传片，花样繁多的文创产品，无一不是文化与旅游的"连体"。诚如于光远先生所言，"旅游不仅是一种经济生活，而且也是一种文化生活……旅游是文化性很强的经济事业，又是经济性很强的文化事业"。

文化旅游作为一个综合性、融合性很强的产业，一方面是靠"老天爷"的自然资源，另一方面是靠"老祖宗"的文化资源。文化产业、公共文化服务、文物保护和利用、旅游产业的发展相互密不可分。然而，此前多年，这些交叉融合领域归属不同管理机构，在一定程度上形成了"多管一"的局面。近年来，很多地方的文化、旅游相关机构调整与合并，也正是基于管理内容日益交叉重叠的现实，以统筹协调管理职能，提升政府服务效能。2017年，全国24个省份的旅游主管部门"局升委"，将旅游局升格成省级地方政府的组成部门，就是为了适应新时代文化和旅游业发展的新要求。2018年3月17日，十三届全国人大一次会议批准了国务院机构改革方案，组建文化和旅游部。文化和旅游部的组建并不是职能上的简单相加，未来工作重点不是只抓"文"或者重视"旅"，而是融合发展，实现资源和载体、内容与形式、休闲与体验的结合，有助于产业、事业、文物、旅游管理的优化协同高效，有助于文化产业资源、公共服务资源、可开发利用的文物资源和旅游资源统筹，推动业态创新，实现产业升级与消费升级。[①]

党的十九大报告指出，"没有高度的文化自信，没有文化的繁荣兴盛，就没有中华民族伟大复兴"。满足人民过上美好生活的新期待，必须提供丰富的精神文化食粮。文化是旅游的灵魂，旅游

---

① 范周. 文旅融合迈进新时代 [N]. 经济日报，2018-04-25.

是文化的载体。文化与旅游的深度融合，是增强文化自信，统筹文化事业、文化产业和旅游资源开发，提高国家文化旅游软实力和创新发展的有效方式。

以文化提升旅游深度。中华文化源远流长、博大精深，这是中国文化旅游产业可持续发展的基础。应坚持文化治理自信，通过体制改革融合等方式，改进文化旅游管理体制、经营机制、发展模式，激发文化旅游市场活力，为"文""旅"产业深度融合创造新平台。应坚定文化品牌自信，培育一批文化旅游特色产业集群，打造文化旅游的产业链。通过项目品牌深度开发和特色文旅产业配套要素建设，走内涵式发展道路，提高旅游的文化含量、文化品位。

以旅游为载体，全面展现新时代文化。旅游是文化的表现形式、连接纽带，也是新时代的生活方式。新时代的文化需要通过旅游来传承、创新与传播，进而实现优秀传统文化的创造性转化和创新性发展。实践证明，一个地区拥有文化旅游资源优势并不能够代表该地区同样具有旅游产业与文化产业的优势。要通过旅游业态的发展，创新方式方法，展现时代文化，形成产业优势。还要挖掘特色文化，展现创意文化，形成文旅新"主题"，防止"千城一面""千景一面"。同时，旅游依托文化，更要反哺文化。推动旅游文化产业发展，需要在保护中开发、在利用中保护。在开发文旅项目、设计文旅品牌中，应充分考虑文化资源的承载能力，做到合理、适度开发，实现旅游发展和文化保护的良性循环。

以创意连接文化与旅游，扩大文旅的"乘法效应"。一方面，发挥文化创意在旅游开发中的"点石成金"作用，以创意提炼旅游"符号"，在规划设计、衍生产品等方面释放文化魅力。另一方面，以文旅融合形成全产业链、综合化、立体化衍生。引导文化文物单位、文化企业参与旅游产品创意设计和开发制作，盘活文物、古迹、名胜等资源，提升旅游产品的美学价值，构建文化旅游产业品牌体系。此外，还应积极适应"互联网+"时代传媒发展特点，依托数字创意，利用网络平台、手机客户端、直播等形式，形成产业矩阵。[①]

三、文化+金融，迎来未来投资"风口"

金融是文化产业发展的血脉。如果说文化产业繁荣需要以文化企业做大做强为基础，那么，文化企业的做大做强则需要以金融的强有力支持为基础。在我国，文化企业由于其轻资产、弱版权、征信系统不完善等问题，融资一直是企业发展的瓶颈。文化企业，尤其是中小微文化企业出于内外部原因，长期陷入贷款难、融资难的困境，很多企业因资金链断裂面临破产的风险。通过互联网，搭建众筹平台，实现社会资本与文化企业的有效链接，拓展文化企业的资金通道和路径，是互联网金融得以蓬勃发展的重要驱动力，也是互联网文化金融的发展目标和方向。

党的十八届三中全会提出了"鼓励金融资本、社会资本、文化资源相结合"的要求，将文化金融合作纳入了全面深化改革的总体格局，体现了中央对文化金融合作的高度重视，为文化金融合作发展指明了方向。随后，政府先后出台《鼓励和引导民间资本进入文化领域的实施意见》《关于深入推进文化金融合作的意见》《关于在公共服务领域推广政府与社会资本合作模式的指导意

---

① 范周. 以文化促旅游创新发展[N]. 经济日报，2018-04-25.

见》《文化企业无形资产评估指导意见》《文化产业发展专项资金管理办法》等文件,引导和鼓励投资文化产业,建立健全多元化、多层次、多渠道的文化产业投融资体系。文化金融合作进入了新的发展阶段。

近年来,金融助力文化产业发展做了诸多尝试。文化部先后与中国进出口银行、国家开发银行、中国银行、中国工商银行、中国农业银行、中国建设银行、北京银行等建立了部行合作关系,将政府部门的组织协调优势和政策引导功能与金融机构积极开拓文化产业市场主动性结合,搭建企业与银行机构之间的公共服务渠道。① 此外,很多金融机构为解决艺术品流动性弱等问题,搭建艺术仓库,推动艺术品质押融资,激发了艺术品市场活力;部分信托基金创新电影投融资模式,采用保底影片发行的方式,推动电影市场的可持续发展。此外,政府纷纷出台政策措施推动文化企业上市,形成特色鲜明的"文化板块"。截至2017年4月底,沪深两市文化上市公司达103家,约占A股上市公司总数的3.21%,其中营业收入超100亿元的有10家。全国中小企业股份转让系统启动以来,挂牌的文化企业有690家,约占新三板挂牌企业总数的6.2%。②

未来,"文化+金融"的发力方向主要有以下三方面。

一是文化众筹。近年来,文化产业的众筹呈现爆发式增长,并进一步促进内容产业进入资本市场。BAT纷纷推出文化金融众筹

---

① 杨浩鹏.多层次,多渠道,多元化文化投融资体系初步建立[N].中国文化报,2012-06-01.
② 陈安之.文化与金融如何"联姻"?[EB/OL].(2017-08-11)[2018-07-08]. http://www.sic.gov.cn/News/250/6010.htm.

项目，一些传统金融机构和文化公司也都纷纷介入文化众筹领域。

二是 IP 金融。文化内容产业本质上讲是版权产业里的优质版权。好莱坞电影作为知识产权资产，具有很强的变现能力，推动了电影资产证券化的产生。而在我国，2008 年颁布的《国家知识产权战略纲要》提出过类似"IP 金融"的概念，即"运用金融来支持创造和运用知识产权"。2015 年 4 月，国家知识产权局出台《关于进一步推动知识产权金融服务工作的意见》，"知识产权金融"首次进入标题，并出现各种 IP 金融专业词汇，如"知识产权投融资""知识产权资产证券化""企业知识产权集合债券""专利许可收益权质押融资"等。IP 金融多用于著作权方面，特别是影视 IP 融资。目前我国技术知识产权转化率不到 10%，主要原因是传统融资方式的局限性。随着市场法律体系的健全和国内对知识产权保护力度加大，国产 IP 开始崭露头角迸发市场活力。作为文化资产证券化的核心，在解决抵押、确权、销售等问题的基础上，IP 金融将成为文化金融的下一个风口。

三是以区块链为标志的文化金融科技。区块链给金融行业带来的变化主要是行业效率的提升，用户服务成本的下降，整个行业组织架构的变化要适应去中介化的技术。目前金融业区块链落地项目较多的是在跨境支付领域与资产证券化。未来，版权管理、文化产业交易所、文化众筹和小额信贷，都能够率先做起区块链应用。

四、文化 + 康养，抢跑健康产业新风尚

康养产业是新时期的"朝阳产业"。一是政策红利的鼓励。从 2013 年至今，国务院先后颁布《关于加快发展养老服务业的若干

意见》《关于促进健康服务业发展的若干意见》《关于印发中医药发展战略规划纲要（2016—2030）的通知》等多个指导性政策文件，鼓励加大力度建设养老服务体系、健康服务体系和中医药治理体系，这对康养产业的发展是极大的政策利好。二是产业趋势的引导。国家"十三五"规划、中央"一号文件"等都对产业融合做出明确指示，国务院办公厅颁布的《关于加快发展生活性服务业促进消费结构升级的指导意见》，也对健康服务、养老服务、旅游服务等行业做出专门指示，鼓励相关产业融合创新发展，这是康养产业未来发展的必然趋势。三是市场需求的敦促。当前，我国已经进入人口老龄化快速发展阶段，2012年底我国60周岁以上老年人口已达1.94亿，2020年将达到2.43亿。到2045年左右，中国60岁以上人口将占到总人口的30%，因此，康养产业的发展是惠民生的工程。其次，从"治"到"疗"，从"养老"到"养生"，从"护理"到"休闲"，康养产业的孕育与成熟也体现了观念的转变，它是消费升级的呈现。再次，康养产业有助于增加优质产品和服务供给，推动产业结构优化升级，培育新型产业形态，满足对健康、养老、养生的不同层次的市场需求，这也是供给侧结构性改革的内容之一。

而文化产业是康养产业的"助推器"。

一是从提升产业附加值角度看，文化创意有助于推动康养产业的内涵式发展。一方面，康养产业可从国学文化、中医药文化、武术太极、饮食文化、茶酒文化、艺术文化中挖掘文化资源；另一方面，文化产业也可在旅游、演艺、体育、数字出版、艺术、广播影视、创意设计等行业中凸显康养理念。同时，科技创新有助于促进康养产业转型升级。未来，大数据、云计算、物联网、人工智能等科技的应用,将进一步提升康养产业的附加值。

二是从嵌入全景产业链角度看,康养产业可容纳数十个行业,吸纳数以万计的就业人口。产业链上游主要从事研发生产,涵盖生物、医药、营养、保健、食品等行业;产业链中游主要从事服务消费,涵盖健康、养老、医疗、旅游、体育、农业等行业;产业链下游主要从事衍生体验,涵盖文化、艺术、科技、创意等行业。上中下游互相联动,整合资源,谋求跨界、跨域、跨境转型,带动康养产业的整体提升发展。

三是从创新发展新模式角度看,康养产业是"三效统一"的新兴产业,集经济效益、社会效益、生态效益于一体。同时,借助产学研政协同、政府市场协同、京津冀等区域化协同,顺势发展、借势发展、引领发展,实现康养产业的整合创新、协同共赢。

四是从推动文化走出去角度看,康养产业承载着博大精深的东方生命文化和东方养生智慧。21世纪人类已经进入大健康时代,须主动从中国传统文化中汲取思想智慧,将追求平衡和谐、寻求心灵栖居、讲究精神气度、崇尚豁达圆融的生命哲学融入康养产业的发展,并将康养产业作为这种东方精神的有效载体,推动中华文化向海外传播。[1]

五、文化+体育,开启全民健身时代

近年来,随着文化与体育的交融越来越密切和深入,体育文

---

[1] 范周. 从文化视角理解康养产业 [EB/OL].(2016-09-20) [2018-08-18]. https://mp.weixin.qq.com/s?__biz=MzAxNTEwMjcwMQ%3D%3D&idx=1&mid=2650978871&sn=e0a4fa4f30ea12c71f2eee8eafff1c0c.

化产业发展的意义越来越重大,不仅可以拉动经济的消费,加速体育产业化的发展,成为国民经济的重要支柱之一,同时也满足了精神文明增长的需要,丰富社会文化内涵的客观需要。我国体育文化产业已具备相当惊人的规模,国内从事健身娱乐业、竞赛表演业、技术培训业的体育企业、体育产业经营型机构在2013年就已达到2万多家,总投资超过2000亿元,年营业额超600亿元,每年各地举办的商业性比赛和表演约500次,营业额为8000万元。以浙江、福建为代表的体育用品业已经跻身世界体育用品市场,在奥运会、NBA赛场都能看到中国制造的产品。体育表演业、健身娱乐业、体育建筑业、体育广告业、体育经纪人业、体育旅游业、体育金融业等领域,都成为体育文化创意产业发展的落脚点,这其中蕴藏了巨大的商机。

但值得注意的是,目前,国内还缺乏能够具有较强吸引力的品牌体育活动项目,突出表现在赛事开发方面,至今还少见"拳头"产品出现,多数职业赛事缺乏包装,许多产品缺乏创新,难以吸引大量的用户。2016年国家体育产业总规模(总产出)为19011.3亿元,增加值为6474.8亿元,占同期国内生产总值的比重为0.9%,[①]远远低于发达国家2%左右的水平。究其原因,我国体育运动尚没有形成一种深刻的文化观念,文化观念是体育产业发展的土壤,没有体育文化氛围,没有体育运动的自觉意识,何谈体育产品制造?提升体育用品制造上档升级,促使体育产业崛起,文化氛围不可或缺。

---

① 中商产业研究院.2016年全国体育产业总规模1.9万亿元 占GDP比重 0.9%[EB/OL].(2018-01-15)[2018-09-11].http://www.askci.com/news/chanye/20180115/154256116062.shtml.

2010年3月,《国务院办公厅关于加快发展体育产业的指导意见》中指出,"推动体育产业与文化、旅游、电子信息等相关产业的复合经营,促进体育旅游、体育出版、体育媒介、体育广告、体育会展、体育影视等相关业态的发展"。2011年10月,党的十七届六中全会通过《中共中央关于深化文化体制改革 推动社会主义文化大发展大繁荣若干重大问题的决定》,明确提出"推动文化产业与旅游、体育、信息、物流、建筑等产业融合发展,增加相关产业文化含量,延伸文化产业链,提高附加值"。2014年3月,国务院发布《关于推进文化创意和设计服务与相关产业融合发展的若干意见》,指出"文化创意和设计服务活动与一、二、三产业都密切相关,体育产业被确定为其中重点;体育产业开始与文化创意和设计服务这些高附加值的产业相融合"。2016年6月,国务院印发《全民健身计划(2016—2020年)》,将全民健身计划置于国家重要发展战略层面,明确"到2020年每周参加1次及以上体育锻炼的人数达到7亿,经常参加体育锻炼的人数达到4.35亿"。文化与体育融合发展已经成为推动文化产业与体育产业繁荣发展。

体育产业与文化产业的融合发展作为城市品牌的重要体现,也是提升国家文化软实力的重要途径。文化创意产业是战略性产业,体育产业与文化产业的融合发展是相互促进、相互补充、共同发展的联姻。因此,体育产业与文化产业融合产生新的体育文化物质产品和精神产品,满足不同人群的需求。文化与体育融合,如何碰撞出新的火花?

一是打造民族特色品牌。推动文化与体育的融合发展,需开阔视野、拓宽思路,打造具有中华民族特色的体育文化品牌,同时选择知名度高、影响力大、对我国友好的境外文化机构进行合作，凭借其营销网络，将中国优秀的民族体育品牌推向世界。

二是紧随科技发展步伐。通过电视、互联网等传播手段与新型科技的结合，打造体育文化创意业的新体验。如当下的受到热捧的 VR 技术，若运用到体育赛事转播、休闲体育运动等体育产品中将为用户带来全新感受。也可将先进科技运用到体育用品、体育场馆设计中，充分体现创意设计的精神，同时融合丰富的文化内涵，更好地将我国的民族精神发扬光大。同时，科技的利用也可促进体育与文化融合的智能化发展。

三是注重跨界合作交流。"互联网＋体育""金融＋文艺＋体育""科技＋体育""旅游＋体育"都将是未来文化与体育融合对应的发展方向。像日本凭借动漫的力量让体育运动风靡全国的做法一样，我们也可利用文化产业中的相关门类对体育产业进行宣传、传播。例如，选择娱乐性、趣味性、观赏性较强的体育非遗项目进行开发，以此作为民族特色体育品牌吸引更多国际关注。还可利用如《爸爸去哪儿》等户外综艺节目的模式，对传统体育赛事模式进行创新，吸引更多的观众，同时也带动体育旅游产业。[1]

六、文化＋制造，融合发展促转型

"文化"与"中国制造"两个原本看似不相干的名词，其实渊

---

[1] 范周.文化与体育融合，创意与力量将碰撞出怎样的火花？[EB/OL]．(2016-06-09)[2018-08-28].https://mp.weixin.qq.com/s?__biz=MzAxNTEwMjcwMQ%3D%3D&idx=1&mid=2650977310&sn=fb913ddb694c31b3f5b457c499629f9a.

源由来已久。早在2014年发布的《国务院关于推进文化创意和设计服务与相关产业融合发展的若干意见》开始，就提出了通过将具有高知识性、高增值性和低能耗、低污染等特征的文化创意和设计服务等新型、高端服务业与实体经济的融合发展，加快实现由"中国制造"向"中国创造"的转变。2015年，经李克强总理签批，国务院印发《中国制造2025》，强调文化、创新、设计在"制造强国"战略中的重要作用。随着"工匠精神"被写入政府工作报告，"鼓励企业开展个性化定制、柔性化生产，培育精益求精的工匠精神，增品种、提品质、创品牌"也成为强化中国制造、打造自主品牌的方向。2016年6月，国务院办公厅印发《消费品标准和质量提升规划（2016—2020年）》，提出"文化+中国制造"融合发展的思路。

当前，我国已跻身全球消费品生产、消费及贸易大国，消费品对于经济增长的基础作用日益增强。但是从目前的情况来看，消费品的标准和质量还难以满足整体消费需求，消费品供给结构不合理，品牌竞争力不强。因此，"文化+中国制造"融合发展的新思路，就是要在提升消费品质量的同时，增强消费品品牌的文化附加值，推动"中国制造"向中高端的方向发展。

一是抓住"互联网+"发展机遇。所谓的"中国制造2025"与"互联网+"行动计划，就是要在推进消费互联网基础上，让产业互联网有更大发展。在新一轮科技革命和产业变革中，如何抢占新一轮发展制高点是具有决定性意义的。因此，要推动工业化和信息化融合，注重提升创新能力，打造产业集群，培育智能制造装备、轨道交通装备、工业机器人、工程机械等高端装备制造产业园区，同时还要推动创新成果转化。

二是促进设计服务与制造业的结合。所谓设计服务,是指集成科学技术、文化艺术、社会经济等知识要素,创造满足使用者需求的商品和服务的科学创新方法。在整个生产链条中,设计服务处于核心和引领的地位,它是科学技术、文化艺术、社会经济等要素的跨界集成组织和管理工作,设计服务是文化创意产业的一个组成部分,又是文化创意产业各领域的基本创新方法。通过设计服务引领制造业发展,提高自主创新能力,加强产品的质量的提升和品牌建设是至关重要的。

三是加强高端人才培养。具有充足的高端人才储备是创新发展的至关重要的基础和前提。因此,要高度重视人才引进和人才培养,尽可能为他们提供一切我们能够提供的条件,使他们的聪明才智得以释放,把研究成果尽快转化为经济发展的新优势。要从观念、投入、制度等方面入手,建立灵活多样的职业培训学习制度,提升职业技术院校培养技能人才的水平,创造有利于创新的人才培养和激励机制。[1]

结语

文化产业是一种与其他产业关联度较高的产业类型。在知识经济背景下,文化产业与其他产业深度融合,已成为当前文化建设的一大亮点和重要前进方向,是推动我国经济结构调整、转变

---

[1] 范周."文化+中国制造",融合发展促转型 [EB/OL].(2016-09-27)[2018-10-17].https://mp.weixin.qq.com/s?__biz=MzAxNTEwMjcwMQ%3D%3D&idx=1&mid=2650978981&sn=53a9797cbfcf624eb34a285e92aa7f72.

经济发展方式的重要着力点，是经济实现加快发展的新战略。探索文化与相关行业形成"跨界、渗透、提升、融合"的多样路径，关键是要坚持"文化+""互联网+"双轮驱动，优化文化要素供给，主动融合、融入市场、融入产业，积极探索产业文创化，文创产业化的产业融合模式，打破以往的产业分割，以创意为核心，形成产业联动，提升产业整合价值，由创意到创富。努力筑牢基础，加强要素集聚。集成各方有效资源，打造一批主业突出、集聚效应明显、具有国际影响力的融合发展集聚区。

第四篇
文化软实力：国家形象的塑造与表达

"软实力"理论基于大国综合国力的竞争和激烈博弈,这一概念是由约瑟夫·奈在1990年出版的《注定领导》(Bound to Lead)一书中提出,作者把一个国家软实力的来源界定为三个方面:文化、政治理念和外交政策,他认为在全球化信息时代,软实力变得比以往更加重要了。[1] 在国内,较早介绍约瑟夫·奈的软实力(软权力)概念的学者是王沪宁。1993年,即将文化看作具有国家权力属性的内容,由一个国家的政治、经济、历史、科学、民族士气和文化以及意识形态等因素构成,即将文化看作一种软权力。[2] 在这里,他将文化力与软实力看作一体,王沪宁被看作中国文化软实力理论的奠基者。自此以后,这一概念进入国家政治视野。到了党的十七大,"建设国家软实力"的命题正式作为综合国力的组成部分被提出来,成为实现中国文化复兴梦想的重要路径。

党的十七大报告首次提出"文化软实力"这一概念,现在逐渐成为党和国家新的执政理念之一。提升国家文化软实力,不仅是增强综合国力的内在需求,也是塑造国家形象、应对复杂国际环境的重要手段。"文化软实力"逐渐成为我们全面建成小康社

---

[1] 约瑟夫·奈.美国霸权的困惑.郑志国,等,译.北京:世界知识出版社,2002:151.

[2] 王沪宁.作为国家实力的文化:软权力.复旦学报,1993(3).

会，实现社会主义现代化强国中一个重要建设领域。

  文化软实力理论为我们思考建设社会主义现代化强国提供了一个新的视角，它提醒我们在现代化建设中发展军事、经济、科技等硬实力的同时，更要关注文化的发展与繁荣，高度重视文化软实力的积极作用。一方面，文化软实力的增强有助于国家形象的塑造，对国家形象具有积极的支撑作用；反过来，国家形象的塑造有助于促进提升国家文化软实力，是国家文化软实力的一部分。中国塑造良好的国家形象，就要大力挖掘文化资源，将优秀文化推向世界，加大对外文化贸易和文化交流，对内提高文化认同力、凝聚力，对外提高中国文化的吸引力与辐射力，提高综合国力和确保文化安全，建设社会主义文化强国。

第九章 全球化与文化贸易

引言

美国未来学家阿尔文·托夫勒（Alvin Toffler）在《权力的转移》中提到：在农业经济时代，权力掌握在拥有暴力的人手中；工业经济时代，权利转移到拥有金钱的人手中，即"金钱万能"；而到了知识经济时代，暴力和金钱都已经让位于信息和知识，谁拥有了更多的知识，谁就能够统治世界，即"知识就是力量"。[①]在全球化时代，正如阿尔文·托夫勒所言，权力的来源和表现方式都发生了重大变化，武力的强大、经济的领先并不一定能保证一个国家在国际舞台上有足够的影响力，信息和文化从幕后走向前台，文化的真正强大才能使一个民族真正屹立于世界民族之林。文化贸易实力是展示一个国家文化强大的重要方式之一，良好的文化贸易既能使不同类型的文化在全球范围内进行和谐交流和沟通，也是能有效增强国家文化软实力和吸引力。

伴随着经济的不断发展和科技的持续创新，文化贸易在经济贸易中占有越来越重要的地位。根据联合国教科文组织提供的相

[①] 阿尔文·托夫勒.权力的转移[M].吴迎春，等，译.北京：中信出版社，2006：9-10.

关资料，在 1980—1998 年的近 20 年间，国际文化产品和服务的贸易额呈几何级数迅速增长。[①] 同样，2004—2013 年国际文化产品贸易额翻了一番。各个国家采取了不同的文化政策扶持本国文化产业的发展，结合各国国情，鼓励文化贸易。美国采取了贸易自由和放松管制的政策，加拿大和法国根据文化例外原则对本国文化产品采取保护和扶持的政策，日本和韩国制定文化立国国策，鼓励文化出口。

全球化时代促进了各国更加紧密的联系，对外开放成为各个国家发展经济贸易的重要手段，科学技术的迅速发展为全球货物、服务和技术贸易的快速发展提供了便利条件，国际贸易多边体制已经形成。在全球开放经济体系中，生产方式和生活方式变革推动的经济结构转型升级使国际文化贸易在国际社会经济发展中的战略地位空前提升，同时也更凸显了国际文化贸易在经济发展、文化繁荣以及国家综合实力提升等诸多方面的功能和作用。相当长一段时间内，作为国际文化产品与服务的输入和输出的文化贸易，其增长速度远远大于传统服务业贸易的增长速度，全球各地文化产品市场、文化服务市场、文化要素市场已经成为国际商家必争之市场，国家文化贸易已经成为各国共同关注的重要战略领域。

随着我国经济加速发展，产业进入转型阶段，我国对文化产业和文化贸易的认识也日益深入。党的十六大报告第一次将文化与经济、政治并列阐述，认为三者相互交融，是国家综合国力的重要标志之一。这一论断在之后历次党代会报告中被反复阐

---

① 李怀亮.国际文化贸易导论.北京：中国传媒大学出版社，2008：53.

发以突出其重要的"地位和作用",从而强调:文化越来越成为综合国力竞争的重要因素,文化实力和竞争力是国家富强、民族振兴的重要标志。这些"重要因素""重要标志"的表述进一步奠定了文化在综合国力竞争中所处的重要位置。党的十九大再一次振聋发聩地指出文化是一个国家和民族的灵魂,进一步强调了文化与国运的必然联系,文化的繁荣是中华民族伟大复兴的充分条件和必要条件。这是对文化作用的最高评价,最深刻的认识。

为适应经济全球化发展的时代要求,我国于2001年加入世界贸易组织,入世为我国顺利进入世界文化市场开展国际文化贸易创造了机遇,同时使我国文化贸易面临文化市场的进一步开放和国际文化竞争进一步加剧的挑战。作为世界第二大经济体,我们面向未来的世界,机遇与挑战并存,迫切需要发展文化产业,推进文化贸易,塑造中国文化形象。

第一节　国际文化竞争大趋势

一、国际文化贸易的全球化趋势

(一)国际文化贸易增长迅速

根据目前最新的2016年3月联合国教科文组织统计研究所发布的《文化贸易的全球化:消费的转变》(*The Globalisation of Cultural Trade: A Shift in Consumption-International Flows of Cultural Goods and Services 2004—2013*)报告称,2013年世界文

化产品贸易总额达到2128亿美元,几乎是2004年贸易额的两倍。[①]十年间,国际间文化贸易的快速发展,克服了2008年的国际金融危机的严重冲击,在国际货物贸易市场普遍疲软的态势下,文化贸易增长速度依然保持强劲,再一次说明文化贸易比一般商品和服务贸易具有更为广阔的市场前景。

这份报告还显示,2013年中国是文化产品的最大出口国,美国是文化产品的最大进口国。根据2004—2013年全球各文化领域商品贸易年增长率,联合国教科文组织所统计的六大类文化产品,除了表演和节庆以及设计和创意服务的出口和进口略有减少外,其他四大类都是大幅增长。国际文化贸易的迅猛增加,与近几十年来世界各国制定了一系列政策扶持本国文化产业和文化贸易的发展有直接关系,国家间以及国际组织也制定了一系列综合性的多边和双边贸易协定,积极推动文化贸易的发展。

(二)各国文化政策的复杂性

在全球化背景下,当代国际文化贸易的发展,有两个方面的因素不容忽视,一是当代科技的发展。科学技术迭代速度越来越快,通信技术、互联网技术为文化产品和服务生产方式的改变、突破时空对贸易方式的限制提供了可能,这些技术也改变了文化产品和文化服务的流通和消费形式,加快了文化贸易的全球化发展势头。二是文化政策的推动。各国制定了一系列政策法规,保护促进本国文化产业的发展,加快文化贸易的对外开放,使全球范围内资本、劳动力等资源合理配置得以实现。

[①] 应强,尚栩.联合国教科文组织:中国成全球文化产品最大出口国.[EB/OL](2016-03-10)[2018-08-11]http://www.xinhuanet.com/world/2016-03/10/c_1118295939.htm.

由于文化产品和文化服务不同于一般的商品，具有特殊属性。开展国际文化贸易的主要国家在文化产业和文化贸易的政策方面也就有其特殊性，显示出复杂性的一面。一方面，在文化产业发展初期，一般来说，各国政府制定政策全力支持本国文化产业的发展，在这一问题上世界各国采取的政策基本上是一致的；另一方面，在文化产品和文化服务的进口方面，各国根据各自发展实际，在保护本国文化安全和文化企业利益的基础上，制定相关政策制度，推进文化贸易的发展。

在开展文化贸易的主要国家中，美国和英国的相关政策和发展模式比较一致，在文化产业发展的开始以及初始阶段，政府起绝对的主导作用，利用各种政策扶持文化产业的迅速形成规模，形成比较优势，然后进入国际市场。美国的好莱坞电影和英国的戏剧、音乐等产业在本国政府的各种优惠政策支持下先后发展壮大，形成范围效应和规模效应，然后走出国门。美国文化产业确立了世界领先地位以后，其文化政策就出现了转变，由政府主导转为市场主导，在文化产业领域也实施自由经济，政府制定相关的知识产权保护法规制度以规范和维护其文化企业的利益。法国、加拿大采取了保护主义的文化贸易策略，文化例外政策是保护其文化贸易的重要工具。欧盟也制定政策、出台措施保护成员国文化产业，尤其是在民族文化领域，以及对民众生活影响比较大的广播电视领域采取的保护力度更大。20世纪90年代，亚洲金融危机前后，日本和韩国高度重视文化产业，将其上升为国家战略性支柱产业，先后提出文化立国战略，全方位进行扶持。日本政府提倡自由的对外文化贸易政策，强调市场对企业的引导作用。韩国政府推行优先国内文化市场的培育，国内实现文化产品和服务的成本回收后，利用国际市场实现盈利的政策。

（三）文化传统观念的变化

从 20 世纪 90 年代起，随着服务业在社会经济发展中的地位提升，逐步赶超第一、第二产业，文化也渐渐打破了人们传统观念中纯意识形态的理解，不再仅仅是传播的工具或者曲高和寡、精英阶层拥有的东西，文化经过创意可以成为创造经济价值的文化商品和文化服务。不仅如此，文化商品和文化服务既能创造经济价值，产生利润，而且在产品的消费过程中可以传播价值观念，逐步改变我们的消费模式，乃至生活方式，并辐射产业的上下游，带来更多间接利润和更高附加值，形成全产业链条，从而推动社会经济的发展。21 世纪，文化产业成为最具有发展前景的朝阳产业已成为共识。

进入 21 世纪知识经济时代，国与国之间的竞争不再仅仅注重经济和军事力量，而是越来越注重包括政治、经济、科技和文化在内的综合国力的竞争，各个国家都认识到国际竞争越来越表现为综合国力的竞争。在综合国力中，文化所起的作用越来越明显，对内通过文化增强凝聚力，对外通过文化增强吸引力，从而塑造国家形象，提升国家的文化软实力，而文化贸易是提升文化软实力的重要手段之一。这一观念的形成也促成了文化贸易的快速发展。

二、国际文化贸易的发展特点

（一）版权贸易成为国际文化贸易主要内容

21 世纪是知识经济时代，随着文化信息技术的不断进步和国际版权制度的日益完善，以版权产业为核心的文化产业发展迅猛，版权贸易成为国际文化贸易中最重要的组成部分，图书版权、影视版权是其中主要的领域。

图书版权交易一直是国际版权贸易的重要内容。国际书展中，法兰克福书展是较大的版权交易书展之一，主要供全球出版商、代理商洽谈版权贸易和出版业务。据统计，法兰克福书展版权交易量占全球版权交易总量的八成以上。2017年法兰克福书展有102个国家和地区的7300多家参展商，在书展17万平方米的展馆和活动区上，举办的活动超过4000场。[①]

电影版权交易也是国际版权贸易的重要内容，近几年交易规模也逐步上升。一些知名影片的国际版权价值要高于电影票房，成为电影产业链中极为重要的一环。影视版权贸易主要依靠世界各地的国际电影节来实现，电影节成为世界电影商洽买卖电影版权的主要途径。其中，戛纳电影节对国际影视版权贸易影响最大，2016年戛纳电影节共有来自118个国家985部电影，交易额达10亿美元。[②]

（二）数字化成为国际文化贸易的发展趋势

在互联网经济和数字化时代，由于价值链的全球化，国际贸易出现了一个新的特点，互联网和其他高科技促成一些文化商品生产和消费的非物质化、数字化，数字化贸易的规模越来越大。文化产品不在同一国家制造，因数字化特点能通过互联网实现所

---

① 沈忠浩.第69届法兰克福国际书展开幕[EB/OL].(2017-10-11)[2018-06-28]. http://world.people.com.cn/n1/2017/1011/c1002-29580742.html.

② 2016戛纳电影市场观察：谁玩得转这一手好牌？[EB/OL].(2016-05-27）[2018-06-28].http://www.sohu.com/a/77683303_162982.

有的贸易,这种技术的变化带来了实物商品的交易量大幅减少,各种网络平台为数字化的影视、音乐、出版物等的获取提供了很多的便利,不管是时间还是经济上。

文化产品的精神属性和数字化表现形式,使电子商务也成为文化产品贸易的一个重要特征。电子商务成为改变这一贸易模式的重要渠道,其原因在于消费者不再需要购买实物商品和物质媒介,数字图书、音乐和影视等可以通过流媒体进行消费,完全改变了阅读书籍、欣赏音乐和影视剧的方式,这些都可以通过网络平台,以电子商务的形式进行交易。数字产品消费量增加导致有形产品销量减少。根据国际唱片业协会(IFPI)最新发布的《2018全球音乐报告》,2017年世界数字音乐收入达94亿美元,增长将近两成,首次占全球音乐总收入的一半以上,而且流媒体是收入增长的主要动力。[1]

高科技设备和数字消费的增长也促进了文化贸易的发展。据美国电影协会发布的2017年电影产业报告,指出全球电影银幕数量达到17万块,其中98%为数字银幕,3D数字银幕增长了14%,近10万块,占数字银幕的比例接近59%。2017年,全球家庭音像消费额478亿元,数字化消费推动其快速增长。[2]

(三)跨国公司成为国际文化贸易的主体

随着文化产业的全球化趋势,跨国公司渐渐成为全球文化贸

---

[1] 数字音乐时代到来 收入已超音乐产业总收入半数[EB/OL].(2018-04-26)[2018-06-28].http://ent.ifeng.com/a/20180426/43045066_0.shtml.

[2] 彭侃,白杨,胡钰鑫.权威报告:美国电影协会发布全球电影产业报告[EB/OL].(2018-04-09)[2018-06-28].http://sh.qihoo.com/pc/9f0f345c2898f72e9?sign=360_e39369d1.

易的主体。目前，全球大型文化跨国公司主要聚集在美国、欧盟、日本等地，其贸易额占据全球文化贸易的 2/3 以上，95% 以上的国际文化贸易市场被不到五十家的文化娱乐公司霸占。进入《财富》世界 500 强的文化传媒大公司在 2001 年、2006 年、2017 年分别有 8 家、12 家和 33 家，增长速度惊人，这些公司影响力巨大，在各自的行业占据垄断地位。时代华纳（Time Warner）、迪士尼（Walter Elias Disney）、新闻集团（News Corporation）是当今世界国际化经营程度较高的几个跨国公司。时代华纳是美国一家跨国媒体企业，其事业版图横跨出版、电影与电视产业，2010 年华纳环球影业强势登陆中国，进军中国影院市场，携手国际电影产业联盟组建了深圳市时代华纳影视设备有限公司。2017 年，时代华纳的全球营业收入高达 293.18 亿美元，美国电信巨头 AT&T 试图以 854 亿美元收购时代华纳，因涉及垄断损害消费者权益遭到起诉。迪士尼公司旗下的电影发行品牌有迪士尼影业（Walt Disney Pictures）、试金石影业（Touchstone Pictures）、好莱坞影业（Hollywood Pictures）、米拉麦克斯影业（Miramax Films）和帝门影业（Dimension Films）以及皮克斯、漫威影业，是全球较大的传媒娱乐企业之一。迪士尼公司授权经营巴黎、东京、香港、上海等 4 个迪士尼乐园度假区，其中上海迪士尼乐园是世界最大的迪士尼旗舰店。2017 年，迪士尼的全球营业收入高达 556.32 亿美元。新闻集团是国际化程度最高的媒体集团之一，经过 50 多年发展已成为一个巨大的传媒航母，涉足几乎所有的传媒娱乐领域。新闻集团大举进入中国市场，先后出资购买了卫星电视台 STARTV，持有凤凰卫视中文台 38% 的股份。

(四)国际文化贸易不平衡态势逐步缓解

国家之间经济贸易实力差距悬殊,在国际文化贸易领域,也存在严重的不平衡现状。其中欧美在世界文化贸易中占据绝对优势,特别是美国在电影和电视节目等方面几乎形成垄断地位,其他国家也在对美国文化产品的抵制过程中奋起直追,文化贸易占比有所提升,总体来看,目前这种不平衡态势有所缓解。根据联合国教科文组织统计研究所最新发布的《文化贸易的全球化》报告指出,2004—2013年欧美主导世界文化商品出口由69%下降到49%,而东亚和南亚的出口份额从2004年的26%增至2013年的46%。这份报告显示出,虽然国际文化贸易不平衡态势有所缓解,但是由于文化贸易的特殊性,文化商品主要进出口国家中依然以西方发达国家美国、英国、德国等为主。发展中国家中,中国的文化商品贸易增长速度较快,成为进出口持续增长国家之一。

(五)"互联网+"成为国际文化贸易新引擎

随着全球网民规模快速增长,互联网为文化生产与消费的快速发展奠定了基础,为全球文化贸易的繁荣发展提供了强劲动力。互联网打破时空限制,使文化产品和服务的消费人口和市场规模的优势凸显,引发世界文化贸易格局的变化。首先互联网对国际文化贸易模式的变革产生了影响,文化产品贸易在跨境交付上实现了线上线下的高效对接。其次,互联网对文化贸易结构产生了重大影响。互联网从产品供给、融资和营销等多方面直接推动文化产品和服务贸易的发展。再次,互联网对国际文化贸易过程中文化安全与贸易监管提出挑战。文化产品具有其双重属性,互联网的介入强化了其商品属性,对文化安全及其监管造成了前所未有的挑战,如线上交易的监管、文化产品和服务在审美属性和意识形态属性方面的鉴别和引导、知识产权保护以及国际法律法规方面的冲突和协调等。

三、国际文化贸易的影响因素

（一）贸易自由主义和贸易保护主义的理论分歧

文化商品的贸易中存在贸易自由和贸易保护的分歧由来已久，这和文化商品除了具有商品属性以外，还具有一般商品所不具备的文化属性有关，文化贸易的问题因此相比其他一般货物贸易问题更为复杂，也因此形成了文化贸易领域的两大理论——贸易自由主义理论和贸易保护主义理论的论争。贸易自由主义认为文化产品的性质与普通产品一样，都具有商品属性，不应受到特殊保护，应该把选择文化产品的自主权完全交给消费者。贸易保护主义认为，文化产品不同于一般产品，其中凝结着价值观、意识形态和习俗等因素，会对文化认同、思维方式和审美习惯产生重要影响。贸易自由主义理论的支持者是美国和世界贸易组织，其主要的法律依据是 WTO 条款。贸易保护主义的支持者是加拿大、法国和联合国教科文组织等。法国和加拿大等提出了"文化多样性"理论。该理论强调文化产品具有与一般商品不一样的精神属性，因此在贸易中要保护本国文化的发展。文化多样性理论是在"文化例外"的基础上发展而来，"文化例外"最早由法国提出，得到了欧洲各国及加拿大的支持。2001 年，联合国教科文组织推出第一个关于文化多样性方面的国际性法律文件——《世界文化多样性宣言》，这是对文化多样性的承认和尊重。2005 年 10 月，联合国教科文组织又通过了《保护和促进文化表现形式多样性公约》，在公约中明确承认文化产品的双重属性,允许缔约国根据自身的情况,在其境内采取保护文化多样性的措施。该公约成为文化多样性保护的国际法基础,宣示着保护文化多样性已经成为联合国教科文组织的思维和行动框架之一。

文化贸易的自由主义和保护主义理论的矛盾究其根源,是文化普遍主义和文化多元主义两种不同文化思潮的冲突和斗争。文化普遍主义的基本特征是以西方发达国家为中心,不发达国家必须把西方发达国家作为蓝本和目标,用西方的价值观改造自己的民族文化。文化多元主义认为我们处在一个多元文化的世界,各国的文化应该是多元共存的,发展中国家应该寻找适合自己的发展模式。[1] 到目前为止,这两种对立的力量仍然在相互斗争中前进着,在相互妥协过程中发展着。

(二)发达国家和发展中国家文化贸易的两极化

近十年以来,文化产品和文化服务贸易总体上处于高速发展过程中;由于受到2008年世界金融危机的影响,目前在缓慢的复苏过程中。目前全球文化贸易呈现发达国家和发展中国家两极明显分化。整体来看,一方面,全球文化商品贸易主要由主要发达国家主导,确切说是由欧美及东亚的发达国家推动,这也是文化贸易的特点,主要文化商品的出口国同时也是主要的需求国,发达国家间文化产品进出口持续增长,发展都较快;另一方面,发展中国家中除了中国的重要性日益增长,文化产品进出口增长较快以外,其他发展中国家的文化贸易,或者说发展中国家间的文

---

[1] 李怀亮. 当代国际文化贸易与文化竞争[M]. 广东:广东人民出版社,2005:6.

化贸易发展较发达国家间有着不小的差距，复苏迹象不明显。因此国际文化贸易形成这样一种趋势，文化商品不平等流动的特点较为突出，同时呈现出进出口国家相对集中的倾向。中国和美国在文化商品进出口方面都起到举足轻重的作用，形成了美国作为文化商品最大进口国和中国作为文化商品最大出口国的格局，印度和土耳其作为文化商品出口国发展也比较迅速，但非洲撒哈拉以南等地区依然仍扮演边缘的角色。

（三）文化贸易影响因素的复杂性和多样性

全球文化贸易的快速发展引起了学界广泛关注，作为国际贸易的重要组成部分，有学者从比较优势理论、规模经济理论、需求偏好理论等不同维度分析影响文化贸易的因素，都有局部的合理性，但没有形成共识。其原因主要是文化产品和文化服务贸易与一般商品贸易不同，具有其特殊性，而这几个理论都难以恰当解释当下国际文化贸易呈现的结构不平衡的发展现状，这说明国际文化贸易影响因素具有复杂性的特征。

尽管如此，目前一些学者从以下几个维度对文化贸易影响因素的分析，具有一定的参考和研究价值。一是经济发展速度。这是从一国 GDP 水平和人均收入的维度来考察对文化产品和文化服务进出口的影响。二是人口规模。较多的人口意味着较大的需求，主要考察人口规模的变化是否会对文化产品和文化服务进出口产生影响。三是地理距离。这一维度考察地理距离造成的运输成本对国际贸易的影响。四是文化距离。文化商品和文化服务的消费主要是内容及文化价值的消费，这一维度主要考察不同国家居民风俗习惯、道德价值观以及宗教信仰等不同形成的文化距离，对文化贸易流量所产生的影响，这也是影响文化贸易复杂性的重要因素之一。其他，如各国的贸易优惠政策、科技水平也是影响国际文化贸易的一些因素。

伴随全球化的深入和文化思潮的激荡，文化贸易已成为全球服务贸易竞争的重点领域之一。文化贸易作为经济合作与文化交流的有效方式，作为贸易发展多样化的重要体现，其地位和作用日益凸显。当前，国际文化贸易总体上呈现强劲的增长趋势，随着经济全球化的深入发展，大力发展国际文化贸易已成为促进各国经济增长、改善贸易结构、带动相关产业发展、增加外汇收入、提高各国软实力的强有力因素。

第二节　角力世界文化竞争

一、中国对外文化贸易发展概况

中国对外文化贸易起步于20世纪80年代，相对于发达国家，我国的文化贸易比较落后。到了20世纪90年代中期，随着经济的快速发展，我国逐渐成为主要出口国，国际贸易影响力日益提升。但值得注意的是，我国对外文化贸易规模仍然比较小。

进入21世纪，伴随着我国文化产业的蓬勃发展，我国对外文化贸易也走上了发展的快车道。2009年，我国文化商品出口开始快速增长，根据联合国教科文组织发布的《文化贸易的全球化》报告，2010年我国文化产品出口超越美国成为最大出口国，2013年，我国文化商品出口总值达到601.11亿美元，就出口的目的地而言，我国文化商品大部分出口亚洲，其中超过五成出口中国香港，其次是日本、新加坡、马来西亚、阿联酋等国家;就出口商品而言,这一时期我国出口的商品中,手工艺品、刺绣品占五成以上,金银珠宝首饰占对港出口的八成以上。就进口而言,我国文化商品进口的国家范围越来越多,2004年,按照国家来看,中国进口文化商品主要来自于十个比较大的出口国家,从这些国家进口到我国的文化商品占总进口的将近九成;按照大洲来看一半来自亚洲,到了2013年这两项的占比分别降了两成和一成。①

该报告还显示这10年中美文化产品进出口出现的变化。从2004年到2013年,中国是进入美国市场的最大出口国,10年间对美出口值增长两倍,份额却减少将近一半。电子游戏、珠宝首饰、塑料小雕像分别占中美文化贸易前三位。

10年来,从联合国教科文组织统计的指标来看,我国文化产品中表演和节庆商品、视听和互动媒体商品、视觉艺术和工艺品、图书和出版物等四个领域出口增长较为明显,文化和自然遗产以及设计和创意服务两个领域的进口份额较大。

十几年来我国文化贸易的快速发展,一方面受到我国整体经济和出口高速发展的带动,另一方面与我国对外文化贸易的政策高位推动有直接关系。为促进我国对外文化贸易的发展,政府出台了一系列鼓励和支持文化企业"走出去"的政策,宏观政策与微观政策相配合,鼓励政策和指导目录相结合,收效明显。国家先后出台《国家"十一五"时期文化发展规划纲要》《文化部关于支持和促进文化产业发展的若干意见》《文化部文化产业投资指导目录》《关于

---

① 吴云.万万想不到!中国已连续4年位居世界文化产品出口榜首[EB/OL] (2016-05-11) [2018-06-28].http://culture.people.com.cn/n1/2016/0511/c22219-28340970.html.

促进文化产品和服务"走出去"总体规划》《关于深化文化体制改革的若干意见》《文化产品和服务出口指导目录》《文化产业振兴规划》《关于进一步加强和改进文化产品和服务出口工作的意见》《关于金融支持文化出口的指导意见》《关于支持文化企业发展若干税收政策》《关于支持文化服务出口等营业税政策的通知》《关于奖励优秀国产影片海外推广工作的通知》《关于进一步推进国家文化出口重点企业和项目目录相关工作的指导意见》《对外投资指导目录》《对外文化贸易实务指南》以及《对外文化贸易和投资合作国别(地区)指南》等政策文件。这些政策对外向型文化企业加大了财税支持力度,强化了金融服务,完善服务保障。

加入世界贸易组织促进了我国文化贸易的发展步伐。2001年中国入世后,积极遵守与文化贸易相关的义务与承诺,根据中国《加入议定书》《中国加入工作组报告书》以及GATS具体服务部门承诺来履行义务,文化产品与文化服务对外贸易也日益频繁起来。入世也促进了文化产业对外政策环境出现了显著变化,逐步扩大了外资进入文化产业的领域和范围。几年来,先后颁布《外商投资图书、报纸、期刊分销企业管理办法》《外商投资电影院暂行规定》《中外合作摄制电影片管理规定》《中外合作制作电视剧管理规定》《关于文化领域引进外资的若干意见》,这些政策文件的出台,极大地促进了我国文化领域对外开放的步伐。

二、中国对外文化贸易发展现状

党的十八大以来,我国经济进入新常态,对外文化贸易进入新的发展阶段。国家先后出台《关于进一步加强和改进中华文化走出去工作的指导意见》《关于加快发展对外文化贸易的意见》《关于加强"一带一路"软力量建设的指导意见》《"一带一路"文化发展行动计划(2016—2020)》《关于进一步推进开放型经济新体制综合试点试验的若干意见》等文件,从顶层设计上全范围统筹对外文化交流、文化传播和文化贸易,为推动文化贸易创造积极有利的条件,高位推动,措施多,覆盖范围广,文化贸易"走出去"力度空前加大,中国文化企业正在逐步扩大全球影响力和竞争力。几年来,我国文化贸易实现了较快的增长,远远高于GDP的增长速度。2018年2月,商务部新闻发布会公布的数据显示,"2017年,我国文化产品和服务进出口总额1265.1亿美元,同比增长11.1%。其中,文化产品和文化服务进出口总额同比分别增长了10.2%和14.4%,文化产品出口实现快速增长,进口有所下降,文化服务进口增势明显。"[1]

(一)图书版权逆差在缩小,网络文学输出显著

近几年,我国国际影响力逐步提升,但是图书版权引进数量依然大于输出数量,由于输出数量一直保持平稳增长,两者的差距在慢慢地减小,图书版权逆差也逐步缩小。5年来,我国图书版权累计输出近4万种,输出总量增长近两成;版权贸易逆差也逐年缩小,从2012年的1∶2.20缩小至2016年的1∶1.75,下降趋势明显。[2] 我国当代作家逐步显示强大的实力,不少作品受到国

---

[1] 商务部发言人谈2017年我国文化贸易有关情况[EB/OL].(2018-02-09)[2018-06-28].http://www.mofcom.gov.cn/article/i/dxfw/nbgz/201802/20180202710877.shtml.

[2] 田红媛."走出去"全方位提升文化软实力[N].中国出版传媒商报,2017-10-24.

外读者青睐,逐步进入国际主流文学市场。当代作家刘慈欣、莫言、麦家、余华、曹文轩等蜚声国际,作品在国外大受欢迎,有的成为当地畅销书,有的在国外被拍成电影或话剧上映;各大出版集团妙招频出,有的出版集团利用各种平台,不断扩大图书版权贸易,有的出版集团在海外直接投资设立分支机构,推进本土化运营,由"走出去"到"走进去"。2017年,我国版权贸易持续稳中向好,在北美、欧洲等国家和地区的图书输出所占比例进一步增大,形成了作品、作家、资本等全方位"走出去"的格局。在2017年北京国际图书博览会上共达成中外版权贸易协议较2012年显著增长,增长三成以上;引进与输出比从1:1.3扩大到1:1.61。[①]

2017年,我国网络文学产业发展迅猛,逐步成为当今世界四大文化奇观之一,网络文学用户规模持续增长。玄幻、仙侠、历史、言情等题材受到众多海外读者的喜爱与追捧,在日韩等东亚国家以及美、英、法等欧美各国,都能看到中国热门网络文学的身影,由网络文学改变的电视剧也广受海外观众的欢迎,网络文学成为当代文学"走出去"的重要内容和主要内容。成立于2014年5月的Wuxia world(武侠世界网)有来自全球100多个国家和地区的读者跟读,点击量超过5亿,日均活跃量高达400多万人次,该网站活跃读者数超过300万人,美国、菲律宾、加拿大、印尼和英国等国家阅读人数较多。[②]"晋江文学城"海外影响

[①] 田红媛."走出去"全方位提升文化软实力[N].中国出版传媒商报,2017-10-24.

[②] 刘长欣,陶明霞.网络文学20年:从"杂牌军"变身"国家队"?[N].南方日报,2018-01-12.

力逐步提升，几乎每天都有网络文学作品海外版权被签下，形成一种现象级的存在。截至 2017 年末，阅文集团在日本韩国东南亚多国以及欧美地区均授权了大量网文作品的数字和实体书的出版。2017 年 5 月上线的起点海外版"起点国际"与 Gravity Tales 达成战略协议，推动国外网文的正版化进程。大量网络文学的输出，传播了丰富多彩的中国文化，也有助于改变我国在国际版权贸易中长期存在的"赤字"问题。

（二）影视节目出口增长迅速，国际合作成趋势

党的十八大以来，在政府的支持和重点工程的引领下，截至 2017 年 11 月，有 1600 多部优秀影视剧译制为 36 种语言，在 100 多个国家和地区落地播出。影视节目出口额连年递增，2017 年出口超过 1 亿美元，电视剧出口总额占广播影视出口总额的 68% 左右。[①] 以前，我国在广播电视节目领域，以进口海外版权为主，随着我国电视节目创新步伐的加快，从 2017 年开始，我国广播电视节目中天价引进海外节目版权的时代一去不复返了，回归到正常的规模和形式，合拍成为影视节目制作的重要方式。国际合作合拍影视作品成为中国影视"走出去"的重要方式之一，央视与新西兰合作共同创作《生命的力量》《动物好伙伴》等优秀作品，与澳大利亚、英国、南非等国合拍纪录片《改变世界的战争》《天河》等，取得了很好的收视效果。中国国际电视台（中国环球电视网，CGTN）作为中国影视节目"走出去"的领军企业，7 个国际频道在 168 个国家和地区实现整频道或部

---

① 牛春颖.中国影视："组团出海"做国际贸易[N].中国新闻出版广电报，2017-11-30.

分节目落地,国际台 98 家海外落地,覆盖全球新媒体超过 200 多个。①

(三)国产影片海外收入上升,合拍数量创新高

2017 年,《电影产业促进法》顺利实施,巩固了我国作为世界第二大电影市场的地位,成为全球电影市场增长的主力军。2017 年国产电影海外票房和销售收入达到 42.53 亿元,同比增长超过一成。②《战狼 2》《芳华》均创造海外票房和观影人数的纪录。这几年我国国内电影市场逐年向好的情况下,国产电影质量也逐年提高,培养了一批海外观众,海外市场得到了进一步开拓,促进了我国国产电影海外市场的不断成长。我国与 20 个国家和地区签署了电影合拍协议,中外合拍片的立项数目逐年增加,10 年前合拍立项每年仅仅 10 余部,到 2016 年立项数接近 100 部,其中内地与香港合拍片占总数的近一半。③2017 年引进批片(买断片)数量超过了 70 部,批片总票房突破 50 亿元,创下了批片在中国市场的纪录。成功举办金砖国家电影节等活动,多管齐下加快中国电影"走出去"的步伐。

(四)动画电影票房下滑,企业发力"一带一路"

据国家新闻出版广电总局电影局发布的数据,动画电影总票房在经历了连续 4 年票房走高的情况下,在 2017 年首次出现下滑,从 2016 年的 79 亿元下跌到 47 亿元,同比下降 28.75%;海外动

---

① 马黎. 讲好中国故事,传播中国声音 [N]. 人民日报海外版,2017-10-24.
② 郑中砥. 国产影片 2017 年海外收入超 40 亿 [EB/OL].(2018-01-10)[2018-06-28]. http://mini.eastday.com/mobile/180110235611488.html.
③ 吴燕雨. 中外影视合作加速:批片迎来机遇 合拍片助力走出去 [EB/OL]. (2018-06-21) [2018-06-28].http://news.sina.com.cn/c/2018-06-21/doc-ihefphqk5672085.shtml.

画电影在中国市场的数量和票房都有所降低。[①] 国内主流的动漫企业积极布局海外市场：一是通过上线 APP、入驻海外网络漫画平台和出版单行本三种形式出海，二是中国动漫企业布局"一带一路"沿线国家，初步形成以东南亚为龙头、以中东为重点、以中东欧为新增长点的中国动漫"一带一路"合作格局，主要通过与沿线国家的国家电视台或者重点企业开展合作，制作动漫作品，先后推出了《熊猫和小鼹鼠》《孔小西与哈基姆》等多部优秀动漫作品，受到沿线国家观众的喜欢。

（五）移动游戏成为中国文化"走出去"生力军

中国拥有世界第一的智能手机用户规模，游戏市场巨大，国产手游实现了弯道超车，后来居上。根据《2017 年中国游戏行业发展报告》，2017 年，"中国游戏行业整体营业收入约为 2189.6 亿元，同比增长 23.1%"。[②] 2017 年中国游戏市场近万款游戏，将近 94% 为国产游戏，在端游领域，以进口游戏为主，而手游、页游、H5 游戏等领域国产游戏已经全面超越进口游戏。

国产手游市场的快速发展，带动了游戏海外市场的异军突起，成为中国文化"走出去"的一支生力军。"2017 年，中国游戏厂商出海热情高涨，自研网络游戏海外营业收入约为 76.1 亿美元，同比增长 10.0%。"[③] 2017 年，中国游戏出海的整体格局和发展趋势有了新的变化，市场结构逐步优化，大、中、小公司以不同方式参与全球游戏市场竞争，实现了海外市场的"多点开花"，

---

① 新华网.《2017 年中国游戏行业发展报告》发布 [EB/OL].(2017-11-30)[2018-06-29]. http://ex.cssn.cn/jjx/jjx_bg/201711/t20171130_3760380.shtml.

② 同上.

③ 同上.

呈现中国同行竞争的格局。中国有实力的游戏企业通过收购海外研发和发行公司，布局全球市场，出口到全球100多个国家和地区，其中东南亚为主要目标市场，西亚、非洲、欧美地区都有了不同程度的突破，说明中国游戏的质量以及海外影响力和产品品牌地位显著提升，移动游戏成为我国文化"走出去"的一支生力军。

三、中国对外文化贸易发展特征

（一）稳步发展，优化贸易结构

十八大以来的五年，我国文化产业发展势头良好，对外文化贸易的"质"和"量"上都有显著变化，"量"的变化表现为规模逐年扩大，"质"上表现为结构不断优化。2017年，我国文化产品和服务进出口总额较上一年增长123亿美元，同比增长超过一成，远远超过同期GDP的增长速度。文化产品和服务出口结构逐步优化，技术含量高、附加值高的文化产品的出口进一步增加，广播影视设备、游艺器材和娱乐用品出口同比增长近两成。文化服务的核心层中文化和娱乐服务、研发成果使用费、视听及相关产品许可费等三项，其出口增长较快，同比增长四成。[①]我国对外文化贸易市场更加多元化，遍布亚洲、欧洲、美洲、非洲等世界各地，位列我国进出口市场前三位的是美国、中国香港和荷兰的文化产品，与"一带一路"沿线国家以及"金砖国

---

① 袁梓. 2017年我国文化产品和服务进出口同比增长11.1%[EB/OL].(2018-02-08)[2018-06-29]. http://expo.ce.cn/gd/201802/08/t20180208_28115217.shtmll.

家"文化贸易成为新的亮点,文化产品进出口额显著增长。就国内地域而言,文化产品和服务出口省份主要集中在东部相对发达地区。

(二)高度关注,完善顶层设计

近年来,政府高度重视对外文化贸易的发展,出台了一系列政策,强力推进文化贸易发展,不断提升中国文化软实力。《中华人民共和国国民经济和社会发展第十三个五年规划纲要》和《文化部"十三五"时期文化发展改革规划》,明确提出要进一步提高文化开放水平,加强对外文化交流、传播和贸易方式的创新,尤其是要加强与"一带一路"沿线国家文化交流、贸易与合作,高质量推动中华文化走出去。国家制定《自贸试验区外商投资国家安全审查试行办法》《外商投资产业指导目录(2017年版)》和《境外投资管理办法》等,进一步规范了外商投资文化的领域范围,再次将投资限制放宽,使投资更加便利化,更加重视一些重要文化领域的安全问题,对外商投资纳入审查范围。

(三)一带一路,引领贸易发展

"一带一路"倡议为对外文化贸易带来了发展机遇。2017年1月,文化部发布《"一带一路"文化发展行动计划(2016—2020年)》,从健全机制建设、促进贸易合作、打造文化品牌等五大方面为"一带一路"文化建设的深入开展绘制了路线图。文化部组织开展"一带一路"文化贸易与投资重点项目(2018年)评审工作,确定40个申报项目为2018年文化部"一带一路"文化贸易与投资重点项目,项目涉及范围广、领域宽。2017年我国与"一带一路"沿线国家文化产品进出口额达176.2亿美元,增长18.5%,

占比提高至 18.1%。①"一带一路"建设，成为引领我国对外文化贸易快速发展的新引擎。

（四）搭建平台，激发贸易潜力

为推动我国文化产品和文化服务"走出去"的步伐，国家多层次、多方位搭建平台，建设自由贸易试验区、对外文化贸易基地、文化出口基地、举办各类博览会交易会等，积极发挥平台的引领和辐射作用，力促我国对外文化贸易快速发展。2017年，我国自贸区建设迈入 3.0 时代，1+3+7 试点新格局初步形成。国务院《全面深化中国（上海）自由贸易试验区改革开放方案》（国发〔2017〕23 号）和七省《自由贸易试验区总体方案》的发布对自贸区制度的创新提出了新的发展目标和更高的要求，其中涉及对外文化贸易基地建设、艺术品市场建设、旅游等内容，在国际范围内为中国文化企业进入国际市场提供优质文化资源、资本、要素的配置，打通文化产业上下游链条，搭建国际全产业链，为我国文化产业打造新的、更大的平台，为我国文化企业"走出去"提供更加坚实和全方位的保障。

国家对外文化贸易基地作为国内文化产品与服务"走出去"、国际文化产品与服务"引进来"的重要平台之一，正不断完善建设。国家 5 个部门共同认定 13 家基地为首批国家文化出口基地。北京国际文化创意产业博览会、中国（深圳）国际文化产业博览交易会，已经成为具有重要影响的国际文化产品和服务交易博览会。第四届"2017 中国自由贸易试验区文化授权交易会"在上海举办，交易会聚焦文化产业的核心文化授权，推动文化授权及其

---

① 刘昕.新时代的文化贸易应"新""心"相印.国际商报，2018-02-28.

产品与其他领域的广泛结合。

中国自由贸易试验区、国家对外文化贸易基地、国家文化出口基地、各类博览会交易会等平台的搭建成为促进对外文化贸易的重要的舞台，中国文化产品正在多渠道、立体化走出去。

（五）"互联网+"，扩宽贸易渠道

在"互联网+"的背景下，技术更迭对文化产品的生产方式、消费方式和传播方式都产生了重大影响，为我国对外文化贸易发展开辟了新节点，提供了新动能。高端化、数字化逐渐成为新时期我国文化产品与服务出口的新趋势，基于互联网技术的新媒体、融媒体乃至全媒体等传播形态层出不穷，电子出版物、网络文学、网络影视剧、网络游戏等成为文化"走出去"的新生产内容和新载体。上海自贸试验区国家对外文化贸易基地，建立起涵盖设计、运营、展示和全球销售的生态文化产业体系，不同的主体集聚一个平台发挥各自的专业服务，形成一个具有国际影响力的文化艺术生产与消费中心。

（六）对外投资，彰显企业实力

我国文化产业对外直接投资起步较晚，但发展迅速，投资层次稳步提高，海外并购数量呈上升趋势，交易金额不断扩大。文化、体育和娱乐业对外直接投资十年来逐年增加，投资净额从2007年的510万美元增至2016年的39.2亿美元，增长近800倍。[①]海外并购数量逐年增加，2003—2013年，我国文化企业海外并购44起。北京聚集俏佳人传媒股份有限公司、中国天创国际演艺制作交流有限公司、小马奔腾等都参与到国外文化企业的并购。尤

---

① 陈恒.2016年我国文化产品出口增长迅速[N].光明日报，2017-03-10.

其是腾讯、万达集团等的海外并购与合作，彰显了我国文化企业的实力。

第三节　布局全球文化市场

一、中国对外文化贸易的主要问题

（一）文化贸易结构不平衡，核心产品占比低

近年来，我国文化贸易发展的整体态势良好，尤其是文化服务出口增势较快，核心文化产品和服务的出口占文化贸易的比重有所上升。整体来看，我国对外文化贸易的结构又表现出不平衡的特征。

一方面，文化商品贸易与文化服务贸易两者之间存在失衡，文化商品和文化制造业在文化贸易中所占比重过大，存在较大的贸易顺差，这也是联合国教科文组织统计下我国成为世界第一文化产品出口国的直接原因，我国文化贸易大国的地位由此奠定；而我国文化服务和核心版权贸易相对薄弱，仅广告服务存在较大顺差，图书版权、电影、音像、创意研发服务、建筑设计、工程设计及其他技术服务等非常薄弱，存在较大逆差，我国对外文化贸易逆差主要发生在这一领域。这种整体结构的不平衡与我国世界第二大经济体的地位不相匹配，尤其不利于我国国家文化形象的塑造。

另一方面，不仅文化商品贸易与文化服务贸易两者之间结构失衡，而且就文化商品和文化服务贸易内部而言，也存在不平

衡现象。我国文化商品出口优势明显，但是出口的商品中，一般性的文化商品或文化载体性商品出口数量大，经济效益显著，而科技含量高、附加值高的文化商品出口数量较少，能够有效提升文化软实力的文化商品不多。因此我国出口的文化商品大多属于中、低端产品，虽然表现为顺差，对于中华文化的传播和文化形象的塑造意义不大。我国文化服务贸易的发展与发达国家相比存在的主要问题是，文化服务缺乏创新创意的内容，表现为贸易逆差。如同我国电影产业，虽然本土票房年年刷新票房纪录，稳坐全球第二大票房的交椅，仅次于北美市场，但本土电影的海外市场收入却不尽如人意。据《中国电影报》报道，2017 年中国电影本土市场票房达 559 亿余元，国产电影海外票房和销售尽管较去年有所增长，收入达到 42.53 亿元，但依然不到国内票房的十分之一。[①] 总体来说，在世界主流文化市场上，我国品质高、附加值高、科技含量高、创意好的文化商品和服务还远远不够，与发达国家的差距还不小。这是制约我国成为文化强国的一个主要原因。

（二）国际推广平台薄弱，文化交流渠道狭窄

近期，腾讯与英国在伦敦签署战略合作备忘录，宣布与多家知名机构及企业在影视、高端艺术、游戏等领域展开合作，主要聚焦联合制作、内容开发、商业授权、推广发行等方面。[②] 这类与

---

① 郑中砥. 国产影片 2017 年海外收入超 40 亿 [EB/OL].(2018-01-10)[2018-06-28]. http://mini.eastday.com/mobile/180110235611488.html.
② 沈杰群. 推动数字文创，腾讯与英国国际贸易部达成战略合作 [EB/OL].(2018-05-09)[2018-06-10]. http://news.cyol.com/yuanchuang/2018-05/09/content_17175583.html.

国外合作开展文化贸易的文化企业还为数不多，这与我国国际推广平台薄弱有直接关系。目前，我国主要通过打造对外文化贸易基地、文化出口基地、各类文化产业博览会、举办各类节庆活动以及设立国家艺术基金、文化产业专项基金等平台形式，助推我国文化商品和文化服务"走出去"。不可否认，这些平台在我国对外文化贸易中发挥了积极的作用，但这和我国文化发展的战略目标相比，问题还很多。体现在国外推广的渠道仍然狭窄，平台依旧薄弱；既缺乏文化企业和文化产品国外推广的整体战略规划，又缺乏那些有国际影响力的专业性中介组织。即使如万达收购好莱坞院线 AMC 以及腾讯与英国的合作等大的项目，大部分也都是文化企业各自为政，未能形成合力共同应对庞大的国外市场。这样既不利于我国文化产品和服务的国际推广，也不利于我国文化企业整体"走出去"，形成大型跨国公司。我国的国产电影不乏优秀之作，但海外市场一直不理想，收入仅为本土票房的十分之一，其中有文化折扣的因素，另一个重要原因是我国电影制作与海外发行推广的专业平台尚未真正搭建起来，宣传推广和传播渠道不多也不通畅，没有形成一个经济与非经济、官方与非官方、专业和民间相结合的推广宣传渠道和平台。这些造成我国文化企业和文化产品进行海外传播推广的被动局面，不利于跨国文化企业的形成和成长。

（三）产业发展实力各异，贸易争端问题频发

我国文化产业发展时间不长，尚处于发展的初级阶段，处在需要国家通过财政和税收政策进行保护和扶持进行发展壮大的时期；由于文化产品和文化服务的具有双重属性，我国坚持文化多样性的原则，文化产业和文化贸易尚未发展到走完全自由市场化的道路，在对外文化贸易中不可避免地面临一些贸易争端问题，集中表现在：一是国家实行的对一些文化企业或者文化产品的补贴政策和税收优惠政策。这些扶持文化产业发展的专项资金和税收优惠补贴政策，会形成政府扶持的企业和某些行业局部垄断而导致不公平竞争的可能，与WTO协定及其一揽子法律规则均对反补贴做出的硬性规定产生矛盾，这些都可能成为产生文化贸易争端时被起诉的证据，从而成为我国文化企业和文化产品"走出去"的隐患。二是国内外文化产业行业划分标准和规则不完全一样，具有潜在的风险，也为文化贸易争端埋下了伏笔。根据我国2018年国家统计局发布的《文化及相关产业统计分类》最新分类，我国文化产业分为9大类，43个中类，146个小类。但是我国的文化产业分类标准与欧美以及联合国教科文组织都存在一定的区别，我国的一些文化产业内容在欧美分类中并不属于文化行业，例如我国文化产业分类中的"文化装备生产"在国外就属于一般制造业门类。国内外在文化产业分类上的差别，也是我国文化产品容易陷入贸易争端的一个重要因素。这些贸易争端，某种程度上是贸易自由化和文化多样性的冲突，目前在国际范围内没有得到实质性解决，争端还将长期存在。

除了有文化贸易争端的隐患，我国文化贸易还要受到西方贸易保护主义和西方意识形态的制约和影响。目前，反全球化思潮在美欧国家愈演愈烈，民粹政治势力逐步抬头，文化产品和服务本身蕴含价值观和意识形态特性，贸易保护和意识形态的矛盾形成的制约短时期内不会消除，这也是我国对外文化贸易过程中必须认真面对的一道难题。

(四)文化产业相对较弱,国际市场竞争力低

发展对外文化贸易的基础是文化产业的发展,文化产业发展水平的高低直接影响文化贸易的发展水平。我国文化产业起步晚、底子薄,缺乏引领全球市场、能进行跨国经营的大型文化企业。我国大部分文化企业都是中小型企业,经营上缺乏国际视野,在国际市场上面对大型跨国公司和丰富的文化产品只能勉强招架,抵御大型文化企业冲击的竞争力不强,表现在文化贸易上缺乏竞争力,开拓海外市场的能力不足。我国虽然进行了文化体制改革,组建了一些大型的文化传媒集团,但至今还没有形成像新闻集团、华特迪士尼那样规模和影响力的跨国文化公司,这些跨国公司可以利用全球的信息、生产和销售网络,进行文化资源的全球化配置和文化产品和服务的全球化销售,具有全球化的产品生产市场和产品销售市场,在全球文化贸易的内容和渠道上都形成垄断的局面。

我国文化产业竞争力低还表现在文化产品的内容缺乏创新,出口的文化产品和服务附加值不高,难以形成文化贸易的辐射效应。丰富的文化资源,没有形成文化优势,更没有转化为文化强势,内容缺乏国际化的创新是原因之一。比如,电影产业,我国故事资源丰富多彩,但改编创作为优秀电影创意的却不多。迪士尼公司的《花木兰》和梦工厂的《功夫熊猫》,均是中国传统文化的题材和元素,但他们进行了国际化的创新和改编,来源于中国的文化形象,根据国际市场需求,突破原有形象,虚构一些故事情节,获得了国际市场上观众的普遍认可,取得了非常好的改编效果和口碑。这些给我们提出了一个值得思考的问题,面对同样的故事题材,一个是国际化的创新性改编,一个局限在本土文化中无法实现超越和国际化转化的改编创作，效果截然不同。这不仅仅是电影产业要思考的问题，在我国文化产业的大多数行业内，如何对传统文化进行创新性转化和创造性发展都是值得深入研究的，因为这会直接影响到我国文化产业的国际竞争力，影响到我国对外文化贸易的特色和发展方向。

二、中国对外文化贸易的战略方向

进入新时代，我国发展对外文化贸易的机遇与挑战并存，这既是适应经济全球化、应对文化文化竞争的迫切需要，也是塑造国家形象、增强文化软实力的内在要求。

（一）理顺管理体制机制，加强顶层设计

我国文化产业具体行业隶属于不同的行业部门管理，一直存在着"九龙治水"之困。十八大以来，我国经济进入新常态，出于拉动内需、培育新的经济增长点和产业结构转型的需要，文化领域顶层设计部门的改革步伐不断加大。从成立文化和旅游部到商务部牵头建立的由15个部门组成的对外文化贸易工作联系机制，确定了以部际联席会议形式高规格统筹协调文化贸易，整合资源形成合力，明晰文化贸易主体，逐步理顺文化贸易管理体制，避免了多头管理、数据分散、责任不清，对外文化贸易管理的体制机制进一步完善，目前正推动各省区市建立相应工作机制。贯彻落实《开拓海外文化市场行动计划（2016—2020年）》《对外文化贸易实务指南》《对外文化贸易和投资合作国别（地区）指南》，真正解决"最后一公里"的有效落地问题。切实加强对国家扶持的"走出去"项目的过程管理和项目监督与效果评估，规范统计

指标体系构建和统计数据信息发布，逐步制定科学的政策导向机制。放宽文化产品和文化服务出口审批权，制定负面清单，简化和规范出口手续和出口秩序。逐步完善对外文化贸易营销体系，高度重视文化贸易安全评估和预警机制的科学研究，确保国家的文化安全。

（二）加强文化法制建设，强化法治保障

对外文化贸易的扶持政策是扩大文化产品出口的推动手段之一，加强文化贸易的立法工作，是解决对外文化贸易有序发展的根本。通过立法，保障文化企业的合法权益，鼓励社会资本积极开展对外文化贸易，促进文化企业有效供给，立足自主创新，打造文化品牌建设，有效提升文化贸易的质量和效益。通过立法，保护我国国家利益和文化企业利益的同时，尽快与国际贸易规则接轨，如世界贸易组织规则所规定的入世成员国政府的行政管理要求，以保证文化贸易出口的合法合规发展，尽量规避不必要的争端和风险。目前，要推动已经出台的对外文化贸易的目录以及办法的落地实施，尤其是《对外投资指导目录（2017年版）》《自贸试验区外商投资国家安全审查试行办法》《境外投资管理办法》等，在给予外商投资文化领域便利的同时，进一步规范化，加大安全审查的力度。总体说来，我国在对外文化贸易的法治保障方面还有很长的路要走。

（三）促进文化科技融合，提升科技含量

创新是文化发展的生机和活力所在。鼓励文化企业开展科技创新，增加对文化出口产品和服务的科技研发投入，将科技创新融入文化贸易，进一步增加文化产品与服务的附加值，提升文化贸易的科技含量。随着移动互联网、云计算等技术的普及应用，跨境电商逐步成为我国文化产品出口及其配套服务发展的重点领域之一。通过跨境电商平台，让世界各地的消费者获得我国的文化产品和服务，增强消费的便利性，扩大出口的规模和范围。目前，移动互联网对共享经济产生了强大的支撑作用，充分发挥互联网整合和配置各类资源的平台作用，有效降低交易成本，提高贸易质量，为我国的文化出口企业提供优质高效的共享服务。

（四）推进供给侧改革，提升市场竞争力

我国文化贸易结构性失衡，关键在于我国文化产品和文化服务的竞争力不强，文化领域供给侧结构性改革之路任重道远。一是要改变对劳动力成本低与要素资源禀赋型的文化产品和服务出口的依赖，积极开发技术先进、附加值高的文化产品和服务，创新文化业态，推动文化产业结构调整。二是推动文化产品和服务向高端垂直化、水平型产业化方向发展，缩小与国外的差距，实现服务范围的有效拓展，努力提高自身的国际竞争力。

培养我国文化企业向跨国企业发展。要增强文化贸易的竞争力，必须培育一批具有国际竞争力的大型跨国文化企业，在全球范围内进行文化资源的配置和市场的推广营销，扩大在国际文化市场的影响力。培育世界级的文化品牌。只有拥有世界级文化品牌，才能赢得国际文化竞争。只有树立了我们自己的品牌，才能在文化贸易中拥有主动权，占得先机。

（五）加强人才队伍建设，加快国际化步伐

专业人才的匮乏是制约我国对外文化贸易的一大因素。文化贸易专业人才队伍建设事关文化贸易国际化的前进步伐，文化贸易的综合性复杂性特点要求人才必须具备以下基本条件：熟悉国际投融资和海外营销相关知识，对国际文化差异有所掌握，精通国际贸易的各种规则，能够参与解决贸易争端。同时应有计划、有步骤地引进一流的文化经营和管理人才加盟文化企业，加快我国文化企业"走出去"的步伐。

（六）培育文化贸易新业态，变革发展模式

我国拥有全球最大的互联网用户规模，未来我国文化贸易应紧紧抓住这个契机，充分发挥互联网的变革作用，提升我国在文化贸易谈判、交易及规则制定中的话语权。随着移动互联网的发展，跨境电商成为文化贸易发展的新趋势。互联网使文化企业打破时空的限制开展文化贸易，在全球市场中开拓细分市场；发挥"互联网+文化贸易"的成本优势和差异化优势，推进文化贸易模式创新，使文化贸易网络化、数字化，充分利用互联网、大数据等现代科技对数据信息的处理能力，针对不同文化背景的消费群体做定性和定量分析，掌握不同国家消费者的个性化需求，进行个性化定制，生产个性化产品，做到对外贸易精准化。

（七）发挥"一带一路"倡议优势，开拓贸易市场

"一带一路"倡议为文化企业参与沿线国家文化领域的项目合作提供了难得的发展机遇，有利于对外文化贸易的层次和规模提升。"一带一路"倡议提出几年来，通过组织举办各类艺术节、文化博览会，搭建交流平台，不断深化与沿线国家的文化贸易。加快《文化部"一带一路"文化发展行动计划（2016—2020年）》的落地实施，利用各种层次的平台开展文化贸易，利用国内少数民族与沿线国家语言文化接近的优势，开展国内动漫游戏企业与沿线国家企业合作创作特色动漫产品，开发沿线国家的文化市场。同时，继续保持我国作为欧美较大的文化商品出口国的优势，根据差异化的文化需求和消费能力特点，继续开拓欧美文化市场，保持我国在欧美市场文化产品出口的持续增长；针对我国与东亚、东南亚国家和地区的地理接近、同处儒家文化圈的文化接近、文化折扣相对较小的有利条件，生产以儒家文化为核心的优秀文化创意产品，积极发展面向东亚、东南亚地区的文化产品出口贸易，进一步扩大文化产品出口；积极开展与非洲和拉美地区的文化贸易。

（八）培育贸易推广主体，拓展贸易渠道

目前，在我国对外文化贸易实践中，文化产品的宣传推广、产品的输出等主体大多都是国有文化企业，尤其是对外输出平台和渠道。但是，仅仅通过政府的渠道运作促成合作是不够的，这远远不能满足我国对外文化贸易发展多样化和主体多样化的需求，运用官方与非官方结合方式，适当回避官方背景和意识形态色彩，推动相关社会文化企业、机构从事专门推广，打造跨国文化公司和中介公司，拓展贸易输出和推广的渠道。万达在境外收购院线、腾讯与英国政府的合作以及许多中国传媒出版集团在世界各地投资设立分支机构，这些都是拓宽文化贸易渠道很好的方式。

结语

伴随全球化的深入和文化思潮的激荡，文化贸易作为经济合作与文化交流的有效方式，作为贸易发展多样化的重要体现，其地位和作用日益凸显。近十年来，国际文化贸易快速发展，以年均 5.49% 的速度增长，一方面有效促进了不同文化之间的相互了解，另一方面反映出国际市场对多样化的文化商品和服务的需求越来越强烈。随着经济的不断发展和科技的不断创新,可以预见,国际文化贸易将在经济贸易中占有越来越重要的地位,国际文化贸易总体上将继续呈现强劲的增长态势。

随着经济新常态的深入,发展对外文化贸易已成为促进我国经济增长,塑造国家形象,提高我国文化软实力的主要手段之一。我国的对外文化贸易除了经济使命外,还肩负着传播中华文明和中国文化价值观,展现中国传统文化现代魅力的使命,因此在对外文化贸易中要解决文化产业创新和发展、对外文化贸易的理论与实践、文化保护政策的完善与国际贸易规则的遵守等问题,尊重国际受众对中国文化商品和服务的需求,发挥互联网和现代科技的作用,对中国传统文化进行创造性转化和创新性发展,做到中国元素国际表达,向国际市场提供丰富的文化内涵高、附加值高、富有创意的文化商品,促进我国对外文化贸易的健康发展,使国家软实力进一步得到提升。

第十章 文化交流与文化自信

引言

改革开放40年来,随着我国融入国际社会程度不断加深,经济融入全球化的同时,对外文化交流与合作也日益频繁,中国文化走向世界的脚步逐步加快,影响力不断增强,中国的文化软实力日益提升。

十一届三中全会的召开,标志着中国从封闭半封闭向全方位开放的重大改变,文化交流也迎来了对外开放的崭新局面。对外开放,使中华文化不断融入世界潮流并发挥着越来越重要的作用。改革开放40年来,通过对外文化交流,中国以一种积极的态度学习吸收世界文明的精华,同时也使世界感受着中华优秀传统文化的深厚积淀与独有魅力,在国际社会中一个开放包容、和平发展的大国形象越来越清晰。

进入21世纪,随着世界多极化和经济全球化的深入发展,国际的各种文化交流交融的广度和深度都达到一个新的阶段,各种思想思潮的交锋也更加频繁,国际上的文化交流与合作更加活跃。开展广泛的对外文化交流,不仅有助于国际社会与开放发展的中国增进了解和互信,还能获得外界对中国文化的理解、尊重与认同,促进政治和经济关系的改善;另一方面,对外文化交流可以有效减少国外消极文化的影响,增强我国国家形象对世界的吸引力,提升中国在国际社会的话语权,增强国家文化软实力和竞争力。从这个角度上来看,形成文化共识已经成为当今世界各国寻求共同发展、维护世界稳定格局的一个重要途径,凸显了文化交流在国际关系中的重要作用。

党的十八大以来,随着构建人类命运共同体理念的逐步清晰,我国不断提升文化开放水平,扩大对外文化交流,中华文化以更加昂扬自信的步伐走向世界,对外文化交流显现崭新局面。为进一步提高中华文化的影响力和吸引力,中国从国家层面不断深化文化体制改革,通过增强政府的统筹协调能力,调动全社会参与对外文化工作的积极性,涌现出了大量的外向型文化企业和产品,在对外文化交流与对外文化贸易的共同推动下,中国与世界的文化交流日益深入。

第一节 促进国家对外文化交流

一、我国对外文化交流概况

(一)改革开放以来我国文化交流概况

1978年12月,中国共产党十一届三中全会召开,根据新的时代条件提出了对内改革、对外开放这一基本国策。随着中国对外开放国策的全方位、多层次实施与不断推进,中国对外文化交流也进入了一个新的历史时期。

1. 1979—1990年代初:相互学习,增进友谊

改革开放之初,邓小平在对当时的国情和国际形势分析的基础上，明确提出中国愿意在"和平共处五项原则的基础上，同世界上一切国家建立、发展外交关系和经济文化关系"①。在这一时期，中国的对外文化关系主要表现出广泛吸收一切有益于我国社会主义建设的优秀文化成果，来为我国与世界各国的繁荣、进步服务。这一时期我国对外文化交流总的方针政策与这一时期的国策保持高度一致，视野逐步开阔，坚持对外开放的同时，对于世界各国的优秀文化成果进行借鉴和吸收。本着相互学习、共同提高的积极态度，分享人类共有的文化财富；在平等互利的基础上，加强合作，增进友谊。②这成为这一时期我国文化交流遵循的基本原则。

在这一时期，积极发展与发展中国家的友好关系与文化交流，是我国对外文化交流工作的主要方向。从1980年开始的10年间，我国与发展中国家签订的文化合作协定占到了我国对外文化合作协定总量的89%；与发展中国家签订的文化交流执行计划占到我国对外文化交流执行计划总量的67%。③到20世纪80年代末、90年代初，我国已经与160多个国家、地区建立了不同形式的文化往来，与数千个外国文化组织保持着各种形式的交流与联系，开展了积极的文化交流与协作，为中国国家形象的树立及中外友好关系的发展做出了积极的贡献。

2. 1990—20世纪末：以文化为桥梁，展示中国良好形象

20世纪80年代末，西方一些资本主义国家一方面对我国进行全方位封锁，妄图干扰我国改革开放的步伐；另一方面，在国际

---

① 邓小平文选（第3卷）[M]. 北京：人民出版社，1994：70.
② 吕志先. 新中国35年来的对外文化交流[N]. 人民日报，1984-09-19.
③ 文化部对外文化联络局. 中国对外文化交流概览（1949—1991）[M]. 北京：光明日报出版社，1993：71.

舞台上大造舆论，极尽可能歪曲、抹黑我国的形象，达到了改革开放以来未曾有过的程度，这些在一定程度上阻碍了我国现代化建设的前进道路。因此，如何发挥文化的积极作用，塑造中国在国际社会上积极正面的国家形象，向世界各国展示改革开放以来真实的中国，是这一时期我国对外文化交流工作的主要方针。党的十五大指出，"我国文化的发展要坚持以我为主、为我所用的原则，开展多种形式的对外文化交流，博采各国文化之长，向世界展示中国文化建设的成就"[①]。为了打破西方国家的封锁和歪曲抹黑，我国大力实施对外文化交流活动，派出各类文化代表团走出国门，希冀通过国与国之间的文化交流来消除误读，展示中国在改革开放过程中发展现状和取得的成绩，重新树立中国在世界舞台上的国家形象，为我国改革开放和现代化建设创造更加包容的国际环境。这一成绩可以从一组数据得到说明："截至1998年底，我国派出政府文化代表团和文化官员代表团230余起，接待世界各国政府文化代表团和文化官员代表团400余起；与我国签订文化合作协定的国家达138个，是'文革'前17年总数的三倍多；1997年—1998年9月初，文化交流项目达2500多起，34600多人次。"[②] 多层次、多渠道的文化交流活动，对于特定时期中国形象的重新塑造和展示起到了积极的作用，为我国经济建设和改革开放的持续稳定进行创造了良好的国际环境。

3. 21世纪初到十八大之前：文化外交，和谐世界

进入21世纪以来，科技的高速发展促进了经济全球化的深入，

---

① 十五大以来重要文献选编（上）[M]. 北京：人民出版社，2003：37.
② 李刚. 迎着新世纪的绚丽曙光[J]. 中外文化交流，1998（6）.

文化在经济发展、政治外交中的作用日益强大，三者相互交融，文化外交和文化交流合作已经成为各国总体外交的重要组成部分并占据着越来越突出的地位。党的十六大首次将对外文化交流作为国家关系的推动力而提出，可以这样理解，在这一时期，我国把对外文化交流前所未有地提高到了"文化外交"的战略高度，提出要加强文化外交，深入开展对外文化交流。[①]由于文化外交能在情感联络、心灵沟通、增进了解等方面发挥经济、政治外交不可替代的作用，能为国家建设争取和平良好的国际环境、国际舆论，从彼时起文化外交已经成为我国外交方面的第三大支柱。[②]继"文化外交"这一新战略提出后，2005年9月胡锦涛在纪念联合国成立60周年首脑会议的系列演讲中，提出了建设和谐世界的倡议，得到国际社会的高度肯定。"和谐世界"是中国传统文化"和而不同"思想的国际运用和当代表达，也成为我国这一时期对外文化交流的指导思想，对缓和世界的热点冲突，鲜明亮出中国态度，塑造良好的国际形象，营造稳定的国际环境起到了非常重要的作用。在"和谐世界"理念的指导下，2006年颁布的《国家"十一五"时期文化发展规划纲要》将这一时期的文化发展方针归纳为八个坚持和六个发展重点，强调要抓好对外文化交流，推动中华文化走向世界，特别提到要积极拓展对外文化交流传播、做大做强对外文化贸易品牌，进而扩大中国文化的影响力，增强在国际文化活动中的话语权。

在和谐世界等一系列指导思想和发展方针的引导下，中国对

---

① 第十次驻外使节会议 胡锦涛讲话 吴邦国等出席[EB/OL].(2004-08-31)[2018-06-28]. http://www.people.com.cn/GB/14576/14554/2751683.html.

② 孙家正.不断提高建设社会主义先进文化的能力[J].求是，2004（24）.

外文化交流工作向纵深发展，不断拓宽交流领域和规模，实施了重大文化工程，打造了一批著名的文化品牌，并取得了累累硕果，形成1949年以来最好的发展局面。据统计，在这一时期"我国与148个国家有文化合作协定，签署了850多个文化交流执行计划，与近千个国际文化组织和机构有着不同形式的文化往来，经文化部批准的对外文化交流项目每年约1600起、32000人次"[①]。21世纪以来，中国对外文化交流主要以"中国年"和"孔子学院"为标志性的活动和机构来推进，每年春节我国都在纽约、巴黎、伦敦等国际大都市开展电影周、艺术展览、文艺表演等形式丰富的"春节品牌"活动。中国在各个友好国家举办丰富多样的文化交流活动，从拉美到北美，从中东、非洲到亚洲，从东欧到北欧，可谓遍布五湖四海。在内容上，从瓷器丝绸到饮食服饰，从图书影视到戏曲杂技，从文艺到科技，从体育到医药，从园林到建筑，从民族到宗教……几乎包括了文化领域的各个方面。通过这些丰富的文化交流活动的举办，展示了中华文化的独特魅力和中华文化兼收并蓄的包容性，增强了世界各国对中国文化价值、文化精神的认同，从文化层面上提高了我国的国际地位和影响力。

（二）十八大以来我国对外文化交流的新特点

十八大以来，随着我国国家实力和国际影响力的持续增强，对国家文化软实力认识的提高，以及我国对外文化交流和文化传播理念的进一步创新，中国文化走向世界的步伐迈得更加稳健，对外文化交流呈现出新的时代特点。

---

① 孟晓驷.和谐世界理念与外交大局中的文化交流[J].求是，2006（20）.

1. 尊重世界文明多样性的人类命运共同体理念指导新时期的对外文化交流

自党的十八大以来，习近平多次在重要场合强调文化实力和竞争力是国家富强、民族振兴的重要标志，要继续扩大文化领域的对外开放，倡导人类命运共同体意识。2015年9月，习近平在第七十届联合国大会上强调，"我们要继承和弘扬联合国宪章的宗旨和原则，构建以合作共赢为核心的新型国际关系，打造人类命运共同体"[①]。为了实现这一目标，倡导要促进和而不同、兼收并蓄的文明交流，必须坚持对话协商、共建共享、合作共赢、交流互鉴。习近平所倡导的"构建人类命运共同体"自提出以来就得到了国际社会的高度关注和广泛认可并被正式写入了联合国决议，这一理念也为我国新时期的对外文化交流工作指明了方向。

2. 实施"一带一路"倡议，搭建平台扩大交流

"一带一路"是中国在新的历史条件下提出的新倡议、新方案，习近平曾在多个重大场合反复提及要将"一带一路"建成文明之路，要以"文明交流超越文明隔阂、文明互鉴超越文明冲突、文明共存超越文明优越，推动各国相互理解、相互尊重、相互信任，建设一个开放包容的世界"[②]。这是"一带一路"沿线各国人民的共同梦想。"一带一路"倡议因其对文化的包容性、对多样文明的尊重，为中华文化的对外交流交融提供了很好的基础，为中华文化"走出去"提供了更大的发展空间。自从"一带一路"倡议

---

① 金灿荣，张昆鹏."新时代"背景下未来十年世界趋势分析与中国的战略选择[J].东北亚论坛，2017（12）.
② 石云霞.习近平人类命运共同体思想科学体系研究[J].中国特色社会主义研究，2018（4）.

提出以来，中国一直在不遗余力以丝绸之路国际艺术节、海上丝绸之路国际艺术节、丝绸之路（敦煌）国家文化博览会等这几大平台，以及深圳文博会、上海国际艺术节等综合平台上相关的文化专题板块，大力宣介"共商、共建、共享"的理念。同时，通过举办丝绸之路文化之旅、丝绸之路文化使者等具有一定影响力的丝路品牌活动，着力扩大中华文化在"一带一路"沿线国家的文化辐射与美誉度的提升。通过对泉州、银川等地"海上丝绸之路艺术公园""中阿友谊雕塑园"等相关项目的大力支持，实现了与"一带一路"沿线国家在历史、文化遗产等领域的合作新模式。2016年召开的丝绸之路文化部长圆桌会议通过了《敦煌宣言》，2017年举办"一带一路"国际合作高峰论坛，标志着"一带一路"文化交流与合作机制化建设开启了新的历史篇章。"丝绸之路国际剧院联盟""丝绸之路国际艺术节联盟"等文化艺术交流平台先后成立。2017年《文化部"一带一路"文化发展行动计划（2016—2020年）》为深化"一带一路"沿线国家文化交流与合作绘就了新的路线图，提出要通过加快国内"丝绸之路文化产业带"建设，支持"一带一路"沿线地区以文化旅游、演艺娱乐、工艺美术、创意设计、数字文化等为重点的特色文化产业项目建设；加强与沿线国家文化资源数字化保护与开发的进一步合作；积极利用"一带一路"文化交流合作平台推介我国的文化创意类产品，在与"一带一路"沿线国家的文化产业合作方面进一步深化。2017年，我国与"一带一路"沿线国家进出口额增长达18.5%，占比提高1.3个百分点至18.1%。[1] 在学术研究方面，"一

---

[1] 去年我国与"一带一路"沿线国家文化产品进出口额增长18.5%[EB/OL].(2018-02-09)[2018-06-28].http://www.chinadaily.com.cn/interface/yidian/1120789/2018-02-09/cd_35677188.html.

带一路"也成为沿线各国研究交流的重点课题。据不完全统计，目前中国高校和科研机构成立的与"一带一路"相关的研究平台已超过300家，中亚、东南亚和欧美国家的智库也积极投入"一带一路"研究工作。

3. 广电影视部门积极参与中外人文交流，打造亮点工程

近年来，国家新闻出版广电总局通过积极参与建立与欧洲、俄罗斯等国家地区的人文交流机制和媒体合作机制、广播电视专业的国际组织活动，以及积极策划对外交流合作重点项目和品牌活动，充分展示了中国影视文化的魅力，显著提升了中国影视对外交流合作的水平和影响力。2017年，广播电视业创新形式，着力打造"中非影视合作工程""丝绸之路影视桥工程""友邻传播工程""中国当代作品翻译工程""中国电影普天同映"、"电视中国剧场"等一批既具有鲜明的中国特色、又具有广泛国际影响的亮点工程，取得较好的效果。2017年9月，中国电视剧代表团前往俄罗斯、蒙古国交流访问并首次举办了国产电视剧海外推介会、电视剧主创首场海外观众见面会，在中国影视对外交流领域迈出了新的一步。

4. 中外文学交流深化，从"走出去"到"走进去"

文化"走出去"的目的是"走进去"，通过润物无声的方式进入海外视野并对其生活产生影响，成为不同文化之间对话了解加深互信的桥梁。十八大以来，中外文学交流日益深化，中国文学的世界影响力明显提高。作家莫言获得了诺贝尔文学奖，刘慈欣、曹文轩等作家接连折桂国际文学大奖，麦家的长篇小说《解密》翻译成三十多种语言介绍给各国读者，极大地提升了中国作家与世界对话的自觉、自信，中国文学正成为世界文学越来越重要的创造性力量,与世界文学的交流层面也越来越广。此外还有一批优秀作品如曹文轩的《草房子》、贾平凹的《高兴》、毕飞宇的《推拿》、韩少功的《韩少功中短篇小说集》等在俄罗斯、瑞典、澳大利亚、韩国等出版发行,这些作品的海外推介都产生了很大的影响。同时,以起点中文网为代表的国内小说网站也开展了与国外网站的翻译出版合作,开启了中国网络小说走出国门对外输出的新模式。十八大以来的五年,"中国作协共组织出访团130多个、近700人次,接待来访作家代表团逾70个;组织参加多个国际文学节、书展等活动近30次;主办和参与了20次双边和多边文学论坛"①。作为助推中国文学向国外传播的重要平台,自2013年以来,中国当代作品翻译工程已资助3期59个项目并已出版26个项目;中国当代少数民族文学作品对外翻译工程已资助4批100个项目并已出版49个项目。② 以及2014年底启动的涵盖图书互译、出版物数据推广、重点翻译资助等项目在内的丝路书香出版工程,都对中国文化的对外交流起到了积极的推动作用。

5. 影视产品走出国门,文化贸易促进文化交流

十八大以来,我国引进国外影视节目的同时,大量中国优秀的影视产品开始走出国门,既取得较好的文化贸易收入,又促进了文化交流。

在电影方面,一批高质量并带有鲜明中国特色的电影作品声名远扬,《天将雄师》在全球70多个国家和地区地同步热映;《悟

---

① 杨鸥. 十八大以来 中国文学世界影响力显著提高 [EB/OL].(2017-07-11)[2018-06-28]. http://www.ce.cn/culture/gd/201707/11/t20170711_24136963.shtml.

② 牛梦笛. 十八大以来中国文化走出去述评[N]. 光明日报,2017-09-11.

空传》《西游记之孙悟空三打白骨精》《拆弹专家》《非凡任务》《捉妖记》等电影也相继在海外发行并产生较大影响。在我国对海外发行的电影中，开启了华语重工业军事动作片新路、传递中国价值观的《战狼2》更是在国际票房表现上佳，海外部分影院甚至出现一票难求的空前盛况，极大地提升了中国电影人的自信。

在电视剧方面，国产电视剧出口也在海外掀起了华语风潮。《媳妇的美好时代》《琅琊榜》《木府风云》《金太狼的幸福生活》《甄嬛传》等国产优秀电视剧吸引了北美、非洲、东南亚等地的大批海外"粉丝"；纪录片《舌尖上的中国》更是凭着对美食的细致考究及艺术表现手法，在全球刮起了一阵中华美食的旋风；《三生三世十里桃花》《微微一笑很倾城》等展现中国文化、讲述中国故事的电视剧占据了美国视频网站点击量的前五名甚至位居榜首。值得注意的是，海外观众更多地开始关注中国现代都市情感题材的电视剧，反映出世界各国的人们开始想要了解今天的、现实的中国。

与此同时，国内的综艺节目也凭着新颖的创意、鲜明的特点逐步实现从引进来到走出去的转变。曾几何时，凡是热门的国内综艺节目几乎都是"舶来品"，而现在一批扎根中国本土的原创节目受到了不少海外观众的喜爱。大型音乐对战节目《全能星战》《中国好歌曲》分别向以色列和英国出售了版权。2018年4月在法国戛纳电视节亮相的中国原创节目模式推介会是中国综艺节目对外输出的一个新的里程碑，以《朗读者》《声临其境》《经典咏流传》《明日之子》等为代表的优秀原创节目模式首次以"国家单元"形式出现，这些真正带有中国民族特色和传统文化底蕴的节目受到了多家海外模式制作及发行公司的青睐。越来越多的中国原创节目，得到了国际认可。从节目消费大国向优秀节目内容的全球供应商的转变，显示了中国本土综艺人的非凡创造力。这些走出去的优秀原创节目，创新的不仅是节目的模式，更重要的是通过对中华文明精神内核的挖掘，向世界传播了中国的优秀传统文化，展现了中国当代主流价值，让世界感受到中国创意、中国情怀、中国文化的魅力。

6. 中国戏剧国际化表达，成为中国主流文化传播者

随着全球化的不断发展，中国与世界各国交流增多，戏曲的对外传播之路也越走越远。中国戏曲学院戏曲孔子学院的开办，助推了中国戏曲在海外的传播。2015年京剧表演艺术家张火丁在纽约演出了全本京剧《白蛇传》《锁麟囊》，完美展现程派艺术神韵，《纽约时报》用5个版报道了演出盛况。2016年，国家京剧院的实验京剧《浮士德》《杨门女将》分别在意大利、澳大利亚巡演时大受欢迎。上海昆剧团将汤显祖的"临川四梦"搬上舞台并开启世界巡演，展现了中国戏曲的曼妙与华美，也传播了中国传统文化中的忠诚、守信等理念。中国戏曲在亚洲、欧美、澳洲等地区的跨国家、跨区域、跨文化传播，实际上已在全世界范围内形成了一个"艺术中华"。中国话剧也正在步入全球视野，2016年，作为"中国作家拉美行"文化活动的组成部分，中国话剧《乌合之众》首次被翻译成西班牙语登陆秘鲁；2017年，世界上规模最大的艺术节之一英国爱丁堡艺穗节举办了"聚焦中国"系列活动，展示了中国话剧《罗刹国》《惊梦》《影人》、杂技音乐剧《因为爱》、京剧《蠢货》、粤剧《夫人计》7部重点推荐剧目，充分体现了中国戏剧舞台艺术的整体实力。

二、对外文化交流与文化软实力

（一）对外文化交流体系的构建
1. 高度重视对外文化交流在提升文化软实力和综合国力中的作用，完善对外文化交流的政策制度，建立对外文化交流长效机制

第一，完善顶层设计，建立健全对外文化交流统筹协调机制，统筹对外文化交流资源。对外文化交流旨在提高国家的文化软实力，不仅是中国特色社会主义事业的有机组成部分，也是中国特色大国外交战略中重要一环。这项工作涉及部门多，而且交流的目标、途径、方式、层次、角度等，都需要从国家层面进行总体设计、统筹资源、整体推进和监督落实，方能形成同步的对外文化交流格局。上海、北京相继成立了"国家对外文化交流研究基地"，作为国家文化艺术对外传播、对外贸易、对外宣传顶层设计研究的智库，开展国家对外文化政策的全方位研究，为国家对外文化交流的顶层设计提供决策参考。

第二，提供完善的政策法规保障。促进对外文化交流，需要政府完善相关配套政策，并加强金融、税收、法律、信息、出入境管理等方面的服务，为支持文化企业开拓国际市场、提高国际竞争力创造必要条件。

第三，打造现代文化传播体系，提升文化传播能力和传播效果，取得国际话语权。党的十八大把文化建设提高到了国家全局战略层面，因此在中华文化向世界迈出更大步伐的背景下，文化传播作为重要渠道和载体，必须带有明确的导向性，肩负起改变西方主导的传播路径、传播中国声音和价值观的重大责任。这就需要整合国际国内传媒资源、线上线下传媒要素、官方民间传播力量、市场内外传播机制，形成官方对话传播、民间人际传播、大众传媒传播、会议论坛传播联结交互的集合传播机制。[①] 通过各类传播渠道的立体施策，充分发挥各传播媒介的有效协同作用，形成联动、协作、高效的文化传播体系。在政府顶层设计与传媒实施的配合下，针对不同国家和民族的文化性质和特点，实行差异化的文化传播策略，在世界文化多样化的背景下做好中国故事的对外传播。

第四，完善对外文化交流贸易机制。我国坚持文化交流与文化贸易并重，国务院于 2014 年出台了《关于加快发展对外文化贸易的意见》，提出要建立健全由商务、宣传文化、外交、财税、金融、海关、统计等部门组成的对外文化贸易工作联系机制，高位推动，统筹协调，全方位、高层次推进对外文化贸易工作的开展。

第五，完善监督审批和评价制度。对外文化交流与国家形象密切相关，国家相关部门对对外文化交流活动要严格审批和监管，在促进中华文化"走出去"和国外优秀文化成果"引进来"的过程中，发挥文化把关作用。同时，加强对外文化交流活动的工作绩效评估指标的设计，开展科学有效的评估工作，为弘扬中华优秀文化，传播当代中国价值理念与中国精神、改进对外文化交流工作提供决策参考。

2. 对外文化交流是一项系统工程，需要建立广泛参与的、多层次、多形式、多渠道的多元对外文化交流制度，创造对外文化交流的广阔空间

对外文化交流涵盖面广，需要调动全社会一切积极因素，建

---

① 徐望.国家软实力博弈形势与我国对外文化战略布局建议[J].理论研究，2017（4）.

立以政府部门为主导、非政府组织为主体以及海外华人广泛参与的、多形式多渠道的多元对外文化交流制度,创造对外文化交流的广阔空间。近年来,在各级政府的大力扶持下,中华文化的国际影响力不断提升。海外文化中心、孔子学院等成为推进中华文化影响力的前沿阵地;"中国文化年""中国文化节""中国文化周"等标志性的高水平文化活动更扩大了中华文化的影响力;"中美文化论坛""中日韩文化部长会议""上海合作组织文化部长论坛""中非合作论坛——文化部长论坛"等多主题对话平台的搭建,丰富了多层次的学术交流活动。为了使中华文化更具亲和力,更接地气,规避因政治色彩带来的负面作用,还要重视非政府的民间力量,把政府交流与民间交流结合起来。目前海外有 7000 万左右的华人群体,借助他们与中华文化同根同源的感情力量,调动世界各地华人在国际上展示中华文化魅力的积极性,也是推广中华文化的有效途径。

3. 对外文化交流工作需要注重人才培养引进,构建多元交流载体

开展多渠道多层次的对外文化交流,需要的人才也比较广泛,制定和实施对外文化交流人才培养计划显得比较重要。既需要培养翻译、创意文化、经营管理、技术开发、国际营销等方面的人才,也要培养包含具备国际视野、熟悉国内外文化和传媒运作的媒体人士和传播机构运作模式代表等在内的对外传播队伍。

要提升对外文化交流的效果,就需要构建多元的文化交流载体。除了建立对外文化中心和孔子学院等机构,还应加大扶持和发展各类文化中介机构和文化营销组织的力度,构建综合性文化交流载体,把对外文化交流与外交、外贸、学术交流、教育、体育、旅游等相结合，与展览、展演、出版、产品外销相结合。要充分利用当代文化传播的多样化载体，如互联网、卫星直播以及网络文学、影视节目、动漫游戏等传播方式的特性，使其充分发挥传播效力，成为对外文化交流的有效载体。特别是近两年来开始火遍全球的以 Musical.ly 和"抖音"为代表的短视频平台成为对外文化交流的新载体，以更直观、更鲜活的特点吸引了众多国内的传统文化创作者及海外的中华文化爱好者，通过用户群体量的不断增加及日益扩大的海外影响力，使中华文化元素从中国功夫到中国书法、从太极周易到宫殿古刹、从中国美食到中国戏曲，都在呈现一种更贴近大众的全新的现代表达，形成了短视频跨文化传播现象。

（二）对外文化交流与构建人类命运共同体

在经济全球化不断向纵深推进的今天，世界各国间综合国力的竞争日趋激烈，文化因素在综合国力竞争中的作用日益突出。正阔步行进在新时代民族复兴之路上的中国，清醒地看到中华民族伟大复兴的历史进程是需要文化的发展繁荣来支持的，只有坚守自己的核心价值观，提高国家文化软实力，提升民族的文化自信，才能创造中华文化的新辉煌。因此，要实现文化繁荣与文化复兴，就必须把提升对外文化交流能力作为一项重要战略任务，勇担历史使命。对外文化交流是我国与具有不同文化背景的世界各国人民进行沟通的桥梁，就是寻找世界各国人民之间文化价值的最大公约数，它具有化解彼此之间的矛盾，加深理解，增强互信的独特作用，是构建人类命运共同体的核心与关键。

1. 对外文化交流与寻求文化价值最大公约数

在对外文化交流中，既不是美国式的"普世价值"，也不是

"中国特色",而是通过一场价值观的对话来寻求文化价值的最大公约数,找到彼此文化中的共性,从而谋求文化共识,创造一种"共享价值"。① 这种"共享价值"在根本上不同于美国宣扬的"普世价值",因为美国这种"普世性"价值实质是一种以西方为中心的帝国主义式文化霸权,是要达到一种文化同质化的目的,有悖于世界文化的多样性。而"共享价值"的主旨在于求同存异,追求的是深层的价值认同,尊重形式不同、内容不同的异质文化,最终实现和而不同。对外文化交流过程就是寻找价值认同点,开展价值观对话的过程,在保持文化价值观中国本色的基础上,进行中华文化的国际化表达,以高度文明和包容性文化,以"春风化雨,润物无声"的方式同化他国,寻找文化价值的最大公约数,在民族与世界、本土与国际、传统与现代之间寻找平衡点。

2. 构建人类命运共同体理念与"一带一路"的具体实践

"人类命运共同体"这一新理念,是 2013 年 3 月习近平出访俄罗斯时,在莫斯科国家关系学院的演讲中首次提出的。这一基于对世界大势的准确把握而贡献的新理念,因其包含的相互依存、合作共赢的共同利益观、可持续发展观而获得了世界的广泛认可,于 2017 年 2 月被写入联合国决议。2017 年 10 月习近平在十九大报告再次提到构建人类命运共同体。2017 年 12 月,习近平在中国共产党与世界政党高层对话会上,对人类命运共同体理念做出了完整阐述:"人类命运共同体,顾名思义,就是每个民族、每个国家的前途命运都紧紧联系在一起,应该风雨同舟,荣辱与共,努力把我们生于斯、长于斯的这个星球建成一个和睦的大家庭,

---

① 徐望.国家软实力博弈形势与我国对外文化战略布局建议[J].理论研究,2017(4).

把世界各国人民对美好生活的向往变成现实。"[①]2018年3月,中国将"推动构建人类命运共同体"写入了《宪法修正案》。

人类命运共同体理念与和谐世界理念既一脉相承,又有所发展,是新时代开展对外文化交流的指导思想。人类命运共同体理念在文化方面的阐释,就是要海纳百川,有容乃大,不同文明要平等交流、共同进步,让文明交流互鉴成为推动社会进步和维护世界和平的纽带。这即是正走向世界舞台中央的中国为世界文化新秩序的构建而提出的以交流融合代替文明冲突的新方案。

人类命运共同体理念所体现的将自身发展与世界发展有机结合的文明自觉,既是对西方"强权即真理"文化霸权的有力抵制,符合世界良性发展的时代潮流,也是对不同文明冲突的有效调和,更是对未来人类文明发展方向的前瞻性预判。这一理念尊重的是世界文明的多样性,打破了零和博弈的思维,主张在人类不同文明交流与碰撞过程中,所有民族都要抛弃各自的文化中心主义主张,形成超越民族和国家视野的共存共生的现代性文明,这既是人类共同价值得以形成的基础——人类共同的文化基因,也是一种超越国家民族和意识形态的共享价值观——即"全球价值观",是对西方"单一中心主义"现代化道路的理论超越,其强调"和而不同、兼收并蓄"的文化价值观,强调全人类的价值认同与合作共赢的发展趋势。这就要求我国在对外文化交流工作中,一方面要理解和尊重世界不同文明的合理成分;另一方面也需要世界其他文明理解和接受中国文化、中国精神,最终实现各美其美、

---

① 习近平在中国共产党与世界政党高层对话会上的主旨讲话[EB/OL].(2017-12-01)[2018-06-28]. http://www.gov.cn/xinwen/2017-12/01/content_5243852.html.

美人之美，爱其所同、敬其所异的世界。

人类命运共同体理念体现了中国在维护世界文化多样性方面付出的积极努力与承诺，自2013年提出后的五年来，依托"一带一路"倡议，这一理念在实践中日趋成熟。我国提出的"一带一路"倡议，传承了"和平合作、开放包容、互学互鉴、互利共赢"[①]的丝路精神，秉持着"共商、共建、共享"的原则，开放合作、和谐包容、市场运作、互利共赢，[②]促进沿线国家文明互鉴，倡导文明宽容，尊重各国发展道路和模式的选择。自"一带一路"倡议实施以来，中国赴"一带一路"沿线国家留学的有35.19万人，并接受了17万人来中国学习语言，"一带一路"沿线国家通过孔子学院、孔子课堂学习汉语的共有46万人。[③]"一带一路"倡议，为沿线国家搭建了文化交流的平台，扩大了文化交流的范围。随着"一带一路"从概念提出到实践探索，随着各国合作的不断深入，"一带一路"也从联通欧亚走向了全世界开放。党的十九大进一步提出，积极促进"一带一路"国际合作，努力实现政策沟通、设施联通、贸易畅通、资金融通、民心相通。

总而言之，人类命运共同体理念是贡献给世界的中国方案，是国际问题中国表达；"一带一路"是促进沿线国家之间互利合作，互相尊重的倡议，是人类命运共同体理念的具体实践。

---

① 和平合作 开放包容 互学互鉴 互利共赢——推进"一带一路"建设工作领导小组办公室负责人就"一带一路"建设有关问题答记者问[EB/OL].(2015-03-30)[2018-06-28].http://politics.people.com.cn/n/2015/0330/c1001-26767674.html.

② 同上.

③ 2016年底"一带一路"沿线国家在华留学生达20多万[EB/OL].(2017-05-11)[2018-06-28].http://www.ce.cn/xwzx/gnsz/gdxw/201705/11/t20170511_22730510.shtml.

第二节　构建国家文化形象

一、国家文化形象的功能与效应

（一）国家文化形象与国家形象

随着全球化、信息化脚步的加快，世界各国的联系日益紧密，在世界多极化的国际社会中，国家形象的构建也被提升到一个前所未有的高度。改革开放40年，我国综合实力不断增强，对国际政治、经济等方面的影响力逐步深入，国际地位也得到了巨大的提升，中国的国家形象日益真实、丰满。2011年1月17日，中国的国家形象系列宣传片首次亮相纽约时代广场，我国开始进入主动塑造和提升国家形象的时代。2017年10月21日，最新国家形象宣传片《中国进入新时代》发布，通过七位不同角色的主人公对中国梦各具特色的表达，从个人角度展示国家发展，让世界看到了一个正在不断发展的中国。

1. 国家形象

国家形象反映了一个国家政治、经济、军事、外交、科技、文化等综合国力，也反映一个国家在世界范围内的影响力。国内外学者都曾从不同角度对国家形象的内涵进行界定。目前，关于国家形象的定义基本上达成了共识。一般认为，国家形象是多层次、多形式的，是产生于国家内部和国家之间交往过程中的主观构建，是一国国内公众和外部公众对该国政治、经济、文化等方面的认识与评价，具有自我认知与国际认知的不同特性，是国内形象和国际形象的综合体，包括政治形象、经济形象、文化形象等诸多表现形式,具有历史的、动态的变化过程。

2. 国家文化形象

国家文化形象是国家形象的重要组成部分,是对"一国的文化传统、文化制度、文化结构、文化内容、文化创新等方面或独立或综合的评价"①,反映一国的文化影响力和文化软实力,是国民素质和精神风貌的集中体现。国家文化形象的产生是一个综合过程,可以分为对内文化形象和国际文化形象,主要依靠舆论媒介进行传播。良好的国家文化形象是一个国家宝贵的无形资产和不可或缺的软实力,关系到一个国家的影响力、辐射力和竞争力。树立国家文化形象,已经成为世界上大多数国家制订发展战略极为重要的内容之一。

国家文化形象一般是以一定的表现方式综合体现在人们心目中的印象。一个国家的文化形象,既可以通过某一种元素来体现,也可以通过一个符号系统来体现;既可以通过标志物来体现,也可以通过精神理念来体现,在不同时期有不同的特点和内涵,这些特点与内涵既与特定的历史背景相关联,也与不同时期独特的话语系统密不可分。有学者指出文化形象的建构过程"就是'权力'的体现——掌握了话语权,就有可能按照自己的意愿去建构自己或是他者的形象"②。美国将"民主"和"自由"作为其国家文化形象的核心,通过输出其文化价值观来维护在世界上的文化霸权。普京则大力实施"文化扩张"战略,确立了俄罗斯强势的国家文化形象。韩国、日本等国也都提出"文化立国"战略,通过

---

① 吴磊.非物质文化遗产保护与国家文化形象的建构[J].前沿,2011(11).
② 孙英春.中国国家形象的文化建构[J].教学与研究,2010(11).

其文化产品塑造文化形象。2018年,《中国国家形象全球调查报告2016—2017》发布,报告体现了海外对中国整体形象好感度稳中有升,这与近年来中国对全球治理的贡献和国家治理的优秀表现密不可分,特别是在科技和经济领域参与全球治理的表现获得了海外的广泛好评。

(二)国家文化形象的功能

1. 国家文化形象是形成向心力和凝聚力,产生亲和力和吸引力的"文化软实力"

如上所述,国家文化形象是国民素质和精神风貌的集中体现,是国家形象的重要组成部分。中国在改革开放40年来的和平发展中,国内的认知和评价无疑是积极正面的,但在西方社会对中国国家形象的认识不断发生着变化,从"中国威胁论"到"中国崩溃论",从"中国不确定论"到"中国责任论"等,却始终是扭曲不实的,这一点与中国对国际社会的贡献完全不匹配。对于中国国家文化形象"他塑"这一现实的形成,一方面,由于西方发达国家难以摆脱"西方文化中心主义"的立场;另一方面,这些不实的负面的评价和认知是在中国经济高速增长、综合国力不断提升的背景下形成的。这也提醒我国,国家形象的树立、国家价值观的传递,文化这个重要载体不可缺失,迫切需要把国家文化形象的建构摆上重要的议事日程。

2. 国家文化形象理念的提出,是真正意义上的"文化自觉"[①]

改革开放以来,经历了抗击1998年特大洪水、2003年遏制"非典",积极应对两次金融危机和2008年汶川大地震,成功举

---

① 于平.国家文化形象建构的自觉、自信和自强[J].艺术百家,2011(5).

办 2008 年北京奥运会，中国的民族自豪感和凝聚力空前提升，国际影响力日益增强。道路自信、理论自信、制度自信、文化自信概念的相继提出，成为我国文化形象的一种自塑。尤其是进入 21 世纪以来，"中国已经开始逐步进入国家形象的觉醒期，这不仅意味着有了对'国家形象'的要求，而且意味着要思考'国家形象'的品质，在国家形象品质的思考中，'国家文化形象'日益凸显，这是真正意义上的'文化自觉'"[①]。正如费孝通所说：在人类全球化进程中，经济上的休戚相关和政治上的各行其是、文化上的各美其美会形成一个大矛盾，这时候我们必须面对文化自觉与文化调适的问题。[②] 国家文化形象不仅要在自塑中使本国人民感受到自豪和自信，而且要通过"文化调适"形成共享价值对外国民众产生吸引力，形成一种真正的"文化自觉"。

3. 建构国家文化形象，是我国实现中华民族伟大复兴事业的文化抉择

国家文化形象，是国家形象树立的文化内涵和文化要求，也是实现中华民族伟大复兴事业的文化抉择。国家文化形象的建构不是依靠文化自身的建构，而是要服从于国家形象的总体塑造，需要在国家治理的实践中进行文化创造。关于我国国家形象的基本定位，党的十九大用"四个意味着"既解释了新时代我国所处的历史方位，也展示了我国的国际地位。我国进入"中国特色社会主义新时代"和我国是"世界最大发展中国家"的国际地位的表述，明确了我们建构国家文化形象的基本方位。

---

① 于平. 国家文化形象建构的自觉、自信和自强 [J]. 艺术百家，2011（5）.
② 费孝通. 费孝通文集（第十四卷）[M]. 北京：群言出版社，1999：6.

(三)国家文化形象的效应

1. 建构国家文化形象,是我国改革开放 40 年来快速发展的"水到渠成"

习近平在十九大报告中指出,"改革开放之初,中国共产党发出了走自己的路、建设中国特色社会主义的伟大号召,从那时以来,我们党团结带领全国各族人民不懈奋斗,推动我国经济实力、科技实力、国防实力、综合国力进入世界前列,推动我国的国际地位实现前所未有的提升……要求全党要更加自觉地增强道路自信、理论自信、制度自信、文化自信……保持政治定力,坚持实干兴邦,始终坚持和发展中国特色社会主义。"①40 年来,我国经济建设、科技国防等综合国力,跃居世界前列,习近平将目前我国国家形象和文化形象的形成概括为改革开放以来毫不动摇地坚持"四个自信"、坚持和发展中国特色社会主义道路的必然结果,是一种水到渠成。

2. 构建国家文化形象与人类命运共同体观念同向同构

人类命运共同体理念的理论,是源自于中国的传统文化、马克思主义与世界其他文明的优秀成果。也就是说,以马克思主义理论为指导的人类命运共同体理念,继承了中华传统文化的思想精髓,蕴含了"和而不同、兼收并蓄"的文化价值观,同时也吸纳了西方文明的有益成分。这一理念在尊重世界各国文化多样性、差异性的基础上,更加强调全人类的价值认同,形成了超越国家、民族与意识形态界限的现代性文明,这是人类共同价值赖以形成

---

① 习近平.决胜全面建成小康社会 夺取新时代中国特色社会主义伟大胜利[EB/OL]. (2017-10-27)[2018-09-08]. http://news.cnr.cn/native/gd/20171027/t20171027_524003098.shtml.

的基础。人类命运共同体理念作为新时代中国特色社会主义思想的重要组成，在促进人类文明的平等对话方面具有价值引领的重要意义，这一理念将为构建包容性的新型世界文化秩序注入新的时代活力，也成为我国国家文化形象的重要组成部分。

3. 建构国家文化形象要坚定文化自信，坚持中国特色社会主义文化发展道路

坚定文化自信是一个国家展示文化形象的民族向心力和凝聚力的保证。国家文化形象要得到世界的广泛认可，首先必须要得到本国人民的肯定和共同坚守。习近平在十九大报告中提到我国的国家文化战略时指出，"文化是一个国家、一个民族的灵魂。没有高度的文化自信，没有文化的繁荣兴盛，就没有中华民族伟大复兴。要坚持中国特色社会主义文化发展道路，激发全民族文化创新创造活力，建设社会主义文化强国。"[①] 同时指出，要加强对外文化交流、对外文化传播和对外文化贸易，兼收并蓄，创新方式方法，增强国际传播能力，讲述好中国故事，做到中国元素国际表达，有效传播当代中国价值观念，进一步提升国际话语权，提高国家文化软实力。

二、当代中国文化形象的认知困境

（一）我国文化形象的认知现状

西方世界对中国的认识和评价有一个变化的过程，并且在不

---

① 习近平.决胜全面建成小康社会 夺取新时代中国特色社会主义伟大胜利[EB/OL]. (2017-10-27)[2018-09-08]. http://news.cnr.cn/native/gd/20171027/t20171027_524003098.shtml.

断地创造着"中国形象"。古代中国曾经因西方历史上的系列美化成为他们期望中的理想国,这种持续性美化趋势大约在1750年前后达到顶峰,并开始衰落和转折。[①] 也就是说,在启蒙运动前,中国的文化形象在西方的主导价值还是积极的、被肯定的认知和评价,其主要原因是这一时期欧洲的传教士把中国的儒家文化搬到了17—18世纪的欧洲,在那里形成了长达百年的中国文化热潮,他们认为中国的儒家思想先进于中世纪的欧洲神学蒙昧思想,并成为启蒙思想的一个重要思想渊源。启蒙运动后,西方迅速发展壮大,逐步形成"西方文明中心",这与中国在当时历史阶段的停滞、封闭形成了鲜明对比。这一时期中国的文化形象在西方发生了很大变化,否定性的认知和评价逐渐占据了主导地位,"西方丑化中国的形象类型从此开始,并且逐渐加强,一直到21世纪初,这一趋势或主流都没有彻底改变"[②]。经过40年的改革开放,今天的中国已经发生了翻天覆地的变化,但由于长期意识形态的分歧、国家利益的差异、文化沟通的障碍、新闻消费的需求以及西方政治选举的需要等原因,西方传播体系中妖魔化的中国形象依然存在,大部分西方人仍然是虚构与想象大于实际,依然处在误读的过程中,对中国的认知甚至停留在一个多世纪前的刻板印象,形成一种思维定式。

就国家文化形象的自我认知而言,鸦片战争后,中国传统文化遭遇到了数千年未有之最大冲击,"中国是世界的中心"这一固有观念被彻底推翻,一直自以为先进的文化优势不复存在,出

---

① 周宁. 跨文化研究:以中国形象为方法[M]. 北京:商务印书馆,2011:26.
② 同上.

现了"师夷长技以制夷""中学为体，西学为用"等观点，以及"五四"时期高举的民主与科学两大旗帜、"中国文化本位论""全盘西化论"的论争等，都是这一时期文化自我认知的调适和应对。到了20、21世纪，我国的基本战略是抓住发展机遇，韬光养晦，不考虑外界的评价，也没有主动进行对外文化形象的传播。于是当逐步崛起的中国屹立于世界之林时，经济上对国际社会的强大吸引力和文化上的陌生和排斥感同时存在，"中国崩溃论""中国威胁论"等论调甚嚣尘上，这种对我国现实的巨大歪曲虽有其复杂的历史原因，但却构成了对我国和平发展的巨大阻力，这种对我国国家形象的误读引起了国家的高度重视。

（二）当代我国文化形象认知差异

在当今信息爆炸、全球化飞速发展的时代，文化话语权的争夺已经日渐成为国际竞争的新焦点。从某种角度上来说，文化形象其实是国家整体形象中最具长远影响力的部分。而国家文化形象经常面临"如不表达，会被表达"的尴尬境地，这种"被表达"往往是一种误读。这种误读是一种客观存在的认知心理，即基本上所有国家都是以本国的价值观去衡量别国的行为，以自己国家的文化为中心去对对方的所作所为进行评价和判断。"政治、经济、文化是一个国家形象呈现的重要标志，政治和经济对于文化具有先导作用，而文化则在发展过程中不断地反哺政治、经济，使国家的综合形象全面有序、完整统一。"[①] 中国改革开放40年所取得的重大成果有目共睹，经济实力快速发展，政

[①] 张阿利，赵立诺. 中国主流大片中民族文化形象的建构与传播 [J]. 现代传播，2011（4）.

治制度不断完善，国际地位不断提高，国家形象迅速提升。然而，中国的发展却引起了诸多猜忌，以美国为代表的西方国家以及周边部分邻国出于对本国利益的担忧，开始鼓吹"中国威胁论"，频频制造贸易军事摩擦，意图孤立和遏制中国的和平发展。"中国威胁论"大肆渲染不断发展壮大的中国会挤占其他国家的发展空间，并对其他国家构成安全上的威胁。在这种论调影响下，我国国家形象不断被西方媒体曲解、歪解，负面形象不断被夸大。

在这种情况下，我们的国家文化形象与经济实力和国际地位相比极不相称。这种不相称也反映了我国自身发展中存在的一些问题。实际上，中国的崛起不同于西方资本主义国家的侵略扩张与殖民掠夺，中国自身五千年文明与"和为贵"的发展理念使中国依靠自身走和平发展的道路。但我们却并没有在经济与科技快速发展的同时，将我们与西方殖民侵略本质上的不同、将自身的文明理念和态度及时有效地传播出去。这种国际形象宣传上的乏力，使中国的现代文明、负责任等积极的文化形象并没有得到国际社会的广泛认可。除了意识形态因素、冷战思维以及零和博弈等影响外，就我国自身而言，国家文化形象的认知差异是多方面原因造成的。首先，中国文化国家传播能力不足，导致文化失语现象。传播能力不足主要表现在主动传播意识不强，或者传播方式方法存在问题，不善于挖掘中国传统文化资源，讲的中国故事不被西方国家接受，没有有效整合政府、企业、媒体以及个人等传播合力，导致中国传统文化和主流文化难以被国外民众全面认知和接受，中华文化在外国人心中的认可度偏低或产生误解，从而制约着中国文化形象的塑造。其次，中国文化输出内容单一，反映我国当代主流价值观的文化产品和服务还不够丰富，输出文化产品的国际竞争力不强。实际上，文化输出包含有思想文化、艺术文化和实用文化三个方面，但根据《中国国家形象全球调查报告2016—2017》显示，中餐、中医药、中国高铁等中国文化与科技元素继续成为国家形象亮点，[①] 可见，我国主要输出的是实用文化，高层次的思想文化传播受阻，文化输出的单一，以致在外国民众心中的中国文化仅仅是中餐和孔夫子，他们对文化多样、文明和谐的现代中国了解非常有限。此外，中国的海外企业对文化形象塑造还不够重视，缺乏遵守国际惯例和当地国家规则的意识，一些不规范的经营行为直接影响了国家文化形象；加之部分出国从事公务、商务或旅游的国人缺乏自我约束与管理，一些不文明行为引起了当地人的不满，这些都对我们的国家文化形象产生了直接的负面影响。

三、中国文化形象构建策略

在国际社会，面对我国的快速发展，既有因文化差异造成的误读，还有蓄意抹黑我国形象的"中国威胁论"等，这些论调通过各种媒介的广泛传播，对我国的国家文化形象形成了挑战和威胁，从而对我国的现代化建设产生一定影响。构建良好的国家文化形象既是应对现实挑战的需要，又是营造良好外部环境进行现代化建设的需要。

---

① 中国国家形象全球调查报告2016—2017[EB/OL].(2018-01-06)[2018-05-28]. http://www.gov.cn/xinwen/2018-01/06/content_5253734.html.

(一)文化战略

全面建成小康社会,不仅需要经济上的强盛,政治地位的提高,更需要塑造与我国经济实力、国际地位相适应的国家文化形象,必须制定国家文化战略。

国家文化战略是指"国家政府根据国内文化发展与国际文化竞争的实际状况及其需要,对本国文化建设进行的远景性、全局性、根本性的规划"[①]。全球化背景下,国家文化战略既要服务于国内经济社会发展的需要,又要服从于国际文化竞争的需要,它是国家文化软实力的重要因素,一般是国家运用经济、政治、外交等各种手段,宏观规划,整体实施,是建设国家主流文化的一种政府行为,其反映了国家意志,维护了国家利益。

新时代,我国的文化战略是通过国家以及相关部门在《国家"十三五"时期文化发展改革规划纲要》《文化部"十三五"时期文化发展改革规划》等一系列文件中体现出来。文化战略的指导思想是:"高举中国特色社会主义伟大旗帜,全面贯彻党的十八大和十八届三中、四中、五中、六中全会精神,以马克思列宁主义、毛泽东思想、邓小平理论、'三个代表'重要思想、科学发展观为指导,深入学习贯彻习近平总书记系列重要讲话精神和治国理政新理念新思想新战略,切实增强政治意识、大局意识、核心意识、看齐意识,紧紧围绕统筹推进'五位一体'总体布局和协调推进'四个全面'战略布局,坚持以社会主义核心价值观为引领,坚持社会主义先进文化前进方向,坚持中国特色社会主义文化发展道

---

① 陈林侠.国家文化战略、文化产业与国家形象构建[J].南京社会科学,2013(11).

路，坚持依法治国和以德治国相结合，坚持以人民为中心的发展思想和工作导向，坚持把社会效益放在首位、社会效益和经济效益相统一，全面推进文化发展改革，全面完成文化小康建设各项任务，建设社会主义文化强国，更好地构筑中国精神、中国价值、中国力量、中国贡献，为实现'两个一百年'奋斗目标、实现中华民族伟大复兴的中国梦奠定更加坚实的思想文化基础。"[①] 十九大以后，习近平新时代中国特色社会主义思想成为我国文化战略的重要指导思想。我国文化战略的目标是，发展中国特色社会主义文化，坚定文化自信，"坚持中国特色社会主义文化发展道路，激发全民族文化创新创造活力，建设社会主义文化强国。"[②] 为实现"两个一百年"奋斗目标、实现中华民族伟大复兴的中国梦提供强大的价值引领力、文化凝聚力、精神推动力。

为实现这一战略目标，塑造与我国的经济实力和国际地位相匹配的新时代国家文化形象，必须大力实施文化领域供给侧结构性改革，继续完善现代文化产业体系，着力培育发展龙头文化企业和实施品牌战略，培育新型文化业态，形成新的增长点、增长极和增长带；提高文化开放水平，坚持政府统筹、社会参与、官民并举、市场运作，积极发展对外文化交流、对外文化传播和对外文化贸易，创新方式方法，讲述好中国故事，做到中国元素国际表达，有效传播当代中国价值观念；大力实施"一带一路"文

---

① 中共中央办公厅 国务院办公厅印发《国家"十三五"时期文化发展改革规划纲要》[EB/OL].(2017-05-07)[2018-06-28].http://www.gov.cn/zhengce/2017-05/07/content_5191604.html.

② 习近平. 决胜全面建成小康社会 夺取新时代中国特色社会主义伟大胜利[EB/OL]. (2017-10-27)[2018-09-08]. http://news.cnr.cn/native/gd/20171027/t20171027_524003098.shtml.

化发展行动计划，积极搭建多层次、多渠道的文化交流平台，实现国家文化形象的立体、丰满与和谐。

塑造良好的国家文化形象，没有无关的部门单位，没有无关的个人，必须充分发挥公民个人的主体地位，人民大众是文化创造的主体，是社会进步的内在动力，更是塑造国家文化形象的主体。我们不仅需要国家政府、各类企业以及社会各界的力量，更要发挥每一位公民的积极作用，这也是每一位国民应尽的责任和义务，每一位公民都是文化形象的塑造者、传播者。不论在参加对外活动，或者有外国友人参与的活动时，也不论是商务、公务还是个人旅游，每一位公民都要尊重世界文化的多样性，要学会欣赏不同文明的文化和艺术样式，求同存异，和谐相处，尤其要尊重不同国家地区和不同民族的风俗习惯，在国际交往中，应有良好的道德素质和礼仪修养，既不要妄自尊大，也不必妄自菲薄，体现中国崇尚谦谦君子和作为礼仪之邦的风范。

（二）文化产业

发展文化产业既是国家文化战略的重要组成部分，也是塑造国家文化形象的重要工具。文化产业是企业以营利为目的、以市场方式推动的、以文化产品和服务贸易为主的商业行为。文化产品和服务，通过市场化运作及贸易交易，更贴近市场，更易被公众接受，得到更广泛的传播。在一些情况下，优秀的文化产品和文化服务比政府主导的文化交流活动更加吸引受众，在提升国家文化形象方面可以发挥更加重要的作用。因此，在一定意义上，文化产业在塑造和传播国家文化形象中应该发挥主体性的、不可替代的作用，是国家文化形象最有效的塑造工具。

进入 21 世纪以来，尤其是 2008 年金融危机以来，面对世界经济发展转型提出的新挑战和新机遇，文化产业的发展有助于改变经济发展方式，有助于提高国家综合竞争力，成为新的经济增长点，因而受到各个国家的高度重视。各国纷纷调整文化发展战略以适应深刻变动中的国际经济形势，力图通过文化产业的发展拯救复苏乏力的实体经济。网络技术的发展让世界联系更为紧密，为文化产品和服务的跨国界传播与发展提供了前所未有的便捷渠道，文化产业改变着传统产业结构，从而影响国家产业变革和经济发展。国际文化组织和跨国文化产业集团的影响日益增大，成为影响世界文化产业格局和世界文化市场走向的重要力量，在许多发达国家，文化产业已从经济体系的边缘走向中心，成为国民经济的支柱性产业。

文化产业是一种符号的系统生产，生产出的文化产品会影响主流文化，除了实现经济功能还会成为影响人们精神观念、价值观念的巨大力量，国家文化形象在符号生成和传播过程中得以形成和塑造。可以说，文化产业贸易中流通的不仅是产品本身，更为重要的是文化产品所负载的意识形态和价值观的力量。文化软实力就是通过文化产品承载的意识形态和价值观的力量发挥作用，它能够超越日常生活从精神层面影响到个人价值观进而影响到一个国家的社会稳定。[1] 目前，文化产业不仅成为一个国家的经济增长点，而且是国际事务中传播、助推和实现话语权的产业，并通过话语权的传播实现政治、经济和文化利益最大化。好莱坞电影作为美国形象的影像符号，不仅仅以强大的市场竞争力为美国的

---

[1] 陈林侠.国家文化战略、文化产业与国家形象的21世纪建构国家形象研究[M].北京：清华大学出版社，2015.

GDP做出了巨大贡献，而且传播了美国的所谓民主、自由、平等以及个人奋斗等价值观，影响消费者的价值判断和生活态度。在国际上有一定影响的《英雄》《功夫》《战狼2》等中国电影，深入挖掘中国优秀传统文化和先进文化，做到民族文化世界表达，在亚洲和西方取得了一定的商业成功，让西方观众看到了一个丰富、立体、生动和积极向上的国家文化形象。

总而言之，文化产业作为国民经济发展的实体经济，通过文化产品和文化服务能够充分实现国家文化政策和意识形态的导向，完成国家文化战略的远景构想。文化产业不仅是国家文化战略实现的重要载体，也是构建国家文化形象，提升国际影响力的主体。

（三）文化传播

党的十九大首次提出了国际传播能力建设和提高国家文化软实力的关系，其中重要一环是要讲述好中国故事。原中国新闻出版署副署长石峰认为，"国家形象塑造本身也是一种以文化为内容的信息传播。"[①] 文化作为软实力的核心要素，在传播塑造国家形象中能够发挥出比经济或军事手段更加积极的特殊的作用，是大国崛起的精神支撑，文化传播是塑造国家文化形象的最直接最有效手段。

这里的文化传播，主要指的是对外文化传播，传播主体通过对文化信息的沟通和交流，以求得他国对本国文化的认同，提高本国的感召力和吸引力，增强国家的软实力。传播主体主要包括国家、企业、社会组织和个人等。目前，政府是中国价值观念对

---

① 乔虹.国家形象：一个和平崛起大国的新课题[N].中国妇女报，2008-03-15.

外传播的主体，起着引领作用。

目前还需积极引导不同传播主体加强合作，优势互补，进一步增强我国对外传播能力。发挥企业和社会组织的中坚作用，鼓励有实力的跨国公司、社会团体、高校等单位在对外贸易、对外交流活动中，积极主动地传播当代中国价值观念，同时，充分调动公民的积极作用，在外旅游时充当文化传播者。有效引导非政府组织等民间资源在对外传播中的积极作用，尤其是政府所无法取代的一些作用。借助国外主流媒体加强对外传播，通过一些国际组织、外国媒体、华人华侨、外籍人士等来传播中国价值观念，他们的传播更易于被国际社会所接受。党的十八大以来，我国国家领导人在出访时经常利用国外权威媒体发表署名文章，公开阐述我国的政治主张和回顾国家间源远流长的文化联系和友谊，这种方式产生了很好的文化传播效果，对于塑造国家文化形象大有裨益。

在运用各种传播主体传播当代中国价值观念的时候，要保证国际社会的传播效果，将当代中国价值观念和人类的共同价值相结合。在文化传播中关注全人类的共同价值，寻找中国与世界的共鸣点，阐述当代中国价值观念的历史必然性和现实合理性，筑牢新型国际关系的文化基础。这样既有利于外界更全面客观地认识、理解中国，又能帮助中国更深入地处理国际事务、解决国际争端，塑造良好国际形象。

塑造国家文化形象，要不断进行传播手段的创新。党的十九大要求创新传播手段。在互联网技术快速发展的今天，移动互联网的发展为创新传播手段提供了技术支撑，在中国价值观念的国际传播中要实现传统媒体和新兴媒体优势互补，深度融合，一体发展，打造一批形态多样、手段先进、具有国际竞争力的新型主流媒体，形成立体融合发展的现代传播体系，增强国际舆论的影响力，提升我国的国家文化形象。

塑造国家文化形象，要加强对对外文化传播受众效果的实证调查研究，了解国外受众对中国文化和价值观念的接受现状，运用大数据、云计算等信息技术，实施精准传播。科学分析国际社会对中国文化和价值观念的接受情况及其背后的具体原因，针对不同的受众进行分众传播，并采用调查、访谈等形式及时掌握受众反馈的信息，从而有的放矢地优化传播策略和传播效果。

"一带一路"倡议和构建人类命运共同体是我国现阶段进行文化传播、彰显文化感召力、吸引力的重要和有效载体。"一带一路"建设，其目的之一在于同沿线国家打造政治互信、经济融合、文化包容的利益共同体、命运共同体和责任共同体，展现一个自信、积极担当和负责任的当代中国形象。目前完全可以通过"一带一路"倡议和"人类命运共同体"理念的传播实践，提升中华文化的国际传播效果和国际影响力，增强我国在文化传播国家战略过程中的文化自信。

当前全球化时代，国家间综合国力的竞争日趋激烈。约瑟夫·奈认为："传统观念认为那些拥有最强大军事力量的国家将夺得优势。但在信息时代，真正赢家是那些最会讲故事的国家。"[①] 这个"讲故事"讲的就是"国家形象"，他在这里充分说明了国家形象塑造在国际竞争中所起到的重大作用远远超过军事力量。伴随着中国实现伟大复兴步伐的，是"中国威胁论""中国崩溃论""中国不确定论""中国责任论"等各种论调的此起彼伏，中

---

① 于平. 国家文化形象建构的自觉、自信和自强 [J]. 艺术百家，2011（9）.

国的国家形象在一次次的国外舆论中被歪曲、误读，塑造国家文化形象在新时代的发展中显得尤为重要，闭门造车的时代一去不复返了。习近平强调在新时代要展示的"四种大国形象"，即"文明大国形象、东方大国形象、负责任大国形象、社会主义大国形象"①，正是全球化时代塑造国家文化形象的着力点和落脚点。

第三节　树立国家文化自信

回顾改革开放 40 年的文化发展历程，我们清楚地发现，我们党始终把中华文化的繁荣昌盛当作中华民族伟大复兴的前提条件。党的十六大吹响了文化建设的号角，做出了文化体制改革的战略部署；党的十七大做出推动社会主义文化大发展大繁荣的重大决策；党的十八大提出文化强国建设；党的十九大从文化发展道路和文化创新创造活力出发，强调文化强国的建设目标。建设社会主义文化强国是实现社会主义现代化强国伟大事业的重要组成部分，那么，建设社会主义文化强国靠什么？一靠文化自觉；二靠文化自信。

一、文化自觉的定义和内涵

（一）文化自觉的提出

民国时期的晏阳初是较早提出"文化自觉"这一概念的。晏

---

① 于洪君.关于马克思主义中国化成果对外传播的几点思考[J].公共外交季刊，2017（9）.

阳初认为,乡村建设运动的发生是"由民族自觉及文化自觉的心理所推迫而出"[①]。费孝通对"文化自觉"进行了系统研究和阐述。1997年,费孝通在北京大学提出了"文化自觉"的概念。他说,所谓文化自觉指的是"生活在一定文化中的人对其文化有自知之明,明白它的来历、形成过程、所具有的特色和它发展的趋向,不带任何文化回归的意思,不是要复旧,同时也不主张全盘西化或全盘他化。自知之明是为了加强对文化转型的自主能力,取得决定适应新环境、新时代文化选择的自主地位。"[②]在这里,费孝通强调文化自觉的主体是"生活在一定文化中的人",客体是"其文化",主要内容是"自知之明"和"自主能力",其目的是取得文化的"自主地位"。"自知之明""自主能力"是两个相互关联、互为依存,是文化自觉的核心内容。那么,如何真正达到文化自觉?费孝通在《文化的生与死》中指出,要达到文化自觉是一个艰巨的过程。一方面是对自身文化在自知之明基础上,结合时代特色进行现代化转化,并决定取舍;另一方面对外来文化加以批判性的吸收,在尊重文化多元性的基础上,推动文化间的交流与融合,形成世界文化和平共处的基本秩序和共同守则,达到各美其美,美人之美,美美与共,天下大同的境界。[③]在这里费孝通强调了不同国家、不同民族、不同文明之间要彼此尊重,相互欣赏,长期交流,互相融合,实现"天下大同"的美好愿景。有专家认为,这既是对人类文化自觉进程的历史性展望,也是为转型期建

[①] 晏阳初,赛珍珠. 告语人民 [M]. 桂林:广西师范大学出版社,2003.
[②] 费孝通. 反思·对话·文化自觉 [J]. 北京大学学报(哲学社会科学版),1997(3).
[③] 费孝通. 文化的生与死 [M]. 上海:上海人民出版社,2013:268.

立国际文化秩序开具的一剂良方。

(二)文化自觉的界定

1. 文化自觉的定义

文化自觉主要是指"一个民族、一个政党在文化上的觉悟和觉醒,包括对文化在历史进步中地位作用的深刻认识,对文化发展规律的正确把握,以及对发展文化历史责任的主动担当"①。文化自觉是一种内在精神动力,是一种强大的精神力量,是推动文化繁荣发展的思想基础和先决条件。

一个民族的觉悟,离不开文化的觉悟;一个政党的力量,则与文化自觉的程度密切相关。中国共产党就是一个文化高度自觉的政党,从新民主主义时期革命文化到社会主义改造时期文化再到社会主义建设时期先进文化,在每一个重要的历史关头,都能找到适合我国实际的文化引领,取得了各项事业的巨大成功。正如习近平在党的十九大报告中所说,"中国共产党从成立之日起,既是中国先进文化的积极引领者和践行者,又是中华优秀传统文化的忠实传承者和弘扬者。"②

2. 文化自觉的当代价值

目前国家已经把文化自觉提升到现代化强国战略的高度来认识,从自发地意识到战略性的定位,从发展文化产业为支柱性产业到建设公共文化服务均等化,从社会主义核心价值观引领到人类命运共同体构建,一步步深入,高屋建瓴,着眼于文化全球化

---

① 云杉.文化自觉 文化自信 文化自强——对繁荣发展中国特色社会主义文化的思考(上)[J].红旗文稿,2010(15).

② 习近平.决胜全面建成小康社会 夺取新时代中国特色社会主义伟大胜利 http://news.cnr.cn/native/gd/20171027/t20171027_ 524003098.shtml.

趋势，文化自觉具有深刻的当代价值。

首先，文化自觉有助于促进我国优秀传统文化的保护与传承，增强文化的主体性意识。文化自觉既是对待自身传统文化的一种态度，是一种理解、认知和扬弃，也是在对外文化交流中流露的一种意识，是一种自觉、自豪和自信。其次，文化自觉有助于促进优秀传统文化的创造性转型和创新性发展，构建与我国国际地位相匹配的国际话语体系。文化自觉是一个民族文化不断发展的内在动力，也是构建国际话语体系的基础。再次，文化自觉有助于促进我国优秀传统文化与各国优秀文化融合交流，实现美美与共。文化自觉是一种国际意识，是具有国际意识的文化自觉，是主体反思、价值引领与实践拓展相结合的文化自觉，是高度重视不同国家文化之间交流、沟通和对话的文化自觉，更是积极主动将本土文化与世界文化接轨的文化自觉。最后，文化自觉有助于建立国际视界，了解本土，认识异质，搭建国际文化交流的桥梁。

（三）文化自觉的内涵

培养高度的文化自觉，是党的十七届六中全会以来党的历次全国代表大会上反复强调的一个重要战略命题，也是一个重要核心命题，是习近平新时代中国特色社会主义思想的重要内容之一。文化自觉始于主体自觉，中心是价值观自觉，落脚于实践自觉。[①]

1. 主体自觉

文化自觉的主体是"生活在一定文化中的人"，文化自觉的过程，就是人的自觉性由内而外不断显现和实现的过程，是人的本

[①] 刘玉标，马静.提升文化自觉的三个维度[J].湖北行政学院学报，2012（5）.

质力量不断"自知"和"自主"的过程。要实现文化自觉，必须从推动人的自觉、反省到实现人的全面发展，进而深刻认识文化的地位作用，正确把握文化的发展规律，主动承担起文化继承和发展的历史责任，这就是一种主体的自觉意识。如果作为文化主体的人没有形成自觉意识，是不可能达成真正意义上文化自觉的境界。

2. 价值观自觉

众所周知，文化是一个国家和民族价值观孕育和形成的精神沃土和思想源泉，文化的灵魂在于核心价值观，文化自觉的中心就在于价值观的自觉，建设社会主义核心价值体系是实现价值观自觉的核心。

3. 实践自觉

文化自觉落脚点在实践自觉，表现在如何认识和把握我国传统文化的当代性问题，处理好继承和发展的关系；表现在如何认识和把握外来文化的问题，处理好借鉴和批判的关系；表现在如何认识和把握文化事业和文化产业的协调发展问题，处理好社会效益和经济效益的关系。没有实践的自觉，就谈不上真正的文化自觉。

二、文化自信的定义和内涵

（一）文化自信的提出

文化自信是习近平十八大后提出的时代命题，其形成有一个不断发展的过程；从单独提出文化自信到"四个自信"并提，其内涵有一个不断丰富、逐步深化的形成过程。2016年"七一"讲话以前，基本都是单独提出文化自信，主要是强调文化自信在文化建设中的重要意义。第一次提出是在 2014 年 2 月，他在中共中央政治局第 13 次集体学习上强调要"讲清楚中华优秀传统文化的历史渊源、发展脉络、基本走向，讲清楚中华文化的独特创造、价值理念、鲜明特色，增强文化自信和价值观自信。"[①]2014 年 10 月，他在文艺工作座谈会上的讲话中指出："增强文化自觉和文化自信，是坚定道路自信、理论自信、制度自信的题中应有之义。"[②]2016 年 5 月，他在哲学社会科学工作座谈会上指出，"坚定中国特色社会主义道路自信、理论自信、制度自信，说到底是要坚定文化自信。文化自信是更基本、更深沉、更持久的力量。"[③]2016 年 6 月，他在中共中央政治局第 33 次集体学习中指出，要坚定中国特色社会主义道路自信、理论自信、制度自信、文化自信。这是他第一次把文化自信与其他三个自信并列提及。[④] 在 2016 年的"七一"重要讲话中，他提出要坚持中国特色社会主义道路自信、理论自信、制度自信、文化自信。这是首次公开正式提出"四个自信"，并阐述了文化自信的完整内涵，形成了文化自信的战略地位和历史意义。在 2016 年 10 月纪念红军长征胜利 80 周年大会上的讲话和党的十八届六中全会上习近平先后两次提出要坚定"四个自信"。这样，通过"七一"重要讲话和十八届六中

---

① 习近平.使社会主义核心价值观的影响像空气一样无所不在[EB/OL]. (2014-02-26)[2018-06-28]. http://theory.people.com.cn/n/2014/0226/c49150-24465786.html.

② 刘仓.论习近平文化自信的多维理路[J].山东社会科学，2017（12）.

③ 李雪蓉.地方艺术院校在文化自觉和文化自信中的时代担当[J].艺海，2018（1）.

④ 以高度的文化自信推动社会主义文化繁荣兴盛[J].共产党员，2018（3）.

全会，中国特色社会主义的内涵就由"三个自信"提升为"四个自信"，"四个自信"由此开始深入人心。在党的十九大上，文化自信和中国特色社会主义文化被写进了党章，成为习近平新时代中国特色社会主义思想的重要内容。

新时代，习近平提出文化自信这个时代命题，既是我国综合国力提升的必然要求，更是时代赋予的一种历史责任。

（二）文化自信的界定

1. 文化自信的定义

所谓文化自信，是指一个成熟的民族、国家以及一个政党在文化自觉的基础上，尊重自身优秀传统文化，对自身文化价值和文化精神有充分认知，并在日常生活中积极践行，其核心是价值观自信，由此对文化创造力和强大生命力饱含坚定的信念和决心。文化自信是理论自信、道路自信、制度自信的深厚基础，是"中国特色"历史基因。

2. 文化自信的三重功能

习近平总书记在党的十九大报告中指出，"文化是一个国家、一个民族的灵魂。文化兴则国运兴，文化强则民族强。没有高度的文化自信，没有文化的繁荣兴盛，就没有中华民族的伟大复兴。"[1] 坚定文化自信，是事关国运兴衰、事关文化安全、事关民族精神独立性的大问题。[2]

（1）文化自信事关国运兴衰。在"四个自信"中，文化自信是基础，是根本。十八大以来，我们进行的伟大斗争、伟大工程、

---

[1] 习近平.决胜全面建成小康社会 夺取新时代中国特色社会主义伟大胜利 http://news.cnr.cn/native/gd/20171027/t20171027_524003098.shtml.

[2] 黄杰.文化自信的三重功能[J].当代电力文化，2017（12）.

伟大事业，究其根本思想，首先必须要有坚定的文化理想，要有高度的文化自信，这是由优秀传统文化、红色革命文化和社会主义先进文化激发的精神力量而形成。这种力量是文化生命力和创造力的源泉，它既是一种文化的自觉与自豪，也是反对"西方文明中心论"的强有力武器。它吹响了时代的号角，不断推动中华民族走向伟大复兴。近百年中国共产党的革命、建设和改革史，是我国文化自信的内涵不断丰富的历史。当前，文化自信必须落实到全面建成小康社会和现代化建设上来，落实到精准扶贫和文化扶贫上来。经济的发展和文化的发展必须同步相向而行，只有全面发展，才能真正树立文化自信，国家才能够早日建成社会主义现代化强国。因此文化自信事关国运兴衰，文化自信紧紧与理论自信、道路自信和制度自信融会贯通，为中华民族屹立于世界民族之林，实现国家强大和社会全面发展奠定强有力的基础。

（2）文化自信事关文化安全。经济全球化过程中，我国不可避免地受到西方意识形态、文化思潮的冲击和挑战，受到国内非马克思主义意识形态、思想和价值取向的多样化和多元性等的冲击和挑战。因此要加强社会主义核心价值观的积极引领，高扬文化理想，树立文化自信，以马克思主义和中国改革开放实际相结合的中国化思想来对冲西方各种思潮的冲击和挑战，维护国家发展利益和文化安全，这是加强国家文化安全的重要保证。坚定文化自觉和文化自信，必须从两个维度来思考问题：一是对于优秀传统文化，必须走"双创"之路，即进行创造性转化和创新性发展，与时俱进，走社会主义文化发展之路。一是对于世界各国的优秀文化，必须认真学习借鉴，学习人类社会创造的一切文明成果，借鉴世界各国文化建设的丰富经验。只有这样，我们才能构筑中国精神和中国力量，以高度的文化自信维护国家文化安全。

（3）文化自信事关民族精神独立性。民族是文化的主体，文化是民族的灵魂。中国五千年的文明史充分说明，民族的兴衰，必然导致民族文化的兴衰。在我国强大的历史时期，也是我国民族文化繁荣昌盛的朝代，也因此形成了东亚、东南亚的儒家文化圈。但在近代以来，民族危机带来了文化危机，进一步导致了民族精神的衰落和民族自信心的丧失。从那时起，我国开始了走上了艰苦卓绝的民族复兴之路，经过几代中国共产党人带领中国人民的努力奋斗，中华民族迎来了从站起来、富起来到强起来的伟大飞跃，中华民族的民族精神和民族自信开始恢复，文化自信逐步建立，一步一步成为我们迈向新时代的一种精神力量，这种力量将引导我们继续夺取新时代的伟大胜利、实现中华民族伟大复兴中国梦。

（三）以文化自信为根本，坚定"四个自信"

1. 文化自信是道路自信的根基

40年改革开放的伟大成就充分证明，中国特色社会主义道路是完全符合中国国情的科学之路、人民之路，也是中华民族实现伟大复兴的必由之路、胜利之路，这条道路的根基就是以优秀传统文化、红色革命文化和先进文化塑造出来的文化自信，完全可以说，文化自信是道路自信的根基。每当中华民族在发展的道路上遇到困境与挫折，在不断地探索中寻求突破之路，中国共产党人始终坚持马克思主义的指导思想不动摇，一次次寻找到符合中国国情的发展之路。尤其改革开放40年以来，基于文化自信，中国共产党带领中国人民在摸索中前进，矢志不移地走中国特色社会主义道路，迎来了中华民族伟大复兴的光明曙光。

2. 文化自信是理论自信的立足点

理论是对实践的高度概括与总结，不断加强理论建设是我们党进行社会主义建设的一大法宝，在革命、建设和改革开放的不同时期形成不同的指导思想，不断丰富着中国特色主会主义的理论体系。这说明，具备了深刻的文化自信，拥有正确的文化认知和自主能力，才能具备这样的理论自信。在新民主主义革命时期，形成了以马克思主义为指导思想的"新民主主义文化"，改革开放时期，基于中国的发展、世界的大变革以及时代的要求，中国共产党秉持高度的文化自信，坚持马克思主义中国化的社会主义道路，逐步形成了科学严谨的中国特色社会主义理论体系。理论自信，是立足于文化自信基础上的宏观实践和科学发展。

3. 文化自信是制度自信的思想源泉

制度的形成与创新发展离不开先进思想文化的武装和支持，思想文化为制度的设计建立奠定了基础，先进的思想文化是制度创新的源泉，并保证其运行的稳定性、科学性与有效性。这一点从我国的根本政治制度、基本经济制度以及各种规章制度的运行中可以得到充分说明。中国特色社会主义制度就是在中国特色社会主义文化发展的基础上形成、发展的，其中彰显的"以人为本""民主协商""和谐发展"等思想理念，成为社会主义制度的核心理念。文化自信为中国特色的制度建设提供了思想源泉。

三、从文化自觉到文化自信

随着全球化的影响广泛而深入，文化软实力在国家综合实力中的作用不断加深。能否建立文化自觉的意识，能否以文化自信的态度面向未来，能否实现文化强国的目标，是衡量我国具有国际话语权、实现社会主义现代化强国的重要标志，将直接影响到我国和我们党的未来发展。党的十七届六中全会以来的历次党的全国代表大会的发展历程，是不断深化我党对文化自觉和文化自信认识的过程，是提出建设目标到部署具体建设任务的过程。党的十九大将文化自信与道路自信、理论自信、制度自信并列写入党章。这些充分体现了在社会主义现代化实现过程中，文化自觉和文化自信所具有的重要战略位置，是建设社会主义现代化强国的指导思想之一。

（一）文化自觉与文化自信之间的关系

文化自觉和文化自信是辩证统一的。只有文化自觉，才能文化自信，有了文化自信才能有文化自强；只有文化自强，才能进一步提升文化自觉，增强文化自信。文化自觉和文化自信统一于社会主义文化强国建设。目前，中国特色社会主义进入新时代，建设社会主义文化强国，要求我们以更加积极的文化自觉、更加坚定的文化自信，承担起中华民族伟大复兴的历史重任。

文化自觉与文化自信互为表里。文化自觉是前提和基础，文化自信是外在和表现。没有内在的文化自觉，文化自信就成为无源之水、无本之木。可以说，"文化自觉是魂，是内在的深刻觉醒与认知，文化自信是魄，是外在的展现和升华，两者之间互为表里。"[①]

（二）文化自觉和文化自信的当代意义

1. 只有坚定文化自觉和自信，才能有效维护国家利益和文化安全

和平与发展是当今的时代主题，但是传统安全问题和非传统

[①] 辛本福."文化自觉"与"文化自信"关系刍议[J].北京劳动保障职业学院学报，2017（6）.

安全问题并存,世界并不太平。西方发达国家除了在高科技等方面对我国进行出口限制以外,"西化"我国的图谋一直存在着,利用各种方式加大对我国的文化渗透,不断输入西方的价值观和意识形态,悄然无息地进行着一场没有硝烟的文化战争。在这场看不见硝烟的战争中,要维护国家利益和文化安全,必须坚定文化自觉和文化自信,学习借鉴世界各国的优秀文化,增强我国文化产业的综合实力;加大公共文化服务保障,不断增强国家的文化软实力,在"西化"图谋面前,始终保持清醒的头脑,切实维护国家文化安全。

2. 只有坚定文化自觉和自信,才能全面深入推进改革开放

40年的改革开放取得了巨大发展成就,也暴露出一些深层次问题,改革进入攻坚区,各种利益和矛盾的调整势必影响到社会结构的深刻变革。我国社会主要矛盾已经发生了转变,人们在物质需求已经得到基本满足的基础上,日益增长的文化需求的满足逐步提到深化改革的议事日程。40年来,十几亿人的温饱问题成功解决了,实现了人类的一个奇迹,不久的将来,将全面建成小康社会,见证世界的另一次奇迹,人民美好生活的新期待终将得到实现。美好生活,必须提供丰富的精神食粮,文化是其中的核心要素之一,文化是影响人们经济社会关系的最深层次因素,也影响着人们的价值取向。只有坚定文化自觉和文化自信,凝聚全民族的创造力和自信力,攻坚克难,才能为深化改革提供巨大的动力和必胜的信心。

3. 只有坚定文化自觉和自信,才能实现中华民族的伟大复兴

中华民族的伟大复兴,必须以文化的繁荣兴盛为前提。中华民族的伟大复兴,不仅仅体现在经济上强大,其最终的落脚点应该在中华文化的伟大复兴。我国作为世界第二大经济体，在国际社会的影响力与日俱增。但是由于文化的差异，在很多国家人民的眼中，中国还只是一个人口众多、基础设施落后、资源丰富的发展中国家；还是一个思想文化很落后的国家。我国文化的国际影响力还很有限，国外人民既不完全了解、也不完全认同我国的发展之路。要实现中华民族的伟大复兴，不仅要有以经济强大为标志的硬实力，还要有以文化的吸引力和感召力为标志的软实力，文化自觉和自信必将在建设社会主义现代化强国中发挥重要作用。中华民族的伟大复兴将不仅意味着作为一个经济大国开始崛起，更意味着一个文化强国即将建立。

4. 只有坚定文化自觉和自信，才能树立新型的大国形象

建设中国特色社会主义文化，与塑造国家形象密不可分。文化自觉与文化自信，事关一个国家的形象定位，事关这个国家和民族在世界上的影响力和吸引力，事关一个国家的国际话语权。我们要一改过往的那种老大中国的陈旧形象，坚定文化自觉和自信，树立起新型大国形象；展示我国的历史底蕴深厚、文化多样的文明大国形象；展示一个政治清明，社会稳定，经济繁荣，对外坚持和平发展，维护公平正义，更加开放、充满活力的大国形象。

结语

进入 21 世纪以来，国际局势动荡不安，大变革、大动荡成为这一时期的基本特征，霸权主义和强权政治依然存在，单边主义、逆全球化思潮不断涌现，国际体系和国际秩序正经历着深刻的变革。美国学者塞缪尔·亨廷顿提出了"文明冲突论"，认为未来将是冲突的，而且将是"文明的冲突"，这一主张迎合了美国垄断统治世界的需要，成为美国制定内政外交政策的基石。在此政策的指导下，一系列的侵略战争、一场场的颜色革命、一次次的美国模式输出等成为美国这一外交政策的注解，也充分显示了美国称霸世界的单极世界图谋。与美国不同的是，我国提出建立国家间文明交流互鉴，以交流互鉴来超越文明的冲突，建设开放包容的世界，构建人类命运的共同体。构建人类命运共同体的理念，就是根植于源远流长的中华文化，它通过借鉴人类文明的优秀成果，立足于文化自觉和文化自信，构建符合人类前进方向的共享价值观和命运共同体，理念彰显了中国风采，弘扬了中国智慧。这一理念的提出，将"世界梦"同"中国梦"相连接，将中华文明与世界文明相融合，将文化自信同道路自信、理论自信、制度自信结合起来，在不断交流与融合中，开创中华文明的未来，谋划世界文明的和谐，这正是最深厚也是最深刻的文化自觉与文化自信。

第十一章 文化权力与文化安全

引言

文化安全是国家形象构建与国家文化认同的基础和支撑，是国家安全的重要组成部分。无论是文化产业的"走出去""引进来"，还是对外文化交流活动，都要注重维护国家文化安全。当前，世界处于大发展大变革大调整时期，随着世界多极化、经济全球化的加速，各种思想文化交流频繁深入，对外文化交流活动日趋频繁，国家文化安全面临新形势和新挑战。如何形成与国际社会有效沟通的外部话语体系，搭建中国故事国际表达的有效路径，保障国家文化安全，彰显中国文化，树立中国形象，成为时代发展命题。

第一节 冲突与共荣之下的全球文化态势

在人类历史的长河中，不同国家和民族之间的文化关系多以两种形态存在，一是文明的冲突，二是文化交流与合作。正是文化的冲突、交流与融合，人类文明得以发展，社会得以进步，历史得以延续。整个人类的文明史正是在不同文化的互动关系中得以延续和发展的。

一、多元文化冲突此起彼伏

（一）文化冲突的相关理论

自人类文明产生以来，由于部落、地区、种族利益的争夺以及立场的差异，文明冲突便已产生。发展至今，有关文明冲突的说法不胜枚举，不同的学者从不同的角度对国际关系或阶级矛盾的文化根源进行阐释。

1. 安东尼奥·葛兰西的文化霸权理论

意大利共产党创始人之一，意大利共产主义思想家、文艺理论家安东尼奥·葛兰西（Antonio Gramsci, 1891—1937）认为"文化霸权"（Cultural hegemony）又称为文化领导权，指的是在市民社会中，一个社会集体在文化、伦理、意识形态上的领导权。他分析了意识形态对于社会体制和政治变革的重要性，认为阶级要实现对社会的统治，不能仅仅通过狭隘的经济手段，也不能纯粹通过强制和暴力，它必须在知识与道德上进行领导，并与其他力量广泛地合作和协同。对西方发达国家来说，其政权的维系表现在两种形式中，一个是在"统治"的形式中，一个是在"精神和道德领导"的形式中。[①] 文化霸权理论的形成是历史实践的综合，也是"霸权"意义的延伸，其理论内涵在阐明公民社会，完整国

---

① 李军胜、丁文军.葛兰西文化霸权理论的影响及在当代的可取之处[J].高等教育与学术研究，2008（7）.

家和意识形态概念方面得到越来越多的充分而深刻的展现,[①] 为文化冲突的理论研究做出了不可磨灭的贡献。近年来,随着后殖民思潮的兴起,文化霸权理论越来越受到国内外学者的关注,成为当代文化研究的一个重要领域和热点问题。

2. 塞缪尔·P. 亨廷顿的文明冲突论

1993年,美国著名政治学者塞缪尔·P. 亨廷顿(Samuel P. Huntington, 1927—2008)在美国《外交》杂志夏季号发表了《文明的冲突》,并于1996年出版《文明的冲突与世界秩序的重建》,系统地提出了"文明冲突论",引发世界广泛的争论。亨廷顿认为,文明冲突将是未来冲突的主导模式,以文明为基础建立世界新秩序才能避免世界战争。他通过文化之间的差异,对国际冲突和战争进行了分析,以此突出了文化、文明因素在国际局势中的作用。文明冲突论从学术的角度,为国际政治学研究开拓了一个新的领域和视角,活跃了学术思维,促使各国理论界学者和政界精英更加重视文化在世界秩序构建中的重要作用。[②] 但国内外也有学者对"文明冲突论"提出质疑,有些学者认为亨廷顿的"文明冲突论"将世界分为两大阵营,这既是对宗教、政治及经济等基本社会结构的认识偏差,也是一种"西方主义"视角的傲慢。亨廷顿鼓吹西方世界"数千年来致力于民主",夸大了启蒙运动和工业革命之后百年的西方现代史,单向地阐释文化因素产生的结果却否认结果对于文化的反作用,容易产生逻辑上的误导。

---

① 周凡.重读葛兰西的霸权理论[J]. 马克思主义与现实,2005(5).
② 肖道群.论"文明冲突论"及其对我国和平崛起的启示[J]. 福州党校学报,2010(1).

3. 爱德华·萨义德的东方主义

20世纪80年代末、90年代初，后殖民主义理论思潮兴起。美国当代重要的批评理论家，后殖民批评理论代表人物爱德华·萨义德（Edward Said, 1935—2003）提出的东方主义（又称为"东方学"）从西方理论家创立的东方学入手，吸收借鉴马克思、福柯、葛兰西等人的观点，对西方帝国主义文化霸权和强权政治进行揭露。他认为，在后殖民主义思潮中，文化与帝国主义是联系在一起的，帝国的扩张伴随着文化的强势输出与覆盖。在著作《东方学》中，萨义德指出，"东方主义"是一种西方人藐视东方文化，并任意虚构"东方主义"的一种偏见性的思维方式或认识体系。这种话语形式背后体现出来的是一种权力关系、一种支配关系、一种不断变化的复杂的霸权关系。也就是说，东方主义并非是一种客观知识，而是一种意识形态上的思维方式。萨义德将福柯的"话语"概念引入理论提示中，提出"东方学话语"。通过对福柯、葛兰西等人的理论进行融合，萨义德揭示出东方主义本身是文化霸权主义的体现，其目的是谋求西方对东方在精神文化上的控制。在《文化与帝国主义》中，萨义德更进一步地指出，在帝国扩张的过程中，文化扮演了不可或缺的角色。

4. 吉尔特·霍夫斯坦德的文化维度理论

为了衡量不同国家的文化及价值观差异，荷兰文化协会研究所所长吉尔特·霍夫斯坦德（Geert Hofstede）根据1960年到1970年IBM一项大规模的关于文化价值观的调查问卷，通过分析研究，提出了一个用来衡量不同国家文化差异的框架。他认为文化不是一种个体特征，而是在一个环境中的人们共同的心理程序，是具有相同的教育和生活经验的许多人所共有的心理程序。不同的群体、区域或国家的这种心理程序互有差异，可分为四个维度：权力距离（Power Distance），不确定性避免（Uncertainty Avoidance Index），个人主义与集体主义（Individualism versus Collectivism），男性度与女性度（Masculine versus Feminality）。后来，根据其他学者的理论，霍夫斯坦德又补充了两个维度：长期取向与短期取向（Long-term versus Short-term Orientation）、放纵倾向与约束倾向（Indulgence versus Restraint）。[①] 霍夫斯坦德的文化维度理论为人们分析和解读跨文化差异提供了有力的理论基础和支撑。但霍夫斯坦德的研究是建立在价值观相对稳定不变的假设基础上，将价值观作为一种静态对象进行研究。但根据世界价值观调查的研究结果表明，价值观随着时间不断变化，不断演进的价值观推动世界的改变。

（二）历史上的国际文化"冲突"

与其他产品和服务不同，文化产品包含了有关价值理念的内容，该内容影响使用者的情感、认知甚至是非判断。[②] 因此，文化产品又称为"精神产品"。但是，由于文化产业具有经济和文化双重属性。不同的国家对文化产业属性的着重点大相径庭。以法国、加拿大为代表的多数国家强调文化产业的文化属性，在文化贸易中坚持"文化例外"原则。他们认为文化产品是国家文化身份的载体，传递着国家的价值观和文化特征，其文化价值远远超娱乐消费价值。输出国在大规模输出文化产品

[①] 支昱洁. 跨文化交际中的中西文化差异——以霍夫斯泰德文化维度理论为视角 [J]. 汉字文化，2018（1）

[②] 韩立余. 文化产品、版权保护和贸易规则 [J]. 政法论坛，2008（3）

从而获得高额利润的同时也潜移默化地输出其主流价值观，造成"文化渗透"，对输入国的文化传统和身份认同造成冲击。如果对文化产品实行自由贸易，容易造成"市场失灵"[①]。因此，现有的国际贸易惯例和规则并不能适用于文化贸易，为了保护文化的多样性和可持续发展，要着手制定针对文化产品的特殊贸易规则。

也有部分国家特别是美国强调文化产品的经济属性，坚持文化领域的"贸易自由主义"。他们认为，文化产品无一例外的属于市场化的商品，应该实施绝对的市场主导，不应该进行政府干预。一些国家甚至认为，强调文化产品特殊性的国家是为了抵制他国文化产品而实施的贸易保护主义，其制定的文化政策不仅违反国际贸易相关规则，而且损害了文化交流和融合。[②] 由于对文化产品的属性存在认识上的分歧，随着全球化进程的不断加快，国际贸易往来和合作日渐频繁，"文化冲突"不断。

1986年9月，关贸总协定部长级会议在乌拉圭的埃斯特角城举行，此次谈判旨在全面改革多边贸易体制，历时7年半，被称为"乌拉圭回合谈判"。谈判期间，美国要求欧洲国家开放文化市场，允许美国文化产品自由输入欧洲。这项要求受到了欧洲国家的强烈抗议，法国率先提出了"文化例外"原则，受到欧洲国家的普遍认可。两大阵营自此进入正式对立。

---

① 陈卫东，石静霞.WTO体制下文化政策措施的困境与出路[J].法商研究，2010（4）.

② Mira Burri-Nenova, Trade Versus Culture in the Digital Environment :An Old Conflict in Need of a New Definition , *Journal of International Economic Law* , Vol.12 , 2009.

1996年，美国要求与加拿大进行磋商。起因是加拿大颁布第9958号关税令禁止外国出版的不同版本期刊的进口，美国认为加拿大的措施违反了WTO的国民待遇原则，向WTO争端解决机制DSB提出上诉并请求成立专家组，经专家组裁定，认为加拿大期刊进口部分措施违反GATT规定。1997年4月和5月，加拿大、美国分别提出上诉，上诉机构最终推翻了专家组的部分结论，认定加拿大货物税法明显是为了保护加拿大的期刊，加拿大"受资助"的邮政费率措施符合GATT相关规定。历时两年，双方最终达成和解。

为促进世界经济的可持续发展，打破贸易壁垒，实现多边合作的共赢，一些国际组织开始尝试进行多边投资立法，制定一个全面的具有法律约束力的多边投资协议。经过多年的准备，1995年5月，经济合作与发展组织（Organization for Economic Co-operation and Development, OECD）开始正式发动MAI计划。但由于美国等富人集团主导的经济合作与发展组织，与坚持"文化例外"的欧洲国家以及非政府组织在国际贸易发展问题上无法达成共识。1998年12月3日，OECD最终决定不再进行MAI谈判，MAI谈判仅起草了一份MAI草案就宣布告终。国际合作中的公平性和安全性再次成为文化贸易中的焦点问题。

以上的"文化冲突"，其实质是文化贸易自由主义国家与主张"文化例外"的国家就文化权力、文化安全和文化话语权之间的矛盾。归根到底在于文化产品经济属性和精神属性的对立统一。值得肯定的是，这些"文化冲突"引起了各个国家对国家文化安全问题的关注和重视。

二、国际组织的兴起与人类命运共同体的提出

（一）现有的国际经济文化组织
1. WTO：重塑国际贸易形态

贸易是国际交流的重要渠道。世界贸易组织（World Trade Organization，WTO）是世界贸易体系的组织基础和制度基础，为各国解决贸易争端提供谈判场所，创立世界贸易秩序，监督成员国的贸易立法，管理贸易协定，"贸易自由化原则""非歧视原则""促进公平竞争原则""透明度原则"等基本原则贯穿于各种协议和协议中，构成多边贸易体系的基础。

2001年12月11日，中国正式加入世界贸易组织。从经济角度看，加入世界贸易组织极大地刺激了中国的经济增长，推动了中国市场经济改革的进程。近年来，中国保持世界上第一大出口国和第二大进口国的地位，外贸进出口总值从2001年的5098亿美元上升到了2018年4.62万亿美元。[①]但不容忽视的是，随着中国在国际市场上的发展重点从制造业转向服务业，贸易争端日益显现。

上世纪末的多次文化冲突暴露了WTO秩序的缺陷，即对于具有强烈社会属性的文化产品缺乏妥善的制度安排，使得各成员国的文化政策面临冲击。自中国加入世界贸易组织以来，美国一直对中国实施的有关出版物和视听产品的贸易权和分销服务的限制措施持不满态度，不仅在历年的《中国履行WTO承诺情况报告》中

---

① 2018年中国外贸进出口总额比2017年增长9.7%. [EB/OL].（2019-02-11）[2019-06-18]. http://www.gov.cn/gongbao/content/2006/content_185117.htm.

将该问题作为中国不执行 WTO 义务的一个突出方面，而且在中美参加的双边和多边贸易磋商中多次提出该问题。美国于 2007 年 4 月 10 日向 WTO 提起申诉。历经近 3 年的诉讼，2010 年 1 月 19 日，WTO 争端解决机制（DSB）通过了上诉机构报告和经修改的专家组报告，中美之间围绕该问题的贸易争端告一段落。[①] 但是包括中国在内的 WTO 成员围绕文化产品国际贸易的争论远未结束。

2. UNESCO：世界文化多样性的"保护神"

由于美国等国家的极力反对，WTO 协定中没有针对文化产品的特殊规定。21 世纪后，加拿大、法国等国家积极推动联合国教科文组织（UNESCO）建立《文化多样性公约》，为文化产品提供特殊的国际法支撑。

联合国教育、科学及文化组织（以下简称为联合国教科文组织）是联合国下属的专门机构之一，其宗旨是利用教育、科学、文化、传播和信息，为建立和平、消除贫穷、可持续发展和跨文化对话而努力。在保护全球文化多样性方面，教科文组织发挥着不可替代的作用，堪称全球文化的"保护神"。在联合国教育、科学及文化组织第三十一届会议上，联合国教科文组织通过了《世界文化多样性宣言》，正式以官方形式确认了文化多样性的概念、表现形式、意义等方面，阐述了文化多样性与人权及国际团结之间的关系，提出了实施宣言的诸多行动要点。2005 年，《保护和促进文化表现形式多样性公约》获得通过。在世界文化领域，UNESCO 通过立法与建立规范、传播学术思想、分配技术与资金、

---

① 陈卫东，石静霞.WTO 体制下文化政策措施的困境与出路 [J].法商研究，2010（4）.

融入当代生活、推动文化交流等方式，不断改善着世界文化体系的存在环境。

（二）国际文化协定的发展趋势

在世界贸易组织和联合国教科文组织推动国际秩序不断完善的同时，各国之间所达成的文化协定在表象上也呈现出新的趋势。以《国际文化合作宣言》和《世界文化多样性宣言》等协定为参照的国际文化协定也以开放、平等、包容为方向不断地向前发展，国际贸易标准逐渐完善。

具体而言，国际文化协定的发展呈现以下三方面趋势。首先，文化贸易壁垒逐渐削弱。尽管主张"文化例外"的国家和部分发展中国家对文化产品依然加大管控力度，但大部分国家的文化贸易壁垒是在逐渐降低和削弱的。

其次，针对服务贸易、知识产权贸易等领域的贸易规则在逐步加强。众多的国际贸易案例表明，世界顶级的金融、咨询等公司在跨国服务贸易方面发挥着不可替代的作用，推动全球商业的发展。针对文化产业的知识产权保护也在国际贸易规则中逐渐被重视。

最后，国家政策在国际贸易规则中的影响逐渐凸显。不仅仅是贸易政策，参与国任何一个政策的调整，都可能牵动相关国在贸易关系中的利益失衡。因知识产权保护不完善而遭到国际贸易规则处罚的案例不计其数，从贸易自由主义转向贸易保护主义而造成合作关系破裂的案例也经常出现。正确看待国际贸易"牵一发而动全身"的特性，有助于我国更好地制定相关政策。

（三）"人类命运共同体"的提出

中国始终在推动国际格局和文明秩序不断朝着多元主义、多边主义迈进的同时，坚守文化主权，捍卫文化传统。2015年9月28日，纽约联合国总部举行"纪念联合国成立70周年"大会，中国国家主席习近平发表了题为《携手构建合作共赢新伙伴，同心打造人类命运共同体》的讲话，正式地、系统地阐述了"人类命运共同体"理念。2017年2月10日，联合国社会发展委员会第55届会议协商一致通过"非洲发展新伙伴关系的社会层面"决议，"构建人类命运共同体"理念首次被写入联合国决议中。面对文化发展和文化交流中不断深化的理念争执，以及国际社会对中国所谓的"中国威胁论""中华文化殖民论"的误解，"人类命运共同体"不仅坚定地表明了中国立场，而且向世界贡献了"中国智慧"。

"人类命运共同体"思想的深刻内涵，正如党的十九大报告所指出的，"建设持久和平、普遍安全、共同繁荣、开放包容、清洁美丽的世界"，包括政治、经济、文化、安全、生态五个方面的内容。作为习近平新时期中国特色社会主义思想的重要组成部分，"人类命运共同体"以开放、包容、多样和平等的文明观强调了"文明冲突论"并不适合21世纪的世界文明秩序，表达出基于尊重的文明之间的对话将取代所谓的"文化优越感"和"自我中心主义"这一理念，为建设包容性和新的世界文化秩序注入新的活力。[①] 同时，"人类命运共同体"理念彰显了中国传统文化中"天下为公"的价值理念、"和而不同"的文化理念、"包容互惠"的发展理念、"不欲勿施"的交往理念和"天人合一"

---

① 刘志刚. 人类命运共同体思想的文化价值[N]. 新华日报，2018-05-15（011）.

的生态理念，① 是中华民族五千年发展进程中形成的精华，充分扩展了中国文化的国际影响力和文化软实力，展示了中国的文化自信。

第二节 国际战略博弈下的中国文化安全

一、国家文化安全的定义

国家文化安全是国家安全的重要组成部分，是主权国家在文化冲突中保护其意识形态和民族文化安全的能力，具体包括意识形态安全、价值观念安全、历史文化遗产安全、民族风俗习惯安全、语言文字安全和文化管理体制机制安全。随着世界政治格局多元化、经济发展全球化趋势的加剧，国家文化安全问题成为各个国家无法回避的问题。

关于国家文化安全的定义，学界早有讨论。1999年，朱传荣在《试论面向21世纪的中国文化安全策略》一文中，对文化安全进行了初步的、静态的概括，认为"一个主权国家保证其文化的性质得以保持，文化的功能得以发挥，文化利益不受威胁和侵犯的能力与状态。其核心是意识形态和价值观的安全。"② 2000年，胡惠林在《文化产业发展与国家文化安全——全球化背景下中国文

---

① 吴文娟."人类命运共同体"思想的传统文化底蕴[J]. 天水行政学院学报，2018（3）.

② 石中英. 论国家文化安全[J]. 北京师范大学学报（社会科学版），2004（3）：5-14.

化产业发展问题思考》一文中提到,"国家文化安全,是一个有着丰富内涵和广阔外延的政策过程系统。"[1]2004年,韩源在《全球化背景下维护我国文化安全的战略思考》一文中对意识形态和民族文化的意义进行了准确的辨析,明确了国家文化安全的两个重要维度,他认为"国家文化安全有两个值得注意的基本维度,即意识形态安全和民族文化安全。意识形态与国家政权结合在一起,靠国家政权来维护与传播,同时也为国家政权提供'合法性'的文化基础;而民族文化及其认同则是国家认同的基础以及维系民族和国家的重要纽带,也是民族国家的'合法性'来源和国民凝聚力之所在。"[2]石中英在《论国家文化安全》一文中提到,国家文化安全有广义和狭义两种解释。广义的国家文化安全指"国家内的文化安全",即主权国家的主流文化价值体系,以及意识形态、社会基本生活制度、语言符号系统、知识传统、宗教信仰等主要文化要素免于内部或外部敌对力量的侵蚀、破坏和颠覆,从而确保主权国家享有充分完整的文化主权,具备同国家政治、经济发展协调一致、良性互动与不断创新的文化系统,并在人民群众中间保持一种高度的民族文化认同。狭义的国家文化安全指"国家文化的安全",特指作为政治实体的主权国家,其主要文化要素免于内部或外部敌对力量的侵蚀、破坏和扭曲,确保国家在其主权范围内以及在国际上享有比较高度和一致的合法性认同。自此,学术上对于国家文化安全的定义已经基本成型。

---

[1] 胡惠林.文化产业发展与国家文化安全——全球化背景下中国文化产业发展问题思考[J].上海社会科学院学术季刊,2000(2):114-122.
[2] 韩源.全球化背景下维护我国文化安全的战略思考[J].毛泽东邓小平理论研究,2004(4):9-16.

二、全球化与文化安全

希拉里·弗伦奇（Hilary French）在《消失的边界——全球化时代如何保护我们的地球》一书中对商业全球化的影响作了如下描述："近几十年来商业全球化的进程，使日常生活中的柚木咖啡桌，是用地球另一端的森林树木所制作的，装饰品和鲑鱼晚餐与都将影响到地球另一端的生态系统。"[①] 全球化的快速发展影响到全球各个角落，尽管这一切都是被动发生的。

（一）全球化带来的文化安全问题
1.边界的消解和文化冲突的加剧

文化冲突的实质是意识形态之间的冲突，从产生原因上看是国家制度和历史之间的冲突，从表现形式上看是民族、宗教和文明方面的冲突，从发生区域上看是国家、地区、全球性的文化冲突。全球性的文化冲突体现出各国在交往过程中的利益和文化纠纷，同时还映射出世界格局的变化——旧世界秩序的不断解体，新兴力量及其利益的增长。此外，随着国际产业和金融体系的调整和整合以及贸易体制的发展和改革，资源竞争日趋激烈，政府和公民社会等各种形式的交流日益频繁，文化差异、宗教差异以及许多历史遗留问题更加凸显，利益冲突更加敏感，部分国家内外部矛盾激化，文化冲突现象频发。

全球化还带来了国家边界的消失。"边界"与"边境"是不同

---

① 桂俊松.全球化时代的地球成就——读希拉里·弗伦奇《消失的边界》[J].绿色家园，2004（1&2）.

的概念。政治地理学和文化地理学上认为,"边境是一个不清楚的外向型前缘和外围地带,而边界则是区分地区和周边地区之间的界限"。① 也就是说,边界更具象,有很强的界限划定指向性。随着全球化的发展,新自由主义的兴起,区域一体化、区域合作和跨国集团等多种力量在国际上愈加活跃,国家边界日益模糊。一方面,各国在空间层面的地域边界依然存在,但是各国在政治、经济和文化上的联系越来越密切。随着互联网信息技术的发展,无边界、无时差的信息共享将各个国家更加紧密地连接在了一起,在一定程度上打破了原有的文化贸易壁垒。另一方面,边界的模糊产生了更多的文化冲突。特别是近十年以来,高度普及的新兴媒体技术深度融入全球化的进程,信息传播不断突破时空限制,国际冲突尤其是文化冲突日益频繁。

2. 跨国组织权力的增强与民族国家权力的衰弱

随着全球化的深入,联合国、世界贸易组织、红十字国际委员会、世界银行、国际货币基金组织等一些重要国际组织,超越主权国家的传统边界,通过协调国际事务,制定国际规则,确立了稳定的国际合作秩序框架。此外,日益庞大的跨国组织在国际事务中发挥越来越重要的作用,导致部分国家的传统职能受到严重制约和削弱。在这一过程中,国际组织权力日益增强、民族国家主权日渐削弱。

第一,全球化使各个国家在经济上相互依赖,尤其是民族国家在大国效能的辐射下逐渐变得衰弱。所谓"民族国家"是欧洲近代以来通过资产阶级革命或民族独立运动建立起来的、以一个

---

① 王亮,刘卫东.西方经济地理学对国家边界及其效应的研究进展[J].地理科学进展,2010(5).

或几个民族为国民主体的国家,其认同感的来源是传统的历史、文化、语言或新创的政体。对于民族国家来说,公民身份与领土紧密相连,建立在领土历史上的文明是维护种族记忆和提升民族认同的核心要素。随着全球化浪潮的深入,新自由主义、新帝国主义、世界政府、全球治理等多重论调及政治思潮相继涌现,民族国家的文化和身份认同遭到了重创。

第二,"世界市场"的形成是经济全球化的基础,跨国公司的快速发展使部分国家的政府市场调控管理职能受到威胁。跨国公司的纷纷出现,一定程度上造成"世界市场"和跨国组织所奉行的规则凌驾于民族国家主权之上。在世界市场面前,民族国家往往变得无能为力。诸如跨国公司的建立和投资战略、全球金融市场的调控、全球分工和资本控制等方面的问题,民族国家无法完全自主决定。当国家在政治上的领土边界和主权与全球化的资本规则相矛盾时,跨国公司和其他跨国组织就会想方设法推动资本扩张的合理化,而牺牲了民族国家主权权益。

全球一体化推动了价值观,文化和制度的自由流动。对于文化组成较为单一、文化脆弱性较强的民族国家而言,全球化动摇了其根深蒂固的制度、传统文化和价值观,甚至更有可能动摇人民的身份认识和利益关系。民族国家在全球化进程中内外矛盾交织凸显,集体无意识的发生转变和迭代,国际话语权和国际影响力日益减弱。这种全球化时代的文化"丛林法则",引发越来越多国家和研究学者的关注。

(二)维护国家文化安全成为重要使命

事关国家安全的斗争有两种:一种是激烈的高强度斗争,如军事斗争和政治斗争;另一种是隐藏和平的斗争,如文化和信息领域的斗争。其中，文化领域的斗争影响更为深远。全球化时代，西方国家利用发达的大众媒体垄断国际重大事件的报道权，向世界输出价值观和思维方式，许多发展中国家的主流文化价值体系受到影响，导致其主流文化价值体系失去其在社会生活中的主导地位。全球化时代，国家文化安全事关重大。

第一，维护国家文化安全，有利于增强民族凝聚力。民族凝聚力是国家综合国力的重要组成部分，文化安全是维护国家统一稳定、形成民族凝聚力的重要基础。文化的发展可以形成巨大的民族凝聚力和文化认同感，进而增强国家的整体安全程度，为产业发展营造良好的国际市场环境。

第二，维护国家文化安全，有利于增强民族文化认同。中华文明源远流长，历来是开放包容的文化，强调兼容并蓄，和而不同，愿意与其他文化和平共处、相互交流、相互借鉴、共同进步。这些与世界人民的理想和追求是一致的、相通的。通过中华文化将中国人民的意愿和心声传递出去，通过文化的沟通和交流，增进世界人民对中国的了解和认知，增强相互理解和信任，有助于我国在国际上塑造良好的形象，提升我国的国际影响力。

第三，维护国家文化安全，有利于构建和谐世界。国家文化安全是构建和谐世界的题中之义。维护国家文化安全对于维护国际社会稳定、促进全球经济可持续发展具有非常重要的战略意义。当前国际形势处于深刻复杂的变化之中，各种矛盾错综复杂，影响和平与发展的不稳定不确定因素依然存在。在这样复杂多变的国际形势下，唯有维护国家文化安全，保持国家统一、民族团结、社会稳定，才能有力应对来自外部的各种挑战和风险，为构建和谐世界贡献力量。

三、中国国家文化安全面临的主要问题

正如美国学者罗伯特·萨缪尔森（Robert J. Samuelson）在《全球化的利弊》一文中所说的，"全球化是一把双刃剑。"全球化一方面推动了各国间的经贸合作、人文往来，另一方面也可能使部分国家的主权受到侵犯，文化传统受到侵蚀，经济和社会稳定受到威胁。改革开放以来，中国不断创新对外开放模式，积极融入全球化进程，中国对外文化交流取得丰硕的成果。但我们也要清醒地认识到，当前中国在国际文化交流中尚处于弱势地位，与日益增长的综合国力不相匹配，国际话语权不足，中国的国家文化安全形势不容乐观。

（一）西方文化渗透与影响

二战时期，以美国为首的资本主义阵营和以苏联为首的社会主义阵营的两极格局由于不敢轻易使用武器，采取了以"和平演变"为主导战略的文化渗透策略。东欧剧变后，美国等西方资本主义国家的文化渗透策略并未消失。随着我国的改革开放，带有西方价值观念的文化大量涌入，冲击着我国的价值观体系，威胁我国的文化安全，进而影响到国家整体安全体系。

西方文化的渗透是无孔不入的，大到国家战略，小到动漫、游戏、电影等文化产品，都时刻影响着国家文化安全。王蒙曾说，"外国的东西，虽然你看着非常技术性，但往往和他们整个的文化方式、生活方式和价值观念有一定的关系。"[①] 近年来，西方资本主

[①] 杨子. 王蒙访谈：全球化能把中国文化怎么样？[N]. 南方周末，2001-11-23.

义势力以各种方式加强了对中国的文化渗透和文化产出。他们使用无线电和卫星电视等传统媒体，不遗余力地宣传西方的价值观。使用互联网等新媒体采用网上发帖和电子邮件，争夺其他国家的思想文化阵地；通过电子游戏，影视作品和漫画，叙述和诋毁其他国家的传统文化经典；依托世贸组织有关协议，输出影视剧，书籍等文化产品，反对社会主义的思想观点，宣扬西方所谓的"民主""平等"，严重影响着我国人民群众的思想意识观念，不仅对我国的民族精神造成了重大打击，而且影响着我国的核心价值观念。

所谓价值观，是人们的价值信念、价值标准和价值理想的综合体系，是人们的社会信念、人生信仰、政治理想、道德追求、生活原则等的集中体现。[①] 对于一个国家而言，价值观代表着一个国家或民族的文化价值体系，对内影响国家凝聚力，对外影响国家形象的塑造和国家文化安全的维护。当前，国家间竞争不仅是政治、经济、科技、军事的竞争，更是文化的竞争。而文化竞争的核心就是国家主流价值观的竞争。一个国家唯有立足本国文化培养核心价值观，才能树立国家形象，屹立于世界民族之林。

（二）多元文化思潮兴起与碰撞

伴随着改革开放，经济快速发展，各种文化思潮相互碰撞，在推动社会主义文化发展的同时，也出现了一些错误的思想，威胁着国家文化安全。兴起于 20 世纪二三十年代的新自由主义，以宣扬资本主义和市场自由的普遍性，反对社会主义，维护资本主义私有制度为核心，带有明显的"西化"色彩。新"左"派思想

---

① 袁贵仁.价值观的理论与实践：价值观若干问题的思考 [M].北京：北京师范大学出版社，2006：18.

势力在国内主要形成于 20 世纪 90 年代,他们所提出的人民主权原则、重视社会公平原则、反对官僚主义和贪污腐败等主张得到了人们的认可,但其思想较为激进,充满单纯的理想主义,与当代中国社会的务实发展变局的不满在当下产生了消极影响。历史虚无主义被某些人以"反思历史"的名义利用,实质却是竭力贬损和否定革命,诋毁和嘲弄中国人民争取民族独立和人民解放而进行的反帝反封建斗争,诋毁和否定我国社会发展的社会主义道路及其伟大成就。[1]这些错误的思想在一定程度上影响了人们的价值判断和文化认同,对文化安全带来威胁。由于这些思潮大多冠以"学术研究""历史探索""探究人性"的帽子,移花接木、以偏概全,具有较大的欺骗性。现在社会上出现的大面积文化认同危机、信仰认同危机等问题,与反主流文化思潮的兴起有关。因此,在多元化思潮环境下,更强化主流意识形态的培养,树立社会主义核心价值观。

(三)文化产业国际竞争力不足

文化产业通过文化产品和服务,在潜移默化中影响和改变人们的价值观念、行为方式、信仰追求。当前文化产业发展已经超越了国家产业经济发展的范畴,上升为国家综合国力发展水平的重要标志,上升为国家、民族的重要象征。

目前,我国文化产业的国际竞争力较弱,主要表现在两个方面:一是文化产业的理论竞争力不强。由于中国文化产业起步较晚,随着中国文化体制改革的深入和文化产业的高速发展,学界

---

[1] 孙秦敏. 新时代我国文化安全面临的挑战及出路 [J]. 厦门特区党校学报, 2018(2).

尚处于学习和借鉴西方文化产业理论阶段，尚未形成自己的学术理论体系，在国际文化产业学术研究领域影响力较弱。二是文化产业的产品竞争力不强。根据国际文化贸易统计数据，2002年到2011年，美国文化服务在国际市场上的份额常年保持在30%以上，英国和法国分别约为10%和5%；而中国尚不足1%，与世界文化产业强国还有较大差距。目前，我国文化产业创新力不足，文化产品和服务供给尚不能满足人们对美好生活的需要，随着文化市场的进一步对外开放，我国文化产业发展将受到重创，不可避免地会给国家发展带来一定的文化安全风险。

（四）互联网信息技术的快速发展

随着经济全球化时代的到来，互联网信息技术快速发展，文化与传播介质的融合不断深化，深刻地改变了人们的生产生活方式，世界各国也因此频繁交流。但信息技术的发展不可避免地对文化安全产生了影响。

由于互联网具有时空开放性的特点，使得人们获取信息的行为更加个体化、隐匿化和全球化。互联网改变了传统的时间、空间和地域概念，民族国家的地理和文化界限日渐模糊，各种积极或者消极的思想观念自由传播。部分西方国家借助本国科技优势，弱化主权国家对信息传播的控制力，将互联网作为本国文化、思想和价值观传播的重要平台和媒介，实施其"文化霸权"，进行文化渗透。一些不符合中国国情的政治理念、社会思潮因此涌入，影响着中国国民的思想观念，冲击着社会主义核心价值观和中华民族文化传统。尤其是一些网络"文化狂欢"现象，极容易对正在发育的年轻群体带来一定程度的负面影响。年轻群体是互联网的主要使用群体，他们情绪较为多变，辨别能力、自控能力差，尚未形成成熟的价值观难以抵挡强势文化的冲击和诱惑，如果缺乏必要的管控措施，将极大地影响中国文化安全和国家安全。

四、和平崛起与中国文化安全

文化安全问题事关民族大业，国家兴亡，能否有效维护国家文化安全已经成为国家综合国力的重要标志之一。当前，中国处于全面建成小康社会决胜阶段，中华民族正处于走向伟大复兴的关键时期。为了更好维护国家文化安全，树立国家形象，弘扬中华文明，我们需要构建中国国家文化安全的"万里长城"。

（一）提升文化安全意识，树立科学的国家文化安全观

科学审慎的文化安全战略意识、有机完整的文化安全战略体系和全面系统的文化安全战略举措是维护国家文化安全的重要屏障。[①] 强化国家文化安全意识是自觉抵制落后文化、腐朽文化、西方资本主义文化入侵的重要基础。在国家文化安全体系的构建过程中，要坚持中国特色社会主义先进文化的前进方向，加强对国民的文化安全教育，树立牢固的文化自觉和文化自信，在潜移默化中提高广大公民国家文化安全问题的意识。

在不同的历史时期，党的领导集体都高度重视国家文化安全问题。早在新民主主义革命时期，毛泽东同志就指出："这种新民主主义的文化是民族的。它是反对帝国主义压迫，主张中华民族的尊严和独立的。它是我们民族的，带有我们民族的特性。""所谓

---

① 王慧姝，吴祖鲲.国家文化安全视域下文化产业发展路径探析[J].桂海论丛，2017（15）.

'全盘西化'的主张，乃是一种错误的观点。"[1] 邓小平同志继承和发展毛泽东思想，始终密切关注国家文化安全问题，强调要"一手抓物质文明，一手抓精神文明"。以江泽民同志为核心的党的第三代领导集体也明确地指出："面对世界范围各种思想文化的相互激荡，必须把弘扬和培育民族精神作为文化建设极为重要的任务，纳入国民教育全过程，纳入精神文明建设全过程，使全体人民始终保持昂扬向上的精神状态。"[2] 十六届六中全会通过的《中共中央关于构建社会主义和谐社会若干重大问题的决定》指出："建设和谐文化，是构建社会主义和谐社会的重要任务。社会主义核心价值体系是建设和谐文化的根本。"[3] 党的十八届三中全会提出要"提高文化开放水平""切实维护国家文化安全"。这些论述，是我党在不同时期、不同的国内外形式下，关于国家文化安全问题的经验总结，是指导和维护国家文化安全的重要理论武器。只有不断增强我国文化安全意识，树立科学的国家文化安全观，才能更加主动、更加自觉地维护国家文化安全。

（二）坚定文化自信，构建社会主义核心价值观

习近平总书记在党的十九大报告中所指出："没有高度的文化自信，没有文化的繁荣兴盛，就没有中华民族伟大复兴。"所谓文化自信，既包括对自身文化发展历史与现实的理性思辨，也包括对眼下文化发展的理性思考，还包括对文化创造能力的全方位认

---

[1] 毛泽东选集（第二卷）[M]. 北京：人民出版社，1991：707.
[2] 江泽民. 全面建设小康社会，开创中国特色社会主义事业新局面 [N]. 人民日报，2002-11-18.
[3] 中共中央关于构建社会主义和谐社会若干重大问题的决定 [EB/OL].（2006-10-18）[2019-06-18].http://www.china.com.cn/policy/zhuanti/sljlzqh/txt/2006-10/18/content_7252302.htm.

识以及对文化建设方向的准确把握。"中华民族素有文化自信的气度。5000多年绵延不绝、灿烂辉煌的中华文化，不仅为中华民族生生不息、发展壮大提供了精神滋养，也为人类文明作出了不可磨灭的重大贡献。"[1] 当前，我国正步入中国特色社会主义新时代，文化建设更应坚定文化自信，开启全面建设新时代社会主义现代化文化强国的新征程。

价值观的自信是文化自信的系统构成中更具核心意义，对文化自信的诸多内容具有统领意义的一种自信，它与文化自信有着密切的内在关联。可以说，文化自信是凝练、总结、弘扬价值观的前提，是价值观的重要支撑，而价值观的自信则是增强文化自信、建设社会主义现代化强国所必须夯实的精神根基。

社会主义核心价值观是我国文化软实力建设的核心和关键。建设社会主义核心价值体系，是我们党在思想文化建设上的重大理论创新和重大战略任务。作为中国文化自信的综合表现，社会主义核心价值观承担了中华民族伟大复兴的梦想，是弘扬中国精神的集中体现。党从国家、社会、公民三个层面提出"富强、民主、文明、和谐，自由、平等、公正、法治，爱国、敬业、诚信、友善"的社会主义核心价值观，从理论和实践上对公民、个人精神层面提出了要求，凝聚起人们价值观的核心统一。新时期，维护国家文化安全，就要坚定文化自信，努力建设社会主义核心价值体系，努力用核心价值观引领社会思潮，使社会主义核心价值观内化为人民群众的价值理念，外化为人民群众的价值追求。[2]

---

[1] 文化自信是更基本更深沉更持久的力量 [J]. 求是，2019（12）.
[2] 范周. 坚定文化自信，建设新时代社会主义现代化文化强国 [J]. 前线，2017（11）.

（三）提升文化软实力，扩大中华文化影响力

文化产业是衡量国家软实力的核心标志。文化产业的发展不仅影响国民经济的发展，而且关系到国家的文化安全。我们要以高度的文化自信，提升文化软实力，扩大中华文化影响力，建设新时代社会主义文化强国。

第一，满足人民美好生活需求，促进文化发展提质增效。党的十九大报告指出："满足人民过上美好生活的新期待，必须提供丰富的精神食粮。"要以创造并引导供给来提高文化发展的质量，增进文化民生的福祉，推动文化产业结构优化升级，激活文化供给增长内生动力，推动新的文化业态不断融合、演绎、更迭、创新，提升供给水平。要创新公共文化服务形式与内容，精准把握人民群众日益增长的美好文化生活需要，实现现有公共文化服务水平与标准上的进一步发展。要坚持以人民为中心的主导思想，坚持以传承弘扬"工匠精神"为创作导向，以百姓喜闻乐见的文艺作品为创作出发点，创作出无愧于时代的文化精品，解决文艺作品"有高原却无高峰"的困境。要充分发挥文化发展的辐射带动作用，培育发展新动能、新产业和新经济增长点。

第二，深入贯彻依法治国，完善文化立法体系。坚持全面依法治国是习近平新时代中国特色社会主义思想和基本方略的重要内容之一。根据马克思主义基本原理，新时代，我国社会主要矛盾的变化属于经济基础范畴的变化，作为上层建筑的法律制度也应当随之变革，做出必要的调整，以适应新时代对法治的需求，文化领域亦是如此。在现代文化建设过程中，要加大文化立法力度，加大文化立法力度，无论是国内文化市场开发、中国文化走出去还是国外文化引进来，都应当把文化立法放在首要位置。尤

其注意，文化立法要与国际接轨，通过法律手段来有效地保护我国文化主权和文化安全，更加平稳、更加可持续地推动中国文化走出去。

第三，发展创新文化，推动文化传承与创新。文化自信并非"文化自大"与"文化鼓吹"，而是在经历了上下五千年洗礼之后留下来的科学的、有实践意义的文化精髓。我国历史悠久，文化源远流长，大量的优秀传统文化是我国文化软实力的重要来源。建设社会主义文化强国离不开文化自信的支撑，而我们的文化自信要建立在传承和弘扬中华优秀传统文化，坚持实现中华优秀传统文化的创造性转化、创新性发展的基础之上。这就要求我们深入研究挖掘中华优秀传统文化的精神实质与时代意义，详细阐发革命文化和社会主义先进文化的价值理念和鲜明特色，注意处理好批判与继承、利用与保护之间的关系，不断传承与弘扬中华民族优秀的传统文化，引领中华文化走向世界，与世界文化进行交流、对话和沟通，获得国际社会的认同和接受，从而树立良好的国家形象，赢得国际话语权，提升国家地位。

第四，讲好中国故事，不断增强国际话语权。讲好中国故事不是一般意义的文化出口和文化交流，而是向世界传播中国声音、展现中华文化的重要方式，其本质是我国文化自信的重要载体，其内涵既包括以开放包容的姿态接受外来文化，也包括我国优秀文化"走出去""引进去"。新时代，讲好中国故事要做到以下两点：一是坚持做好外来文化的中国化。科学谨慎对待外来文化，并用中国话语体系将其转化，为我所用。要逐步建立起以国家利益为最高利益的文化发展观，建立积极的国家文化安全预警系统。二是坚持中国文化国际化。在中国文化走出去的过程中，应当充分研究中国故事国际表达的有效方式，形成能与国际交流的对外话语体系，让中华文化不仅能被听得到、看得到，更能被听得懂、看得懂。努力提高对外文化贸易的竞争力，在中华文化走出去的过程中树立中国形象，传播中国声音，形成助力中华民族伟大复兴的文化力量。[1]

---

[1] 范周.坚定文化自信，建设新时代社会主义现代化文化强国[J].前线，2017（11）.

第五篇

文化再思考：用文化重塑未来

第十二章 文化产业的发展思考

第一节 中国文化产业的特色诠释

一、创新探索,坚持中国特色

(一)践行核心价值观,坚持双效统一

以社会主义核心价值观为文化发展的内核,实现经济效益和社会效益"双效统一",是文化领域发展的标准与尺度,是优秀文艺作品和文化企业遵循的法则与成功的内在规律。"双效统一"既是文化领域健康发展的必要保障,也是繁荣文化市场,满足人民群众美好生活文化追求的重要法典。

践行社会主义核心价值观,坚持双效统一,是对中国特色社会主义文化发展的不断探索与总结。长期以来,社会各界致力于推进经济效益和社会效益协调发展,抓牢培育和践行社会主义核心价值观,推动社会主义核心价值观内化于文化产品外化于文化服务。文化领域因此也涌现了以中国出版集团公司、华侨城集团有限公司、江苏凤凰出版传媒有限公司、芒果传媒有限公司等为代表的一批优秀文化企业,其社会效益和经济效益相得益彰、同步提升。同时，文化精品频出，其形式丰富，题材多样，涵盖影视、话剧、文学等多种艺术门类，其以中国特色文化为力量，彰显文化自信，充分凸显中华文化的吸引力与感染力，实现真正的叫好又叫座。优秀文化企业与文艺作品始终牢牢贯彻"二为"方向和"双百方针"，为人民群众提供更多的精神食粮，正确处理文化意识形态与商品属性的关系，坚持两手抓，互促进，共提升。

文化产品和服务作为一种特殊的产品，承载着文化传承的使命，坚持把社会效益放在首位是其内在使命与必然选择。同时，着眼全局，充分发挥国有文化企业的带头示范作用，健全现代文化市场体系，进一步深化文化市场改革，发挥政策的引导、激励和保障作用，实现经济效益和社会效益的双丰收，引导文化产业有序、健康发展。

（二）落实科学发展观，推进协调发展

推动文化产业全面、协调、可持续发展是一项长期的系统性工程，同时也是一艰巨的战略性任务。在文化产业发展的漫长过程中，我国始终坚持依托现实，从基本国情出发，在实践中不断探索、回顾、总结发展实践，吸取、借鉴国外发展经验，形成了以科学发展观为指导的理论体系，推动文化产业全面协调可持续发展。

改革开放以来，我们以推动文化产业繁荣发展为目标，齐心协力，多方共同努力，有效推进文化产业与文化事业、城镇与乡村文化产业协调发展。在发展文化产业方面，坚持以政府为主导，发展、壮大文化市场主体，实现国有文化企业与高、精、尖型中小微文化企业和谐发展，推进公平、开放的文化市场建设；着力健全现代文化产业体系，从供给端发力，不断优化文化产品和服

务供给，缓解供需两端矛盾，满足广大人民群众多样文化需求。在发展文化事业方面，以公益性、基本性、均等性、便利性为基本原则，形成了公益性文化单位与社会力量协作的模式，不断创新服务方式，朝着多元化的方向迈进，保证且丰富了人民群众的基本文化权利；加快、完善基础文化设施建设，基本形成了覆盖城乡的公共文化服务设施网络，让群众广泛享受一系列优惠、免费的基础性公共文化服务，推动公共文化服务均等化。与此同时，推动城乡文化产业协调发展，合理配置城乡文化资源。按照创新、协调、绿色、开放、共享的理念，以乡村和城镇协调发展的原则，合理布局、以大带小，逐步缩短两者差异，增强城乡发展协调性。在新的历史起点上，要推动社会主义文化大发展大繁荣，就要辩证处理和统筹文化产业发展中的平衡问题，脚踏实地，立足现实，科学发展，为文化产业全面协调发展提供必要保障。

（三）贯彻以人为本，满足文化需求

以人为本的发展理念是中国特色社会主义文化的重要内涵。文化产品和服务经过人的作用才能实现其最终价值，因此，从群众中来到群众中去是文化生产遵循的基本原则。贯彻以人为本，促进文化领域健康发展，激发文化市场活力。

40年来，人民群众的文化消费呈现出多样化、多层次、多方位的基本特征。人民群众需要多样化的文化产品、活动与形式，文化消费更换频率加快，质量提升，人民群众对美好生活的文化需求不断加大，并且朝着个性化方向演变。长期以来，我们一直坚持以人为本、人民至上的文化发展理念，将人民群众的作为文化发展首要考虑对象与服务目标，始终坚持发展文化为了人民，将人民群众的满意度作为评价文化产品和服务的重要标准。以人民群众为文化作品创作的基本原则,以实际行动不断推动人民群众成为创作的主体,充分发挥人民群众的积极性,拉近文化作品与人民的距离,有效提升文化建设的多样性、精彩性与现实性。依托各地文化资源,开展群众性文艺活动,加大扶持力度,培育群众性文艺团体,增强人民群众参与文化建设的频率,提升人民群众的参与性、互动性,推动文化融入人民群众生活,朝着群众在文化建设中自我创作、自我服务、自我教育的目标不断迈进。

经历了改革开放40年的实践与探索,我国文化领域随之发生了深刻的变革与多样的变化。人民群众对美好生活的向往丰富而多元化,满足人民群众对美好生活的文化需求难度不断提升,同时也具备了许多有利的条件。我们必须认识到文化建设的原则及目标,认真贯彻落实以人为本的理念,紧随时代发展趋势,提升社会责任感及文化建设紧迫感,紧随现实,创新发展,抓住机遇,乘势而上,不断开创中国特色社会主义文化建设新格局,为中国特色社会主义文化建设增添新的力量。

二、政府、市场、社会形成良性互动

(一)转变政府职能,提高政府宏观管理水平

伴随着文化产业发展的不断深入与细化,政府在其中的作用方式和作用领域发生了重大的变化。正确了解、认识、把握政府在文化产业发展中的地位与作用,对于激发文化市场活力、调动文化领域创新创业积极性、推动文化市场繁荣、满足人民群众精神文化需求具有重要的作用。

改革开放以来,政府文化部门管理方式持续深化改革,探索

发展，改变了以往的办文化、送文化的管理方式，逐步简政放权，朝着管理文化的方式创新。政府不断深化文化体制改革，以提高文化领域管理与服务水平为目标，逐步推进文化管理体制创新发展，始终坚持中国特色社会主义文化前进的方向，形成了政府管理和企事业单位运营的主要发展模式，以行业自律为主，社会监督为辅的管理体系。加快转变文化行政管理部门职能，提升政府治理效能，实现宏观调控的科学化。以政企分开、政事分开为基本原则，推动政府部门与文化事业单位职权合理划分，明确两者责任范围，理顺关系，合理分工，切实有力推动政府部门由办文化向管文化的转变。逐步协调"分配"与"管理"的关系，简化权力下放，加强监督协调。推动文化行政管理方式创新发展，改变以往单一的管理方式，形成法律、行政、经济等相融合的综合管理手段。尤其注重法律管理的建设和运用，加快各个文化领域立法建设，实现文化领域有法可依，有法必依，执法必严，违法必究局面的形成。随着科学技术加速发展，互联网技术进入文化生产领域，在丰富文化表现形式增强文化形态多样性的同时，对文化管理也提出严格的要求。把握文化建设的原则，紧随时代发展，完善互联网和新媒体管理体制。创新管理思路，统筹各方力量，认真贯彻积极利用、科学发展、依法管理、确保安全的方针，进一步健全基础管理、内容管理、行业管理以及网络违法犯罪防范和打击等工作联动机制，加快形成法律规范、行政监管、行业自律、技术保障、公众监督、社会教育相结合的互联网管理体系。[1]

---

[1] 雒树刚.进一步深化文化体制改革[N].人民日报，2013-12-03.

（二）坚持企业主体，发挥市场配置资源的决定性作用

文化传承时代精华，引领时代风气之先，是最需要创新的领域之一。发挥市场配置资源的决定性作用，推进企业发展，是推动文化领域创新发展，实现文化领域百花齐放百家争鸣的基础性动力之一。在文化竞争日益激烈的今天，更需要我们引导多元化企业有序竞争发展，探索文化走出去新模式，以企业为载体，推动中华文化走向世界。

坚持市场配置文化资源是对人民群众是文化生产和消费主体理念的认证与最好实践。随着文化企业的崛起与壮大，文化市场与其相伴相生。文化市场的出现意味着文化产品和服务的生产必须以人民群众为文化生产和消费的主体，必须坚持市场配置文化资源的决定性作用，充分发挥市场的活力，以此确保人民群众文化消费的满意度与文化生产的有序进行。改革开放以来，我国不断探索、推进文化市场的改革与创新，充分实现市场配置资源的决定性作用，逐步放手市场，实现文化市场的繁荣景象。20世纪初，文化体制改革的理念提出，文化产品和服务面向市场、面向群众成为基本原则，让市场成为检验文化产品和服务的重要标准。随着改革的不断深入，解放和发展文化生产力持续深化。人民群众在文化市场中的地位越来越重要，人民群众成为文化产品和服务生产和消费的主体。经过实践与探索，文化市场的活力得到了有效的提升，涵盖文化门类持续扩大，发展领域深入、细化，市场对文化资源的配置的优点得到显现。坚持企业主体，充分发挥市场活力，是推动文化繁荣的重要动力。但是，由于文化产品和服务承载意识形态的特殊性，把握正确发展方向，坚持政府的引导作用，促进文化企业有序发展是文化领域市场发展的必要前提。

（三）动员社会参与，加强公共文化新格局建设

公共文化服务作为文化建设的重要一环，是满足人民群众基本文化需求的有效途径，而动员社会力量参与其中是深化文化体制改革、开创文化建设新局面、推动社会主义文化大发展大繁荣的重大举措之一。多年以来，公共文化服务体系不断探索、完善，以多渠道提升公共文化产品和服务供给能力，逐步满足社会公共文化需求。

长期以来，各级党委政府为推动公共文化建设作出了持续的努力，不断呼吁、鼓励社会力量积极参与公共文化建设，探索公共文化建设新模式。党的十七届六中全会指出，支持、引导、鼓励社会力量通过各种形式参与到公共文化建设中来，包括建立企业、提供基本的公共文化设施或者资助公共文化活动等多种形式。与此同时，十八届三中全会中更加明确表明，鼓励社会力量、资本参与到公共文化建设的格局中来。在国务院颁发《关于加快构建现代公共文化服务体系的意见》更是做出了详细的部署，以动员社会力量参与为基本原则和最终目标，以简政放权为起点，减少相关项目的审批手续，吸引更多的社会力量参与，推动社会力量积极参与公共文化建设。公共文化建设领域同样引入市场机制，创新公共文化提供方式，改变以往单一以公益性文化单位为主的公共文化产品和服务的提供模式，有力地激发了社会力量参与公共文化建设的活力，极大推动了公共文化产品和服务的多样性、丰富性。同时，推动政府购买公共文化产品和服务模式多样化发展，鼓励政府机关与社会资本合作，进一步提升公共文化服务提供主体的活力和提供方式的多元化。整理且利用好现有公共文化设施，鼓励有条件的政府机关、事业单位的体育馆等基本文化设

施向社会免费或以一定的优惠向社会开放,实现现有公共文化资源合理利用。加大公共文化服务和设施的运营模式创新,推进公共文化产品购买与公共文化设施试点运营,减少不必要的公共文化资源浪费。改革开放以来,社会力量参与文化领域建设范围逐渐拓大,内容和手段更加丰富,服务质量显著提升,充分发挥社会力量,形成政府、市场、社会共同参与文化建设的格局,进一步提升文化产品和服务的水平,促使人民群众文化权益得到更好保障。

三、世界愿景,融入国际合作

(一)加强中华优秀传统文化精品建设

博大精深的中华优秀传统文化是我们保持昂扬向上的姿态,坚定民族自信,坚守中国特色的精神根基,是我们在日益激荡的国际竞争中站稳脚跟的必要保障。上下五千年中华文化源远流长,饱含着中华民族最深沉、最基本的精神文化追求,代表着中华民族特有的精神力量,滋养着中华民族并推动着中华民族不断壮大。加强中华优秀传统文化精品建设是保护中华优秀传统文化,建设社会主义文化强国,推动中华文化走出去的重要方式之一。

在改革开放的实践过程中,中国共产党领导广大人民群众自觉担负起传承、发扬、建设中华优秀传统文化的重担与责任,各级党委和政府开展了一系列极富创新和成效的工作,增强了中华文化的影响力、传播力与号召力。善于提取中华优秀传统文化的精华,加强传统文化与时代性相结合,以中华优秀传统文化内容为灵魂,以现代多样的艺术种类为表现方式,推出了一大批底蕴深厚、艺术性较高、口碑较好的优秀文艺作品。国家重视加强传统文化的保护与利用，出台了相关法律法规，以《关于实施中华优秀传统文化传承发展工程的意见》为代表，有力推动了传统文化的保护与传承。其中指出，深入阐发中华文化精髓，以此为契机，着力构建有中国特色的文化体系；将中华优秀传统文化全方位贯彻国民教育始终；实施传统工艺振兴计划，加强传统文化遗产的抢救与保护；推动中华优秀文化的挖掘，滋养文艺创作，形成中国特色文艺体系；促进中华优秀文化与现代生活的融合，加强内容与形式的结合；利用多种媒体资源，加强文化精品的传播力度，讲好中国故事，传播好中国声音，诠释好中国形象。随着改革开放的深化，中华优秀传统文化传承与建设也随之提升到新的高度，中华优秀文化精品生产逐步深入，为文化走出去、提升文化软实力奠定了坚实的基础。

（二）构建全方位多层次宽领域的文化交流格局

文化是世界各民族之间交流的桥梁与纽带，长期以来，我国一直贯彻独立自主的和平外交政策，以和平、友好的文化交流作为各国之间文明互鉴的重要方式，向世界展现了一个有着悠久历史文化、积极向上、蓬勃发展的传统与时尚并存的特色中国。

改革开放以来，我国文化交流取得了重大的突破，形成了多层次全方位宽领域的文化交流格局。其内容丰富，形式多样，既包括中华传统文化，也涵盖现行流行文化。我国不断注重文化外交，扩大国际交流合作。与俄罗斯、美国、英国、法国等157个国家进行多边合作，签订协议，举办文化活动，促进品牌化文化交流。以高峰论坛、高端对话等为依托，以展现中国形象，促进文化传播为目的，深入开展国家之间的文化交流与合作。与联合国教科文组织等开展国际合作,涵盖非物质文化遗产、自然文化遗产等多个领域。扩大文化交流形式,加强文化交流平台建设。积极推动中国文化海外交流中心、孔子学院的建设,开展文化交流和教育培训活动,加强中华文化的广泛传播,深化国家之间的文化交流。高度重视"一带一路"建设,以举办文化活动为契机,加大与沿线国家、城市的深入对话。节庆是推动文化走出去,缩短文化交流时间,提升文化交流效率的重要途径。合理利用、充分发挥春节等中国代表性节庆的力量,推动民间文化交流深化。以资金、政策为支撑,鼓励优秀文化企业文化组织与各国进行多样化的文化交流,提升对外文化的开放力度。以多种方式共同打造全方位多层次的文化交流格局,推动文化走出去分量提升与步伐加快。

(三)发挥市场积极作用推动中华文化走出去

积极推动文化产品和服务以企业为载体进入国际市场是推动文化走出去的有效途径。改革开放以来,我国政府不断探索,逐步形成了以政府为主导,以企业为载体的文化走出去新模式。

立足国际市场,大力扶持、培育中华优秀文化产品和企业,形成了以骨干企业为龙头,以重点项目为抓手,覆盖影视、出版、演绎多个领域的文化出口机制。简化审批手续,推动文化出口便利化。完善相关政策体系建设,充分发挥政策的引导作用,广电、新闻出版的等部门加大对文化出口政策的倾斜力度,为文化企业提供有序、健康、公平的政策环境。加强财政支持,为文化企业提供资金保障,完善文化贸易投融资体系,开拓国际市场。推动文化企业积极参与文化产品和服务出口,提升文化产品和服务出口质量,增强文化出口活力。不断加强文化出口营销渠道建设,拓展海外营销渠道，加快与国外知名文化企业合作，鼓励有条件的文化企业在海外设立分支机构，有效整合资源，完善本土化营销模式。不断加强文化交流平台建设，主动举办、参与国际文化交流相关活动。扶持优秀文化产品和企业对外推介，为具有国际市场潜力的优秀文化产品参与重大国际文化活动提供更大便利；组织企业参与各类国际展会与交易会，给予参展企业费用专项支持；支持举办重点扶持领域的国际经销年会等各类国际推介活动；各驻外文化机构积极为我文化产品、作品、企业搭建推介平台，疏通渠道，培育消费群体。[1] 改革开放以来，形成了包括政策引导、项目支撑、平台合作、资金扶持等在内的文化交流合作机制，极大推动了我国文化走出去的效率与质量。

（四）提升文化传播数字化传播水平

文化的传播随着传播技术的进步而不断创新。改革开放见证了我国数字化网络化水平的快速化发展与提升，文化产品和服务搭乘数字化建设的快车，丰富自身内容与形式，抢占国际文化竞争的制高点。

推动国际传播能力建设是提升文化软实力、建设文化强国的重要方式。改革开放以来，我国大力推动国际传播体系建设，全面加强基础设施建设，以重点媒体为源头，加强网络阵地建设，与文化机构、企业强强联合，建设影响力较大的网络文化交流平台，始终坚持社会主义先进文化的前进方向，大力弘扬和培育社会主义核心价值观，发展积极向上的网络文化，提升中国故事的

---

[1] 文化部关于促进文化产品和服务"走出去"2011—2015年总体规划[EB/OL].(2012-03-11)[2018-05-11].http://www.wendangku.net/doc/f612a94580eb6294d-d886c92.html.

丰富性，彰显强有力的中国声音。加大数字化网络化相关技术的研究力度，加快核心技术研发，提升文化企业核心竞争力。加快文化遗产保护中的数字化网络化水平，促进中华优秀文化数字化转化，鼓励非物质文化遗产的数字化开发。推动数字化与文化产品和服务融合发展，紧跟时代前沿，创新探索，鼓励数字出版、动漫游戏等新兴业态的发展，强化高科技对其支撑力度，提升其原创水平，丰富影视制作、演绎娱乐等领域的表现形式，填补空白领域。鼓励多种业态之间的融合，推动具有世界影响力的数字创意品牌开发。推动互联网传播能力建设，加强新媒体建设与多媒体数据库建设，促进传统媒体与新兴媒体融合发展，支持、鼓励文化企业开发数字文化产品，实施网络内容建设工程，加强文化资源数字化，提升网络文化供给、传播能力，实现网络文化生产规模化发展。随着改革开放的深入发展，数字化网络化发展预示着文化产业未来的发展方向以及文化的传播力、影响力和号召力，进一步完善网络文化交流传播体系，推动中华文化的世界表达与传播的任务急迫而艰巨。

四、转变方式，提升发展动能

（一）科技助推，创新引领

科技在文化产业领域的应用随着改革开放的深入逐步扩大，丰富了文化领域的表现形式，推动文化产业不断创新发展。发展科技含量高、富有创意的文化产业体系成为提升文化产业竞争力的重要推手。

以文化创意为核心，以科技为引领，坚持创新驱动，成为多年以来我国文化产业发展所坚持的重要准则。以此为基础，提升文化内容原创能力，推动文化产品内容、形式、业态的创新与发展。仅仅抓住大众创业、万众创新的号召，推动文化产业与其紧密结合，充分激活全社会的创造力与活力。依托科技，加大数字技术在文化生产、创作、传播中的应用与推广，推动数字创意产品开发，创新文化产品和服务的供给方式，依据发展趋势，大力开发适合互联网发展形势的数字文化产品。依托互联网，培育新型业态，形成新的增长点，引领文化产业发展新方向。不断提升动漫、游戏、网络文化等新兴产业的发展水平，加强高科技在演艺、影视等传统产业中的应用力度，推进科技与传统产业的融合，推动传统产业整个创作过程的创新发展，促进线上线下的转变，提升传统文化产业的活力。扩大数字技术在文化资源保护中的应用，加快文化产品数字化水平，加强优秀传统文化的保护。我国围绕文化产业发展需要，加大文化产业领域重大科技创新，提升文化自主科技创新能力。近年来，数字文化产业发展迅猛，数字文化产品和服务的质量不断提升、供给结构不断优化，数字文化消费在总体文化消费中占比较高，激发了数字文化产业的创新、投资活力。在经济新常态的背景下，推动文化产业创新发展，培育新兴业态，促进产业融合，将有力推动中华文化在数字化、信息化时代的感染力与竞争力。

（二）立法先行，规范秩序

法律是文化产业发展的支撑。加大文化立法力度，加快文化立法历程，是发展社会主义先进文化、弘扬中华民族优秀文化的内在要求，是保障人民群众文化权利的基本与必要手段，是推动社会主义文化大发展大繁荣与建设社会主义文化强国的必然保障。

新中国成立以来，我国的文化立法建设曲折发展，最终实现了文化立法零的突破，在文化法制建设的道路上迈出了重要的一步，为文化立法建设开启了新的征程。改革开放以后，以党的十五大为起点，我国的法制建设取得了前所未有的改变。有法可依成为文化领域法制建设的重要原则，我国法律建设的数量和质量得到了质的飞跃。随着文化领域发展的深入，文化法律建设的步伐明显加快，开启了文化建设的新征程。十八届四中全会明确提出，逐步建立健全文化法律制度，推动文化法制建设迈上新的台阶，为文化建设保驾护航。在 2015 年召开的十二届全国人大常委会中，对立法规划工作作出较大的调整与指示，以此次会议为新的起点，文化立法被确认为立法领域的重点工作。在此后，相继审议并通过了《电影产业促进法》《公共文化服务保障法》《公共图书馆法》等多部法律，并对《文物保护法》和《档案法》做了相应的修改，在一定程度上改变了文化领域立法长期以来较为薄弱的局面。经过改革开放 40 年的发展，文化法律覆盖范围逐渐扩大，内容逐步深入、细化。文化立法取得了较大的进步，由粗到细，文化管理方式由以往的单纯依靠政策转变为政策和法律并重。在新的形势下，在文化竞争日益加深的今天，文化立法必须担负起其应有的责任和任务，加快其建设步伐，拓宽其建设领域，紧随时代潮流，不断调整，发挥其应有的力量与作用。为推动社会主义文化强国建设，我国文化产业繁荣发展，为保护、传承和弘扬中华民族优秀传统文化，为推动中华文化走出去提供足够的力量支撑与充分的法律保障。

（三）产业融合，统筹发展

近年来，我国文化产业深入发展，究其原因，融合发展无疑是推动其发展的主动力之一。随着我国经济不断转型升级以及产业结构的不断调整,"互联网+""文化+"成为文化产业转型升级的主要方式与必然趋势。在当前经济新常态的背景下,推动文化产业与其产业融合是促进文化产业创新发展,增强文化产业发展新动力,继续发挥文化产业活力的重要方式。

文化的价值不仅仅局限于满足人民群众的文化需求,将文化的力量渗透到其他产业,将有力提升该产业的附加值。"文化+"战略逐步实施,文化产业与制造、建筑、信息、旅游、农业、体育、健康等相关产业融合、创新发展。其以文化为引领,加强文化传承与创新,不断增强文化的渗透力,提升相关产业文化附加值与产业价值空间,在一定程度上延长产业生命周期,增强产业活力。"互联网+"是"文化+科技"的典型代表,促进互联网等高科技在文化创作、生产、传播中的应用与推广,创新传统业态,激发传统文化产业活力,培育新兴业态,丰富文化产业类型。"文化+金融"是在"互联网+"背景下诞生的一种新的融资模式,以网络为基础打造文化领域投融资平台,通过全新的方式吸引社会资本投资文化领域,创新了文化投资方式,加大文化消费金融产品开发力度,开辟多样的文化消费新渠道,有效提升了文化投资的活力,有力增强了文化投资的成功率。文化产业与其他产业的融合发展,更多的是以文化为基础与核心,通过创意的手段,以实现产业为最终目的,实现与其他产业的深度融合,实现双方的优势互补、合作共赢。推动文化产业融合发展是提升文化产业发展速度的重要举措,加快文化产业与相关要素、平台、产业融合,优势互补,统筹发展,打造强力引擎。

第二节　中国文化产业的发展思考

一、经济效益和社会效益的关系

（一）把社会效益放在首位是双效统一的基础

文化产品和服务的社会效益和经济效益一直以来备受关注与重视。党的十六大报告提出要把社会效益放在文化产业发展首位，直到十九大，其描述转换为把社会效益放在首位，坚持社会效益和经济效益相统一。长期以来，党中央始终把社会效益放到首位，社会效益和经济效益关系的重视程度逐步提升，将两者关系由理论层面上升到实践的高度。

文化产品和服务兼具社会效益和经济效益是由其双重属性决定的。文化产品和服务与一般的物质产品不同，除了商品经济属性之外，文化产品和服务集意识形态属性和公共产品属性于一体。文化产品和服务承载了创作者的思想意识，其在满足人民群众精神文化需求的过程中，无形之中影响文化消费者的思想、行为、心理等各个方面。文化产品在社会中发挥着道德价值规范的特殊性，对社会道德风尚具有潜移默化的作用。这种特殊性使其必须将价值的引导放在首位，以社会主义核心价值观为内核，为人民群众提供丰富多彩的文化产品和服务。并且，随着世界各国文化竞争加剧，以美国为首的文化强国对文化市场的占领以及对国民文化习惯的影响，推动我国文化产业快速发展，保护中华民族优秀传统文化，加强文化创新，发展具有中国特色的社会主义先进文化，成为抢占文化市场制高点，增强文化市场国际影响力、号召力的关键。在这种形势下,我们必须认识到坚持把文化产业的社会效益放在首位的重要性以及必要性,坚持把社会价值功能放在文化发展原则的首位,将社会效益摆在突出的位置是文化产业发展的必需和必然。

(二)把社会效益放在首位并不是对市场效益的摒弃

市场是文化产品和服务实现其自身价值的基础。改革开放以前,文化产品作为一种教化手段,基本忽视经济效益存在。经过改革开放的实践,市场成为检验优秀文化企业与文化产品的重要手段。

坚持把社会效益放在首位,但是,也不能忽视其经济效益的重要性。社会效益与经济效益辩证统一,两者相互依存、共同发展。经济效益是社会效益实现的基础与现实条件。文化产品以市场为载体,通过文化消费受到广大人民群众的认可,其社会效益的价值才得以凸显。文化产品和服务以满足人民群众的精神文化需求为重要目标之一,其经济效益是推动新一轮文化产品生产的物质基础与现实动力。经济效益的实现有利推动文化产品生产质量的提升,促进文化精品建设。与此同时,经济效益是实现社会效益广泛扩散更好发展的引擎,脱离经济效益空谈社会效益使文化产品和服务失去发展的基础与活力。优秀的文化产品口碑相传,经济效益和社会效益共促进、双丰收。进入中国特色社会主义新时代,随着人民群众对美好生活追求的不断深入,我们必须牢牢把握社会主义先进文化的前进方向,加快构建把社会效益放在首位、社会效益和经济效益相统一的体制机制,推出更多的代表中国文化特色而又占领国际市场份额的文化精品,有力推动中国特色文化强国建设。

（三）实现社会效益与经济效益双效统一

坚持经济效益和社会效益相统一是文化领域发展的尺度。双效统一是保证文化领域健康发展的基础，同时也是焕发文化发展活力，繁荣文化市场的重要保障。推动文化产业繁荣发展，必须以社会效益和经济效益相统一为基础，推动政府和市场协作发展。

辩证看待，正确处理社会效益和经济效益关系，坚持社会效益领先，遵循市场原则，实现社会效益和经济效益双效统一。以实现社会效益为重要原则，把握文化产业发展的基本方向，引导正确的价值取向。积极出台扶持文化产业发展的相关政策，注意防止由于细则不明、落实不到位导致政策流于形式，或不良企业利用政策利好扭曲政府意图。同时，应坚守底线原则，对涉嫌违法乱纪、突破文化道德底线的，必须予以及时制止。对收视造假、票房黑幕、明星超高片酬等导致行业畸形发展的乱象，应予以适时纠正。[①] 加快文化法制建设，加大重点文化领域审查监督，对优秀文化企业与产品进行奖励，对偏离发展方向的劣质文化产品进行惩处。重视新兴业态的监管，形成行业自律的氛围，建立黑名单制度，加强行业评估。建立健全现代文化市场体系，提升市场发展活力与竞争力，鼓励文化企业发展，促进文化产业发展规模化、集约化、专业化水平发展。充分发挥国有文化企业的带头示范作用，实现市场主体多元化，形成公有制、非公有制公平竞争、优胜劣汰的格局。拓宽社会资本进入文化领域，降低资本进入门槛，鼓励文化产业创新，实现文化企业多元化发展。重点加强文

---

① 范周.文化领域供给侧改革须坚持"双效"统一[J].智库时代，2017（4）：41.

化金融领域的监督及法律体系建设,对可能存在违规操作,跨越文化法律底线的操作进行一定的防范和预警。

二、政府导向和市场运作的关系

(一)政府导向和市场运作的矛盾与和谐

文化产业的发展受到政府"看得见的手"与市场"看不见的手"的双重影响。政府和市场的矛盾一直伴随着文化产业的发展,正确认识两者的关系是推动文化产业健康发展,释放文化经济活力的重要前提。

政府导向推动市场的发展方向的形成。政府以政策为主要方式,引导、规范、约束文化产业发展方向、领域与范围,在优化文化产业整体环境,推动市场秩序有序发展方面发挥了重要作用。但也存在政策监管不到位或干预过多,从而阻碍市场良性运作。文化产业政府监管主体多元化,政出多门,监管权力不明晰,在制定政策的过程中往往从自己部门角度出发,或存在政策、职能重复、交叉现象,如若出现问题,相关监管机构很难做出公正、客观的评判,职权配置的不合理影响了市场运作的健康发展。由于文化产业承载意识形态的特殊性,决定了其监管权力来源于政府,政府既是政策的制定者,又是政策运行、实施的监督者,在一定程度上造成了政府失灵。再者,文化产业随着时代的变化而不断创新发展,其快速更新与政府政策制定的滞后性之间存在一定的矛盾。比如,在科技迅猛发展的今天,文化产业新兴业态不断涌现,政策、法律的制定与行业约束之间很难实现完美的契合,其中往往存在一定的政策空白,因此,某些文化企业见缝插针,生产了一批内容低俗、违背法律法规的文化产品,扰乱了市场秩序。同时,为了确保文化产业健康发展,当前政府对市场的监管过于严苛。审查程序过于烦琐,实行事前、事中、事后各个环节监督,拉长了文化产品生产战线,缩小了市场自由空间,抑制了市场活力。

政府与市场两者相伴相生。改革开放以来,市场经济快速发展,促使文化的经济价值得以显现,文化政策出台数量明显增加。市场的发展与崛起不断推动政策的产生与完善,激发文化产业的活力。市场在运作的过程中暴露的某些问题提示出现行政策存在的不足,从而促使政策逐步补充、完善。辩证看待、科学认识政府与市场的关系,才能跳出局限与错误认识,推动两者协调互补,推动文化产业繁荣发展。

(二)两者协作推动文化产业繁荣发展

在文化产业发展的过程中单靠政府或市场任何一方都难以成功,只有推动政府与市场相互补充、相互协调、相互促进,才能推动文化产业持续、健康的发展。

政府要以市场为导向,时刻把握社会主义先进发展方向,坚持以社会主义核心价值观为引领,根据人民群众的需求和文化市场的变化制定引领发展方向的合理的产业政策,健全相应的法律法规。促进公平竞争,冲破基于部门行业的壁垒和固守地方利益的行政管辖壁垒,放开文化市场的自由准入和退出,放开文化企业的自由竞争和兼并重组。同时,要坚持对公有和非公有制文化企业一视同仁,推动实现两者之间的权利平等、机会平等、规则平等,打造公平竞争的市场环境。[①] 政府进一步简政放权,推进职

---

① 祁述裕.我国文化产业政策之展望[N].中国财经报,2016-10-27(007).

能转变，尊重市场，降低市场门槛，优化文化市场服务，实现政府与市场默契配合。推进市场活力释放，重视、加快骨干文化企业培养，充分发挥优秀文化企业的引领作用。同时，鼓励非公有制文化企业发展，形成公平竞争、相互促进的文化市场格局。加强中小微文化企业的资金等方面支持力度，推动形成大中小微文化企业全方位发展的格局。以市场信用体系建设为保障，形成守信激励、失信惩戒的行业监管体制机制，营造公平竞争的文化市场环境，预防风险的同时又能激发文化市场活力。完善文化产品和要素市场建设，促进文化要素在健康有序的市场环境中高效流转，推动文化资源的优化配置。合理处理、正确发挥政府与市场的关系，充分发挥政府导向与宏观调控，释放市场活力，促进文化产业健康发展。

三、文化资源和文化资本的关系

（一）文化资源与文化资本互为因果

文化资源与文化资本两者相辅相成，文化资源是文化产业发展的基础，以文化资源为基础，以创意为核心，完成文化资本的转化，最终实现文化资源价值最大化。文化资本的实现赋予文化资源超越本身的意义，在某种程度上推进了文化资源更好的开发。文化资源作为一种特殊的资源，种类丰富，正确认识文化资源与文化资本的关系合理开发，创新利用，将有效推进文化资本的实现。

从某种意义上来讲，文化产业的发展就是将文化资源变为兼具社会效益与经济效益的文化资本，因此，文化资源也是文化资本的现实基础与核心要素。文化资源通过文化创意转化为文化产品，以市场为价值实现途径，满足文化市场多层次、多样化的文化消费需求，实现从文化资源向文化市场的转变。文化资本以感官的形式实现文化资源的展现，有力地推动了文化资源的宣传与保护。单一的保护形式难以推动文化资源的长久发展及与时代的融合，通过合理适度的创新性开发，文化资本通过生产性保护走出单一保护的局限性，进入时代的视野，被更多的人民群众所了解，有力地实现了文化资源的宣扬，调动了人们对文化资源保护、对文化资本消费的积极性。

文化资源与文化资本联系密切。文化资源是实现文化资本的基础，文化资本是文化资源的经济价值表现。在文化产业发展的过程中，文化资源通过文化生产进入文化市场，最终转换为文化资本，两者在文化产业发展的过程中缺一不可。

（二）文化资源向文化资本的转化

文化资源转变为文化资本，是发展文化产业，满足人民群众对美好生活向往的内在要求。文化资源是发展文化产业的重要基础，但是，文化资源的多少并不是决定能否成为文化强国的唯一因素。我国拥有丰富的文化资源，但是在世界文化产业市场中占比却相对较少，如何利用好文化资源，实现文化资源大国向文化强国的转变，抢占文化市场的制高点，是在增强国家软实力、建设社会主义文化强国过程中应该思考的问题。

文化资源向文化资本转化的过程中首先应当实现由文化资源向文化产品的转化。推动文化资源的整合与创新，坚持社会效益和经济效益相统一的原则，挖掘中华优秀传统文化，提炼精华，与时代元素相融合，推动创造性转化与创新性发展，创造具有代表性的优秀文化产品,从而实现文化资源社会、经济价值最大化。在转化的过程中,单纯依靠文化资源的力量是不够的,同时还需要市场、政策、技术、人才等要素的支撑与合作。在当今市场经济背景下,实现资源到资本的转化,必须借助市场的力量与平台。文化产品应当明确市场定位,打造多层次、全方位的产业链,占据市场优势与主导权。加强科学技术的运用,显现文化产业的时代特征。建立以企业为主体,以市场为导向的科技创新体系,增强科技创新能力,加快文化产品数字化发展。促进文化科技成果转化,提升我国文化产品能力与文化资本实力与竞争力。人才是制约文化产业发展的关键因素之一,而既懂文化建设又懂经济建设的人才相对匮乏,推动文化产业人才的挖掘与培养是实现文化资源向文化资本转化的重要力量。

在文化资源向文化资本转化的过程中我们还应当注意到以下几种问题。从转化的内容来看,在前期内容的选取中,缺少对文化资源的系统性调研与评估,往往具有一定的盲目性,缺少适合自身开发条件的文化资源匹配。同时,并不是所有的文化资源都适合转化为文化资本,这就要求我们对文化资源进行适当的甄别、筛选与归类。在内容开发的过程中存在过度注重经济效益,从而忽视了社会效益的问题,造成文化内容健康存在一定隐患,从而在一定程度上造成了文化资源的浪费。再者,在文化产品的展现上,文化附加值较低,呈现粗放发展的状态。在整合文化资源的过程中,缺少创新性,难以形成自己的品牌与特色。文化资源向文化资本的转化具有两面性。把握尺度、正确认识、合理利用、创新开发文化资源,实现文化资源社会效益和经济效益最大化,促进文化资源与资本共赢,反之亦然。正视并有效规避这一过程中的种种问题,是推动文化资源向文化资本成功转化的必要前提。

四、供给推动和消费拉动的关系

(一)推动文化消费增长的双翼

我国经济发展进入新常态,面临着发展速度变化、结构优化和动力转换的现实。站在改革开放四十周年的新的历史起点上,面对新的发展形势、新的任务与要求,推进文化产业供给侧结构性改革,促进供给推动与消费拉动经济增长,推动文化产业成为国民经济支柱性产业的战略性目标的责任重大意义深远。

供给推动与消费拉动是文化产业发展的双翼,两者从供给端与消费端共同发力、相互作用,协作推动文化产业发展,在文化产业发展的过程中,两者缺一不可。供给端推动消费拉动。文化产业通过文化产品和服务供给不断引导、刺激居民文化消费需求,其关键点在于文化生产者如何以优质的文化产品和服务吸引消费者。因此,抓住文化生产链条上的起始点,提供优质的文化供给,是推动文化消费的第一步。以故宫博物院为代表,以"萌"为创意点和核心,冲破以往博物馆严肃的刻板印象,在很大程度上推动了文化消费的增长。根据相关数据显示,截至 2016 年底,故宫博物院开发了 9170 种文化创意产品,并且在一年的时间中为故宫带来 10 亿元左右营业收入。文化供给端与消费端协作发展,文化消费的增长在一定程度上刺激、推动供给的发展与创新。文化消费的拉动是推动供给端增长的动力与引擎。文化产品和服务以满足人民群众的精神需求为依托，在实现社会效益的前提与引导下，也需要可观经济效益的实现，从而有力促进新一轮文化产品和服务的发展，为其优质、创新提升提供现实动力。文化产业的发展离不开文化消费拉动的作用，文化消费作为文化产业链条上的重要一环，文化消费不仅是文化产业发展的动力，又是文化发展的终极目标，只有转化为文化消费需求才能最终检验出文化生产发展的实际成效。扩大文化消费对于推动文化产品和服务的创新和升级具有极其重要的作用，以文化消费为动力，将有效优化文化产业结构、拓展文化产业发展新领域，将从根本上推动文化供给增长，拉动文化产业发展。

（二）更好拉动供给与消费增长

文化产业具有供给创造需求的特点，不仅需要从"供给侧"着手进行改革和引导，不断增加有效供给，同时还需要从"需求侧"进行培育和引导。同时，据相关数据显示，我国文化消费的潜在规模为4.7万亿元，而实际消费仅有1万多亿元，存在3万多亿元的缺口。因此，加快推进供给侧与需求侧并进，实现文化产品和服务有效供给，促进供给需求实现动态平衡，是保障我国文化消费可持续发展的重要条件，是推动文化产业转型升级的重要保障。

要更好地发挥文化供给推动文化消费，促进文化产业发展的作用，首先，应当从文化产品入手，创新驱动，培育新的经济增长点。创新能力是文化产业发展的根源，创造新的文化消费点是文化供给端的重要抓手。"十三五"时期文化产业发展规划中明确提出，要以创新为原动力，实现文化产品形式、内容全方位创新。贯彻"大众创业、万众创新"的理念，焕发全社会文化创造活力。因此，激发文化企业活力，实现文化资源创造性转换与创新型发展是供给端应当着实考虑的问题。其次，加强对文化产品创作生产方向的把握与引导。坚守创作原则，紧随时代潮流，以人民为创作中心的生产导向，着力提升文化产品内涵和质量，拉近文化产品与人民群众的距离。加强文化精品的培养，培育出一批集思想性、观赏性、艺术性于一体，体现中华文化精髓，符合世界发展潮流的艺术精品。再者，优质的供给离不开完善的市场机制。文化企业的生产力在市场的竞争中得到有效释放，通过市场检验文化产品优劣，同时又通过市场促进文化产品从劣质向优质，由粗犷向精细化转变。创作生产适应市场要求的文化产品时推动文化产品进入流通阶段的重要步骤。要更好地发挥文化消费推动文化产业增长的作用，需要扩大和引导文化消费，拓展发展空间。适应、引领现代多样化、个性化的文化消费趋势，释放文化消费需求，充分挖掘文化消费潜力。人民群众并不缺少文化消费需求，缺少的是正确的引导与释放。鼓励研究、推动相关文化消费模式的推广，营造积极的文化消费氛围。通过多种方式培育文化消费习惯，提升城乡居民文化消费能力。加强文化消费场景建设，推进文化消费平台搭建，加强文化消费监督，积极开展相关文化消费金融支持与服务，提升文化消费便利化水平，改善文化消费条件。

五、文化涵养和文化传承的关系

（一）文化涵养与文化传承相伴共生

中华文化是5000多年来一直滋养着中华民族的精神源泉，是中华民族凝聚力与创造力的不竭动力。在弘扬中华优秀文化的过程中，我们要善于扬弃，在继承中发展，在发展中继承，根据时代现实与要求，批判地继承，以文化精华为核心，古为今用，实现创造性转换与创新型发展，实现以文育人、以文化人的目标，实现中国特色社会主义文化建设的任务。

一个国家的强盛，一个民族的繁荣，往往是以文化的繁荣为前提的。优秀传统文化是中华民族在新时代绽放光彩的根基，是中华民族最深厚的文化软实力。文化涵养是任何一个民族文化的核心元素。长期以来，中华民族形成了丰富的人文精神与哲学思想等优秀传统文化，其以仁爱、崇德向善、自强不息等为文化内涵，推动优秀文化不断传承、弘扬。可以说，文化涵养是文化传承的核心内容与重要基础。文化涵养推动了文化理念、智慧、气度、神韵的传承与发展。正是因为文化一代又一代的传承，文化涵养才得以展现，因此，文化传承是文化涵养的生存形式，同时又是文化涵养不断弘扬、发展、创新的重要支撑。通过文化传承，优秀文化打破时间的限制滋养着每一个时代，与时代相融合，散发着精神的力量。以24字社会主义核心价值观为代表，传承着中国优秀传统文化的基因，寄托着近代以来中国人民上下求索、历经千辛万苦确立的理想和信念，既体现了社会主义本质要求，继承了中华优秀传统文化，也吸收了世界文明有益成果，体现了时代精神。[①] 珍视文化涵养，批判继承、合理阐释、选择发展，有力推动文化传承、促进文化繁荣。

---

① 习近平.青年要自觉践行社会主义核心价值观——在北京大学师生座谈会上的讲话[J].中国高等教育，2014（10）：4-7.

（二）推动文化涵养与促进文化传承

文以载道，文以化人，文化在改革开放发展的整个过程中起到了举足轻重的作用。文化的发展是一脉相承的，改革开放以来的文化发展是对其以往文化的继承与发展，想要更好的认识今天的中国，认识文化血脉，认识文化产业所取得的成就，就要准确把握文化精髓，实现文化更好的传承与发扬。传统文化在形成的过程中受特定时代、社会的影响，往往带有明显的时代印记，因此难免存在与现代发展不符的内容。在文化传承过程中，古为今用、推陈出新，创造性转换与创新性发展是实现文化精髓与时代融合的重要前提。

推动中华文化的传承与发扬，首先，需要对中华优秀文化进行深入的挖掘与阐发。以文化发展脉络为主线，了解、阐释文化的历史渊源，发展方向，抓住中华优秀传统文化的核心要素与价值所在，以文化特色为核心，推动优秀文化创新发展，加大优秀传统文化的阐释与传承，增强民族文化自信与自觉深入挖掘中华优秀文化，阐述中华优秀文化精髓，构建中华优秀文化话语体系，推进中华优秀文化的时代与世界表达。其次，用中华优秀文化滋养文艺创作。要善于从中华优秀文化资源中提取素材、获得灵感，将中华优秀传统文化的核心思想与时代元素相融合，以中华美学为引领，通过多样的表达方式进行适当表达，推出一批彰显中华精神内涵与审美风范的优秀文艺作品。将中华优秀文化贯穿国民教育始终是推动中华优秀文化传承的重要途径。推动中华文化教育全方位融入国民教育各个阶段，促进中华优秀文化更好、更广泛的发扬。积极推动中华文化融入生产生活，实现中华文化更有效的传承。把中华优秀传统文化内涵更好更多地融入生产生活各方面。注重内容与形式的结合,以内容为核心,丰富表现形式,推进创意表达;注重供给与需求结合,从供需两端出发,满足不同层次、年龄段人民群众传统文化需求,实现供需匹配。同时,利用多种媒体资源与载体,创新表达方式,促进中外文化交流互鉴。加大中华文化宣传力度,讲好中国故事、传播好中国声音、阐释好中国特色、展示好中国形象,彰显中华文化魅力。

第十三章　新图景：文化产业的未来展望

引言

现如今，多领域、跨学科、群体性突破成为新一轮科技革命和产业变革呈现的新态势，渗透进经济和社会的全部领域。中国经济发展进入新常态，创新驱动发展战略得到深入实施，大众创业万众创新蓬勃发展，新产业和新兴业态不断涌现，产业边界不断被打破，技术更迭速度加快，孕育出以新技术、新产业、新新商业模式为核心，以知识、技术、信息、数据等新生产要素为支撑的经济发展新动能。

未来，以信息经济、生物经济、绿色经济、创意经济、智能制造经济等新兴经济业态将持续发展，并逐渐成为经济增长的重要一极。制造业新模式、农业新业态、服务业新领域发展将持续深化，产品和服务价值链随之提升。新旧动能实现顺畅链接，全球范围内的创新资源配置效率和全要素生产率大幅提升，实体经济发展水平显著提高，支撑经济在保持中高速增长的同时迈向中高端水平，逐步形成新的经济结构和增长方式。

2035年是第二个百年奋斗目标的关键节点。2035年，我国的GDP大约在30万亿美元，可能是中国从经济规模和竞争能力方面,全方位向美国迫近乃至持平的关键时点。[①]2050年,中国将实现中华民族的伟大复兴。中国会从"三期叠加"中逐渐摆脱出来,从通过新常态"怎么看"中国经济,走向通过供给侧结构性改革"怎么改"中国经济,再到新时代中国特色社会主义现代化强国道路的长远战略,中国经济从高速走向高质量增长势不可当。

第一节 经济社会发展的未来图景

一、新旧动能转换,经济发展上升新高度

随着全球创新创业进入高度密集活跃期,人才、知识、技术、资本等创新资源全球流动的速度、范围和规模达到了前所未有的水平,新的生产、流通、分配、消费模式加速形成。知识、技术、信息、数据等新生产要素合理流动、有效集聚,乘数效应凸显。新技术向传统领域渗透,不断催生出新业态,传统动能全面升级。

国家高度重视新旧动能转换的问题。2017年1月,国务院办公厅出台了《关于创新管理优化服务培育壮大经济发展新动能加快新旧动能接续转换的意见》中就明确了今后的发展目标:"构建形成适应新产业新业态发展规律、满足新动能集聚需要的政策法规和制度环境。我国创新驱动发展的体制环境将更加完备,全社会创业创新生态持续优化,人才、技术、知识、数据资源更加雄厚,新供给与新需求衔接的市场机制基本形成,政府服务的响应

[①] 王健君.2018:中国时代喷薄而出[J].瞭望,2018(1):4-7.

速度和水平大幅提升,建立包容和支持创新发展的管理体系。"①

中国经济增长的演变表现出更为明显的阶段性特征。改革开放初期,劳动密集型产业主要是借助于劳动力资源的比较优势发展壮大。可以说,中国在此期间的经济增长主要是由劳动力资源的跨区域和城乡迁移,以及低廉的劳动力成本优势所致。随着技术的不断进步和社会资本的积累,资本因素对中国经济的增长做出越来越大的贡献,体现在重化工业的加速发展和总资本形成对GDP 的贡献增加。近年来,新技术、新产业、新业态、新模式层出不穷,消费对 GDP 贡献度持续增加,与消费息息相关的服务业发展迅速,成为占比最大的行业门类。中国经济必须直面这些变化,并积极适应这些变化,及时调整经济增长的动能结构,保持经济增长效率的稳定提高②。

经济增长应更多依靠技术来达成人们的共识和共同追求。如今,世界正处于一场重大技术革命的前夕。在中国连续举办两年的夏季达沃斯论坛,其主题都与第四次工业革命相关。一方面,这表明第四次工业革命即将到来,深刻影响世界经济,特别是世界工业的格局和各国发展成果。另一方面,也表明中国在世界经济特别是世界工业经济发展中的作用和地位。抓住这次机遇,中国经济将经历质的变化和改善。毫无疑问,无论是紧跟世界重大技术革命,还是迎接第四次工业革命的到来,新技术的联合研究

---

① 国务院办公厅. 关于创新管理优化服务培育壮大经济发展新动能加快新旧动能接续转换的意见 [EB/OL].(2017-01-20)[2018-06-10]. http://www.gov.cn/zhengce/content/2017-01/20/content_5161614.htm.
② 刘冰. 准确把握新旧动能转换的关键任务和重要举措 [J]. 理论学习,2017(8):25-28.

和广泛应用必将带来经济增长动能的转变①。

根据预测,在基准情景下,2035年我国不变价GDP规模将为2000年的10.06倍、2010年的3.99倍、2020年的2.02倍。2016—2035年,国民经济的增长不仅表现在总量规模上的迅速扩大,而且经济结构也发生了显著改变和优化,这是由于第三产业的增速高于第一产业和第二产业,随着时间的积累,第三产业比重越来越大,对经济增长的贡献日益突出和重要,这是一个典型的从量变到质变的必然结果。从产业结构上看,三次产业在经济总额中的比重呈现平稳变化的发展趋势,第一产业和第二产业比重逐年下降,而第三产业比重则逐年上升。2016—2035年,第一产业比重基本稳定,仅仅下降约1.7%;而第二产业比重则下降10.4%;第三产业一直保持其在国民经济中的最大份额,2016年第三产业比重超过50%,使其在国民经济中绝对支配地位更加巩固。2035年,三次产业增加值在国民经济中的比重分别为7.4%、29.9%和62.7%②。

经济发展如何影响2035的政治平衡?世界经济将更大,但各国预计将以不同的速度增长,因此它们的相对重要性将发生变化。大多数注意力都集中在中国上。在EIA预测中,调整后允许中国货币每年升值1%,中国将占2035的世界产出的近24%,高于2010年的近10%。中国人将比现在富裕得多——超过五倍,中国将有能力在世界上做很多事情。

---

① 刘冰.准确把握新旧动能转换的关键任务和重要举措[J].理论学习,2017(8):25-28.
② 李平,娄峰,王宏伟.2016—2035年中国经济总量及其结构分析预测[J].中国工程科学,2017(1):13-20.

二、人口红利转化:"数量经济"到"质量经济"

中国庞大的人口基数以及与之对应的充沛的劳动力供给是中国的国情。在一段时间内,充足且低廉的劳动要素成为推动中国经济持续快速发展的重要因素。但是,在计划生育政策实施十年后,中国人口结构发生了新的变化。曾经源于劳动力供给量的红利正在逐渐消失,劳动力供给质量的红利逐步形成,这对中国经济而言影响极为深远。

20世纪60到70年代,中国经历了高生育率时期,形成了大量高生产率的非熟练劳动力供给。在充沛的劳动力供给环境下,大量非熟练劳动力维持着较低的薪资水平。城镇工人年均实际工资由1978年的1004美元增加到1997年的1026美元,增长仅0.1%,期间年均GDP却保持两位数增长。然而自20世纪70年代以来,中国人口出生率经历了从高到低的转变,独生子女政策开始推行。受此影响,1980年中国总生育率由1973年的4.54大幅降至2.24。此后人口增长急剧下滑,部分学者估计,2010年总生育率可能仅为1.18。计划生育政策对中国产生了深刻的影响。今天,由大量非熟练劳动力供给所带来的中国人口红利正迅速消失。2015年劳动力规模由2012年的9.37亿降至9.11亿人。这一变化导致劳动力供给出现短缺,这种短缺现象在制造业较为集中的沿海城市尤为严重,并进一步引发了劳动力成本的上扬。1998年至2010年间,中国工人实际工资年均增长13.8%,超过同期实际GDP年均增长的12.7%。[①]

---

① 许元荣. 中国开启新"人口红利"时期[N]. 第一财经日报,2014-10-27.

劳动力成本急剧上涨和供给短缺，正侵蚀着中国制造业企业的利润，劳动密集型制造业的主导地位正在遭遇挑战，许多企业停运或将工厂迁离中国。中国劳动力密集型行业的投资吸引力下滑，迫使中国加快产业升级和转变经济增长模式，以减轻中国工业产出和经济增长双双放缓带来的影响。

在此背景下，政府开始逐步放宽独生子女政策，以期逆转人口老龄化和生育率下滑趋势。尽管如此，仍然有诸多社会经济因素打消人们多生多育的积极性，其中包括抚养子女的经济成本和机会成本的日益高涨，女性劳动者日益增多以及社会预期的转变等。出生率下降造成的人口老龄化，是威胁中国经济长期潜在增长的一项结构性问题。

值得关注的是，随着中国人口的数量红利逐渐释放完毕，由教育普及带来的人口质量的红利开始不断显现，高等教育人数的空前增长正在重塑中国的人口结构。过去15年中，共有约6000万青年学生接受了高等教育。在此影响下，目前高学历年轻人口（25—34岁）的比例达到8%，预计到2030年，中国劳动力中具有大学学历者将达到2.2亿人[①]。届时，中国将拥有世界上规模最为庞大的高素质劳动力群体，有利于未来经济增长释放出巨大的潜力。

首先，中国在第二轮人口红利周期内占据主导地位的"高端人力资源"拥有成本优势。安永的一项研究显示，对于调查样本内的公司而言，美国一名工程师的综合成本（包含工资、福利、办公费用、机器设备）为30万美元/年，在中国仅为约3万美元，

---

① 沈斌.浅论日本企业人力资源管理及对我国的启示[J].中国商论，2017（9）.

两者差距高达9倍。印度和中国的情况类似，调研数据显示，聘用一名有5年工作经验的硕士生，美国需要15万—20万美元，印度仅需3万—4万美元。最近几年跨国公司都在重构自身的全球研发网络，加大向中国、印度的布局，高端人力资源成本优势正是背后的主要驱动因素①。

其次，新人口红利决定了中国企业的研发成本会大幅低于发达国家。企业的研发成本由四部分构成：人力成本、原材料、资本支出、期间费用，其中人力资本占比高达50%左右。OECD的一份详细研究显示，人力成本是研发支出的最大组成部分，根据调研样本来看：美国为46.5%，法国为52.8%，德国为61.7%，日本为42.7%，瑞士为52.1%。可见，研发活动具有明显的"劳动密集特征"，中国高端人力资源的成本优势直接转化为显著的创新成本优势，在自主创新被日益重视的时代背景下，中国企业在研发这个核心环节的成本优势将会发挥重大作用。②

再次，研发成本优势将转化为中国发展战略新兴产业的竞争优势。2008年之前，中国经济增长主要被研发强度较低的中低端产业驱动，但2008年之后，传统增长极开始进入回落调整周期，全球经济普遍低迷，战略新兴产业成为国家之间增长竞赛的主要领域。但目前中国战略新兴产业的研发强度（研发支出占产值比重）明显低于领先国家，需要有一个较大的提升，才能和领先国家展开有效的竞争。而第二轮人口红利带来的高端人力资源成本优势，尤其是研发环节的"劳动密集属性"所蕴含的研发成本优势，为中国战略新兴产业在研发强度上的追赶提供了重要的有利

---

① 许元荣.中国开启新"人口红利"时期[N].第一财经日报，2014-10-27.
② 同上．

条件①。

最后,新人口红利周期为我国生产性服务业的增长尤其是知识密集型服务业增长带来重要机遇。多数知识密集型服务业属于高度劳动密集产业,学者的研究显示,我国承接国际外包的服务类企业成本之中,人力成本能占到70%—80%的比重,这比研发环节的人力成本比例要再高出20—30个百分点。这意味着对于信息服务业、软件、咨询、科技服务、设计、文化创意产业等知识密集型服务业,我国的第二轮人口红利将为之提供最具比较优势的人力要素条件。②

三、"一带一路"倡议落实,中国力量汇集全球

"一带一路"沿线地区是当今世界上最具活力和增长潜力的区域,已经聚集了全球60%以上的人口,创造了全球近1/3的经济产出,同时还聚集了22亿的城镇人口,占到全球城市人口的55%左右。根据联合国的预测,到2050年"一带一路"沿线国家城市人口还将增长12亿,年均增加3500万左右。③

共建"一带一路"建设将为中国经济和世界经济提供新动力。"一带一路"建设将欧亚大陆的两端,即发达的欧洲经济圈和最具活力的东亚经济圈更加紧密地连接起来,带动中亚、西亚、南亚、东南亚的发展,促进形成一体化的欧亚大市场,并辐

---

① 许元荣.中国开启新"人口红利"时期[N].第一财经日报,2014-10-27.
② 同上.
③ 徐林."一带一路"地区推动城市可持续发展合作的愿景已经形成[EB/OL].(2017-07-21)[2018-05-23].http://www.zhonghongwang.com/show-170-61213-1.html.

射非洲等区域。从历史上看,"丝绸之路"一直是世界上最重要的贸易通道。而当今世界,全球化进程使各国经济与全球经济更紧密地联系在一起,共建"一带一路"通过发挥沿线各国资源禀赋,实现优势互补,将大幅提升世界贸易体系的活力,这个过程也正是中国经济与世界经济实现互利共赢的过程。对于中国,"一带一路"建设对于新常态下促进经济结构转型升级,寻找新经济增长点,培育打造新的区域增长极具有重大意义;对于世界,"一带一路"合作项目和推进措施的实施,必将对沿线国家产生广阔辐射效应,缩小地区发展差距,加快区域一体化进程。改革开放30年,中国在国际产业分工调整中抓住有利时机,把中国的市场和劳动力优势与发达国家的资金和技术优势结合起来,承接来自发达经济体的产业转移,实现了经济快速发展。将这些宝贵的实践经验,与中国目前的资金优势、产能优势和技术优势结合起来,转化为对外合作优势,全面提升对外开放和对外合作水平,让"一带一路"共建成果惠及更广泛的区域,外溢效应惠及更多国家,必将为世界经济增长注入新的动力,为世界和平发展增添新的正能量。

共建"一带一路"有利于优化和创新国际合作与全球治理机制。习近平主席在博鳌亚洲论坛演讲时指出,"一带一路"建设秉持的是共商、共建、共享原则,不是封闭的,而是开放包容的;不是中国一家的独奏,而是沿线国家的合唱;不是要替代现有地区合作机制和倡议,而是要在已有基础上,推动沿线国家实现发展战略相互对接、优势互补。同时,共建"一带一路"的途径是以目标协调、政策沟通为主,不刻意追求一致性,可高度灵活,富有弹性,是多元开放的合作进程。因此,"一带一路"不针对第三方，不搞零和博弈，不搞利益攫取和殖民扩张，它对世界上所有国家或经济体、国际组织、区域合作组织和民间机构开放。这意味着，"一带一路"，既与其他合作组织或机制有效衔接，又是对新型国际合作和全球治理机制创新的积极探索；既能缓解当今全球治理机制权威性、有效性和及时性难以适应现实需求的困境，又能满足发展中国家尤其是新兴国家要求变革全球治理机制的呼声需求。共建"一带一路"，是以合作共赢为核心的新型国际关系的具体实践，既有利于以新的形式使欧亚非各国联系更加紧密，互利合作迈向新的历史高度，又有助于相关国家携手应对贸易保护、气候变化、贫困问题、极端主义等现实威胁，共同提供新的全球公共产品。共建"一带一路"符合国际社会的根本利益，彰显人类社会共同理想和美好追求，加快推进"一带一路"建设，将促进沿线各国经济繁荣与区域经济合作，促进世界和平发展，造福世界各国人民。①

四、全面建成经贸强国，搭建国际消费新平台

当前，我国已经成为经贸大国，主要是基于我国的消费、外贸、外资和对外投资指标都已经居世界前列。但是应当看到，我们仍然是"大而不强"，我国要成为经贸强国，必须坚持创新引领，走高质量发展之路。

为全面建成经贸强国，商务部规划了三个阶段性目标：2020年前，进一步巩固经贸大国地位，推进经贸强国的进程；2035年

---

① 共建"一带一路" 共创美好未来 [EB/OL].(2015-03-31)[2018-05-23].http://finance.people.com.cn/n/2015/0331/c1004-26774447.html.

前,基本建成经贸强国;2050年前,全面建成经贸强国。为此,商务部明确了六项主要任务和八大行动计划。六项主要任务:一是增强消费对经济发展的基础性作用;二是提升外贸竞争新优势;三是提高双向投资水平;四是优化区域开放布局;五是构建新型国际经贸关系;六是增强商务服务民生的能力。八大行动计划:一是消费升级行动计划;二是贸易强国行动计划;三是外资促进行动计划;四是对外投资创新行动计划;五是援外综合效益提升行动计划;六是"一带一路"合作行动计划;七是多边区域经贸合作行动计划;八是商务扶贫行动计划。[①]此六项主要任务和八大行动计划将助理我国建成经贸强国。

在贸易总量不断扩大的同时,我国外贸结构不断优化,质量和效益逐步提高,积极引导对外投资推进外资准入,外贸发展新动能进一步增强。2017年1至11月,全国新设立外商投资企业30815家,同比增长26.5%;实际使用外资金额8036.2亿元人民币,同比增长9.8%。外商投资企业创造了我国近1/2的进出口、1/4的工业总产值、1/5的税收收入,推动了资源合理配置,促进了市场化改革,对中国经济发展发挥了重要作用。2018年,我国大幅度减少市场准入限制,深化制造业开放,加快生产性服务业开放,逐步扩大教育、文化、医疗等生活性服务业领域外资准入,积极稳妥推进金融业开放,进一步引导外商投资的信心和预期;进一步加大改革力度,全面实行准入前国民待遇加负面清单管理制度;落实准入后国民待遇,完善外资企业投诉保护机制,保障外商投资合法权益。

---

① "一带一路"建设2017年取得突破性进展 我国2050年全面建成经贸强国[EB/OL].(2018-01-02)[2018-05-23]. https://www.yidaiyilu.gov.cn/xwzx/roll/41873.htm.

在新的历史发展阶段，中国需要借助多边贸易体制提升开放型经济水平，多边贸易体制也需要借助中国智慧和力量增添活力。中国政府多次表明坚定维护多边贸易体制及其规则的权威性和有效性，有力地支持了多边贸易体制，得到国际社会广泛赞誉和普遍认同。2017 年，我国分别与格鲁吉亚、马尔代夫签署了自贸协定，与智利签署了自贸区升级议定书，还签署了优惠贸易安排性质的《亚太贸易协定第二修正案》。截至目前，我国共签署了 16 个自贸协定，涉及 24 个国家和地区，自贸伙伴遍及亚洲、大洋洲、美洲和欧洲。我国与自贸伙伴的贸易投资额占我对外货物贸易、服务贸易、双向投资的比重分别达到 25%、51%、67%。以"一带一路"建设为统领，积极依托金砖国家、二十国集团、亚太经合组织、联合国等机制平台，建设性参与和引领多边合作，为全球经济治理贡献了中国智慧和中国方案。未来，我们将积极参与国际经济治理体系改革，深化区域次区域合作，为推动经济全球化朝着更加开放、包容、普惠、平衡、共赢的方向发展贡献中国智慧和力量。①

第二节　世界文化产业的发展瞭望

一、世界经济形势与展望

（一）全球经济将曲线上涨

IMF 等国际机构预测，全球经济全面向好，这里有周期性因

---

① 陈恒 .2050：全面建成经贸强国 [N]. 光明日报，2018-01-02.

素,即扩张、收缩、衰退、萧条、复苏。2011年,世界经济增速开始下滑,2016年滑到3.2%,去年回升到3.7%,这已经很高了,今年预测更是达到3.9%。[①] 不仅如此,包括制造业PMI和贸易、投资、消费等在内的所有指数都在好转。现在的世界经济形势是所有地区全面向好,中美欧等主要经济体都不错,不是过去的一两个地区而是全面增长,是难得的好情景。但有波峰就有波谷。国际机构预计到2020年,世界经济将开始收缩。

结构因素是指主要经济体都在调整经济结构,升级产能,创新增长方式。美国原来聚焦金融,现在则重视制造,以减税为契机,各种实体经济投资都在抬升,而且能源已经独立,正向全球出口油气,经济已实现史上第二长的扩张周期。欧洲经济也在调整,原来"欧债危机"中陷入困境的南欧国家,现在基本都调整过来了,连希腊2017年都出现了财政盈余,西班牙2017年经济增长3.1%,意大利的债务也在向下走。

亚洲则是靠内需拉动,内需拉动正在成为可能。据IMF统计,去年亚洲经济对世界经济增长的贡献率高达62%。其中,表现最佳的是中国,消费拉动、科技牵引,去年经济增量超万亿美元,超过全球第16大经济体印尼的GDP规模,对世界经济增长的贡献率达到33.3%,依然是全球最大的引擎。

可以看到,这一轮经济扩张,科技因素也在发挥作用。在中国,诸多独角兽企业崛起,新经济现象随处可见。人工智能发展如火如荼;半导体产业虽然面临危机,但市场规模越来越大;移动支付我们几乎已经离不开;乘坐高铁也逐渐成为人们国内出行的首

---

① 陈凤英.世界经济新图景[N].经济日报,2017-01-13(014).

选。此外，一部分国家也在朝新经济方向走。比如，德国、日本在无人驾驶方面与中国合作，以抗衡美国的单边主义。这些都是好的现象，一方面拉动世界经济增长，调动各种要素投入新的产业中；同时也促进经济结构调整，使科技创新对 GDP 的贡献比例大大提高，比如科技创新对中国经济增长的贡献率已达一半以上。[①]

目前来看，世界经济低迷状况发生了转变，贸易需求与商品价格已经有所回升。但是如果排除价格因素，货物实际出口量的增长没有那么高。2017 年前两个季度，世界货物实际出口量同比增长分别为 4.4% 和 3.5%，比上年同期上升幅度分别仅为 3.8 和 1.0 个百分点。贸易自由化方面，世界贸易组织达成了《贸易便利化协定》，但是美国宣布退出跨太平洋伙伴关系协定（TPP），美国与欧盟的跨大西洋贸易与投资伙伴协议（TTIP）谈判以及美国与中国的双边投资协定（BIT）谈判基本陷入停滞，全球范围内的贸易保护加剧。服务业为主的增长趋势也没有改变。印度、越南和东欧地区虽然开始加入全球生产网络，但是还没有引起全球价值链格局大的变动。所以，国际贸易活跃的基础并不是特别稳固。预计未来全球货物出口额的增长率会在 5%—10% 之间，实际货物出口量的增长率会在 5% 左右。[②]

（二）全球贸易与投资将保持良好发展态势

由中国提出的"一带一路"倡议，在促进自由贸易和直接投资方面扮演了重要的角色。目前，日趋复杂的国际环境已为全球投资与并购交易蒙上了一层阴影。面对"逆全球化"的风险，各

---

① 陈凤英. 世界经济形势向好，发展环境则堪忧 [N]. 环球时报，2018-05-30.
② 姚枝仲.2018：全球经济延续复苏态势 [N]. 中国经济时报，2018-01-01（005）.

国需要团结起来共同对抗,并且积极解决全球化中出现的各种问题。而在这个过程中,中国将通过自己的力量助推经济全球化变得更加包容和普惠。

当前全球贸易体系主要是建立在世界贸易组织规则下的多边贸易体制,通过签署自由贸易协定、降低关税以及消除其他贸易壁垒,从而实现高效低成本的贸易流通,进一步提升经济效益。把因自动化而造成的失业归因于全球化是不公平的,此外,大幅征收关税将令相关商品进口价格提高,从而增加消费者的负担和企业的生产成本。

当前,全球各地区和各国之间的联系愈发紧密,互联网和新兴技术的发展更是令地球变成了"地球村",信息资讯可以瞬间传递至全球的各个角落。其中,贸易作为人类一项古老而重要的活动,更是从此前单一的航运或是陆运,逐渐演变成了轻点鼠标便可实现的"海淘",便捷的物流让人在家就可以拥有全世界各地的商品。各国利用自身的相对优势生产商品,降低成本并且通过进口和出口获得自己所需要的产品和利润。如果没有国际的分工合作,我们将很难用便宜的价格获得多元化的商品。更重要的是,随着全球化的进一步发展,资本的全球化、劳动力的全球化、跨国企业的发展以及对外投资的繁荣,无一不向人们展示了全球化为人类发展带来的好处。然而,全球化并非是完美无缺的,其发展过程中也逐渐暴露出了贫富差距扩大以及发展不平等的问题,"逆全球化"之风也随之而起。但面对这种情况,我们需要在拥抱全球化这一大趋势的同时,通过国际合作不断解决摩擦与矛盾。

当前拥抱全球化关键之一、由中国提出的"一带一路"倡议不仅涉及自由贸易,在促进直接投资方面也扮演了重要的角色。

数据显示，2016年，中国对"一带一路"沿线国家直接投资流量达到153.4亿美元，仍处于历史高位水平。而在2016年末，中国对"一带一路"沿线国家的直接投资存量为1294.1亿美元，占中国对外直接投资存量的9.5%。联合国贸发会议预计，2018年发展中经济体外商直接投资流量占全球比重将回升至40%。另外，在基建融资需求的带动下，"一带一路"地区直接投资占比有望上升。[①]

值得注意的是，尽管全球的投资整体表现良好，但在大型企业跨境投资并购方面的"麻烦"仍然不断。2017年9月，欧盟委员会主席容克宣布，计划采取措施对海外流入欧盟的直接投资进行筛查。与此同时，特朗普也于去年直接出面否决了具有中资背景的全球私募股权收购基金峡谷桥资本公司（Canyon Bridge Capital）对美国芯片制造商莱迪思（Lattice）半导体的并购计划。今年1月，中国企业蚂蚁金服与美国企业速汇金（Money Gram）联合发布声明表示，由于未得到美国外资投资委员会（CFIUS）的许可，双方决定终止合并协议。2018年3月，特朗普再次出面阻止了博通公司收购无线芯片巨头高通公司的计划。

二、世界文化产业发展趋势

（一）文化创意产业呈现多极化发展

全球文化创意的全球产值达到2.25万亿美元，超过了电信服

---

① 商务部发布2017年度中国对外投资合作情况 [EB/OL].(2018-01-16)[2018-05-23].http://coi.motcom.gov.cn/article/y/gnxw/20180102699371.shtml.

务（全球产值为 1.57 万亿美元）和印度的 GDP（1.9 万亿美元）。产业中，排名前 3 的行业类别是电视（4770 亿美元），视觉艺术（3910 亿美元）和报纸杂志（3540 亿美元）。该产业创造了 2950 万个工作岗位，雇佣的人数占世界总人口的 1%。从业人数排名前三的行业依次为视觉艺术（673 万人）、图书（367 万人）和音乐（398 万人）。亚太地区文创产业总产值 7430 亿美元（占文创产业全球产值的 33%），从业人员 1270 万（占文创产业全球从业人员的 43%）。亚洲市场拥有庞大的人口驱动，诞生了很多文创产业的领军企业，如腾讯、中央电视台、日本读卖新闻集团（Yomiuri Shimbun）。欧洲和北美地区是第二、第三大文化创意产业市场。拉丁美洲，非洲包括中东地区分别排名第四和第五，但文创产业玩家看到了这两个地区大发展的机遇[①]。

（二）体验经济与数字经济蓬勃发展

经过了农业经济、工业经济与服务经济，"体验经济"成为第四个经济发展阶段。或者说，体验经济是目前居民消费层面最为明显的特征，引领了社会生产方式向度的转变。

体验经济可被认为是一种变被动为主动，变主动为互动的新型经济形态。相对于产品经济和服务经济，它更强调顾客的选择、参与及交互，通过体验获得美妙深刻的体验，根据马斯洛需求层次理论，体验经济有着更广泛的人类动机覆盖面。随着商业的发展，其核心价值将是全面满足人类的精神需求，零售行业将逐步实现线上线下深度融合及多业态跨界协同，社交化、场景化模式

---

① 倪炜瑜.全球文化创意产业现状特点及发展趋势 [EB/OL].(2016-11-30) [2018-05-04]. http://www.istis.sh.cn/list/list.aspx?id=10417.

也会成为主流。在体验经济阶段之前,技术及生产效率等无法满足每个消费者的个性化需求,品牌以市场细分的形式满足部分消费者的共性化需求。现在技术及生产效率等已具备满足个性化需求的能力。

消费者日益表现出个性化、情感化和直接参与等消费偏好,注意力也从服装产品本身转移到能够彰显个性的产品与品牌的符号化认知,他们期望在消费过程中获得更多主导权。传统经营模式受到极大挑战。服装品牌需运用各种交流、互动及接触方法,提供完整的体验才能融入顾客的日常生活,品牌体验成为消费者识别、感知和认同品牌的第一要素。

体验经济的另一面,是"数字经济"的强势发展。数字经济先进发展以日新月异,物联网、人工智能等技术已经越来越多的应用于人们生活的方方面面。最保守的预测也认为2045年将会有超过1000亿的设备连接在互联网上,包括移动设备、可穿戴设备、医疗设备、无人机等,它们所创造并分享的数据将会给我们的工作和生活带来一场新的信息革命。物联网、大数据、人工智能及区块链等技术将会把世界重塑为一个巨大的泛在网络,从而重构全球贸易体系。行业的变革、演进与巨变已悄然发生。

(三)跨界融合更趋多元,新兴业态不断涌现

跨界融合是产业发展的实际需要,而且也是时代发展的趋势。如果还是按照以前行政区划来发展产业,那肯定做不起来,也做不大。现在确确实实需要打破行政区划和部门格局,把它放在完整的产业链中去考虑。文化产业和相关产业融合发展的动力是市场。当前,在发展过程中,市场需求、消费需求、企业需求、资本需求、跨界需求都推动着文化产业与相关产业的融合。[①]

从国家层面看，跨界融合是实现创新发展的有效途径。文化创意时代的来临，意味着文化已进入经济发展的主战场。文化与经济等要素的融合不仅可以造就具有活力的发展领域，其内生驱动力也是世界许多城市转型发展的新动能。未来，创新是引领中国社会经济发展的第一动力，创新发展在理论层面不同于传统的资本积累或制度构建，亦不同于传统人力资本学说，而是将人类才智的创意性发挥视为创新发展的核心生产要素。因此，适应创新发展的新需求，推进文化与相关要素资源融合，就要以文化创意为中心重新整合资源和产业配置，更好地满足人民大众的精神文化需求。

从区域经济看，跨界融合可以培育新的经济增长点。在经济新常态格局下，维持经济中高速增长，必须有新的经济增长点和增长方式。当下，文化创意与相关要素资源融合催生许多新兴产业形态，如创意设计、网红经济、AR/VR/MR 虚拟经济、二次元经济、泛娱乐经济、网络直播等新兴业态。数字融合下的产业形态创新，不仅提升了产品竞争力，还推动了区域经济转型升级。这些新兴业态激发了城市文化活力，彰显了新兴产业发展魅力，对城市形象建构和美誉度提升作用显著。创意驱动下的融合效应，可以带动相关产业跨越式发展，产生良好的经济效益、文化效益、生态效益和社会效益，进而促进区域经济可持续发展。可以想见，城市文化与相关要素资源融合发展加快，催生新的经济业态，文化产业在区域竞争中发挥引擎作用不断强化，区域经济的可持续

---

① 刘玉珠.文化产业的跨界融合[N].上海证券报，2014-04-01.

发展能力不断提升。

从优化文化产业结构来看，跨界融合是提质增效的新动能。作为先进生产力的表征，文化创意产业是经济发展中的高端产业，是当代服务经济中的高端形态，具有高附加值和高文化价值、经济价值，低碳环保、生态发展、有效拉动就业、弥合社会撕裂等多重价值。在经济结构优化中，文化创意的渗透融合使传统产业之间的边界日益模糊，在数字化技术助力下，文化创意产业以其跨界关联整合不断提升传统产业结构，在技术含量和内容增值的融合下，驱使文化产品不断升级换代，从而为大众消费提供有效供给。以文化创意为驱动力的融合发展，使区隔化的传统产业边界变得模糊，促使基础制造业重新优化产业链，不断延伸价值链，带动产业联动升级，实现资源结构和产业成长模式创新。

跨界融合发展的关键是凸显内容优势和主流价值观引领，只有内容创新才能实现市场突破，形成产业链和商业模式创新，在跨界发展中成长为新的经济增长点。基于现代分工基础上的创意驱动下的融合，不断催生新的业态、新的经济生长点、新的生活方式，使传统产业、行业之间的边界变得越发模糊，使跨界融合、混业经营、形构创新创意圈层的文化生态场成为大趋势。人们越来越认识到，"文化+"驱动下的融合其实是一种大文化观在经济发展中的体现，"文化+"本质上就是"创意+""价值+"，是主流文化价值引导下的文化创意驱动，特色小镇建设就全面体现了这种理念。融合是一种思维方式，是一种文化发展观，是文化产业提质增效的新动能，更是健全产业发展体系，实现规模扩张的有效路径。

第三节　中国文化产业的未来图景

一、文化立法挂挡提速

（一）足增量：文化立法更加完善

文化建设是社会主义现代化建设中的重要组成部分。而文化事业和产业要实现发展，一个不可或缺的重要保障就是重视并加强文化立法工作，提高文化建设法治化水平。

文化立法的本质是通过建立完善的文化法律制度，从而进一步建立起符合我国社会主义文化规律、特点和要求并行之有效的最高规范和准则，确保社会主义核心价值观在思想文化建设中的牢固地位，保障人民群众基本文化权益、促进文化产业繁荣发展，为保护、传承和弘扬中华民族优秀传统文化提供充分的法律支撑。

在以信息技术、互联网技术为核心的科技、经济发展浪潮下，国家和民族的界限及特征被不断打破、削弱。而文化作为一个国家、一个民族的身份象征和价值体现，其本质属性日益凸显的同时，造成的冲突也日趋激烈。因此，文化立法的一项重要任务就是采取多种立法途径、方式维护和保障国家文化安全。在立法过程中，我们应当始终把弘扬社会主义核心价值观作为重要的立法原则，建立起传承、弘扬中华民族优秀传统文化的制度规范。同时，也要通过立法保障网络安全，对我国文化遗产出境、外国文化产品输入、外资进入文化领域等予以必要限制。

积极探索符合我国实际情况、能够保障实现公民的基本文化权利、科学合理、层次分明的中国特色社会主义文化立法体系。

针对当前文化立法不完善、不健全、进展较为缓慢甚至出现停滞的领域，应该努力加快推进文化立法工作，统筹相关部门，做好文化立法的规划工作。

文化社团、文化人才、文化市场、文化改革、文化交流、文化投资运营、文化装备生产和文化消费终端生产等领域的立法不断完善，以及更加细分的互联网文化、版权和文化软件服务、专业设计服务、工艺美术品制造和销售、创作表演服务、文化经纪代理服务等文化业态的立法工作。

同时，加快文化立法工作进度。在制定文化法律法规过程中，针对文化立法盲区，应该加强研究其存在的难点和问题，以立法的难度和敏感度为标准，分阶段制定相应的法律法规，如优先制定那些立法条件已完全成熟的文化领域，其次是制定那些立法条件已基本具备的文化领域。

文化立法很难解决的问题是它的调整对象的内容多样与多变。从传统出版印刷到现代互联网、物联网、新媒体、人工智能、虚拟现实、大数据、3D打印等新兴技术的应用，文化产品既有有形的也有无形的等，文化立法的范围在不断变化，立法的调整方式和原则，制裁手段等都存在较大差异。因此，需要对已有法律法规的相关条文进行及时补充、调整和修订，并根据主体的不同特征和实际执行过程中遭遇的问题和困难情况，进一步有针对性地制定实施细则，细化具体的分类、奖惩等级、责任主体、执行主体、审定机制、认定机制、管理机制等，避免法律法规在实施过程中"悬置"现象的出现，加强可操作性和执行力。

（二）优存量：大力深化体制改革

近年来，我国文化体制机制改革已取得突破性进展。首先，各项深化文化体制改革的政策相继出台；其次，各项推进公共文化机构法人治理结构改革、基层综合性文化服务中心建设的重点措施得以落实；再次，文化扶贫工作取得重大进展；最后，在文化市场改革方面，政府简政放权，推行一系列融资举措，鼓励文化企业进入市场，减轻企业负担，释放市场活力、主体动力和社会潜力。文化建设是中国特色社会主义"五位一体"总体布局的重要内容，文化体制改革是我国全方位改革事业的重要组成部分。多年来文化产业体制机制改革效果显著，然而随着我国改革开放进入深水区、"五位一体"的战略发展布局要求新时代下文化体制改革将只有进行时，没有完成时。

现代公共文化服务体系基本建成，基本公共文化服务更趋标准化。公共文化服务均等化、均质化水平不断提升，体现出地方和民族特色的文化设施网络基本形成，公共文化供给与群众文化需求有效匹配。优质公共服务体系成熟完善，与高质量高水平社会主义现代化城市发展高度契合。城乡居民基本公共服务的获得感、幸福感进一步提高。

现代文化产业体系和现代文化市场体系更加完善，文化市场的积极作用进一步发挥，文化企业和文化品牌继续做大做强做优，我国文化整体实力和竞争力得以增强，"十三五"末文化产业成为国民经济支柱性产业。

中华优秀传统文化传承体系基本形成，中国传统文化与当代文化融会贯通，传统文化实现创造性转化并持续创新性发展，不断与现代社会和当下文化相适应、相协调，为新时代的中国文化谱写新篇章。

文化开放格局日益完善，中华文化、中国故事、中国声音将广泛传播,通过文化作品的传播与弘扬,对外全面展示我国的良好国家形象。与此同时,国家文化软实力和国际话语权进一步增强,进一步促进世界文化多样化发展。

文化宏观管理体制改革不断深化,微观运行机制进一步健全,文化法治建设深入推进,中国特色社会主义文化制度更加成熟稳定。

二、产业结构深度优化

(一)融合创新:产业发展新格局

日趋多元的传播方式使行业间的界限日趋模糊,产业发展将呈现出大融合的趋势。现阶段,我国文化资源进入调整与整合的重要时期。未来,文化资源将以多种方式与制造业、旅游业、金融业等相关产业进行深度融合。尤其是在制造业方面,文化元素的植入将大大提升产品的附加值。

随着移动互联网、云计算等技术的快速发展,传媒所依赖的技术环境发生了巨大的变革,包括内容生产和存储的云化、传输渠道的互联网化、终端的职能化和多屏化。现在,文化产业已日渐成为新常态下经济增长的重要动力。在北京、上海、广东、江苏、湖南、湖北等省市,文化产业增加值占地区生产总值的比重已经超过5%,成为新的支柱产业。此外,文化创意产业与科技、金融、设计、服务、旅游等相关产业深度融合,催生了信息化时代的新业态,将促进我国经济结构升级和经济发展方式转型。

"带状发展"将成为未来我国文化产业区域化发展的一个主要特征。所谓的"带状发展",是指在大数据时代文化产业空间布局突破传统区域环状分布而代之以线性带状分布相关联,将文化产业的诸多要素进行有机的市场化配置与整合，从而突破行政区划的阻隔和产业门类的分割，最终实现国际化生产、交换与消费的整体共赢的文化产业发展大格局。从当前我国文化产业发展的现状和已有的空间布局来看，有潜力的文化带主要有"一带一路"文化产业发展空间、长江经济文化产业带、环渤海湾经济文化产业带、藏羌彝文化产业走廊等。

近年来，随着产业结构调整、经济转型升级的加速，我国文化产业获得长足发展，其中的文化创意和设计服务逐渐渗透到制造业、建筑业等实体经济领域。2014年3月，国务院发布《关于推进文化创意和设计服务与相关产业融合发展的若干意见》，就相关融合发展工作提出明确要求。在我国经济发展新常态下，推动文化产业尤其是其中的文化创意和设计服务与相关产业深度融合，更好发挥文化产业在优化产业结构、改善生活品质、提升国家文化软实力等方面的重要作用。

市场导向与政策支撑并行。当代文化产业发展的典型特征之一是以创意、设计实现与相关产业的融合，注重生产性服务功能的发挥。因此，市场需求成为推动产业融合的主要动力，获得市场回报成为产业融合的主要目标。在推动文化产业与相关产业融合的过程中，市场导向和政策支撑两者缺一不可。其中，市场需求对产业融合提出现实要求，政策支撑为产业融合提供有利环境。市场导向与政策支撑并行，将文化产业发展的动力由侧重外部生成转化为内外结合，有利于实现产业融合的常态化发展。[①]

创新驱动与产权保护并重。创新是文化产业发展的关键，是

---

① 尹晖. 推动文化产业与相关产业融合发展 [J]. 新闻战线，2017（14）：3.

任何资本和政策支持都无法替代的文化产业发展驱动力。一旦失去创新和创意，文化产业就失去了生命力。而永葆创新活力的基本前提，就是对创新成果产权的尊重和保护，这也是后续进行成果转化、实现产业融合的必然要求。在由要素驱动向创新驱动转变的大背景下，中央出台了一系列保护知识产权的政策措施。我们应抓住有利契机，健全知识产权保护法律法规，坚持严格执法，以保护和激发创新热情，推动我国文化产业健康蓬勃发展，为其与相关产业深度融合提供足够的成果产出和坚实的产业基础。

人才培养与产业集聚共生。文化产业发展的关键在于创新，而创新的关键在于人才。推动文化产业与相关产业深度融合，打造"文化+"的产业形态，对人才的要求更高。为此，应根据文化产业链条结构与产业融合需求制订人才培养计划和人才引进机制，为文化产业发展提供智力支持。但是，人才培养和引进切不可脱离产业环境，而应与产业集聚区建设同步考虑、通盘规划。产业集聚除了可以为文化产业与相关产业融合提供必要的协作便利，还可以为人才培养和成长提供适宜平台。文化产业人才不仅要培养好、引进来，而且要留得住、干下去。因此，应致力于人才培养与产业集聚协同，依托政策支持和配套服务，实现复合型人才与关联型产业的双重集聚，为文化产业持续发展及其与相关产业深度融合提供有力支撑。[①]

（二）"文化+"延伸产业链条

纵观我国近 10 年的文化消费支出，再结合发达国家的相关经验，我们会得到一个结论——人们在解决了衣食住行等基本生

---

① 尹晖. 推动文化产业与相关产业融合发展 [J]. 新闻战线，2017（14）：3.

活需要以外，精神文化的消费需求也会保持着比较快的增长速度。需要特别说明的是，物质消费到了一定的程度要再保持快速增长是很难的，而文化消费与物质消费不同，人们于对精神文化消费的支出往往潜力是巨大的。

中国消费结构的前三次升级分别发生在基本生活用品消费、彩电和冰箱消费、汽车和住房领域。而目前正在进行的第四次消费升级则会向旅游、教育、娱乐等文化类消费品转变，文化消费将成为新的经济增长点。国家统计局的统计数据表明，近几年来，我国居民人均文化消费在逐年增长，文化消费占消费支出的比重整体呈现上升趋势，但绝对水平依然较低，远低于的发达国家一般水平，增长的潜力还有待释放。

以互联网为代表的新媒体、新技术正在对文化消费产生广泛而深刻的影响，其不仅深刻改变了文化消费的内容和方式，对社会价值取向的影响也非同一般。特别是"三网合一"背景下的互联网，使文化消费活动超越了地域和人群的障碍，大大推进了文化消费的普及和升级。网民在消费互联网文化产品的同时，自身也是互联网文化产品的生产者，如此一来，便形成了生产与消费结合的文化消费新形式。文化供给无处不在，文化消费者无所不求，文化供给和消费渗透到生活的各个方面。互联网将所有人群的文化活动联系起来，随时随地发生文化消费，又通过互动而启动新一轮文化消费，消费热点潮涌不断，中国正迈入消费升级的新时代，文化消费未来的投资价值具有较大想象空间。

从内涵看，"十三五"时期，我们要大力推进文化产业的供给侧结构性改革，抛弃不合乎人民群众口味、不适应时代发展需求的文化产品供给，加快推动文化产业提质转型升级，通过文化自身的创新、创意优势,为文化产业提供新思路、新模式,重构文化产业生态环境。从外延上,要让文化创意产业服务实体经济走向常态化,通过"文化+"进一步促进文化产业与相关产业融合,强化文创产业对国民经济的外溢性和渗透性效应,不仅可以开拓文化产业的发展空间,而且为推动国民经济转型升级、推进供给侧结构性改革助力。①

未来,我国文化产业将逐步提升满足人民群众对于个性化、多元化的文化消费需求的能力。文化消费也将进一步扩大,文化消费对于城市经济发展的贡献度进一步提升。一方面,文化产品更加丰富,文化消费活动更加多元,文化场景随处可见,文化设施更加完善。文化产品和文化服务将拓展到生活的方方面面、点点滴滴,文化的覆盖面不断扩大,满足消费者的多样化精神文化需求。另一方面,文化产品和公共文化服务的品质提高,让文化产业与公共文化服务惠及群众日常生活,为百姓带来更多获得感和幸福感。

三、科学技术强力支撑

(一)产业环境对智慧生态提出更高要求

"互联网+"是信息化促进工业化升级的抓手,文化创意经由跨界促成不同行业、不同领域以及线上线下的重组与合作,激活了文化产业发展的内生动力,驱使文化产业与大量非文化产业形态的企业与行业相交融,加快了文化与经济的融合趋势。"互联网

---

① 张玉玲.2017年中国文化产业发展趋势[N].光明日报,2017-01-07(012).

+"以超时空特性几乎和所有行业与生活领域相联结，使一些阻碍文化产业发展的传统性弊端被数字技术消解，打破地区封锁、行业壁垒，由此带来产业发展中关系与结构的重塑。不断优化产业布局，在产业结构重构中不仅可以促进传统产业升级，还可以形成诸多新兴产业，由此促成以文化创意为内核的新兴文化产业群的集聚。如在创意与"互联网+"的融合驱动下数字创意产业跃升为数万亿的新兴战略产业。《"十三五"国家战略性新兴产业发展规划》中提出，以数字技术和先进理念推动文化创意与创新设计等产业加快发展，促进文化与科技深度融合，与相关产业相互渗透。到 2020 年，形成文化引领、技术先进、链条完整的数字创意产业发展格局，相关行业产值规模达到 8 万亿元。[①]

当前的文化内容日益附着于数字技术的应用及其创意设计，甚至数字化技术应用本身就是文化新业态的显现，这已成为当前文化发展的新趋势。在当前文化生产和消费形态愈加数字化、网络化语境下，数字化技术应用与创意驱动下的融合发展，主要表现为文化创意设计与装备制造业、消费品业、信息业、建筑业、旅游业、体育产业以及现代农业等跨界交融，这种融合优化了中国经济结构。尤其是文化产业与金融资本的融合，不仅为文化产业强身健体输血，还盘活了沉寂的国有文化资源，活跃了文化金融市场，更能助推文化产业迈上价值链高端（产业集团、版权和资本集团）。基于市场灵验基础上政策引导与立法促进下的融合，契合了实体经济与创意经济的崛起，有力地促进了中国经济形态不断迈向全球产业链的中高端。大力发展以数字创意为代表的新

---

① 苏丹丹.文化产业迎来发展关键机遇期[N].中国文化报，2016-07-08（006）.

兴文化产业，以"互联网+文化"的融合蕴蓄文化产业发展势能，既有利于推进以供给侧结构性改革契合需求的居民消费升级，实现产业结构优化升级，提高文化产业供给水平、改善供给结构；还可以促进文化消费、满足群众不断提高的消费新需求，增强文化产业发展活力；又能从整体上推动文化与经济各门类融合发展，加快培育新供给新动能。

在微观层面，在数字技术引领下，文学、媒体、出版、游戏、动漫、音乐、影视、舞台演艺等行业相互交融，不仅激发了文化创新活力，生成诸多新兴文化业态，还创新了产品的表现形态和消费体验方式，使产业链不断延伸。在消解边界、壁垒、凸显差异化中相互融为一体，在泛在式的存在中反而有了更加清晰的定位和精准的赢利环节，形成了商机无限、市场扩容的创新创意生态圈，使产品竞争演化为文化创意和资源整合能力系统集成博弈。

在数字技术引领和智能移动终端的普及支撑下，创意不断向各领域渗透融合，数字创意产业已成为很多区域经济转型升级的路径，人工智能、VR、AR、MR、数字新媒体等开始进入产业化发展阶段。在新兴业态中，人工智能与数字创意产业的融合凸显，不但提升了制造业的附加值和产品的竞争力，还促使其产业链不断延伸。从智能出行工具平衡车、滑板车，到智能装备产品头盔、轮式机器人等新兴工业制造品，在创意融入下不单从产品外观上进行革新，还把创意与实体经济相结合，体现了"中国智造"的能力，提升了"中国创造"的国际竞争力，进而促进了中国经济形态的高端化、高级化。创意以其内涵溢出，经由设计、制造融入产业内核，成为产业核心竞争力的灵魂。创意设计服务与制造业的融合不仅解决了产品外观和美学问题，更是在日常生活审美化中引领一种生产方式、一种生活品质，从而成就了诗意的中国、文化自信的中国。

（二）消费需求为数字创意创造更大市场

"十三五"规划提出，到 2020 年，形成文化引领、技术先进、链条完整的数字创意产业发展格局，相关行业产值规模达到 8 万亿元。未来 5 年到 10 年，是全球新一轮科技革命和产业变革从蓄势待发到群体迸发的关键时期。文化创意将成为产业变革和新经济发展的重要引擎。数字化浪潮迭起，计算机、互联网、信息通讯等数字技术不断向各个领域广泛渗透融合。文化产业和数字化技术相结合，就催生出了新的产业形态——数字文化创意。数字创意产业是以创意为核心、数字技术引领的战略性新兴产业，主要包含网络文学、动漫、影视、游戏、创意设计、VR、在线教育等 7 个细分领域。

目前，中国网民规模为 7.1 亿人，中国互联网普及率达到 51.7%，手机网民 6.56 亿人，其中超过 70% 的是 10—39 岁的青少年，是数字文化创意的主要消费群体。在互联网应用中，网络视频、网络音乐的用户规模达到 5 亿多，超过网络购物 4.48 亿的用户规模。[①] 截至目前，与数字化技术相关的新媒体文化市场价值已经占到整个文化产业的 70%，还在继续发展壮大中。与国际数字创意产业发展相对比，可以发现中国距离欧美发达国家还有 10 余倍的差距。目前，英国数字创意产业占 GDP 的比重达到 8%，位居全球首位。美国电影、日本动漫在全球都占据着大部分市场

---

① 范玉刚.牢牢把握新时代文化产业发展的"新常态"[J].济南大学学报（社会科学版），2018（2）.

份额，中国的数字创意产业占 GDP 比重是 0.7%，还有很大的提升空间。据高盛预计，到 2025 年全球 VR 产业将形成 1820 亿美元的市场规模，到 2020 年，中国市场规模将达 85 亿美元。在艾媒咨询发布的《2015 年中国虚拟现实行业研究报告》中，预计中国 VR 行业年产值在 2020 年有望超 550 亿元。①

数字创意产业强化工业设计引领作用，向中国质量转变。中国要实现"中国制造 2025"必须学习德国工业的"匠人精神"，工业设计必须得到高度重视。他表示，工业设计很早就已经成为发达国家制造业核心竞争力之一，在欧美发达国家，工业设计的资金投入一般可占到总产值的 5% 到 15%，高的甚至可以占到 30%，而中国制造企业在工业设计方面的投入几乎不到 1%。随着现代社会科技的发展需要，推动传统工业转型升级，工业设计成为重中之重。工业设计的发展已经不限于外观，还涉及品牌商业价值、企业战略、商业模式等。

2016 年 3 月，国务院新闻办公室举行新闻发布会，宣布将全面实施《中国制造 2025》。《中国制造 2025》明确提出要提高创新设计能力，激发全社会创新设计的积极性和主动性。

数字创意产业发挥设计的引领作用，积极发展第三方设计服务，支持设计成果转化。鼓励企业加大工业设计投入，推动工业设计与企业战略、品牌深度融合，促进创新设计在产品设计、系统设计、工艺流程设计、商业模式和服务设计中的应用。支持企业通过创新设计提升传统工艺装备，推进工艺装备由单机向互联、

---

① 十三五数字创意产业发展趋势：提升创新设计水平 [EB/OL].(2017-01-24)[2018-04-25].https://www.sohu.com/a/125063272_400331.

机械化向自动化持续升级。以创意和设计引领商贸流通业创新，加强广告服务，健全品牌价值体系。制定推广行业标准，推动产业转型升级。支持建设工业设计公共服务平台。数字创意产业将极大地改变人们的生活以及当下的诸多模式的变化。例如，在教育领域，智能教育将成为人类教育的更高阶目标。通过工业设计推动中国制造向中国创造、中国速度向中国质量转变。

附录　中国文化产业发展大事记（1978—2018）

1978 年

1月1日，《新闻联播》开播。

3月5日，中共中央批转《关于发展旅游事业的请示报告》，将原隶属于外交部的中国旅行游览事业管理局改为直属国务院，由服务于外交的行政管理机构转变为经济管理部门。

4月13日，中国接待"文革"后第一个来华演出的外国交响乐团——波士顿交响乐团，奏响了中美建交的序曲。

8月11日，《文汇报》发表卢新华的小说《伤痕》，开始了当代文艺对"文革"历史的反思，标志着新时期文学的开端。

9月，文化部电影局发布《关于加强电影企业管理的意见》和《故事片摄制程序及阶段划分的规定》，为大规模的电影生产从制度法规上做准备。

12月18—22日，中共十一届三中全会举行，开启中国改革开放和社会主义现代化建设历史新时期，一场解放和发展社会主义文化生产的全新探索。

1979 年

1月3日,广州太平洋影音公司成立,是中国第一家出版发行录音盒带的企业。

5月2日,在中宣部和文化部的决策下,《文艺研究》杂志创刊,成为展示中国文艺研究新成果的一个窗口。

8月7日,中国电影合作制片公司在北京成立,负责与国外电影公司合作拍片的业务,推动了中国电影产业的发展。

12月15日,文化部颁布《电影剧本、影片审查试行办法》,将电影剧本和影片审定权基本下放到各电影制片厂。

12月30日,中国电影公司恢复原名"中国电影发行放映公司",同时成立中国电影输出输入公司。

1979年底,广州东方宾馆开设中国第一家音乐茶座,这是中国文化市场兴起的标志。

1980 年

3月25日,中国世界电影学会成立,这是中国第一个从事外国电影研究的学术团体,致力于成为中国电影和世界电影交流沟通与合作互动的桥梁和纽带。

4月16日,公安部、文化部、国家文物事业管理局联合印发《关于加强文物安全保卫工作的通知》。

5月23日,中断多年的《大众电影》百花奖恢复举办,中国影协在北京举行第三届百花奖授奖大会。

6月4日,中国加入世界知识产权组织,《建立世界知识产权组织公约》对中国生效。

1981 年

4月20日,"茅盾文学奖"成立,这是中国长篇小说的最高文学奖项之一。

5月23日,第一届中国电影金鸡奖评选揭晓。

6月1日,中国儿童电影制片厂在北京成立,这是中国第一家专门生产儿童电影故事片的电影制片厂。

10月10日,国务院《关于加强旅游工作的决定》指出,"目前旅游接待条件较差,这个矛盾要逐步解决。"在国内资金短缺的矛盾下,旅游成为中国最早引进外资的行业,成为对外开放的前沿。

1982 年

1月21日,《少林寺》在香港公映,这是第一部在香港上映的内地功夫片,创下1616万港元的超高纪录。

2月8日,国务院公布中国第一批历史文化名城,包括北京、承德、大同、南京、苏州等24个城市。

8月23日,全国人大常委会做出决议,确定"中国旅行游览事业管理局"更名为"国家旅游局"。

9月17日,北京电视制片厂成立,这是中国第一家电视剧专业制作单位。

1983 年

2月12日，中央电视台首届春节联欢晚会直播。

6月20日，Beyond乐队成立。该乐队创作有《光辉岁月》《海阔天空》等无数首经典歌曲，被认为是20世纪中国乐坛最成功和最有影响力的乐队之一。

11月15日，第一批中国公民共25人从广州出发前往香港旅游探亲，香港媒体称之为"新中国第一团（出境旅游团）"。

12月29日，邓丽君在香港红勘体育馆举行15周年巡回演唱会，创下四项新纪录。邓丽君被称为中国流行音乐界的里程碑，成为一个时代的文化符号。

1984 年

6月15日，文化部制定下发《图书、期刊版权保护试行条例》，该条例第13条明确规定作者和出版社应就作品的使用签订出版合同。

7月27日，中共中央办公厅和国务院办公厅批转《关于开创旅游工作新局面几个问题的报告》，提出加快旅游基础设施的建设方针和旅游行政部门简政放权等要求。

9月10日，广西电影制片厂出品、陈凯歌导演的电影《黄土地》上映。该片获得1985年第五届中国电影金鸡奖最佳摄影奖。第五代电影导演开始成名。

10月20日，中共十二届三中全会在北京举行。会议一致通过《中共中央关于经济体制改革的决定》，提出中国社会主义经济是公有制基础上的有计划的商品经济。

1985年

1月31日，国务院批转国家旅游局《关于当前旅游体制改革几个问题的报告》，提出"要从只抓国际旅游转为国际、国内一起抓"。

3月26日，上海市电影局与上海电影制片厂合并组建成立上海电影总公司，这是在上海电影系统进行的体制改革试点。

4月23日，中共中央办公厅、国务院办公厅转发文化部《关于艺术表演团体的改革意见》，为全国艺术表演团体的改革提供蓝图。之后，各地普遍进行了承包经营责任制等形式的艺术表演团体体制改革试验。

4月25日，上影故事片《童年的朋友》首映权出售给中央电视台。这是1949年以来第一次出售影片首映权。

5月8日，中国首次研制成功的"计算机——激光汉字编辑排版系统"在北京正式通过国家级鉴定，这是中国印刷技术发展史上的一次重大的技术革命。

1986年

3月1日，国务院旅游协调小组的成立，标志着中国旅游业进入了新的发展阶段。

5月9日，北京工人体育馆举行百名歌星演唱会。崔健以《一无所有》一举成名，被誉为中国摇滚第一人。

9月28日，在北京举行的中共十二届六中全会，通过《中共中央关于社会主义精神文明建设指导方针的决议》，将"加强社会主义精神文明建设"列入社会主义现代化建设的总体布局。

10月11日，国务院发布《关于鼓励外商投资的规定》，鼓励外国投资者在中国境内举办中外合资经营企业、中外合作经营企业和外资企业。

12月15日，中国第一座经济广播电台——珠江经济广播电台开播。

1987年

2月9日，文化部、公安部、国家工商行政管理局发布《关于改进舞会管理的通知》，解除对营业性舞会的禁令，赋予营业性舞会等文化娱乐经营性活动以合法地位。

3月29日，中共中央发出《关于坚决妥善做好报纸刊物整顿工作的通知》。

9月5—24日，首届中国艺术节在北京举行。这是中国第一次举办全国范围的艺术节，此后，各种形式的艺术节在中国各省、自治区、直辖市出现。

9月14日，广播电影电视部举办历时7天的中国电影展览。这是新中国成立以来举办的第一次大规模电影对外交流活动，来自50个国家和地区的200名客人观看了中国60余部电影。

10月16日，国务院发出《关于台湾同胞来祖国大陆探亲旅游接待办法的通知》，由此开启两岸交流开放元年。

1988 年

2月8日，文化部、国家工商局联合发布《加强文化市场管理工作的通知》，正式提出"文化市场"的概念，并规定了文化市场的管理范围、任务、原则和方针。

2月23日，《红高粱》在第38届西柏林国际电影节上获得"金熊奖"。这是中国第一次在欧洲三大国际电影节上获得最高奖。

3月16日，新闻出版署和国家工商局联合发布《关于报社、期刊社、出版社开展有偿服务和经营活动的暂行办法》。"事业单位企业经营"在出版业全面展开。

5月13日，文化部在北京召开全国文化工作会议，研究和讨论关于加快深化艺术表演团体体制改革的问题。

6月29日，《人文杂志》刊发浙江学者李建中《论社会主义的文化产业》，这是中国第一篇以"文化产业"为标题进行专门研究的论文。

9月6日，国务院批转《文化部关于加快和深化艺术表演团体体制的意见》的通知，提出在艺术表演团体的组织运行机制上逐步实行"双轨制"。

12月21日，国务院办公厅转发国家旅游局《关于加强旅游工作的意见》的通知。

1989 年

2月17日，中共中央发布《关于进一步繁荣文艺的若干意见》，《意见》中的第四部分阐述了加快和深化文艺体制改革的问题。

8月22日，由文化部文化市场管理局主办的"全国清理整顿文化市场工作会议"在北京举行。

1990 年

2月20日,《本命年》在西柏林国际电影节上获"银熊奖",这是中国写实电影的又一个高峰。

3月14日,综合类电视文娱栏目《综艺大观》开播,被观众们誉为"小春晚"。

4月21日,《正大综艺》栏目开播,成为中国第一档中外联合制作的综艺节目。

1991 年

6月10日,国务院批转文化部《关于文化事业若干经济政策意见的报告》,提出各级政府要逐年增加文化事业经费的投入,制定符合本地区实际情况的文化经济政策。

7月27日,文化部印发《关于对文艺演出经纪机构实行演出经营许可证制度的规定》,进一步加强文艺演出经营活动的管理,活跃繁荣演出市场。

1992 年

1月17日,中美签署保护知识产权谅解备忘录,体现了中国保护知识产权的基本立场。

2月20日,传记片《阮玲玉》在中国香港上映。女主角张曼玉凭借此片荣获柏林国际电影节最佳女演员,成为中国电影史上首位在欧洲三大电影节中获得表演荣誉的影星。

7月30日,中国正式加入《世界版权公约》,反映了中国在完善版权保护制度,促进国际文学、艺术和科学交流,加强国际合作方面一贯的良好意愿。

8月31日,张艺谋执导的第一部现代题材的故事片《秋菊打官司》在北京首映。

1993年

1月5日,《关于当前深化电影行业机制改革的若干意见》发布,中国电影走出40多年的计划经济体制,迈入市场经济大潮。

3月29日,全国人大对宪法序言和部分条款修改,将"实行计划经济"改为"实行社会主义市场经济"。

9月28日,香港电视广播有限公司与年代电视合资成立台湾TVBS(联意制作股份有限公司),这是台湾地区第一个无线卫星电视台。

10月4日,文化部发布《营业性歌舞娱乐场所管理办法》。这是第一个以部长令的形式对文化市场进行管理的政府行政规章,是中国对文化市场逐步实行法制化管理的开始。

11月14日,中共十四届三中全会审议通过的《中共中央关于建立社会主义市场经济体制若干问题的决定》提出了"依法加强文化市场管理"的要求。

11月16日,首届中国艺术博览会在广州隆重开幕。该会改变了以往由国家拨款举办的单一方式,而由画院、画廊、画商共同参与，意味着中国文化发展模式由计划体制开始向市场体制转变。

12月8日，《中国文化报》整版发布时任文化部领导讲话，提出"在改革开放中发展文化产业"，这是中国政府文化行政部门领导首次全面阐述对文化产业的政策性意见。

12月31日，杭州日报率先在全国采用电脑及通讯载体发行报纸内容及要目索引，标志着中国首张电子报纸问世。

1994年

1月31日，北京京文唱片传播有限公司的前身北京京文音像公司成立。该公司集制作与发行为一体，打破以往国营音像企业的僵化机制，开创民营企业进军乐坛的先河。

3月24日，文化部发布《关于进一步加快和深化文化部直属艺术表演团体体制改革的意见》，提出"正确认识文化市场的功能和作用，充分发挥文化市场对艺术事业的积极作用"。

4月4日，文化部发布《关于加强文化市场管理的若干意见》，提出建设有中国特色的社会主义文化市场。

11月19日，华谊兄弟传媒股份有限公司成立。

1995年

9月25—28日，中共十四届五中全会在北京举行，提出正确处理物质文明建设和精神文明建设的关系。

9月28日，中央工艺美院教授、著名画家吴冠中诉上海朵云轩、香港永成古玩拍卖有限公司著作权纠纷案一审审结，这是中国首例假画侵权案。

10月18—22日，中宣部和国务院办公厅在江苏省张家港市召开全国精神文明建设经验交流会，研究在社会主义市场经济条件下，如何进一步加强精神文明建设的问题。

1996年

2月5日，文化部核定了中国歌剧舞剧院、中国京剧院等7个机构的编制问题，组建了中国交响乐团、中央歌剧芭蕾舞剧院和中国歌舞团。

6月3日，中国互联网络信息中心（CNNIC）成立。

9月5日，国务院下发《关于进一步完善文化经济政策的若干规定》，强调"拓宽文化事业资金投入渠道，逐步形成适应社会主义市场经济要求的筹资机制和多渠道投入体制"。

10月7—10日，中共十四届六中全会通过《中共中央关于加强社会主义精神文明建设若干重要问题的决议》，提出要积极发展社会主义文化事业，积极培育和完善文化市场，深化文化体制改革。

1997年

1月2日，中宣部、文化部等九部门共同组织实施了"知识工程"，以"倡导全民读书，建设阅读社会"为宗旨，提高国民素质，为知识经济发展作贡献。

1月2日，中华人民共和国国务院令第210号发布《出版管理条例》。

5月26日，中央精神文明建设指导委员会在北京成立。这是党中央指导全国精神文明建设工作的议事机构。

6月27日，文化部发布《文化部涉外文化艺术表演及展览管理规定》

8月11日，国务院令第229号发布《营业性演出管理条例》。

9月12—18日，中共十五大报告指出，"深化文化体制改革，落实和完善文化经济政策"是践行中国特色社会主义的文化建设之道的重中之重。

1998年

2月，文化部、国家工商行政管理局《关于加强文化市场管理的规定》首次使用"文化市场"的概念。

3月22日到5月29日，蔡智恒的《第一次的亲密接触》在网络连载，标志着真正意义上的网络文学的成熟。

5月8日，全国最大的国有零售书店——北京图书大厦开门纳客。图书大厦使用计算机管理信息系统，通过POS机结算收款，同时还改变了单一卖书的传统模式，成为融多种功能于一体的大型综合性文化消费场所。

7月11日，北京市第一中级人民法院开庭审理八一电影制片厂等十家电影制作单位诉北京天都电影版权代理中心等三家单位侵犯著作权一案。这是中央电视台首次"现场直播"人民法院公开审理案件的活动。

7月31日，根据《国务院办公厅关于印发文化部职能配置内设机构和人员编制的通知》及《文化部机关人员定编定岗实施细则的通知》《文化部关于印发文化产业司"三定"方案的通知》，新组建文化产业司，这是政府部门第一次设立文化产业专门管理机构。

9月8日，中国研制出全数字高清晰度电视系统，奠定了中国电视产业升级换代的技术基础。

11月26日，文化部印发《关于进一步加强农村文化建设的意见的通知》，鼓励集体、企业、个人和社会各方面的力量资助文化建设，或兴办农村文化设施。

1999年

2月4日，中国电影集团成立，这是中国当时最大的电影制作与发行机构，是带动中国电影产业发展的"火车头"。

3月26日，《娱乐场所管理条例》发布，明确规定自1996年7月1日起每日凌晨2时至上午8时，娱乐场所不得营业。

4月30日，以"人与自然——迈向21世纪"为主题的世界园艺博览会在昆明举办，这是中国举办的首届专业类世博会。

6月9日，中国首家城市广电集团——无锡广电集团成立。

9月18日，国务院公布新的《全国年节及纪念日放假办法》，开始实施黄金周政策，境内旅游在假日期间出现"井喷"。

2000年

5月15日，文化部发布《文化部关于实施西部大开发战略加强西部文化建设的意见》，提出"合理开发利用文化资源，促进西部地区文化产业发展"。

6月15日，国家广电总局发布《电视剧管理规定》。

7月5日，文化部发布《文化部关于电子游戏经营场所专项治理工作有关问题的通知》，加强电子游戏经营场所专项治理工作。

10月11日，中共十五届五中全会通过的《中共中央关于制定国民经济和社会发展第十个五年计划的建议》，提出"深化文化体制改革""完善文化产业政策"的任务，首次在中央正式文件中使用"文化产业"概念，标志着中国对文化产业及其地位的认可。

2001年

8月24日，中办、国办转发《关于深化新闻出版广播影视业改革的若干意见》，提出要积极推进文化行业集团建设，组建一批主业突出、品牌名优、综合能力强的大型文化集团，实行多媒体兼营、跨地区经营。新闻出版广播影视业改革迈出实质性步伐。

10月11日，文化部颁发《文化部直属艺术表演团体演出场次补贴实施办法》及《文化部直属艺术表演团体优秀剧节目创作专项资金管理办法》。

10月18日，文化部发布《文化产业发展第十个五年计划纲要》，提出"对规模经济效益显著的行业，形成以若干大型企业（集团）为主体的市场结构"。

12月25日，原中央实验话剧院和中国青年艺术剧院合并组建中国国家话剧院，这是中华人民共和国的国家表演最高级艺术团体。

2002 年

2月1日,《音像制品管理条例》开始实施。

2月7日,对利用互联网经营网络游戏、艺术品、音像制品、演出活动及"网吧"等互联网上网服务营业场所实行经营许可证管理制度。

4月9日,中国出版集团成立。这是深化出版改革、加快出版业发展的一项重大举措。

5月10日,文化部发布《关于加强网络文化市场管理的通知》,这是文化部管理网络文化的第一个部门文件。

9月29日,国务院公布《互联网上网服务营业场所管理条例》,明确了审批、管理权限,强化了经营者的责任和管理要求。

10月22日,第二届老舍文学奖评奖尘埃落定,首次把权威文学奖项颁给网络小说。

11月8日,党的十六大做出深化文化体制改革、发展文化事业文化产业的战略部署,首次提出"积极发展文化事业和文化产业","根据社会主义精神文明建设的特点和规律,适应社会主义市场经济发展的要求,推进文化体制改革"。

2003 年

2月28日,文化部发布《2003—2010年文化市场发展纲要》,健全文化市场体系,完善文化市场管理机制。

6月27—28日,全国文化体制改革试点工作会议召开,专门研究部署文化体制改革试点工作。包括北京、重庆、广东、深圳、沈阳、西安、丽江在内的 9 个省市和 39 个宣传文化单位参加了改革试点。

8月1日，晋江文学城创立。晋江文学城作为中国网络文学发展中最具代表性的网站，其发展历程与中国网络文学产业的发展基本同步。

8月8日，华夏电影发行有限责任公司正式挂牌成立，这是中国第二家拥有进口影片全国发行权的机构。

9月4日，《文化部关于支持和促进文化产业发展的若干意见》发布，明确文化产业的概念。

10月11—14日，中共第十六届中央委员会第三次全体会议在北京举行，会议通过《中共中央关于完善社会主义市场经济体制若干问题的决议》，将深化文化体制改革作为提高国家创新能力和提高国民整体素质战略的一个重要方面明确提出来。

10月26日，首届中国国际网络文化博览会在中华世纪坛闭幕。70多家海内外知名企业参加了博览会。

2004 年

1月17日，大连万达集团与华纳兄弟国际影院公司在北京人民大会堂正式签约共建华纳万达国际影院。该项目的启动标志着全球最大的文化传媒集团正式进入中国文化市场。

3月15日，由 11 家颇具影响力的音像公司自发出资组建的广东联合传媒有限公司在广州宣告成立，推动正版音像产业发展。

4月10日，国家统计局印发《文化及相关产业分类》，第一次对"文化产业"有了明确界定。

5月17日，盛大公司在纳斯达克上市，成为中国第一家在美上市的互联网游戏厂商。

7月18日，湖南卫视第一次播出《超级女声》，开启了中国选秀元年，改变了中国音乐市场的格局。

9月16—19日，中共十六届四中全会通过《中共中央关于加强党的执政能力建设的决定》，提出"深化文化体制改革，解放和发展生产力"这一重要命题，这是中央正式文件中第一次正式出现"解放和发展文化生产力"的提法。

11月10日，中国对外文化集团公司、中录同方文化传播有限公司、北京市长安文化娱乐中心、北京保利文化艺术有限公司、北京儿童艺术剧院股份有限公司等42家公司被命名为第一批国家文化产业示范基地。

11月18—22日，首届中国（深圳）国际文化产业博览交易会在深圳举办。这是中国举办的第一个综合性、国际性的文化产业博览盛会。

12月22日，北青传媒股份有限公司在香港联合交易所正式挂牌上市，这是内地传媒企业海外公开上市的"第一股"。

12月15日，上海新华发行集团有限公司向上海绿地（集团）有限公司转让49%股权的合同签字仪式在上海展览中心举行。这是中国首家混合所有制的新华发行集团。

2005年

1月16日，"全国民营社科文艺图书发行联合体"在京正式挂牌，成为第一家正式挂靠在中国书刊发行业协会非国有工作委员会的民营业员书店联合体。

1月20—21日,第一届中国游戏产业年会在广州举行,会议发布了《2004年度中国游戏产业》报告,报告认为游戏产业已经成为互联网内容产业的先锋。

1月7日,广东联合图书有限公司在北京宣告成立。这是香港联合出版集团全资拥有的附属机构,是中国第一家外资图书发行公司。

3月29日,财政部、海关总署、国家税务总局联合发出通知,公布若干支持文化发展的税收政策。其中,对政府鼓励的新办文化企业,自工商注册登记之日起,免征3年企业所得税。

5月25日,辽宁贝塔斯曼图书发行有限公司挂牌成立,这是中国加入世贸组织履行规范的审批程序后,第一家由国有资本与外资共同组建的图书批销企业。

5月29日,中国第一家世界级电影主题公园——长影世纪城正式开业。

6月1—5日,首届中国国际动漫节在杭州举行。

7月19日,国家广电总局发布《数字电影发行放映管理办法(试行)条例》,鼓励境内企业组建数字电影院线公司,但外资再次被排除在电影院线门外。

7月29日,首届中国国际动漫游戏博览会和高峰论坛在上海开幕。

8月2日,中宣部、文化部、广电总局、新闻出版总署、商务部、海关总署等六部门联合下发《关于加强文化产品进口管理的办法》。

8月4日,文化部等5部委联合下发《关于文化领域引进外资的若干意见》，对相关工作提出了明确的"允许"和"禁止"事项。

9月1日，国务院新修订的《营业性演出管理条例》与文化部制定的《营业性演出管理条例实施细则》正式开始施行，意味着促使演出市场历史性变革的制度设计的出台。

9月12日，香港迪士尼乐园开园。乐园由香港特别行政区与华特迪士尼公司共同成立的一家合资公司——香港国际主题公园有限公司负责兴建和运营。特区政府拥有公司股权的57%，迪士尼拥有43%。

9月8日，16个国家动画基地和3家动画教学研究基地代表在杭州达成以振兴中国动漫产业为主题的《中国动漫产业发展杭州共识》。

10月11日，《中共中央关于制定国民经济和社会发展第十一个五年规划的建议》提出"丰富人民群众精神文化生活。积极发展文化事业和文化产业"。

10月22日，海峡两岸文化产业发展论坛在上海举行。

11月4日，文化部、财政部、人事部、国家税务总局4部门近日联合下发的《关于鼓励发展民营文艺表演团体的意见》，再次以一系列扶持、规范、引导民营文艺表演团体发展的"新政"引起广泛关注。

2006年

1月12日，中共中央、国务院发出了《关于深化文化体制改革的若干意见》，对文化体制改革的指导思想、原则要求及目标任务作出了明确规定，这是深化中国文化体制改革的纲领性文件。

3月1日，中国数字电视及其数字化音视频产业共性最强的基础标准《先进音视频编码》的"视频"部分开始实施，标志着"十一五"期间中国重点培育的数字化音视频产业已经有标准可循。

3月23日，由文化部批准的第一家中外合作经营演出机构——北京东方百老汇国际剧院管理有限公司（东方百老汇）在北京宣布正式成立。

4月25日，国务院办公厅转发财政部等部门《关于推动我国动漫产业发展的若干意见》。该文件系统、全面地提出了中国动漫产业的发展政策，为中国动漫产业注入了发展动力。

7月18日，"中国首届数字娱乐产业论坛"在常州开幕。

8月25—26日，首届中国创意产业大会在北京召开。来自中国及新加坡的业界精英、行业领袖以及媒体代表200余人参加了大会。

9月13日，《国家"十一五"时期文化发展规划纲要》发布，明确了未来五年将着力发展的九类重点文化产业，包括影视制作业、出版业、发行业、印刷复制业、广告业、演艺业、娱乐业、文化会展业、数字内容和动漫产业。

9月14日，文化部印发《文化建设"十一五"规划》，对今后五年中国文化建设做出部署和安排，是全面建设小康社会进程中指导文化建设的重要专项规划。

9月19日，中国第一个视频游戏技术平台——"国家动漫游戏产业振兴基地微软游戏技术平台"在四川成都国家动漫游戏产业振兴基地正式启动

10月19日，国务院办公厅印发《国家"十一五"时期文化发展规划纲要》。

10月17日，上海新华传媒股份有限公司揭牌仪式在上海展览中心举行，标志着上海新华发行集团有限公司整体改制工作顺利完成，成为中国出版发行企业中第一家A股上市公司。

10月27—29日，首届中国中部（武汉）文化产业博览交易会在武汉市国际展览中心举行。

11月20日，文化部颁布了《关于网络音乐发展和管理的若干意见》，实施网络音乐产品的内容审查制度。

12月7日，文化部决定命名清华大学、南京大学、南京航空航天大学、中国海洋大学、华中师范大学、云南大学6所高等院校的文化产业研究机构为国家文化产业研究中心。

12月29日，全国人大批准中国加入《保护和促进文化表现形式多样性公约》。

2007年

2月12日，商务部、文化部共同印发《关于加强老字号非物质文化遗产保护工作的通知》。

4月11日，文化部与商务部、外交部、广播电视局、新闻出版总署和国务院新闻办联合下发《文化产品和服务出口指导目录》。

4月27日，文化部下发《奖励优秀出口文化企业、文化产品和服务项目》的通知。

6月25日，文化部命名西安曲江新区和华侨城集团公司为首批国家级文化产业示范园区。

7月17日，文化部颁布《文化标准化中长期发展规划（2007—2020）》。

10月15日，党的十七大报告提出，"大力发展文化产业，实施重大文化产业项目带动战略……繁荣文化市场，增强国际竞争力"。

12月1日，由文化部制定的《卡拉OK节目制作规范》正式实施。这是文化部首次针对卡拉OK节目制作颁布规范。此外，具备收费功能的监管系统也开始在全国七省一区试点。

12月13日，辽宁出版传媒股份有限公司上市，新闻出版媒体"整体上市"破局，文化产业存量领域开始与资本市场全面接轨。

2008年

1月14日，文化部等7部门在北京启动"全国娱乐场所阳光工程"，旨在提升娱乐业产业层次，构建文明娱乐场所，推动和谐社会建设。

2月20日，财政部、中宣部、文化部、广电总局、新闻出版总署下发《关于在文化体制改革中加强国有文化资产管理的通知》。

3月6日，巨人网络与华为宣布结盟，在网络游戏领域开展技术合作。

4月16日，中国软件行业协会游戏软件分会在京召开行业自律研讨会，研讨、制定了中国首部"游戏行业自律公约"。

4月28日，中国首个版权领域综合交易和服务大厅在北京中央商务区（CBD）投入运营，北京国际版权交易中心这艘中国版权产业的航空母舰启航。

5月1日，中央电视台高清综合频道正式开播，中国电视全面进入高清时代。

5月9日，海南与江苏两省新华书店集团合资组建的海南凤凰新华发行有限责任公司在海口挂牌成立。这是中国发行业的首例跨地区战略重组项目。

6月16日，网络游戏运营商第九城市宣布与招商银行达成全面合作，借此进军金融领域，为旗下代理网游大作《魔兽世界》推出跨界合作的推广产品。

6月17日，云南省召开文化体制改革和文化产业发展工作会议，成为中国第一个宣布全面启动文化体制改革的省份。

7月16日，电影频道节目中心电影网在中国首次推出数字电影网络首映会。

7月19日，第一部真正的中国独立原创三维动画电影《向钱冲，向前冲》在苏州工业园区问世。

7月23日，羌族文化数字博物馆正式在互联网开通，这是中国第一个以少数民族文化为专题的数字化博物馆。

8月13日，文化部发布《关于扶持中国动漫产业发展的若干意见》，明确了扶持民族原创、完善产业链条、完善支撑体系、加快平台建设等方面的具体举措。

9月16日，由安徽日报报业集团与南非米拉德（MIH）传媒集团共同投资组建的"新安传媒有限公司"在合肥正式挂牌，这是中国首家经国家批准的党报集团中外合作项目。

10月16日，第31届世界戏剧节在中国江苏南京拉开帷幕，其主题为"世界戏剧的传统与新姿"。这是中国首次举办世界戏剧节。

12月25日，国务院办公室下发《关于印发文化体制改革中经营性文化事业单位转制为企业和支持文化企业发展两个规定的通知》，标志着文化体制改革的政策日益完善以及文化体制改革工作的顺利推开。

2009 年

1月16日，被业界誉为中国动漫"第一槌"的央视动画《美猴王》品牌授权拍卖会在北京举行，这在中国乃至国际行业内尚属首次以拍卖形式出售版权。

4月4日，集文化、旅游、商贸三位一体的大唐不夜城实现"全城点亮"，启动西安旅游新一代主题型文化旅游商业引擎。

4月27日，天津滨海国际影业有限公司成立，标志着电影制片厂转企改制全面展开。

4月28日，北京宋庄文化创意产业集聚区公共服务平台奠基仪式举行，标志着北京市首家文化创意产业集聚区公共服务平台成立。

5月8日，中国首个版权产业融资平台在北京中关村科技园区雍和园国际版权交易中心启动，该平台首创版权信托融资模式。

5月18日，吉林动漫集团成立。这是中国首家国有资本相对控股，民营资本广泛参与，完全按照现代企业制度和法人治理结构搭建起来的文化企业集团。

6月1日，香港特区商务及经济局筹建的"创意香港"办公室在香港成立，专责管理和推动香港创意产业的发展。

6月11日，中国和韩国游戏产业合作协调机制在江苏常州正式成立，这是中国文化部和外国文化管理部门关于网络游戏产业方面成立的首个协调机制。

6月15日，中国首个综合性文化产权交易平台——上海文化产权交易所正式揭牌，标志着中国文化产权交易市场的初步形成。

6月20—21日，由中国传媒大学、中国社会科学院、北京大学、清华大学、上海交通大学五家单位共同发起主办的"中国文化产业30人论坛"在北京召开。

6月24日，上海文广新闻传媒集团（SMG）版权中心正式挂牌，这是中国首家地方媒体成立的版权中心。

7月27日，中宣部、文化部发布《关于深化国有文艺演出院团体制改革的若干意见》，提出深化改革的新思路、新举措，标志着国有文艺演出院团体制改革进入攻坚期。

8月14日，全国文化体制改革经验交流会在南京举行，此次会议下达了"任务书"，制定了"路线图"，明确了"时间表"，被认为发起了文化体制改革的"冲锋号"。

9月10日，广东奥飞动漫文化股份有限公司正式在深圳中小板上市，成为中国首家动漫玩具上市公司，被称为"中国动漫第一股"。

9月10日，文化部发布《关于加快文化产业发展的指导意见》，明确文化产业的10大发展方向和发展重点、加快文化产业发展的10大主要任务及完善文化产业发展的10大保障措施。

9月26日，中国第一部文化产业专项规划——《文化产业振兴规划》出台，确立文化产业已上升为国家战略性产业。

10月30日，华谊兄弟公司成功登陆创业板，为民营文化企业破解融资难提供了新鲜样本。

11月12日，中国东方演艺集团、中国文化传媒集团、中国动漫集团在同一天集体挂牌，象征着国有文化单位改制逼近"深水区"。

12月29日，中国电视剧制作中心有限责任公司成立，成为中国电视媒体推进制播分离改革、将可经营性资产推向市场的重要标志。

2010年

1月8日，北京文化创意产业金融服务中心在北京银行宣武门支行挂牌，这是中国首家金融服务文化创意产业特色支行。

1月18日，安徽新华传媒股份有限公司成功登陆A股市场，成为全国发行业主板首发上市第一股和市值全国第二的上市文化企业。

2月3日，国家广电总局发放首批3G手机视听牌照。中央电视台、上海文广、人民日报社、新华社等8家单位入选。

3月10日，文化部与中国工商银行在北京签署《支持文化产业发展战略合作协议》。

3月19日，中宣部、中国人民银行、财政部、文化部、国家广电总局、新闻出版总署、银监会、证监会、保监会联合下发《关于金融支持文化产业振兴和发展繁荣的指导意见》，这是1949年以来第一个金融全面支持文化产业的指导性文件，为金融支持文化产业发展提供政策保证。

3月22日，中国移动联合中广传播共同推出的手机电视业务开始正式商用。

4月22日，上海动画博物馆和上海漫画博物馆在张江高科技园区建设的"动漫谷"正式落成开放,这是中国第一个动漫专项博物馆。

6月3日,文化部出台《网络游戏管理暂行办法》,这是中国第一部专门针对网络游戏进行管理和规范的部门规章。

10月10日,国务院《关于加快培育和发展战略性新兴产业的决定》将文化创意产业纳入战略性新兴产业。

10月18日,党的十七届五中全会通过《中共中央关于制定国民经济和社会发展第十二个五年规划的建议》,第一次明确提出"推动文化产业成为国民经济支柱性产业"。

2011年

1月8日,16家网游企业联合倡议成立"中国网络游戏版权保护联盟",以应对网络游戏版权保护中出现的问题。

1月10日,中国第一家动漫游戏产业股权投资管理公司在北京成立,标志着动漫游戏产业体系的关键基础平台正式启动。

1月18日,中国国际广播电视网络台(CIBN)成立暨国广环球传媒控股有限公司挂牌仪式举行,标志着已有70年发展历史的中国国际广播电台全面进入新媒体领域。

3月5日,第十一届全国人民代表大会第四次会议在京举行,会议公布《国民经济和社会发展第十二个五年规划纲要(草案)》,提出"深化文化体制改革,推动文化产业成为国民经济支柱性产业"。

4月10日,首届中国独立动画电影论坛在北京798艺术区开幕。该论坛是中国首次由民间机构共同发起、策划的非官方、非赢利动画电影艺术项目。

4月13日，安徽再芬黄梅文化艺术股份有限公司在安庆市举行成立揭牌仪式。这是全国第一家转企改制、股份制改造和上市融资为一体的国有文艺演出院团。

4月26日，国家发展改革委公布新的《产业结构调整指导目录（2011年版）》，首次把"广告创意、广告策划、广告设计、广告制作"列为鼓励类。

5月8日，中国新闻出版传媒集团有限公司成立大会在北京举行，标志着我国非时政类报刊改革取得了新的进展。

5月19日，财政部、海关总署、国家税务总局下发《动漫企业进口动漫开发生产用品免征进口税收的暂行规定》。

7月6日，首支国家级文化基金——中国文化产业投资基金在北京举行揭牌仪式。

9月16日，文化部文化市场司授牌第一视频通信传媒有限公司、中国东方演艺集团、中国国际文化艺术公司等13家单位作为网络演出试点单位。

9月29日，浙报传媒正式上市，成为中国第一家实现经营性资产整体上市的省级报业集团。

10月15—18日，中共十七届六中全会审议通过《中共中央关于深化文化体制改革、推动社会主义文化大发展大繁荣若干重大问题的决定》，标志着中央从战略高度深刻认识文化发展的重要性，并对文化领域的发展和改革全面部署。

11月16日，财政部和国家税务总局正式发文，明确从2012年1月1日起，在上海市交通运输业和部分现代服务业开展营业税改征增值税试点。"文化创意"率先纳入增值税试点范围。

12月29日，上海广播电视台、上海东方传媒集团有限公司

（SMG）旗下百视通新媒体股份有限公司正式在上海证券交易所挂牌上市，成为中国第一家实现广电新媒体可经营性资产整体上市的公司。

2012年

1月6日，文化部颁布《文化市场综合行政执法管理办法》，这是中国第一部专门针对文化市场综合行政执法工作进行管理和规范的部门规章，《办法》于2012年2月1日起施行。

2月24日，新闻出版总署发布《关于加快出版传媒集团改革发展的指导意见》，支持出版传媒集团跨媒体、跨地区、跨行业、跨所有制发展，鼓励兼并重组。

3月8日，文化部与国家开发银行在北京签署《支持文化产业发展合作备忘录》，将文化部的政府组织协调优势与国开行的开发性金融优势相结合，共同培育重点骨干文化企业。

3月11日，北京国际文化贸易服务中心在北京天竺综合保税区奠基开建，这是中国首个依托空港保税区建设的"文化保税区"。

3月11日，优酷网和土豆网签订最终协议，两公司将以100%换股的方式合并，新公司名为优酷土豆股份有限公司。

3月21日，盛大游戏宣布旗下著名游戏产品《传奇世界》获"上海市著名商标"，这是获得该称号的首个游戏品牌。

3月28日，全国文化市场综合执法培训基地（上海）揭牌仪式举行。这是文化部批准成立的第一个文化市场综合执法培训基地，标志着为期5年的综合执法培训工作进入全新阶段。

5月7日，联合国教科文组织批准北京作为"设计之都"加入联合国教科文组织创意城市网络。

5月10日,《文化部"十二五"时期文化改革发展规划》正式发布。《规划》指出,将推动文化产业成为国民经济支柱性产业,并提出包括特色文化产业发展工程在内的九项重点产业工程。

5月14日,美食类纪录片《舌尖上的中国》在中央电视台《魅力记录》栏目首播,掀起了"舌尖热"。

6月26日,《视听表演北京条约》在北京正式缔结,这是1949年以来首次以中国城市命名的国际条约。

7月9日,文化部制定并下发《关于鼓励和引导民间资本进入文化领域的实施意见》。

7月12日,文化部正式发布《"十二五"时期国家动漫产业发展规划》,这是中国动漫产业首次进行单列规划。

11月6日,由中国国际广播电台译制的斯瓦希里语版电视剧《媳妇的美好时代》开播仪式在肯尼亚首都内罗毕举行,实现了中国电视剧译制片在非洲主流电视台黄金时段播出。

11月8—14日,党的十八大胜利召开。党的十八大报告指出,将文化产业培育成为国民经济支柱性产业,扎实推进社会主义文化强国建设。

12月26日,中央电视台与湖南卫视宣布结成"电视剧战略联盟",将在电视剧采购、播出等环节开展全面合作,此举有助于改善中国电视剧版权购买高价泡沫的现状。

2013年

1月4日,国家广电总局发布《关于促进主流媒体发展网络广播电视台的意见》，这是广电系统专门为推动电台电视台与新媒体融合发展出台的第一份指导性文件。

1月25日，全国动漫游戏产业标准化技术委员会在上海成立，标志着中国动漫游戏产业各项工作步入标准化、规范化、专业化轨道。

2月4日，文化部发布《娱乐场所管理办法》，建立筹建娱乐场所行政指导制度、娱乐场所文化产品内容自身和巡查制度以及设立娱乐场所听证制度等三大制度。

3月22日，国家新闻出版广电总局挂牌。根据国务院公布的机构改革和职能转变方案，新闻出版总署、广电总局将整合组建国家新闻出版广电总局，不再保留国家广播电影电视总局。

4月2日，天津神界漫画有限公司与韩国合作方达成协议，在韩国最大的电信运营商SK TELECOM上线近30部手机漫画作品，改变了在韩国电信市场中没有中国原创手机动漫内容的局面。

4月16日，首届中国文化产业资本运营财税与法律高峰论坛在北京举行。论坛围绕财税扶持政策促进文化产业发展、文化企业在改制及融资过程中如何进行税务规划等进行探讨。

5月7日，财政部印发《关于加强中央文化企业国有产权转让管理的通知》《中央文化企业国有产权交易操作规则》，旨在加强中央文化企业国有资产产权转让和交易管理，促进国有资产合理流动、文化产业布局和结构的战略性调整。

5月8日，105家中央文化企业完成向财政部的全面述职，标志着国有文化资产监管进一步走向规范化、常态化和制度化。

5月18日，由中央新影集团、中国网络电视台、中央新影微电影文化发展基金联合打造的中国第一个专业微电影互联网平台——中央电视台微电影频道上线。

6月6日，由中国出版集团、百度、金山、歌华等70余家中国知名出版机构、网络企业和视听开发企业发起的首都版权联盟在京宣布成立。该联盟是经核准登记的非营利性社会组织，旨在加强版权保护、推动版权产业发展。

6月13日，文化部会同中组部、中宣部等九部门，联合出台《关于支持转企改制国有文艺院团改革发展的指导意见》，大力支持转制院团改革发展，提升中国演艺业发展水平。

8月14日，国务院印发《关于促进信息消费扩大内需的若干意见》，指出要大力发展新兴文化产业，促进数字文化内容的消费。

9月29日，中国首家挂牌的自贸区——中国（上海）自由贸易试验区正式挂牌成立。

9月16日，我国文化产业领域首个"国字号"商会——中国民营文化产业商会在北京成立，百度创始人李彦宏当选为首届会长。

11月5日，国家新闻出版广电总局正式批复浙江成为"深化农村电影发行放映体制改革试点省"，要求积极推进农村电影放映提质增效、农村电影市场培育发展、农村电影体制创新三大体系建设，实现农村电影市场的繁荣发展。

11月15日，《中共中央关于全面深化改革若干重大问题的决定》发布。其中，第11条从4个方面提出推进文化体制机制创新。

12月30日，国家艺术基金正式成立，充分发挥财政资金的导向作用。

2014年

1月20日，深圳国家对外文化贸易基地挂牌。该基地的成立，使深圳成为北京、上海之后,中国第三个、华南地区唯一获得基地授牌的城市。

1月24日,国家新闻出版广电总局发布《电影院票务管理系统技术要求和测量方法》和《关于加强电影市场管理规范电影票务系统使用的通知》,被视作打击偷漏瞒报票房现象的重拳。

3月3日,国务院印发《关于加快发展对外文化贸易的意见》,鼓励与支持国有、民营、外资等各种所有制文化企业从事国家认律法规允许经营的对外文化贸易业务,并享有同等待遇。

3月5日,文化部、财政部联合印发《藏羌彝文化产业走廊总体规划》,这是中国第一个国家层面的区域文化产业发展专项规划。

3月14日,国务院印发《关于推进文化创意和设计服务与相关产业融合发展的若干意见》,就加快推进文化创意和设计服务与实体经济深度融合做出明确要求。

3月17日,国务院印发《关于加快发展对外文化贸易的意见》,对加快发展对外文化贸易、推动文化产品和服务出口做出全面部署。

4月1日,根据国家新闻出版广电总局发布的《关于试行国产电影属地审查的通知》规定要求,全国范围开始试行国产电影属地审查。

4月2日,国务院办公厅发布《关于印发文化体制改革中经营性文化事业单位转制为企业和进一步支持文化企业发展两个规定的通知》,修订完善一系列推动文化改革发展的重要经济政策,为新一轮文化体制改革提供有力支撑。

5月6日,全国文化行业首家企业集团财务公司——湖南出版投资控股集团财务有限公司挂牌运营。该财务公司注册资本为10

亿元，其中中南传媒出资 7 亿元，占比 70%。

5 月 9 日，湖南卫视正式对外宣布"芒果独播"战略。从 2014 年 4 月下旬起，湖南卫视原创节目内容不再对外分销互联网版权，所有自有版权内容只在自主平台播出。

5 月 13 日，天翼爱动漫文化传媒有限公司在中国电信合作开放大会上正式挂牌运营，这是三大通信运营商中首个进行公司化改制的数字动漫平台。

7 月 1 日，国家标准委批准颁布的中国首个电视收视率调查国家标准《电视收视率调查准则》开始实施。

8 月 19 日，文化部工业和信息化部财政部发布《关于大力支持小微文化企业发展的实施意见》，从六大部分 17 条具体政策内容确定了支持范围和工作目标以及政策措施。

8 月 26 日，文化部、财政部联合发布《推动特色文化产业发展的指导意见》，明确从加大财税金融扶持等方面助力特色文化产业发展，并把特色文化产业发展工程纳入中央财政文化产业发展专项资金扶持范围。

8 月 27 日，中国国际广播电台与中国国家博物馆签订建立外宣战略合作关系的框架协议，共同推进中华文化向海内外传播。

9 月 1 日，北京市国有文化资产监督管理办公室发起成立了中国第一家文化融资租赁公司——北京市文化科技融资租赁股份有限公司。

10 月 20—25 日，首届丝绸之路国际电影节在西安举行。来自 20 多个丝绸之路沿线国家的 600 余名嘉宾参加了开幕式，签署《首届丝绸之路国际电影节国际合作共同宣言》。

11 月 27 日，财政部、海关总署、国家税务总局发布《关于支持文化企业发展若干税收政策问题的通知》，对文化企业发展享受的税收政策做了明确规定。

12月15日，国家文化产业创新实验区揭牌，标志着全国首家国家级文化产业创新实验区正式在京启动建设。

2015年

1月6日，国家新闻出版广电总局印发《关于推动网络文学健康发展的指导意见》，提出"培育一批网络文学出版和集成投送骨干企业，打造一批具有市场竞争力的品牌"。

1月21日，北京中文在线数字出版股份有限公司成功登陆深交所创业板，正式挂牌上市，发行3000万股，成为中国"数字出版第一股"。

1月28日，腾讯文学和盛大文学整合，成立"阅文集团"，致力于打造中国正版数字阅读平台和文学IP培育平台。

1月29日，上海博林文化股份有限公司在上海股权托管交易中心E板挂牌，成为全国第一家在E板挂牌的民营实体书店，也是全国专业图书馆配服务商中第一家在E版挂牌的企业。

3月11日，国务院办公厅印发《关于发展众创空间推进大众创新创业的指导意见》，部署推进大众创业、万众创新工作。

4月3日，百视通新媒体股份有限公司换股吸收合并上海东方明珠（集团）股份有限公司获得证监会通过，首家千亿元级文化传媒上市公司诞生。

4月10日，国家新闻出版广电总局、财政部联合印发《关于推动传统出版和新兴出版融合发展的指导意见》，提出力争用3到

5年的时间,建设若干家具有强大实力和传播力、公信力、影响力的新型出版传媒集团。

5月22日,中国国际广播电台与日本东京首都电视台签署合作框架协议,国际台视频栏目首次进入日本主流电视媒体。

6月3日,读者出版传媒股份有限公司上市发行获证监会审核通过,顺利成为中国"期刊第一股"。

7月4日,国务院发布《关于积极推进"互联网+"行动的指导意见》,提出发展基于互联网的文化、媒体和旅游等服务,加快推动互联网与文化传媒行业深入融合和创新发展。

7月23日,文化部下发通知,在全国范围内推广上海自贸区"允许内外资企业从事游戏游艺设备生产和销售,经文化部门内容审核后面向国内市场销售"的改革试点经验。

8月28日,全球规模最大的艺术品保税仓库正式落户上海自贸区外高桥片区。

9月6日,文化部牵头在京召开《文化产业促进法》起草工作会,正式启动《文化产业促进法》起草工作。

9月17日,腾讯在北京宣布成立全资子公司腾讯影业,与腾讯游戏、腾讯动漫、阅文集团共同组成腾讯互娱泛娱乐业务矩阵,探索协同、开放、共融共生的泛娱乐新生态。

9月17日,天猫正式发布文创产业合作计划,联合图书、影视、艺术、体育等泛文化影视娱乐产业,打造全球最大的版权衍生品交易平台。

2016年

2月26日,中国政府网发布《中医药发展战略规划纲要

（2016—2030年）》，明确提出要推动中医药与文化产业融合发展，探索将中医药文化纳入文化产业发展规划。

2月29日，环球音乐与爱奇艺达成付费音乐深度战略合作，双方的合作将涵盖环球音乐演唱会在线直播、完整MV版权库和艺人合作、衍生品开发等领域。

3月27日，由上海东方明珠新媒体股份有限公司等发起的中国电子竞技产业联盟宣布成立。

5月18—21日，首届世界旅游发展大会在北京举行。

6月3日，《移动游戏内容规范》出台，进一步引导行业自律，加强移动游戏内容建设，促进移动游戏出版健康繁荣发展。

7月1日，中央全面深化改革领导小组第十四次会议审议通过《关于推动国有文化企业把社会效益放在首位、实现社会效益和经济效益相统一的指导意见》。

7月7日，故宫博物院在阿里巴巴平台开设的官方旗舰店正式上线，旗舰店包括门票、文创、出版三大板块。

8月25日，国务院办公厅印发《三网融合推广方案》，提出在全国范围推动广电、电信业务双向进入；加快宽带网络建设改造和统筹规划；强化网络信息安全和文化安全监管；切实推动相关产业发展。

9月28日，文化部和公安部联合下发《关于进一步加强游戏游艺场所监管促进行业健康发展的通知》，要求游戏游艺场所准入实行先照后证审批。

11月29日，国务院正式公布《"十三五"国家战略性新兴产业发展规划》，数字创意产业首次被纳入国家战略性新兴产业发展规划。

12月16日，由美国传奇电影公司、环球影业、中国电影集团与乐视影业合作，斥资1.5亿美元的《长城》在全球上映，这是中美影业进行的最大规模的合作之一，且不受中国引进外国影片的配额限制。

12月20日，2016中国文化产业峰会上公布的年度盘点显示：优质IP、二次元经济、网络直播、网红经济、移动电竞、资本追捧、VR/AR+文化、内容付费成为2016年度文化产业发展八大热点。

12月29日，文化部、新闻出版广电总局、体育总局、发展改革委和财政部联合印发《关于推进县级文化馆图书馆总分馆制建设的指导意见》，提出引导社会力量参与总分馆制建设。

2017年

1月19日，西部地区首家电竞主题产业园落户陕西西咸新区秦汉新城。

1月25日，中共中央办公厅、国务院办公厅印发《关于实施中华优秀传统文化传承发展工程的意见》，首次以中央文件形式专题阐述中华优秀传统文化传承发展工作。

1月27日，由中国主导的手机（移动终端）动漫标准在瑞士日内瓦召开的国际电信联盟第16研究组全体会议上顺利通过审议。经过6周全球公示，3月16日正式发布成为国际标准，由此成为中国文化领域的第一个国际技术标准。

3月1日，中国文化产业首部法律《电影产业促进法》和文化领域的首部基本法律《公共文化服务保障法》正式实施。

3月12日,《中国传统工艺振兴计划》发布,提升传统工艺的传承和再创造能力,推进传统工艺领域健康有序发展。

3月15日,国务院印发了辽宁、浙江、河南、湖北、重庆、四川、陕西等第三批7个自由贸易试验区的总体方案。

3月30日,腾讯互娱宣布携手联合国教科文组织共同启动"开放的传统游戏数字图书馆"公益项目,旨在利用最前沿的信息技术收集、保护有代表性的传统游戏。这是联合国教科文组织驻华代表处与中国企业在利用信息通信技术保护传统游戏方面的首次携手和创新尝试。

4月6日,万达集团在北京宣布进军游戏行业,"万达院线游戏"品牌正式推出。

4月11日,文化部发布首个"数字文化产业"概念的政策文件——《关于推动数字文化产业创新发展的指导意见》,向社会发出国家鼓励数字文化产业发展的明确信号。

5月4日,中国演出行业协会网络表演(直播)分会在北京宣告成立,发布全国第一份网络表演(直播)行业白皮书《网络表演(直播)社会价值报告》。

6月13日,国家发展改革委印发《服务业创新发展大纲(2017—2025年)》,提出加快构建结构合理、门类齐全、科技含量高、富有创意、竞争力强的现代文化产业体系。

6月17日,华侨城北方集团品牌正式对外发布。华侨城北方集团未来的发展战略布局将以京津冀城市群为核心,构建北京、天津、河北三大区域发展中心,实现三中心多点布局。

7月4日,腾讯以《王者荣耀》为试点,推出"加强版"网络游戏防沉迷系统。

8月22日，外语教学与研究出版社、新东方教育科技集团、沪江教育科技（上海）股份有限公司三家联手成立英创出版公司（Innova Press Limited），旨在发挥三方资源优势，推动海外优质版权的引入和中国优质资源、产品的输出。

8月24日，国务院印发《关于进一步扩大和升级信息消费持续释放内需潜力的指导意见》，其中提出丰富数字创意内容和服务，由文化部、中央网信办、新闻出版广电总局等单位负责，实施数字内容创新发展工程。

9月4日，国家新闻出版广电总局、国家发展改革委、财政部、商务部、人力资源和社会保障部等五部门联合下发《关于支持电视剧繁荣发展若干政策的通知》。

10月18—24日，中共第十九大在北京召开。十九大报告提出，要坚定文化自信，推动社会主义文化繁荣兴盛。

11月15日，网易云音乐与亚洲知名数字音乐服务品牌KKBOX在北京宣布达成战略合作。双方将围绕华语音乐的传播和推广，在歌单推广、音乐巡演、短视频和原创音乐扶持等多方面展开深入合作。

12月14日，上海市加快文化创意产业创新发展大会举行，正式发布《关于加快本市文化创意产业创新发展的若干意见》。

2018年

1月5日，国家旅游局宣布与高德地图共同推出"全国全域旅游信息服务系统"，为游客提供假日出游预测、景区介绍及评价、厕所导航及投诉咨询等服务，用实际行动推动"厕所革命"真正落地。

1月13日,由网络直播平台斗鱼主办的"鱼乐盛典"2017年度颁奖活动在上海举行,并发布"主播星计划",宣布将在2018年投入10亿元用于培养优秀网络主播。

3月22日,国务院办公厅发布《关于促进全域旅游发展的指导意见》,明确提出中国发展全域旅游的指导思想、基本原则、主要目标。

4月8日,文化和旅游部正式挂牌。

4月16日,国家新闻出版署、国家电影局、国家广播电视总局正式揭牌。

4月25日,国家统计局颁布了新修订的《文化及相关产业分类(2018)》。新修订的分类类别共设置9个大类、43个中类和146个小类。

6月5日,财政部和国家税务总局联合发布《关于延续宣传文化增值税优惠政策的通知》,各类出版物在出版环节执行增值税先征后退至少50%。

6月14日,商务部、中宣部、文化和旅游部、国家广播电视总局共同认定的全国首批国家文化出口基地公布,北京天竺综合保税区、上海市徐汇区等13家基地榜上有名。

6月19日,文化和旅游部印发《全国文化市场黑名单管理办法》,进一步完善文化市场信用监管制度。

6月20日,《北京市文化创意产业园区认定及规范管理办法(试行)》和《关于加快市级文化创意产业示范园区建设发展的意见》正式发布,启动首批北京市文化创意产业园区认定工作。

8月8日,全国首个媒体资产托管中心在广东深圳成立,该中心由深圳文化产权交易所发起成立、天脉聚源传媒科技有限公司运营。

8月18日,以"工业记忆·文化传承·城市更新"为主题的2018全国老旧厂房保护利用与城市文化发展论坛在北京举办,来自北京、上海、天津等17个省市的39个城市(城区)、近100家老旧厂房改造转型的文创园区参加论坛。

10月20日,由中国传媒大学发起,联合海内外多所高校的文化产业研究单位共同主办的第三届中国文化产业学院奖(2018)在京举办,发布"未来文化城市""传统工艺振兴项目""数字创意产品""文化创新人物""全球文化旅游目的地""文化创新企业园区"等六大奖项。

11月3号,IG战队代表中国队赢得英雄联盟S8赛季全球总决赛的冠军,中国的电子游戏竞技行业迎来新节点。

11月15日,文化和旅游部等17部门联合印发《关于促进乡村旅游可持续发展的指导意见》,提出到2022年,基本形成布局合理、类型多样、功能完善、特色突出的乡村旅游发展格局。

12月11日,国家电影局印发《关于加快电影院建设,促进电影市场繁荣发展的意见》。

12月20日,泡泡玛特、网元圣唐、北京紫媒等78个国产优秀原创动漫项目荣获"优秀原创动漫作品版权开发奖励计划"奖项,并获得中央文化产业发展专项资金支持。

12月21日,文化和旅游部印发《旅游市场黑名单管理办法(试行)》,进一步维护旅游市场秩序,加快旅游领域信用体系建设,促进旅游业高质量发展

12月28日，国家发展改革委官网发布《海南省建设国际旅游消费中心的实施方案》，提出要把发展海南旅游放在打造旅游高质量发展示范区、旅游体制机制创新试验区、世界知名国际旅游消费胜地的战略定位。

参考文献

一、普通图书

1. 阿尔文·托夫勒. 权力的转移 [M]. 吴迎春, 等, 译. 北京: 中信出版社, 2006.
2. 蔡武. 筑牢文化自信之基, 中国文化体制改革 40 年 [M]. 广州: 广东经济出版社, 2017.
3. 曹凯, 汤宇卿. 城市更新背景下的创意城市建设: 深圳启示 [M]. 中国城市规划学会. 规划 60 年: 成就与挑战——2016 中国城市规划年会论文集. 北京: 中国建筑工业出版社, 2016.
4. 查尔斯·兰德利. 创意城市: 如何打造都市创意生活圈 [M]. 杨幼兰, 译. 北京: 清华大学出版社, 2009.
5. 陈林侠. 国家文化战略、文化产业与国家形象的 21 世纪建构国家形象研究 [M]. 北京: 清华大学出版社, 2015.
6. 陈卫星. 传播的表象 [M]. 广州: 广东人民出版社, 1999.
7. 戴维·斯沃茨. 文化与权力: 布尔迪厄的社会学 [M]. 陶东风, 译. 上海: 上海译文出版社, 2006.
8. 单世联. 现代性与文化工业 [M]. 广州: 广东人民出版社, 2008.
9. 邓小平文选(第 3 卷) [M]. 北京: 人民出版社, 1994.
10. 范周. 2017 中国文化产业年度报告 [M]. 北京: 知识产权出版社, 2017.
11. 范周. 文化产业论纲 [M]. 北京: 社会科学文献出版社, 2016.
12. 范周. 文化产业新思考 2 [M]. 北京: 光明日报出版社, 2014.
13. 范周. 重构·颠覆——文化产业变革中的互联网精神 [M]. 北京: 知识

产权出版社，2016.
14. 费孝通.费孝通文集（第十四卷）[M].北京：群言出版社，1999.
15. 费孝通.论文化与文化自觉[M].北京：群言出版社，2015.
16. 费孝通.文化的生与死[M].上海：上海人民出版社，2013.
17. 国家统计局社会科技和文化产业统计司，中宣部文化体制改革和发展办公室.中国文化及相关产业统计年鉴[M].北京：中国统计出版社，2017.
18. 花建.区域文化产业发展[M].长沙：湖南文艺出版社，2008.
19. 简·雅各布斯.美国大城市的生与死[M].金衡山，译.南京：译林出版社，2015.
20. 江蓝生，谢绳武.2001—2002年中国文化产业蓝皮书[M].北京：社会科学文献出版社，2002.
21. 景小勇等.政府与国家治理[M].北京：文化艺术出版社，2016.
22. 李怀亮.当代国际文化贸易与文化竞争[M].广东：广东人民出版社，2005.
23. 李怀亮.国际文化贸易导论.[M]北京：中国传媒大学出版社，2008.
24. 理查德·佛罗里达.创意阶层的崛起[M].司徒爱勤，译.北京：中信出版社，2010.
25. 理查德·佛罗里达.创意经济[M].方海萍，译.北京：中国人民大学出版社，2006.
26. 凌金柱.外国文化行政研究[M].上海：上海人民出版社，2014.
27. 刘东超.当代中国思想文化批判[M].保定：河北大学出版社，2008.
28. 刘易斯·芒福德.城市文化[M].宋俊岭，李翔宁，周鸣浩，译.北京：中国建筑工业出版社，2000.
29. 迈克尔·波特.竞争论[M].高登第，译.北京：中信出版社，2003.
30. 塞缪尔·菲利普·亨廷顿.文明的冲突与世界秩序的重建[M].周琪，刘绯，张立平，王圆，译.北京：新华出版社，1998.
31. 盛宁.二十世纪美国文论[M].北京：北京大学出版社，1994.
32. 十五大以来重要文献选编（上）[M].北京：人民出版社，2003.
33. 王文章.非物质文化遗产概论[M].北京：文化艺术出版社，2006.
34. 王晓方.谁在说话——中国文化年报（2001年版）[M].兰州：兰州大学出版社，2001.

35. 王亚南.文化蓝皮书：中国文化消费需求景气评价报告（2016）[M].北京：社会科学文献出版社，2016.
36. 王岳川，胡淼森.文化战略[M].上海：复旦大学出版社，2010.
37. 文化部对外文化联络局.中国对外文化交流概览（1949—1991）[M].北京：光明日报出版社，1993.
38. 希拉里·弗伦奇.消失的边界——全球化时代如何保护我们的地球[M].李丹，译，上海：上海译文出版社，2002.
39. 习近平.习近平谈治国理政[M].北京：外文出版社，2014.
40. 习近平.决胜全面建成小康社会，夺取新时代中国特色社会主义伟大胜利——在中国共产党第十九次全国代表大会上的报告[M].北京：人民出版社，2017.
41. 熊澄宇.文化产业研究战略与对策[M].北京：清华大学出版社，2006.
42. 晏阳初，赛珍珠.告语人民[M].桂林：广西师范大学出版社，2003.
43. 约瑟夫·奈.美国霸权的困惑[M].郑志国等译.北京：世界知识出版社，2002.
44. 张国良.新闻媒介与社会[M].上海：上海人民出版社，2001.
45. 中华人民共和国文化部.中国文化文物统计年鉴（2016）[M].北京：国家图书馆出版社，2016.
46. 中央文化企业国有资产监督管理领导小组办公室.国有文化企业发展报告（2012）[M].北京：经济科学出版社，2012.
47. 周宁.跨文化研究：以中国形象为方法[M].北京：商务印书馆，2011.

二、科技报告

1. 南京市文化局.2007年南京市文化创意产业发展年度报告[R].2008.

三、学位论文

1. 高坡.改革开放以来我国文化产业发展研究[D].重庆：西南大学，2009.

2. 巩苏绮. 我国保护文化多样性政策研究 [D]. 北京：中国艺术研究院，2016.
3. 韩永进. 中国文化体制改革 32 年历史叙事与理论反思 [D]. 北京：中国艺术研究院，2010.
4. 霍步刚. 国外文化产业发展比较研究 [D]. 大连：东北财经大学，2009.
5. 凌瑜璐. 文化视野下的城市化 [D]. 北京：中国艺术研究院，2012.
6. 史晨暄. 世界遗产"突出的普遍价值"评价标准的演变 [D]. 北京：清华大学，2008.
7. 王晓刚. 文化体制改革研究 [D]. 北京：中共中央党校，2007.
8. 徐舒静. 文化政策导向下的西方发达国家创意城市构建策略研究 [D]. 济南：山东大学，2014.
9. 曾红萍. 中国文化产业竞争力分析：现状、问题与对策 [D]. 成都：四川大学，2007.

四、期刊中析出的文献

1. 卞敏. 邓小平理论在中国特色社会主义理论体系中的历史地位 [J]. 学海，2010（11）.
2. 常凌翀. 三大战略促进西藏文化产业融合创新发展 [J]. 民族艺术研究，2013（3）.
3. 陈立旭. 当代中国文化产业发展历程审视 [J]. 中共宁波市委党校学报，2003（7）.
4. 陈林侠. 国家文化战略、文化产业与国家形象构建 [J]. 南京社会科学，2013（11）.
5. 陈柳钦. 城市文化：城市发展的内驱力 [J]. 今媒体，2010（12）.
6. 崔新建. 文化认同及其根源 [J]. 北京师范大学学报：社会科学版，2004（4）.
7. 丹增. 中华文化走向世界的理论思考 [J]. 云南师范大学学报：哲社版，2006（3）.
8. 邓智文. 高校文化产业人才培养的现状与思考 [J]. 四川文理学院学报，2016（26）.

9. 杜海东，关冬梅.论社会资本、创意产业及其绩效增长［J］.商业时代，2008（29）.

10. 杜丽芬.新兴文化业态：核心概念及其初步分类［J］.商场现代化，2010（6）.

11. 范玉刚.牢牢把握新时代文化产业发展的"新常态"［J］.济南大学学报（社会科学版），2018（2）.

12. 范周，蔡晓璐，齐骥.理性调整，深度融合——2016中国文化产业年度盘点［J］.艺术评论，2017（4）.

13. 范周，关卓伦，孙巍.回首与展望：新时代下文化产业发展新态势［J］.出版广角，2018（3）.

14. 范周，关卓伦.让传统文化闪光，点亮中华文化传承［J］.人文天下，2017（4）.

15. 范周，宋立夫.提升与完善：文化产业现状与产业园区发展的共振［J］.人文天下，2018（9）.

16. 范周，王若晞.转型升级，文化消费如何发力［J］.民族艺术研究，2016（7）.

17. 范周，武艺，谢菲.六举措力推国有文化企业"双效统一"［J］.人文天下，2015（7）.

18. 范周，徐妤函.进入文旅融合新时代，推动文化产业新发展［J］.北京文化创意，2018（2）.

19. 范周，杨剑飞.产销不对路，文化产业人才培养的问题到底出在哪儿？［J］.人文天下，2015（7）.

20. 范周，杨矞.改革开放40年中国文化产业发展历程与成就［J］.山东大学学报（哲学社会科学版），2018（7）.

21. 范周.建设文化强国必须加快发展文化产业［J］.人民论坛，2011（11）.

22. 范周."一带一路"倡议中的文化建设与交流若干思考［J］.大陆桥视野，2016（11）.

23. 范周.保护利用老旧厂房拓展文创空间，挣脱桎梏全面释放文创活力［J］.人文天下，2018（1）.

24. 范周.赋予城镇化以文化内涵［J］.新重庆，2014（2）.

25. 范周.坚定文化自信，建设新时代社会主义现代化文化强国［J］.前线，

2018（3）.
26. 范周. 京冀战略合作协议是全面推进雄安新区建设的重要战略部署［J］. 前线，2017（9）.
27. 范周. 警惕文化消费的"数字繁荣"［J］. 前线，2016（11）.
28. 范周. 全面深化改革时期文化建设若干问题思考［J］. 理论视野，2014（1）.
29. 范周. 让"双创"成为人才的孵化器［J］. 山东人力资源和社会保障，2016（2）.
30. 范周. 让传统文化闪光，点亮中华文化传承［J］. 人文天下，2017（4）.
31. 范周. 深度解读《文化部"十三五"时期文化产业发展规划》［J］. 人文天下，2017（5）.
32. 范周. 十年，非遗传承保护的新思考［J］. 人文天下，2015（16）.
33. 范周. 文化产业发展的六个新态势［J］. 中国国情国力，2016（12）.
34. 范周. 文化领域供给侧改革须坚持"双效"统一［J］. 智库时代，2017（4）：41.
35. 范周. 文化自信的战略思考［J］. 人文天下，2018（1）.
36. 范周. 学科与人才：推动文化产业持续发展［J］. 同济大学学报（社会科学版），2010（2）.
37. 方炳焯. 从巴黎小书摊看城管［J］. 杂文选刊（下半月版），2014（1）.
38. 方李莉. 中国少数民族非物质文化遗产保护的再认识［J］. 内蒙古大学艺术学院学报，2014（11）.
39. 费孝通. 反思·对话·文化自觉［J］. 北京大学学报（哲学社会科学版），1997（3）.
40. 费孝通. 文化自觉和而不同［J］. 民俗研究，2003（3）.
41. 费孝通. 中华民族的多远一体格局［J］. 北京大学学报（哲学社会科学版），1989（4）.
42. 傅梦孜，徐刚. "一带一路"进展、挑战与应对［J］. 国际问题研究，2017（5）.
43. 傅云鹤. 生态文明视域下美国梦与中国梦的比较［J］. 改革与开放，2015（6）.
44. 高坚. 影视剧多屏传播现状、动因及对策［J］. 中国广播电视学刊，2018（1）.

45. 葛剑雄.中国梦与传统文化［J］.中国国家博物馆馆刊，2015（12）.
46. 郭嘉."创意为民"应成为发展创意城市的立足点［J］.云南开放大学学报，2015（9）.
47. 郭如才.十六大以来党中央关于文化建设的新思路［J］.党的文献，2012（8）.
48. 韩丽红.论马克思主义文化遗产观的当代意义——以当代青少年素质教育为视角［J］.湖北经济学院学报（人文社会科学版），2011（8）.
49. 韩永进.中国文化产业近十年发展之路回眸［J］.华中师范大学学报（人文社会科学版），2011（1）.
50. 韩源.全球化背景下维护我国文化安全的战略思考［J］.毛泽东邓小平理论研究，2004（4）.
51. 郝荣峰.文化人才是文化强国建设的关键［J］.东北师大学报（哲学社会科学版），2012（3）.
52. 何婷英.文化强国战略视域下文化创意产业人才培养［J］.上海市经济管理干部学院学报，2017（15）.
53. 何雯.浅谈传统文化的现代转型［J］.华人时刊旬刊，2015（7）.
54. 胡春梅.女性的隐喻——我国当代海外移民作家作品的一种解读［J］.北京教育学院学报，2009（1）.
55. 胡惠林.当前中国文化战略发展的几个问题［J］.艺术百家，2011（6）.
56. 花建."一带一路"倡议与我国文化产业的空间新布局［J］.福建论坛·人文社会科学版，2015（6）.
57. 黄鸿海.文化创意产业的发展与文化软实力的提升［J］.理论学习，2013（7）.
58. 黄杰.文化自信的三重功能［J］.当代电力文化，2017（12）.
59. 黄宇.习近平新时代中国特色社会主义思想的发展历程、逻辑体系与根本特征［J］.浙江学刊，2018（1）.
60. 霍艳莲.产业融合视阈下文化产业与旅游产业的融合效应、机理与路径［J］.商业经济研究，2015（4）.
61. 纪光欣，张静静.旧制度的毁灭与重塑——由托克维尔《旧制度与大革命》说开去［J］.胜利油田党校学报，2015（5）.
62. 姜文学.创意产业与创意人才培养［J］.天津师范大学学报（社会科学版），2008（5）.

63. 蒋晓丽，李建华. 中国新闻传媒 30 年巨变及其反思［J］. 西南民族大学学报（人文社科版），2008（12）.

64. 金灿荣，张昆鹏. "新时代"背景下未来十年世界趋势分析与中国的战略选择［J］. 东北亚论坛，2017（12）.

65. 金元浦，周元芳. 世界城市与国家文化中心研究稳步推进——2013 年人北京建设综述［J］. 北京联合大学学报（人文社会科学版），2013（4）.

66. 康小明，向勇. 产业集群与文化产业竞争力的提升［J］. 北京大学学报（哲学社会科学版），2005（2）.

67. 雷小龙，张飞鹏. 近年来文化市场的发展特点与政策应对［J］. 中国市场，2011（8）.

68. 李刚. 迎着新世纪的绚丽曙光［J］. 中外文化交流，1998（6）.

69. 李平，娄峰，王宏伟. 2016—2035 年中国经济总量及其结构分析预测［J］. 中国工程科学，2017（1）.

70. 厉无畏. 文化创意产业推动城市创新驱动和转型发展［J］. 科学发展，2014（2）.

71. 凌金铸. 美国文化政策的形成［J］. 学术界，2013（6）.

72. 刘敏，潘怡辉. 城市文化遗产的价值评估［J］. 城市问题，2011（8）.

73. 刘奇葆. 以高度的文化自信推动社会主义文化繁荣兴盛［J］. 共产党员，2018（3）.

74. 路易斯·奥尔蒂斯·莫纳斯泰里奥. 多民族、多元文化国家文化权的保护［J］. 人权，2012（5）.

75. 骆徽. 毛泽东与习近平文化自信思想比较研究［J］. 观察与思考，2017（11）.

76. 雒树刚. 认真学习贯彻党的十九大精神，推动文化产业持续健康发展［J］. 时事报告（党委中心组学习），2018（2）.

77. 孟晓驷. 和谐世界理念与外交大局中的文化交流［J］. 求是，2006（20）.

78. 牟文余. 文化自强与文化强国研究［J］. 重庆城市管理职业学院学报，2012（3）.

79. 彭莹莹，燕继荣. 从治理到国家治理：治理研究的中国化［J］. 治理研究，2018（3）.

80. 祁述裕，韩骏伟. 新兴文化产业的地位和文化产业发展趋势［J］. 马克思主义与现实（双月刊），2006（5）.
81. 钱振华. 我国文化强国战略变迁与文化建设［J］. 前线，2016（11）.
82. 曲明哲. 解析中国特色社会主义制度［J］. 党政干部学刊，2011（9）.
83. 宋春丹，高占祥. 在文化部"走钢丝"的日子［J］. 领导文萃，2017（7）.
84. 孙刚. 文化遗产价值之我见［J］. 南方文物，2009（1）.
85. 孙英春. 中国国家形象的文化建构［J］. 教学与研究，2010（11）.
86. 孙钰钦. 新媒体时代少数民族文化传播渠道探索［J］. 编辑之友，2013（8）.
87. 谭菲，范宇鹏. 粤港澳文化创意产业融合与互动发展研究——基于灰色关联分析的方法［J］. 经济视角，2017（3）.
88. 汤培源，顾朝林. 创意城市综述［J］. 城市规划学刊，2007（3）.
89. 陶一桃. 论雄安新区与中国道路［J］. 中国经济特区研究，2017（12）.
90. 王沪宁. 作为国家实力的文化：软权力.［J］复旦学报，1993（3）.
91. 王慧敏. 创意城市的创新理念、模式与路径［J］. 社会科学，2010（11）.
92. 王健君. 2018：中国时代喷薄而出［J］. 瞭望，2018（1）.
93. 王鹏. 香港文化创意产业的发展及其启示［J］. 亚太经济，2007（6）.
94. 王云霞. 文化遗产的概念与分类探析［J］. 理论月刊，2010（11）.
95. 卫中旗. 传统文化创新与中华民族伟大复兴［J］. 新东方，2017（3）.
96. 温和琼. 民族地区在少数民族传统文化传承和发展中的历史使命［J］. 前沿，2011（6）.
97. 文红. 民族文化多样性保护与文化旅游资源适度开发——从文化生态建设的角度探讨［J］. 安徽农业科学，2007（35）.
98. 吴磊. 非物质文化遗产保护与国家文化形象的建构［J］. 前沿，2011（11）.
99. 习近平. 青年要自觉践行社会主义核心价值观——在北京大学师生座谈会上的讲话［J］. 中国高等教育，2014（10）.
100. 向勇. 文化产业创意经理人创意领导力研究——基于海峡两岸文化产业案例分析［J］. 北京联合大学学报（人文实会科学版），2011（3）.
101. 徐苏斌. 从文化遗产到创意城市——文化遗产保护体系的外延［J］. 城市建筑，2013（3）.

102. 徐望.国家软实力博弈形势与我国对外文化战略布局建议[J].理论研究,2017(4).
103. 许鹏.解析新媒体时代手中角色的革命性变化[J].新闻研究导刊,2014(7).
104. 薛澜,张帆.治理理论与中国政府职能重构[J].人民论坛·学术前沿,2012(6).
105. 杨成胜,马芳芳.论我国民族文化多样性的保护[J].民族论坛,2009(6).
106. 杨国平.我国文化产业政策的演进与发展逻辑[J].商业时代,2013(10).
107. 杨瑞雪.少数民族农牧民工社会支持网络变迁及其影响因素分析——以内蒙古呼和浩特为例[J].劳动保障世界,2018(4).
108. 尹鸿.当前我国文化产业学科建设的现状分析[J].解放军艺术学院学报,2014(4).
109. 尹晖.推动文化产业与相关产业融合发展[J].新闻战线,2017(14).
110. 于晗,赵萍.日本公共文化服务的多元化供给及运营模式[J].新视野,2014(6).
111. 于平.国家文化形象建构的自觉、自信和自强[J].艺术百家,2011(5).
112. 余丽蓉.文化产业集群的多学科视角分析[J].科学进步与对策,2009(12).
113. 约翰·霍金斯.创意产业:新经济源泉[J].周一平,杉浦勉,译.经营者商业管理版,2006(12).
114. 张雷.地方文化资源与创意经济的融合机理分析[J].理论学刊,2009(7).
115. 张琳.马克思社会有机体理论对思想政治教育的启示[J].思想教育研究,2010(11).
116. 张晓明.中国文化产业发展之历程、现状与前瞻[J].山东社会科学,2017(10).
117. 张中奎.第二届世界遗产论坛综述[J].重庆文理学院学报(社会科学版),2006(2).
118. 赵景来.政府转型与政府创新研究述略[J].求知,2011(7).

119. 周凡. 重读葛兰西的霸权理论［J］. 马克思主义与现实，2005（5）.
120. 周蜀秦. 文化创意产业驱动城市转型的作用机制［J］. 社会科学，2014（2）.
121. 朱以青. 文化生态学语境下的文化多样性［J］. 山东社会科学，2012（9）.

五、报纸中析出的文献

1. 2016年中国文化产业增加值首次突破3万亿元［N］. 光明日报，2017-05-27.
2. 陈凤英. 世界经济形势向好，发展环境则堪忧［N］. 环球时报，2018-05-30.
3. 陈恒. 2016年我国文化产品出口增长迅速［N］. 光明日报，2017-03-10.
4. 陈恒. 2050：全面建成经贸强国［N］. 光明日报，2018-01-02.
5. 范周. 赋予城镇化以文化内涵［N］. 光明日报，2013-10-16.
6. 范周. 让老旧厂房长出文化"新苗"［N］. 经济日报，2018-01-14.
7. 范周. 文旅融合迈进新时代［N］. 经济日报，2018-04-25.
8. 范周. 以文化促旅游创新发展［N］. 经济日报，2018-04-25.
9. 胡馨木. 党的十八大以来人才发展体制机制改革取得重要突破［N］. 中国组织人事报，2017-09-15.
10. 江琳. 为国家发展筑牢人才之基［N］. 人民日报，2017-08-10.
11. 李冬阳，刘香园. 中国文化消费指数（2017）发布 90后00前青少年文化消费需求最旺盛［N］. 经济日报，2018-01-18.
12. 理查德·鲍勃斯. 美媒：2025年全球最具活力城市四成在中国［N］. 环球时报，2012-08-28.
13. 刘锟. "50条"推动上海文创产业快速发展［N］. 解放日报. 2017-12-16.
14. 刘阳，郑海鸥. 坚定文化自信，开创社会主义文化繁荣新景象［N］. 人民日报，2017-07-24.
15. 刘志刚. 人类命运共同体思想的文化价值［N］. 新华日报，2018-05-15.
16. 雒树刚. 进一步深化文化体制改革［N］. 人民日报，2013-12-03.
17. 牛梦笛. 十八大以来中国文化走出去述评［N］. 光明日报，2017-09-11.

18. 祁述裕.我国文化产业政策之展望［N］.中国财经报，2016-10-27.
19. 苏丹丹.文化产业迎来发展关键机遇期［N］.中国文化报，2016-07-08.
20. 王离湘.关于建立健全现代文化市场体系的几点思考［N］.中国文化报，2016-05-06.
21. 王一.文化创意，在城市中崛起［N］.解放日报，2018-02-09.
22. 习近平.要维护世界文明多样性［N］.新京报，2014-09-25.
23. 鄢来雄.2014公报解读：服务业——中国经济增长新动力［N］.中国信息报，2015-03-05.
24. 杨浩鹏.多层次，多渠道，多元化文化投融资体系初步建立［N］.中国文化报，2012-06-01.
25. 姚枝仲.2018：全球经济延续复苏态势［N］.中国经济时报，2018-01-01.
26. 叶仕春.文化创意为深圳注入持续发展活力［N］.中国改革报，2016-05-18.
27. 意娜.文创产业激发城市发展新动能［N］.光明日报，2017-09-22.
28. 尹晖.推动文化产业与相关产业融合发展［N］.人民日报，2017-07-17.
29. 于保明，黄金星.以制度创新引领文化产业发展［N］.中国改革报，2017-09-13.
30. 詹双晖.文化产业园区建设有待协同发展［N］.中国社会科学报，2017-07-10.
31. 张玉玲.2017年中国文化产业发展趋势［N］.光明日报，2017-01-07.
32. 周志军.上半年我国网络文化市场营收破千亿元［N］.中国文化报，2016-08-10.

六、电子文献

1. 财政部网站.《国有文化企业改革发展报告（2017）》正式发布［EB/OL］.（2017-12-28）［2018-06-11］.http://www.gov.cn/xinwen/2017-12/28/content_5251072.htm.
2. 范周，熊海峰.关于文化部文化消费试点城市的中期考察思考［EB/OL］.（2017-04-27）［2018-04-12］.https://mp.weixin.qq.com/s/

zLbbVIVfaCx46evGHqWVAQ.

3. 范周."文化+中国制造",融合发展促转型[EB/OL].(2016-09-27)[2018-10-17]. https://mp. weixin. qq. com/s?__biz=MzAxNTEwMjcwMQ%3D%3D&idx=1&mid=2650978981&sn=53a9797cbfcf624eb34a285e92aa7f72.

4. 范周. 2016年文化创意产业园区发展面面观[EB/OL].(2017-02-03)[2018-03-12]. http://www. 2016ccl. com/index/article/id/485. html.

5. 范周. 从文化视角理解康养产业[EB/OL].(2016-09-20)[2018-08-18]. https://mp. weixin. qq. com/s?__biz=MzAxNTEwMjcwMQ%3D%3D&idx=1&mid=2650978871&sn=e0a4fa4f30ea12c71f2eee8eafff1c0c.

6. 范周. 古运河畔话杭州,大运河文化带建设新思考.[EB/OL].(2017-05-25)[2018-05-25]. http://baijiahao. baidu. com/s?id=1601389680765019401&wfr=spider&for=pc.

7. 范周. 十八大以来,文创园区如何实现跨越式发展?[EB/OL].(2017-10-15)[2018-04-11]. https://mp. weixin. qq. com/s/8gbFzsdqQExE1qNaYSTjng.

8. 范周. 文化与体育融合,创意与力量将碰撞出怎样的火花?[EB/OL].(2016-06-09)[2018-08-28]. https://mp. weixin. qq. com/s?__biz=MzAxNTEwMjcwMQ%3D%3D&idx=1&mid=2650977310&sn=fb913ddb694c31b3f5b457c499629f9a.

9. 范周. 中国文化产业发展迎来新的机遇期[EB/OL].(2014-10-29)[2018-04-11]. https://mp. weixin. qq. com/s?__biz=MzAxNTEwMjcwMQ%3D%3D&idx=1&mid=200878145&scene=21&sn=db14824a82eb5a650ae0e3048a4ddf3a.

10. 范周. 中央"十三五"规划建议的文化解读[EB/OL].(2015-11-04)[2018-05-04]. http://www. ce. cn/culture/gd/201511/04/t20151104_6900078. shtml.

11. 光明网. 中国梦的文化内蕴[EB/OL].(2017-07-10)[2018-05-10]. http://epaper. gmw. cn/gmrb/html/2017-07/10/nw. D110000gmrb_20170710_4-11. htm.

12. 国家统计局. 许剑毅:服务业持续平稳较快发展.[EB/OL].(2018-05-15)[2018-05-15] http://www. stats. gov. cn/tjsj/sjjd/201806/t20180615_1604898. html.

13. "互联网+"助文化信息传输服务业营收增长30.3%[EB/OL].(2017-

02-09)[2018-04-12]. http://www.sohu.com/a/125839351_360254.
14. 国家统计局. 2016年我国文化及相关产业增加值比上年增长13%[EB/OL].(2017-09-26)[2018-04-11]. http://www.gov.cn/xinwen/2017-09/26/content_5227621.htm.
15. 李楠桦. 财政部：2016年底国有文化企业资产总额36937.1亿元[EB/OL].(2017-12-28)[2018-04-11]. http://finance.people.com.cn/n1/2017/1228/c1004-29733096.html.
16. 倪炜瑜. 全球文化创意产业现状特点及发展趋势[EB/OL].(2016-11-30)[2018-05-04]. http://www.istis.sh.cn/list/list.aspx?id=10417.
17. 人民网. 中国梦的国家认同与文化认同[EB/OL].(2013-07-08)[2018-05-21]. http://theory.people.com.cn/n/2013/0708/c40531-22114917.html.
18. 商务部通报2017年我国对外文化贸易情况[EB/OL].(2018-02-17)[2018-06-11]. http://www.sohu.com/a/223020931_179557.
19. 文化部. 2011年全国文化发展基本情况[EB/OL].(2012-04-11)[2018-3-12]. http://www.gov.cn/test/2012-04/11/content_2110583.htm.
20. 文化部财务司. 中华人民共和国文化部2016年文化发展统计公报[EB/OL].(2017-05-15)[2018-04-11]. http://www.ce.cn/culture/gd/201705/15/t20170515_22803759.shtml.
21. 文化部关于促进文化产品和服务"走出去"2011—2015年总体规划[EB/OL].(2012-03-11)[2018-05-11]. http://www.wendangku.net/doc/f612a94580eb6294dd886c92.html.
22. 文化部关于支持和促进文化产业发展的若干意见[EB/OL].(2017-01-08)[2018-3-10]. http://www.2016ccl.com/index/article/id/298.html.
23. 文化产业发展第十个五年计划纲要[EB/OL].(2002-01-25)[2018-04-11]. http://www.china.com.cn/ch-whcy/7.htm.
24. 文化广电新闻出版局. 文化部办公厅关于进一步完善国家级文化产业示范园区创建工作方案[EB/OL].(2016-12-12)[2018-05-11]. http://www.whwh.gov.cn/art/2016/12/12/art_13682_838220.html.
25. 文化和旅游部财务司. 中华人民共和国文化和旅游部2017年文化发展统计公报[EB/OL].(2018-05-31)[2018-11-25]. http://zwgk.mct.gov.cn/auto255/201805/t20180531_833078.html?keywords=.
26. 习近平. 使社会主义核心价值观的影响像空气一样无所不在[EB/OL].

（2014-02-26）[2018-06-28]. http://theory. people. com. cn/n/2014/0226/c49150-24465786. html.

27. 习近平在中国共产党与世界政党高层对话会上的主旨讲话[EB/OL].（2017-12-01）[2018-06-28]. http://www. gov. cn/xinwen/2017-12/01/content_ 5243852. html.

28. 熊海峰，宋立夫. 文化产业园区年度报告：环境提升且亮点频出，2017园区发展回顾[EB/OL].（2018-02-13）[2018-05-11]. https://mp. weixin. qq. com/s/3UbXMn_FtJA6Kma4Uj0KUA.

29. "一带一路"建设2017年取得突破性进展我国2050年全面建成经贸强国[EB/OL].（2018-01-02）[2018-05-23]. https://www. yidaiyilu. gov. cn/xwzx/roll/41873. htm.

30. 中国互联网络信息中心. 第41次中国互联网络发展状况统计报告[EB/OL].（2018-01-31）[2018-05-19]. http://www. cac. gov. cn/2018-01/31/c_1122346138. htm.

31. 中华人民共和国国家统计局. 文化及相关产业分类（2018）[EB/OL].（2018-04-16）[2018-06-27]. http://zfxxgk. beijing. gov. cn/110037/gjbz53/2018-04/18/content_65e8fe12e6374d06b635fd5b4bb37514. shtml.

32. 中国网信网. 第41次《中国互联网络发展状况统计报告》[EB/OL].（2018-01-31）[2018-05-11]. http://www. cac. gov. cn/2018-01/31/c_1122347026. htm.

33. 中国音数协游戏工委（GPC）、伽马数据（CNG）、国际数据公司（IDC）. 2017中国游戏产业报告[EB/OL].（2018-01-10）[2018-05-21]. http://www. cgigc. com. cn/gamedata/16925. html.

34. 中华人民共和国国家发展和改革委员会. 2017年中国居民消费发展报告[EB/OL].（2018-05-24）[2018-06-13]. http://www. ndrc. gov. cn/fzggz/hgjj/ 201805/t20180524_887071. html.

35. 中华人民共和国国家统计局. 2017年前三季度全国规模以上文化及相关产业企业营业收入增长11. 4%[EB/OL].（2017-08-03）[2018-03-13]. http://www. stats. gov. cn/tjsj/zxfb/201710/t20171030_1547444. html.

36. 中经文化产业. 文化和旅游部2017年文化发展统计公报[EB/OL].（2018-05-31）[2018-06-12]. https://mp. weixin. qq. com/s/dq-GnhejtFrW0I_JBfFXkg.

后　　记

改革开放，与国家、与产业、与个人的命运都息息相关。40年前，我从一名下乡知青成为恢复高考后的第一届大学生。40年后的今天，我已进入人生的甲子之年，在岁月更迭中成长，也在不知不觉中成为这个大时代变迁的经历者、见证者。作为一名文化产业的学者，我有幸亲历这场伟大的革命，更有幸见证中国文化产业在这场革命中的跨越式成长。

文运与国运相牵，文脉与国脉相连。40年来，改革开放创造了惊艳世界的中国奇迹，也书写出气象万千的文化篇章。从党的十五届五中全会首次提出"文化产业"的概念，将文化产业纳入国家发展计划，到党的十七大提出"推动社会主义文化大发展大繁荣"，将文化产业纳入国家发展战略，再到党的十九大提出"坚定文化自信，推动社会主义文化繁荣兴盛"，改革开放对中国文化产业发展产生了积极广泛的影响，为文化的繁荣发展创造了良好的环境和氛围。

《中国文化产业40年回顾与展望（1978—2018）》正是在这样一种历史机缘和现实驱动下进行理论构思和编纂整理的。本书以改革开放为时代宏旨，聚焦文化产业发展，从文化资源、文化治理、文化经济、文化软实力等方面，回顾历程，反思得失，梳理机遇；并以此为基点，探索新时代文化产业发展的航向，研判

后　记

文化产业发展的未来。可以说，本书记录了我对改革开放以来中国文化产业发展的所思所想，诠释了多年来我在文化产业教学、科研和实践项目中的心得体会，勾勒了我对未来中国文化产业发展的判断、寄托和瞩望。

本书从确立选题到最后定稿，历时两年，经过多次学术研讨、资料汇集、实地调研，数易其稿完成。归根到底是希望将高质量的书稿呈现给大家。在书稿写作过程中，关于文化产业发展的一些关键问题，一些具有争议的问题，我多次组织召开学术研讨会。如囿于文化产业发展所处的研究阶段以及所面临的挑战与困境，关于文化产业发展分期的研究仅是我个人的一孔之见。2018年4月，我邀请了数十位业界知名专家学者就该问题进行了讨论。各种学术观点彼此碰撞，相互激荡，理性思考与系统梳理并重，从个案到宏观展开多角度全方位分析，使我能够听百家之言、吸百家之长，不断得到新的启示。为了对中国文化四十年的发展历程有更为全面和细致的了解和思考，在各位领导、同事和同学们的鼓励支持下，2018年末，我带领我的研究团队组织策划了"见证：文化40年"跨年直播公开课。事后很多朋友，包括素未谋面的网友从各种渠道与我进行了交流与讨论，丰富了我的研究，给予我深入研究的动力。在此，对提供关心和帮助的学者、老师、同事、朋友及家人一并表示感谢。

在写作过程中，本书广泛收集了领域内最新的研究资料与实践成果，也引用了国内外有关学者的许多论著。在此，对引用过论著的作者和提供鲜活案例的实践者表示由衷的谢意。同时，要感谢杨矞、李培峰、徐妤函、关卓伦、宋立夫、魏文坤、张天意、赵婕、谭腾飞、朱鑫峰等同学，感谢他们从我已发表的百余篇文章中，系统的梳理和提炼了我以往的学术观点，感谢他们在调研考察、文献搜集过程中做出的贡献。感谢齐骥老师、李石华老师在百忙之中对本书进行了详细的修改与审阅。特别感谢商务印书馆的孙祎萌编辑，在她的悉心工作下，本书得以顺利出版。感谢参与书稿出版编辑的所有工作人员，以及为本书付出辛苦和努力、提供关心和帮助的学者、老师、同事、朋友及家人。

"国民之魂，文以化之；国家之神，文以铸之。"文化作为民族凝聚力和创造力的重要源泉，在综合国力竞争中的地位和作用越来越突出，成为国家核心竞争力的重要因素。对过去的回顾、盘点和总结，是为了对未来更为清晰、理性和客观的规划。相信在大家的共同努力下，文化产业一定会成为我国经济发展的中坚力量。

毋庸讳言，由于时间和能力所限，本书对有些问题未及展开或深入讨论，对于许多地区、许多行业仍所知甚少，不当之处，恳请国内外专家与同仁不吝批评指正。我也期待，未来，我能够继续以文化产业发展的"见证人""实践者"的身份，继续保持科学严谨的治学态度、求真务实的治学理念，深扎在文化产业教学和实践的最基层，为中国文化产业的发展贡献绵薄之力。

2019 年 8 月